黄枬森文集

第六卷

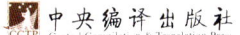

《黄枬森文集》编辑委员会

主　任：韦建桦

副主任：杨金海　和　龑

委　员：韩继海　薛晓源　邢艳琦　谭　洁　霍保德
　　　　黄　萱　黄　丹　王　东　陈新权　韩庆祥
　　　　范　文　徐　春　李凯林　徐碧辉　张阳升
　　　　康　健　袁吉富　王建良　陈金芳

目 录

历史唯物主义的新发展 ………………………………………… 1
坚持和发展毛泽东思想　建设有中国特色的社会主义 ……… 11
论社会主义社会基本矛盾 ……………………………………… 26
孔子与儒学 ……………………………………………………… 37
唯物辩证法与市场经济 ………………………………………… 55
关于建立社会主义市场经济的几个哲学问题………………… 58
谈谈我国的文化观念变革和哲学观念变革 ………………… 72
社会主义市场经济理论的哲学基础 …………………………… 83
有中国特色的社会主义是一种特殊的科学社会主义 ……… 88
关于价值观的几个问题 ………………………………………… 98
建设中国现代化文化的几个理论问题 ………………………… 105
马克思主义与中国文化的发展 ………………………………… 116
恩格斯晚年唯物史观思想中的文化理论 ……………………… 128
目前哲学界值得思考的两个重大的理论问题 ………………… 133
论文化的内涵与外延 …………………………………………… 143
论文化在人类社会中的地位和作用 …………………………… 152
文化基本问题与中国文化现代化 ……………………………… 169
论科学与民主 …………………………………………………… 208

"五四"新文化运动与自由主义 216
中西文化在实践与认识的关系问题上的特点比较 225
中国传统文化中的道德主义析评 235
"圣者不神，神者不圣"给我们的启发 242
谈谈哲学社会人文科学创新的几个问题 248
中国传统文化与有中国特色社会主义文化建设 255
中国传统文化中的人权思想 264
站在人类先进文化发展的潮头 269
人类中心主义在不同领域中的是非 296
谈谈中华民族精神的同与异 302
构建社会主义和谐社会与唯物辩证法 310
论社会主义和谐文化的建设 320
关于科学发展观和构建社会主义和谐社会理论的哲学思考 328
马克思主义文化理论与中国社会主义文化建设 344
试论毛泽东的全面教育思想 393
生态文明建设的哲学基础 403
如何划清社会主义思想文化同封建主义、资本主义腐朽思想
文化的界限？.. 418
关于本体论和文艺本体论的若干问题 424
马克思主义与当代中国文化建设 444

历史唯物主义的新发展

——谈物质文明和精神文明

自从叶剑英同志在1979年纪念国庆30周年的讲话中提出在我国"建设高度物质文明"的同时,还要"建设高度的社会主义精神文明"以后,我国理论界便开始了对这一对历史唯物主义范畴的研究和讨论。在党的十二大政治报告中,胡耀邦同志专章论述了物质文明和精神文明的关系以及建设高度社会主义精神文明的必要性,这就不仅总结了前一时期的讨论,而且使我们对这一问题的认识大大提高了一步。对于以下几个问题的理解,是我学习十二大政治报告的一点体会。

一、文明开始于文明时期吗?

许多文章都谈到人类文明始于文明时期,这似乎是顺理成章的答案,但仔细推敲起来,这种说法难于成立。

这些文章认为文明是和野蛮对立的,是人类社会发展和进步的一

---

* 本文发表于《学习与研究》1882年第11期。

定状态，是人类社会历史的一定阶段，即奴隶制社会以来的物质生产和精神生产的产物。这种观点的根据是摩尔根对人类社会历史的分期，摩尔根把人类社会历史具体划分为蒙昧时期、野蛮时期和文明时期。恩格斯在《家庭、私有制和国家的起源》中采用了这一分期，并指出："文明时代是学会对天然产物进一步加工的时期，是真正的工业和艺术的时期。"① 从奴隶制社会才开始有脑力劳动和体力劳动的分工，有科学和哲学。按照这一观点，原始公社时期就只有野蛮而没有文明了。但是，能说原始公社时期人类社会没有文明吗？人类从开始成为人类的那一天起，就学会了制造和使用生产工具。50万年前的北京猿人已经学会和使用石器，用木柴点火烧烤食物；10万年前的山顶洞人已经学会制造装饰品，而且似乎已经有了爱美的观念，岩画、歌唱、舞蹈都是这个时期的产物。同时，由于生产是在社会组织中进行的，一些简单的道德、纪律的观念也形成起来了。所有这些当然都是很粗陋的、幼稚的、低级的，但总不能说它们不是人类文明。难道今天的高级的现代文明不是在这些低级文明的基础上发展起来的吗？

我认为文明的含义有广狭之分，狭义的文明与野蛮相对立，广义的文明与自然相对立，它是社会产物而不是自然产物。广义的文明适用于整个人类社会的历史，而决不限于几千年有阶级存在的社会的历史。自有人类以来，就有了文明，它是人类社会进步和开化的状态，文明程度的高低取决于社会发展的水平。整个人类历史的文明在不同历史时期只有高低之分，决无有无之别。十二大政治报告没有直接回答这一问题，但从报告对物质文明（改造自然界的物质成果）和精神文明（社会的精神生产和精神生活的成果）所作说明来看，似乎可以这样理解。

二、生产关系是不是物质文明？

对于这个问题，十二大政治报告虽然也没有作直接的回答，但从

---

① 《马克思恩格斯选集》第4卷，人民出版社1995年版，第24页。

它的论述中可以看出它实际上对这个问题作出了回答。胡耀邦同志在报告中说:"客观世界包括自然界和社会,改造社会的成果是新的生产关系和新的社会政治制度的建立和发展。改造自然界的物质成果就是物质文明,它表现为人们物质生产的进步和物质生活的改善。"显然,物质文明可以分为两个方面:一是物质生产的进步水平,一是为生产水平所决定的物质生活水平。而生产关系或经济制度既不是生产资料,也不是生活资料;新的生产关系的建立不是改造自然的成果,而是改造社会的成果。诚然,生产关系的发展依赖于生产的发展,并对生产的发展有巨大的推动或阻碍作用,但既不能说改造了自然界也就是改造了生产关系,也不能说改造了生产关系也就是改造了自然界。把生产关系看成物质文明,在现实生活中也很难说得通。我国物质文明的水平比发达的资本主义国家低,这是人们都承认的,但如果生产关系也是物质文明,那就不能这样说了。我国的生产水平和生活水平都比它们低,但我们的经济制度却比它们先进,二者并列地加起来就无法比较了。物质生产和物质生活可以并列起来说它们是物质文明的组成部分,工业和农业也可以并列起来说它们是物质文明的组成部分,但生产关系显然不能与生产力并列起来称作物质文明的组成部分。除此,把生产关系看成物质文明的组成部分,还会产生一些其他的有害结论,诸如我们或者会满足于经济制度的先进性而忽视经济建设,或者会脱离实际地追求经济制度的改革而忽视生产的发展。这些过去曾经发生过,对于我们并不陌生。

但是,生产总是在一定生产关系中存在和发展的,决没有离开生产关系的物质文明。虽然它不是与生产并列的物质文明的组成部分,但也不能否认它对于物质文明的成果为什么人服务的问题起决定作用。从这个意义上讲,物质文明可以说有封建主义的,有资本主义的,也有社会主义的。诚然,就我国现阶段来看,社会主义物质文明不一定比资本主义物质文明高,但它可望能够达到的水平则一定比它高得多。而且就现实性来说,由于资本主义物质生产的目的是为了获得尽可能多的利润,社会主义物质生产的目的归根到底是为了满足人民群众的物质生活和精神生活的需要，二者对人民群众的价值和意义就大不相同了。一个国家的物质文明尽管高，如果它是资本主义性质的，它的大部分就为少数剥削者所占有和享用；一个国家的物质文明即使低一些，如果它是社会主义性质的，却能为人民群众所占有和享用。单单所有制的改变固然不等于物质生产水平的提高，却可以立即提高人民群众的物质生活水平。在资本主义高度物质文明的条件下，有的人一贫如洗，冻饿而死，这是正常现象，而在较低的社会主义物质文明的条件下，却可以而且应该保证全体人民群众的温饱。我们所说的物质文明的社会性质问题，是讲它的方向问题、目的问题，也就是为什么人服务的问题。生产关系不是物质文明的组成部分，然而它对于物质文明的社会性质却起决定作用。

三、精神文明包含哪些组成部分？

十二大政治报告明确地回答了这个问题。胡耀邦同志说："在改造客观世界的同时，人们的主观世界也得到改造，社会的精神生产和精神生活得到发展，这方面的成果就是精神文明，它表现为教育、科学、文化知识的发达和人们思想、政治、道德水平的提高。"前者是文化建设，后者是思想建设，文化建设是整个社会的有组织的精神生产活动，而且往往包含着一系列物质设备，其成果是具有物质外壳的精神产品。对这些精神产品的享用就是人们的精神生活。例如艺术事业就包含着剧团、制片厂、乐团等组织和剧场、电影院、音乐厅等一系列物质设备，其结果就是戏剧的演出、电影的放映、音乐的演奏和歌曲的演唱，而观众则是这些精神成果的享用者；教育事业则包含着各式各样的教育组织，如正规学校、训练班、函授学校、电视大学、业余大学以及校舍、图书馆、实验室、体育馆等，其成果是受教育者的德智体的全面发展和科学文化水平的提高；文化活动又显然包括两个方面，一是它的思想内容，一是它的物质形式。这两方面都是决定精神文明的发展水平的因素。从思想内容来说，社会主义、共产主义思想当然高于封建主义、资本主义思想，从物质形式来看，彩色电影、全景电影无疑也高于黑白电影、无声电影。电影所依靠的发电机、放映机、电影胶卷无疑都是改造自然界的成果，即物质文明，但电影这种艺术形式则是精神文明的组成部分，而不是物质文明的组成部分。它是精神生产的成果，虽然这种生产离不开高度发展的物质文明。这样就可能出现一种矛盾情况，一个国家的精神文明就其形式说是很高的，而就其某些精神内容来讲，却是很低的；或者反过来，就其形式说是很低的，而就其某些精神内容来说，却是很高的。例如一些发达的资本主义国家有很高的精神文明，但这只是就形式说的，特别是就与物质文明直接联系的物质手段说的。比如它们的高水平的现代教育，无论从数量还是质量来说都比我们高，它们的现代化的宣传工具如通讯网、电视网、出版事业，其技术水平当然也比我们高，但是就内容来说，就不见得都比我们高了。其中有些部分也很高，如自然科学、社会科学的某些部分，哲学的某些部分，但社会科学作为一个整体、哲学作为一个整体，无疑不如以马克思主义为指导的社会科学和哲学。政治、法律、艺术等的情况也大都类此。

思想建设指人们的思想意识、世界观、道德观念、政治法律观点、文学艺术修养、精神境界、情操、兴趣的发展和提高，这些实际上就是文化建设中精神内容这一方面。这一方面的某些成分固然同生产水平有直接联系，但就其整体而言，却同社会经济制度、政治制度和指导思想有直接联系，这就决定了我国精神文明的社会主义性质，决定了共产主义思想是我国精神文明的核心。

思想建设也有两个方面，一是具有观点或理论形式的思想意识，一是以作风、风气、习惯等形式存在的思想意识，即社会心理状态。前者是自觉的、有系统的，后者是无形中不自觉地形成的。社会心理往往被人们忽视。从建国初期到"文化大革命"前，社会革命和马克思列宁主义、毛泽东思想的思想教育，使我国社会风气根本好转，绝大多数人遵纪守法，严于律己，开后门、拉关系之事比较少见，社会公共秩序井然不乱，青年们有志气、有理想、有抱负，以集体主义为荣，以个人主义为耻，雷锋式人物不断涌现。"文化大革命"期间,这种良好的社会风气被根本破坏,至今未能根本好转。一种好的思想,单单有人提倡,有人论证,是远远不够的,它只有通过养成一种社会心理,形成一种社会风气,才会成为一种真正强大的力量,推动人们去恶扬善,做好事而不做坏事。现在大家口头上都反对拉关系、走后门,但有的人在实践上却照样拉关系、走后门。因此,社会心理或社会风气是精神文明建设中一个决不可忽视的因素。十二大政治报告提出五年内争取社会风气的根本好转,确是非常必要的。

四、能说物质文明决定精神文明吗?

物质文明与精神文明和物质与精神是相对应的两对范畴,既然能说物质决定精神,当然理应能说物质文明决定精神文明,否则唯物主义原理的普遍性就大成问题了。既然如此,那么,能不能说物质文明愈高,精神文明也愈高呢?这似乎就不好说了。事实告诉我们,我国国内革命战争时期和抗日战争时期,解放区的物质文明远较白区要低,而精神文明却大大高于白区。今天我国的物质文明也比发达的资本主义国家为低,但我国的精神文明尽管有一些部分也低于资本主义国家,但从根本上说则比资本主义为高。因为我国的精神文明是社会主义性质的,共产主义思想是它的核心,具体说,我国的社会风气、道德风尚、精神境界、政治生活、爱好兴趣,决不比发达的资本主义国家低。那么,究竟应该怎样看待上述问题呢?

我认为,从整个人类历史来讲,应该承认物质文明决定精神文明,这是可以从历史唯物主义原理得到证明的。每一种社会形态都有其不同的物质文明,也有其与物质文明相适应的精神文明。如果说人类社会经历了从低级到高级的五种社会形态的话,那么,物质文明和精神文明也经历了从低级到高级的五种文明形态,有怎样的物质文明就有怎样的精神文明。生产水平是物质文明中最基本的组成部分,它直接决定着社会生活水平,二者构成一个社会的物质文明。整个精神文明都矗立在物质文明的基础之上。一般说来,经济繁荣的国家,其文化也一定繁荣；经济繁荣的时代，其文化也一定繁荣；经济繁荣的地区，其文化也一定繁荣。但是，精神文明的某些组成部分是物质文明的直接反映；某些组成部分则是以经济制度为中介而间接反映物质文明的；此外，精神文明还要受历史传统和外来成分的影响。因此，它和物质文明之间的关系就呈现出十分复杂的情形。所以，整个说来，归根到底说来，可以说物质文明决定精神文明，但精神文明的各个组成部分如果笼统讲都是由物质文明决定的，就会把问题简单化。这里有许多问题值得作进一步的探讨。

精神文明中某些组成部分是由物质文明决定的，例如精神文明中的物质设备或物质形式，这点在前面已经谈到过，又如自然科学水平也是主要由生产水平决定的。

精神文明中某些组成部分是由物质文明部分地决定的，例如语言、文字的产生和发展都离不开物质生产。当然，它的发展水平不仅取决于物质生产，也取决于社会改造的程度和精神文明其他部分的水平。

与精神文明关系十分密切的上层建筑，它不是由生产水平，而是由经济基础直接决定的。诚然，经济基础即生产关系的总和，是由生产水平决定的，但由于历史发展的复杂性，出现了在较低生产水平上建立了较高的经济制度的情况，于是也就出现了在较低的物质文明的基础上建立了较高的精神文明的情况，这不是例外，而是历史上常见的现象。这里起关键作用的就是经济制度，历史传统和外来影响当然也要起一定的作用。18世纪末和19世纪初德国的哲学发展达到了当时的最高水平，而德国的经济发展却远不如英法。这是因为一方面有英国的经验哲学和法国的唯物主义哲学作为它的先导，使它能够达到很高的水平；另一方面，而且是更为重要的方面，德国民主革命没有完成，社会革命的需要把德国哲学推向了高峰。在帝国主义时代列宁主义把马克思主义发展到崭新阶段，而俄国却是一个经济落后的国家。列宁主义不是由生产水平直接决定的，而是马克思主义指导下的社会革命的产物。

对个人来说，所有制在富裕程度和精神境界之间起着重大的作用。

在社会主义条件下，特别是在共产主义条件下，一般说，人们愈富裕，精神境界应该愈高；但在剥削制度条件下，情况正好相反，人们愈富裕，精神境界反而愈低，因为在这种制度下，人们是靠剥削富裕起来的，剥削只会败坏人们的思想，而不会使人们思想高尚起来；而在公有制条件下，人们是靠劳动富裕起来的，这种富裕，如果没有剥削阶级思想的腐蚀，就会提高人们的社会主义觉悟，增强集体主义思想，使人们多考虑别人，少考虑自己，这当然会提高人们的思想境界。近几年来，由于农村广泛推行生产责任制，农民生活大为改善，他们的精神境界也大大提高了。对这种情况，报纸上有不少报道。古人说"仓廪实则知礼节，衣食足则知荣辱"，这话不能绝对化，但有一定道理。

五、为什么说共产主义思想是社会主义精神文明的核心？

十二大政治报告明确指出："社会主义还必须有一个特征，就是以共产主义思想为核心的社会主义精神文明。"这实际上也是对前两年一种观点的回答，这种观点把社会主义时期的现行政策和共产主义思想的指导对立起来，认为强调共产主义思想的指导就会否定现行的社会主义政策。

首先应该指出，社会主义思想和共产主义思想属于同一个思想体系，即马克思主义思想体系，社会主义本来就是共产主义的初级阶段，社会主义现行政策也是在共产主义思想体系的指导下制定出来的，怎能把二者截然分开呢？建设社会主义物质文明和精神文明的最后目标就是实现共产主义，如果不用共产主义思想来指导它，没有明确的方向，那就很难实现共产主义。

其次，我认为，在以往实践的基础上，可以对将来的实践有一定的预见性，也就是说思想在一定程度上可以跑在实践的前面。在共产主义实现以前就能够而且应该以共产主义思想来指导我们的行动，这正是人的主观能动性的表现。人在制造出某一事物之前，基于过去的实践和认识，就有了关于这一事物的思想，实践就是实现这一思想的过程。如果一定要有了此物，人们才能有此物的思想，有了共产主义社会，人们才能有共产主义思想，那么也就没有人和人的实践了，也就不可能有任何进步了。问题在于：这个思想是根据客观规律产生出来的，还是主观臆造的？人类制造出来的东西，有许多在自然界中有其原型，如桌子、凳子、房屋、船舶等；有许多在自然界中却没有原型，如电话、电报、收音机、电视机等。不管有无原型，只要掌握了客观发展规律，就可以把它制造出来。社会中的事物也是如此。共产主义社会在社会中本来是有其原型的，即原始共产主义，只要掌握了社会历史发展的客观规律，总是可以创造出来的。共产主义思想，作为一种科学的思想，在一定程度上可以走在实践的前面。

不仅如此，共产主义的一些因素实际已经存在于社会主义社会之中。政治报告对此作了明确的回答："共产主义的思想和共产主义的实践早已存在于我们的现实生活中。……我们每天的生活都包含着共产主义，都离不了共产主义。"这种因素的增加就是向共产主义前进，当然，现在不能要求大多数人都来实践共产主义，但是"必须用共产主义思想要求共产党员、共青团员和一切先进分子，并且通过他们去教育和影响广大群众。"

在建设高度物质文明的同时，一定要建设以共产主义思想为核心的高度的社会主义精神文明，只有这样，物质文明才能建设得起来，才不致迷失方向，否则，不管物质财富多么丰富，共产主义也是实现不了的。

* * * * * *

关于物质文明和精神文明的理论是从我国社会主义建设的丰富经验中概括出来的。过去说到社会主义建设时，往往只谈经济建设，有意无意地忽视了精神文明建设，产生了许多弊端。十一届三中全会以后，党中央提出这个问题是很有现实意义的。不仅如此，这个问题的提出也丰富了历史唯物主义的内容，过去讲历史唯物主义没有专门讲这个问题，而且历史唯物主义的现有范畴又包括不了物质文明和精神文明的全部内容，因此，对这个问题作进一步的探讨，也是很有理论意义的。十二大政治报告对这个问题的论述，不仅是为了从理论上论证全面开创社会主义现代化建设新局面的伟大任务，也是对历史唯物主义基本理论的发展，对这一问题的研究和讨论必将进一步丰富马克思列宁主义、毛泽东思想的理论宝库。

坚持和发展毛泽东思想
建设有中国特色的社会主义[*]

毛泽东同志是一个伟大的马克思主义者,他领导中国共产党和全国人民,坚决排除"左"右倾错误的干扰,胜利地完成了中国民主革命的任务,并把中国革命引向社会主义道路。不仅如此,在社会主义改造基本完成之后,他又领导全党和全国人民在中国的大地上着手建设社会主义,实质上提出了探寻一条建设社会主义的中国道路的任务;但由于毛泽东同志晚年的错误,我国社会主义建设虽然也取得了不小的成就,这一任务并没有完成。在"四人帮"被粉碎之后,特别是在党的十一届三中全会重新确立了马克思主义的思想路线、政治路线、组织路线之后,如何成功地建设社会主义就成为全党全国面临的一个重大课题。邓小平同志在党的十二大开幕词中指出:"把马克思主义的普遍真理同我国的具体实际结合起来,走自己的道路,建设有中国特色的社会主义,这就是我们总结长期历史经验得出的基本结论。"这就为我们的社会主义建设事业指明了一个努力的方向。我认为这正是毛

---

[*] 本文发表于《北京大学学报》1984年第2期。

泽东同志当年探寻过的道路，找到这条道路是毛泽东同志给我们遗留下来的任务。纪念毛泽东同志90诞辰，我认为最好的纪念就是完成毛泽东同志的遗愿，走出一条有中国特色的社会主义道路。

那么，毛泽东同志是怎样探寻这条道路的呢？

一

工人阶级领导的中国革命的道路本来就是马克思主义的普遍真理和中国国情相结合的道路，邓小平同志提出的建设有中国特色的社会主义的道路也是马克思主义的普遍真理与中国国情相结合的道路，是理论与实践相结合的道路。中国革命找到这条正确的道路，经过了一个长期摸索的痛苦的历程。

鸦片战争以来，外国资本主义的入侵对我国社会经济产生了很大的分解作用，使封建的中国逐渐沦为半封建半殖民地国家，人民遭受着帝国主义、封建主义和官僚资本主义三座大山的压迫和剥削，社会生产极端落后，人民生活极端困苦。中国的先进分子为了改变中国的落后状况，向西方学习，力图使中国走上发展资本主义的道路，但他们都失败了。历史证明，资本主义道路不适合中国国情。俄国十月革命的胜利启发了中国的先进分子，使他们开始在马克思主义的指导下去寻找中国革命的出路，从此开辟了中国革命的新时期，中国革命的面貌为之一新。但革命并不是一帆风顺的，出现了多次挫折和失败。以毛泽东同志为代表的中国共产党人从胜利和失败的经验教训中得出结论：只有把马克思主义的普遍真理和中国的具体实际结合起来，革命才能取得胜利。就是说，要从中国实际出发，理论联系实际，找出在马克思主义指导下的中国革命的道路。这就是毛泽东思想所指明的道路。毛泽东思想就是中国革命的理论、纲领和路线，它是马克思主义的普遍真理和中国具体革命实践相结合的产物。在毛泽东思想指导下，我国首先取得了民主革命的胜利，继而又取得了社会主义改造的胜利，同时开始了社会主义建设。

社会主义建设同民主革命、社会主义改造一样要走自己的道路，用今天的话来说,即建设有中国特色的社会主义的道路。毛泽东同志在五六十年代就曾经探索过这条道路,《论十大关系》和《关于正确处理人民内部矛盾的问题》两篇论文以及其他论文就进行了这样的探索。何以见得呢?

首先,毛泽东同志在我国社会主义改造基本完成的时候,就及时提出要把社会主义建设作为全党和全国人民的主要任务。1956年在毛泽东同志主持下召开的党的八大曾经指出,我国社会主义制度已经基本建立起来,工人阶级和资产阶级的矛盾仍然存在,但已不是我国主要矛盾,主要矛盾是我国生产力落后于人民的物质和文化需要的矛盾。因此,今后全国人民的主要任务是集中力量发展生产力,实现国家工业化,逐步满足人们日益增长的物质和文化需要。毛泽东同志不久也指出要把党和国家的工作重点转移到技术革命和社会主义建设上来。他在《关于正确处理人民内部矛盾的问题》中重申革命时期的大规模的疾风暴雨式的群众阶级斗争基本结束,但是人民内部还有许多问题,有必要"提出正确处理人民内部矛盾的问题,以便团结全国各族人民进行一场新的战争——向自然界开战,发展我们的经济,发展我们的文化"。

其次,与提出社会主义建设这一主要任务的同时,毛泽东同志就反复强调他的一贯思想,建设社会主义决不能简单地照搬苏联经验,一定要走自己的道路,把马克思主义的普遍真理和中国实际结合起来。《论十大关系》一文的主要课题就是探索建设社会主义的中国道路。他针对苏联在社会主义建设中的一些缺点和错误,指出:"一切民族、一切国家的长处都要学……但是,必须有分析有批判地学,不能盲目地学,不能一切照抄,机械搬用。"[①] 当年他在对拉美一些党的代表的谈话中,用中国的历史经验专门论述了这个问题,而且告诫拉美代表:"中国革命的经验,建立农村根据地,以农村包围城市,最后夺取城市的经验,对你们许多国家不一定都适用,但可供你们参考。我奉劝诸

---

① 《毛泽东文集》第7卷,人民出版社1999年版,第41页。

位,切记不要硬搬中国的经验。任何外国的经验,只能作参考,不能当作教条。一定要把马克思列宁主义的普遍真理和本国的具体情况这两个方面结合起来。"①

第三,毛泽东同志探索了各种经济部门之间的关系问题,这是建设社会主义的中国道路中的一个重要问题。在《论十大关系》一文中,他讨论了重工业和轻工业、农业的关系,沿海工业②和内地工业的关系,国防工业与民用工业的关系,中央工业与地方工业的关系。例如他强调"适当地调整重工业和农业、轻工业的投资比例,更多地发展农业、轻工业",这一方面是吸取了苏联建设的教训,另一方面也是根据了我国人口众多和资金缺乏的特点,这样做,"一可以更好地供给人民生活的需要,二可以更快地增加资金的积累,因而可以更多更好地发展重工业"③。又如他针对忽视沿海工业发展的倾向,强调要"好好地利用和发展沿海的工业老底子,可以使我们更有力量来发展和支持内地工业"④,这也是根据我国特点提出来的。

在《关于正确处理人民内部矛盾的问题》一文中,毛泽东同志明确提出"中国工业化的道路"问题,再次探讨了重工业、轻工业和农业的发展关系问题。他还指出:"经济建设我们还缺乏经验,因为才进行七年,还需要积累经验……我们要求在取得经济建设方面的经验,比较取得革命经验的时间要缩短一些,同时不要花费那么高的代价。"

第四,毛泽东同志十分重视经济制度和上层建筑中各个环节的调整和改革。他认为:"在社会主义社会中,基本的矛盾仍然是生产关系和生产力之间的矛盾,上层建筑和经济基础之间的矛盾。"⑤ "社会主义生产关系已经建立起来,它是和生产力的发展相适应的,但是,它又还很不完善,这些不完善的方面和生产力的发展又是相矛盾的。除

---

① 《毛泽东文集》第7卷,人民出版社1999年版,第133页。
② 同上书,第24页。
③ 同上。
④ 同上书,第26页。
⑤ 同上书,第214页。

了生产关系和生产力发展的这种又相适应又相矛盾的情况以外,还有上层建筑和经济基础的又相适应又相矛盾的情况。"① 毛泽东同志的这些论述说明,他并不认为在社会主义改造完成之后就万事大吉了。他认为社会主义的经济基础和上层建筑的各个具体环节必须按照中国国情不断地进行改进,才能使它们适合生产力发展的需要,就是说,他提出了创造一套适合中国国情的经济管理体制和政法制度的任务。缺乏适合中国国情的具体制度的社会主义经济基础和上层建筑,对生产力的发展当然是不利的。

在公有制建立之后调整经营管理体制,使公有制成为推动生产力发展的强大动力,其关键问题是要处理好国家、生产单位和生产者个人之间的关系问题,毛泽东同志很早就注意到了这个问题,把它作为十大关系的一个关系来讨论。他指出:"就不能只顾一头,必须兼顾国家、集体和个人三个方面,也就是我们过去常说的'军民兼顾'、'公私兼顾'。"② 他还谈到要发挥中央和地方两个积极性,既反对过分的集中,也反对地方主义。这是国家与集体、大集体与小集体的关系问题。如何处理好三者关系问题,直接影响我国经济建设。

第五,毛泽东同志历来重视政治思想工作,注重思想改造和文化学习。在社会主义改造基本完成之后,他对造成一个知识分子队伍和提高全国人民的政治觉悟和文化水平有一套想法。他说:"我们各行各业的干部都要努力精通技术和业务,使自己成为内行,又红又专。"③"无产阶级没有自己的庞大的技术队伍和理论队伍,社会主义是不能建成的。我们要在这十年内(科学规划也是十二年,还有十年),建立无产阶级知识分子的队伍。"④ 他主张:"我们的教育方针,应该使受教育者在德育、智育、体育几方面都得到发展,成为有社会主义觉悟的有文化的劳动者。"

---

① 《毛泽东文集》第 7 卷,人民出版社 1999 年版,第 215 页。
② 同上书,第 28 页。
③ 同上书,第 309 页。
④ 同上。

第六，毛泽东同志十分注意建设社会主义民主，并强调民主与专政、民主与集中要结合起来。他指出，我们的国家是工人阶级领导的以工农联盟为基础的人民民主专政的国家。专政只适用于敌人，而不适用于人民内部，在人民内部只能实行民主制度，即实行各种政治上的自由和民主的权利。我们的国家就是由工人阶级团结全体有公民权的人民，首先是农民，向着反动阶级、反动派和反抗社会主义改造和社会主义建设的分子实行专政。但是，民主自由都是相对的，不是绝对的，民主是对集中而言，自由是对纪律而言，"在人民内部，不可以没有自由，也不可以没有纪律；不可以没有民主，也不可以没有集中。这种民主和集中的统一，自由和纪律的统一，就是我们的民主集中制。"① 对于这种社会主义民主，毛泽东同志有一个脍炙人口的描写："我们的目标，是想造成一个又有集中又有民主，又有纪律又有自由，又有统一意志又有个人心情舒畅、生动活泼，那样一种政治局面。"②

对于革命法制的重要性，毛泽东同志也是充分肯定的。他指出："法律是上层建筑。我们的法律，是劳动人民自己制定的。它是维护革命秩序，保护劳动人民利益，保护社会主义经济基础，保护生产力的。我们要求所有的人都遵守革命法制。"③

第七，毛泽东同志也很重视在经济建设中正确处理中国和外国的关系，认为应该把学习外国和自力更生、外国经验和本国实际辩证地结合起来。他主要是针对我国和苏联的关系讲的，后来在60年代，他对这个问题的看法就更加明确了。

毛泽东同志的这些言论和思想，使我们清楚地看到，在五六十年代社会主义改造基本完成之后，他确实是探索了建设社会主义的中国道路。他《在中国共产党全国宣传工作会议上的讲话》中说："新的社会制度还刚刚建立，还需要有一个巩固的时间……要使它最后巩固起来，必须实现国家的社会主义工业化，坚持经济战线上的社会主义

---

① 《毛泽东文集》第7卷，人民出版社1999年版，第209页。
② 《毛泽东文集》第8卷，人民出版社1999年版，第293页。
③ 《毛泽东文集》第7卷，人民出版社1999年版，第197页。

革命，还必须在政治战线和思想战线上，进行经常的、艰苦的社会主义革命斗争和社会主义教育。除了这些以外，还要有各种国际条件的配合……我们一定会建设一个具有现代工业、现代农业和现代科学文化的社会主义国家。"① 可以看出，四个现代化和建设两个文明的思想实质上已经提出来了。后来，在1964年，周恩来同志根据毛泽东同志的提议在三届人大的会议上就明确提出了建设现代农业、现代工业、现代国防和现代科学技术的任务。

只要把毛泽东同志在五六十年代的这些言论同我们今天要建设的有中国特色的社会主义作一番比较，我们可以得出这个结论：建设有中国特色的社会主义是毛泽东思想的继续和发展。不幸的是，毛泽东同志后来没有把建设社会主义作为重点来抓，而是夸大了阶级斗争，仍然把工人阶级和资产阶级的矛盾看成我国社会的主要矛盾。原因是复杂的，这里不拟对这些原因进行具体的说明。总之，探索建设社会主义的中国道路这一工作暂时基本上停下来了，尽管社会主义建设并未停止，但毛泽东同志的注意力却转向抓阶级斗争，要探索一条在无产阶级专政下继续革命的道路，终于导致全局性的严重错误——"文化大革命"。因此，在"四人帮"被粉碎后，理论上和路线上最大的拨乱反正就是要恢复、继续和发展毛泽东同志关于建设社会主义的中国道路的思想。党的第十二次代表大会完成了这一工作，提出了建设有中国特色的社会主义的完整理论。那么，这一理论如何继续并发展了毛泽东思想呢？为了回答这一问题，先谈一下什么是有中国特色的社会主义。

二

大家都不否认有中国特色的社会主义具有社会主义的共同性，如现代化生产、公有制、计划经济、按劳分配，包括无产阶级专政的相应的政治上层建筑和意识形态，没有这些共同性，它就不是社会主义

---

① 《毛泽东文集》第7卷，人民出版社1999年版，第268页。

了。什么是中国特色呢？有的同志认为中国特色就是为他国所无而为中国所独有的特点。我认为这种理解失之狭窄。"有中国特色"是一个综合性概念，其中无疑包含一些他国所无而为中国所独有的特点，但不一定所有特点都是如此。我们所追求的是植根于中国大地的土壤、适合中国国情的社会主义，因为只有这种社会主义才能以最快的速度推动我国的四化建设和社会主义精神文明的建设，而不是以处处与众不同为目的。我们不是为特色而特色，而是为了高速度地建设社会主义。因此，在我们建成的社会主义中有与众不同的个性，也包括一些与他国相同的特点。简略地说，有中国特色的社会主义就是适合中国国情、与中国具体实际相结合的社会主义，是共性与个性、普遍性与特殊性的统一体。

有的同志把有中国特色的社会主义设想为一种完成了的形态，然后问它有哪些特点。这种设想也是不妥当的。因为有中国特色的社会主义还没有建设完成，而正在建设的过程之中。完成形态的特点和建设过程的特点不一定是完全一致的。有些建设过程的特点到建设完成时就没有了。正如胡耀邦同志在《最好的怀念》中指出的，"有同志问：能不能开出一套什么叫有中国特色的社会主义的现成答案来？我们说，这种预先设想好的一套现成答案是没有的，也不可能有。我们只有在正确的理论指导下，不断地通过实践来丰富我们的认识。"建设的过程和建设的目标是有区别的，虽然很难截然分开。在我看来，在今天与其把有中国特色的社会主义看成完成了的形态，毋宁把它看作一个过程。探讨一下这个过程有哪些特点，那将是十分有益的。下面根据《中国共产党中央委员会关于建国以来党的若干历史问题的决议》、胡耀邦同志在十二大的报告和《邓小平文选》以及其他文件谈一谈个人的体会。

建设过程的第一个特点，是在比较落后的生产力的基础上开始建设社会主义。有些同志由于把建设过程的特点看成完成形态的特点，就说生产力水平低是有中国特色的社会主义的一个特点，这是一种片面的观点。我国是在生产力水平很低的基础上开始建设社会主义的，但建设的意义就在于提高生产力水平，决不能把我国生产力看成凝固不变的东西。这里有三个问题必须弄清楚：

第一，今天我国的生产力水平比之建国初期是不是提高了？回答是肯定的。今天我国的生产力水平已经大大高于经济建设开始的年代。我国在工农业建设中已逐步建立了独立的比较完整的工业体系和国民经济体系。1980年同经济恢复完成的1952年相比，全国工业固定资产按原价计算，增长了26倍多，达到4100多亿元；棉纱、原煤、电力、原油、钢铁、机械的产量或产值都增长了几倍到几十倍；在广阔的内地和少数民族地区较之沿海地区，工业水平虽然很低，但已兴建了一批新的工业基地；交通邮电事业都有很大的发展；农业生产条件有很大改善，生产水平有很大提高，粮食产量增长近一倍，棉花增长一倍多。如果在建设的过程中，我们少犯一些错误，如果不犯"文化大革命"这种全局性的长时间的严重错误，成就还会高得多。当然，比之发达国家，我们目前的生产力水平还是很低的。这就引起下面的问题：

第二，在较低的生产力水平条件下，我们的社会主义建设能否成功？这是以新的姿态出现的一个老问题。当年工人阶级领导中国民主革命时有能否领导的问题，中国进行社会主义改造时有在生产力水平很低的基础上能否实现社会主义改造的问题，现在民主革命胜利了，社会主义改造成功了，我认为社会主义建设也一定会成功。在较低生产力基础上建设社会主义，不仅不违反马克思主义，而正是马克思主义的创造性的运用。马克思主义认为社会主义是现代生产力的产物，但从来没有规定过现代生产力要达到多高的水平才能发动社会主义革命或开始社会主义建设，达到了多高的水平就一定能取得社会主义革命或社会主义建设的成功。既然资本主义制度曾经推动过生产力的巨大发展，为什么社会主义制度就做不到，而一定要依靠资本主义呢？列宁当年就碰到过这个问题，他的回答是："既然建设社会主义需要有一定的文化水平（虽然谁也说不出这个一定的'文化水平'究竟是什么样的，因为这在各个西欧国家都是不同的），我们为什么不能首先用革命手段取得达到这个一定水平的前提，然后在工农政权和苏维埃制度的基础上赶上别国的人民呢？"① 既然中国的民主革命是由工人阶级而不是由资产阶级领导完成的，人民就当然不会走资本主义的道路而要走社会主义的道路。既然社会主义改造已经完成了，人民就当然不会再给自己戴上资本主义枷锁。我们可以而且只能在社会主义条件下来完成一些国家在资本主义制度下完成的生产现代化的任务。因此，当有中国特色的社会主义建成的时候，中国将有高度的物质文明，生产落后的面貌将完全改变。

第三，中国能否在资本主义条件下实现生产现代化？回答是否定的。既然民主革命都不能走资本主义道路，实现四个现代化怎么可能走资本主义道路呢？现在，在资本主义制度下，许多国家的生产达到了前所未有的水平，甚至一些落后国家或地区在资本主义条件下也达到了很高水平。这使有些人产生一种幻想，认为也许在中国也应该走资本主义道路。情况不同，道路不同，社会主义经验尚且不能照搬，何况资本主义经验？至于某些落后地区经济上也繁荣起来了，应当看到，这些地区或国家都比较小，经济上实际从属于发达国家，并没有走上独立的发展资本主义的道路，要中国这样一个大国走上独立的资本主义道路是更加不可能的。不仅如此，工人阶级和广大劳动人民已经摆脱了资本主义的锁链，亲身体会了社会主义的优越性，有了共产主义的觉悟，怎么会让资本主义的锁链重新套在自己脖子上呢？

总之，在较低生产力水平上建设社会主义，可以说是建设过程的一个特点，而且是主要的特点，但决不能说生产力水平低是有中国特色的社会主义的一个特点。相反，应该毫不含糊地说，具有高度物质文明才是它的一个特点。

建设过程的第二个特点，是在以国营经济为主导的条件下，多种经济形式合理配置和适当发展。社会主义国营经济在我国国民经济中居主导地位，首先要巩固和发展国营经济，才能保证我国建设沿着社

---

① 《列宁选集》第 4 卷，人民出版社 1995 年版，第 777 页。

会主义道路前进。劳动群众集体所有制是我国的第二种社会主义公有制。由于人民生活的需要和发展生产的需要，劳动者个体所有制作为社会主义公有制的一种不可缺少的补充，将长期而广泛地存在。对外开放和引进外资，使我国经济中存在着一定成分的外国资本主义因素。这种状况丝毫不影响我国社会的社会主义性质，而大大有利于建设社会主义，这是从我国实际出发建设社会主义制度的原则性和灵活性辩证结合的体现之一。有的同志认为这是有中国特色的社会主义的特点之一，这是不确切的。允许资本主义经济在一定限度内存在和发展只能说是建设社会主义过程的一个特点，而决不是完成形态的特点。

建设过程的第三个特点，是实行计划经济为主、市场调节为辅的政策。组织社会主义经济必须以计划经济为主体，这是不能动摇的。但由于集体所有制和个体所有制的存在，商品生产不仅不能消除，还须大力发展，借以发挥价值规律的调节作用，使国民经济的各个组成部门在计划经济的率领下有计划地协调地发展。因此，市场调节也丝毫无损于我国社会的社会主义性质，而大大有利于建设有中国特色的社会主义。

建设过程的第四个特点，是在农村集体经济中实行联产承包的生产责任制，在国营经济中实行经营责任制。联产承包责任制是近年来我国农民的创造。由于我国农村生产力水平较低，又不平衡，各种形式的联产承包责任制，能在坚持基本生产资料公有制的基础上，使生产劳动和劳动者的物质利益直接联系起来，从而极大地调动了劳动者的生产积极性。农业经营管理体制的这种改革以及其他农业政策的实施使我国农业生产的面貌发生了巨大的变化。在国营经济中实行了各种形式的经营责任制，把责任、权力和利益统一起来，全面照顾了国家、企业和个人的利益，打破了平均主义的"大锅饭"，也大大调动了劳动者的生产积极性。经营管理体制的这种改革也充分体现了社会主义的原则性和灵活性。有的同志认为联产承包责任制是有中国特色的社会主义的特点之一，这也是不确切的。我们只能说实行联产承包责任制是建设社会主义过程的一个特点，在有中国特色的社会主义建成的时候，生产责任制肯定是存在的，但不一定采取联产承包的形式，它无疑将过渡到更高的形式。

建设过程的第五个特点，是恰当地处理积累和消费的关系，把发展生产和提高生活有机地结合起来。不断满足人民日益增长的物质和文化需要是社会主义生产和建设的根本目的。我国十分重视不断提高人民生活，近几年来全国人民的生活有了显著改善。但是，生活的改善决不能快于生产的发展，如果减少国家的必要建设资金用以提高人民的生活，就会损害人民的长远的根本的利益。相反，过分地强调发展生产，忽视改善人民生活，也会挫伤人民的生产积极性，不利于生产的发展。"一要吃饭，二要建设"，这是我国经济工作的基本原则。

建设过程的第六个特点，是在建设高度物质文明的同时，努力建设高度的社会主义精神文明。马克思主义一贯认为要实现共产主义，仅仅依靠物质财富的增长是不行的，还要依靠人民的共产主义思想觉悟的不断提高。单纯高度的物质文明、大量的物质财富是共产主义的物质基础，并不等于共产主义。四化建设，从长远的目标来说，是为了给共产主义准备物质基础，而建设高度的社会主义精神文明，则是为了给共产主义准备精神条件。社会主义精神文明的核心思想是共产主义。我国是社会主义社会，不是共产主义社会，目前实行的是社会主义的纲领和政策，而不是共产主义的纲领和政策，但社会主义和共产主义又不过是同一种社会形态的两个阶段，不能截然分开。社会主义是共产主义的准备，共产主义是社会主义的完成，因此，我们在为共产主义准备物质条件的同时，也要为它准备精神条件。

不仅如此，建设高度的社会主义精神文明也为当前进行四化建设所必需。人民的需要不单纯是物质的需要，其中也包括文化的需要。精神文明包括文化建设和思想建设，建设精神文明既可以满足人民的文化生活的需要，也可以给人民以共产主义思想教育，提高人民的共产主义觉悟。我们认为，通过共产主义思想教育，通过先进分子在实际行动中的模范作用，人民中就会涌现出越来越多的有理想、有道德、有文化、守纪律的人，我们就可以逐渐形成良好的社会风气，为高速度地进行四化建设提供有利的社会条件和精神条件。社会主义精神文明的建设将大大推动物质文明的建设。经验证明,片面强调物质利益,"一切向钱看",不仅是一种败坏人们思想的腐蚀剂,也是对四化建设的一种破坏力量。胡耀邦同志在党的十二大的报告中科学地论证了物质文明建设和精神文明建设的辩证关系。他说:"物质文明的建设是社会主义精神文明的建设不可缺少的基础。社会主义精神文明对物质文明的建设不但起巨大的推动作用,而且保证它的正确的发展方向。两种文明的建设,互为条件,又互为目的。"

我国最近开展的清除精神污染的活动是一种思想教育活动,是为建设高度社会主义精神文明必须经常进行的活动,是人民的自我教育活动。对人民进行共产主义思想教育和清除剥削阶级腐朽没落的思想影响,是一件事情不可分割的两个方面。不抵制、不清除精神污染,就不可能建设以共产主义思想为核心的精神文明。

批判资产阶级人道主义是清除精神污染的内容之一。人道主义在历史上是一种资产阶级意识形态。资产阶级人道主义以个人为出发点,宣扬抽象的人性,离开具体的历史时代、具体的社会,片面地强调个人的价值、个人的权利和个人的自由。在反对封建专制统治中它曾经发挥过积极的作用,用它来批判现代资本主义也有一定的积极作用,但它具有很大程度的虚伪性,对广大青年的思想是一种很强烈的腐蚀剂,因为它鼓吹个人中心主义,即利己主义,煽动青年离开可能条件抽象地要求个性解放、个人发展,要求绝对的自由和平等,要求社会充分满足个人的需要。这只能激化各种社会矛盾,破坏安定团结、生动活泼的政治局面,妨碍四化建设和社会主义精神文明的建设。

建设过程的第七个特点,是以努力建设高度社会主义民主来保证和支持社会主义物质文明和精神文明建设。建设两个文明完全符合广大人民的要求,是人民的事业,只有调动起人民的积极性、智慧、勇敢和不怕牺牲的精神才可能完成,而要做到这点就要充分发展社会主义民主。所以,建设高度的社会主义民主是我们的根本目标和根本任务之一。

社会主义民主意味着国家的一切权力属于人民，人民是国家的主人，因此，在工人阶级和广大人民内部实行广泛的民主，而对社会主义的敌人则由人民实行专政，这就是我国的人民民主专政的政治制度。社会主义民主还意味着在工人阶级领导下，按民主集中制的原则，把人民组织起来，行使人民的权力。我们强调社会主义民主的制度化、法律化，主张把社会主义民主的建设和社会主义法制的建设密切结合起来，不如此，社会主义民主就会成为一句空话。

建设过程的第八个特点，是坚持独立自主的对外政策。长期以来的历史经验告诉我们，只有坚持独立自主、自力更生的方针，立足于本国，依靠本国人民的力量，革命和建设才能获得成功。邓小平同志强调把马克思主义的普遍真理和本国的具体实际结合起来，走自己的道路，就意味着执行独立自主的方针。但是独立自主的方针决不是闭关自守，与世隔绝。我们任何时候都要从自己的实际出发争取外援，向外国学习，学习革命、建设和管理的经验，学习先进的科学技术。我们主张把独立自主、自力更生与争取外援、学习外国辩证地结合起来。

在我看来，这些就是建设有中国特色的社会主义过程的主要特点。这个过程之所以有这些特点是因为只有这样才是适合中国国情的，才能使我国社会主义建设获得成功，其结果将是在中国大地上出现一个高度物质文明、高度精神文明和高度民主的社会主义社会。

三

如果我们把上述特点与毛泽东同志50年代的有关思想比较一下，可以看出，有许多特点实质上毛泽东同志都在一定程度上谈到了。例如我国社会主要矛盾的转化，社会主义的一般特点必须与中国具体实际相结合，在进行经济建设的同时必须调整生产关系和上层建筑的各个环节，经济工作与政治思想同时抓等，都是50年代毛泽东同志多次反复提到过的。但是，党中央关于建设有中国特色的社会主义的思想不是对毛泽东同志的有关思想的简单的恢复，而是大大地发展了，创造性地发展了。创造性地运用和发展必然会增添新的因素。党中央关于建设有中国特色的社会主义的思想在以下几个方面发展了毛泽东同志的有关思想：

第一，把毛泽东同志提出的原则性的观点加以具体化了。例如关于生产关系的具体环节的调整问题，毛泽东同志虽然提出来了，但后来并未加以具体化，反而是过急地要求向更大更公发展。农业集体所有制中实行的承包责任制和国营经济中实行的经营责任制是目前找到的适合我国国情的公有制的具体制度，使毛泽东同志提出而未解决的问题解决了。当然，所谓解决，并不是说没有问题了，不再改进了，但基本形式是找到了。上层建筑中也有类似的情况。

第二，把毛泽东同志提出的思想加以进一步的理论化和完整化。例如建设两个文明的思想，无疑毛泽东同志实质上也是提到了，但明确提出这一论点的是叶剑英同志的纪念国庆30周年的报告，后来胡耀邦同志在党的十二次代表大会上作的报告中又作了系统的论证，提出了关于物质文明和精神文明的定义、精神文明的内容、思想建设的核心、物质文明建设和精神文明建设的关系的具体论点，大大丰富了毛泽东思想。

第三，突出的重点有所变化。例如关于民主与专政、自由与纪律，毛泽东同志曾作过全面的论证。根据多年经验，党的十二大报告更加强调民主和法制。民主与法制是遭受过长期封建统治的我国所特别缺乏的，过去的许多问题均与此有关。党中央把建设高度社会主义民主与建设物质文明、精神文明并列，并指出民主必须法律化，这都是非常必要的，体现了对毛泽东思想的进一步发展。

最后，建设有中国特色的社会主义的理论，作为一个系统理论，从整体上说就是对毛泽东思想的发展，关于这个问题，过去没有如此系统地论证过。

这个理论，正如前面指出过的，并没有完成，它指导着我国的建设，又将随着我国建设实践的发展而发展，这是无疑的。

论社会主义社会基本矛盾*

社会基本矛盾理论是唯物史观的基本理论,马克思主义者用它来认识、分析人类社会的各种形态及其发展,也用它来指导自己的革命、建设和改革。这是一个具有重大理论意义和现实意义的问题。10多年来,我国理论界围绕这个问题开展了认真的研究和热烈的讨论,提出了各式各样的观点。以下拟就这个理论的几个关键性问题略抒己见,以求教于同志们。

一、关于社会基本矛盾的一般理论

这里首先需要明确一个概念问题:何谓社会基本矛盾?然后才能回答:什么是社会基本矛盾?毛泽东在《矛盾论》中有"根本矛盾"这个概念。毛泽东对"主要矛盾"概念作了专门的说明,对"根本矛盾"概念的理解可从他的一句话看出来:"事物发展过程的根本矛盾及为此根本矛盾所规定的过程的本质,非到过程完结之日,是不会消灭

---

* 本文发表于:《学术论丛》1991年第5期;《北京大学校刊》1991年9月27日;《四川哲学通讯》1990年第4期、1991年第1期合刊。

的。"① 这显然不同于主要矛盾。我国理论界认可这种理解，并认为根本矛盾就是基本矛盾。根据这种理解，社会基本矛盾有三个特点：（1）贯彻人类社会的始终，就是说，有了人类社会就有社会基本矛盾，非到人类社会消灭之日，社会基本矛盾不会消灭。（2）决定人类社会之为人类社会，不同社会形态的社会基本矛盾决定不同的社会形态。（3）不是人类社会发展的唯一动力，而是基本动力。

那么，什么是具有这些特点的社会矛盾呢？在社会历史领域中，可供选择的矛盾是很多的，例如社会存在与社会意识、物质文明与精神文明、人与自然、个人与社会、实践与认识等，这些矛盾无疑都是贯彻人类社会的始终，也都是非常重要的，但作为社会基本矛盾都有这样那样的问题。人与自然的矛盾是生产中的基本矛盾。生产是一切活动的基础，极其重要，但不能表征人类社会的全貌。个人与社会的矛盾无疑是贯穿整个人类社会各个领域的矛盾，但也只能表示人类社会的一个方面，而决不是它的全貌。实践与认识也不足以表示人类社会的全貌。社会存在与社会意识、物质文明与精神文明当然能够表示社会的全貌，但失之笼统，社会意识本来是社会存在的一部分，其间界限难于区别；物质文明与精神文明也只有大致的界限。当然还有其他的范畴如经济、政治、文化、物质生产、人口生产、精神生产可供选择。比较起来，还是生产力与生产关系、经济基础与上层建筑这两对矛盾充当社会基本矛盾最为适当。为什么呢？

第一，这两对矛盾无疑是贯彻人类社会的全过程的。人之所以从类人猿中区别出来就是因为他开始获得生产的能力或劳动的能力，但这种能力单单一个人是不可能获得的，也不可能发挥的，它离不开他人，即离不开社会，这就是生产关系，尽管这种关系是极原始的、极简单的。这种关系是适应生产的需要的。人不仅有物质关系，而且必然有在其基础上产生的社会关系和精神关系，前者是经济基础，后者是上层建筑，原始社会的上层建筑当然也是很原始的、很简单的。在

---

① 《毛泽东著作选读》上册，人民出版社1986年版，第153页。

人类社会后来的发展中，生产力和生产关系、经济基础和上层建筑日益复杂化和多样化，出现了阶级与国家。在未来的共产主义社会中，阶级与国家都会消逝，但生产力与生产关系、经济基础与上层建筑是只会改变其构成要素，不会根本消逝的。

第二，这两对矛盾及其构成要素已经构成了人类社会的全部内容，任何社会现象不单独属于生产力、生产关系或上层建筑，就必然同时属于其中二者或三者。例如科学技术不属于上层建筑，而属于生产力；教育既与生产力有关（如科技教育），也与生产关系有关（如政治思想），它具有上层建筑与非上层建筑的两重性质，语言与思维则贯穿于人类社会的一切领域。因此，生产力、生产关系与上层建筑的状况就决定了整个人类社会的状况，它们的形态决定了人类社会的形态。

第三，人类社会的一切要素对它的发展都是有作用的，人类社会的发展是其一切要素互相作用的结果。但是在这些要素中有一个基本的要素，那就是生产，而生产的矛盾运动，即生产力和生产关系的矛盾运动自然是人类社会发展的基本动力。从这对矛盾直接产生出来的经济基础和上层建筑的矛盾自然是第二个基本动力。

把生产力与生产关系、经济基础与上层建筑的矛盾看成社会基本矛盾在经典著作中也是有充分根据的。第一个把这两对矛盾称作社会基本矛盾的是毛泽东，他在《关于正确处理人民内部矛盾问题》中说："在社会主义社会中，基本矛盾仍然是生产关系和生产力之间的矛盾，上层建筑和经济基础之间的矛盾。"[①] 其中就逻辑地蕴含了这样的思想：它们是一切社会的基本矛盾。经典作家虽然没有如此明确地表示过，这样的思想还是很明显的。马克思在《〈政治经济学批判〉序言》中那一段关于唯物史观的经典概括虽然没有这样明确讲，但只要仔细推敲一下就明白，马克思在那里论述的正是人类社会在两对社会基本矛盾的不断解决的过程中才不断前进的，才演变出各种不同的社会形态的；而在这两对基本矛盾中，生产力与生产关系的矛盾又更根本一

[①] 《毛泽东著作选读》下册，人民出版社1986年版，第767页。

些。后来恩格斯明确用了基本矛盾这一概念,在《社会主义从空想到科学的发展》中说:社会化生产与资本主义占有制之间的矛盾是"产生现代社会的一切矛盾的基本矛盾,现代社会就在这一切矛盾中运动,而大工业把它们明显地暴露出来了"①。他这里谈的是资本主义社会的基本矛盾,即生产力与生产关系的矛盾。列宁也使用过这一概念,在《评经济浪漫主义》中说:资本主义经济危机诚然与生产过剩和消费不足的矛盾有关,但这个事实只能摆在应有的从属地位,"因为危机是由现代经济制度中另一个更深刻的基本矛盾,即生产的社会性和占有的私人性之间的矛盾引起的"②。

生产力和生产关系的矛盾是生产中的矛盾,经济基础和上层建筑的矛盾是社会制度中的矛盾,生产比社会制度更根本,前者无疑比后者更根本。因此,如谈论一个基本矛盾,它当然是前者;如谈论两个基本矛盾,还应加上后者。肯定两个基本矛盾是必要的,因为两个基本矛盾才能概括人类社会的全貌;指出前者更根本也是必要的,因为经济基础(B)与上层建筑(C)的关系依赖于生产力(A)和生产关系(B)的关系。A与B的关系是:A决定与A相适应的B,B推动(如果适应)或阻碍(如果不适应)A的发展(往往同时具有这两种作用,但总有一种是主导的),B如果根本不适应A的发展,将被打破而产生与A相适应的B。B和C的关系也是:B决定与B相适应的C,C推动、加强(如果适应)或阻碍(如果不适应)B,如果C根本不适应B的需要,也将被打破而产生与B相适应的C。但是,C对于整个社会的发展起的是积极的作用还是消极的作用,首先不取决C对B的作用,而取决于B对A的作用。如果B对A起推动作用,则与B适应的C对整个社会起积极作用;如果B对A起阻碍作用,则与B适应的C对整个社会起消极作用。总之,不能离开生产中的矛盾来孤立地考察社会制度中的矛盾。

---

① 《马克思恩格斯选集》第3卷,人民出版社1995年版,第758页。
② 《列宁全集》中文第2版第2卷,第137页。

二、关于社会主义社会基本矛盾

社会主义社会是人类社会的一种特殊形态，它的基本矛盾也应是社会基本矛盾的特殊表现。经典作家指出资本主义社会的第一个基本矛盾是生产的社会化和生产资料私有性，这是生产力和生产关系的矛盾在资本主义社会中的特殊表现。那么，它在社会主义社会中的特殊表现是什么呢？毛泽东曾指出过它的特点："它不是对抗性的矛盾，它可以经过社会主义制度本身，不断地得到解决。"而资本主义社会的基本矛盾"不可能由资本主义制度本身来解决"。[①] 简单说，社会主义社会基本矛盾是非对抗性的，资本主义社会基本矛盾是对抗性的。但是，毛泽东对社会主义社会基本矛盾没有提出具体的表述，像经典作家对资本主义社会基本矛盾所作的表述那样。10多年来中国理论界进行了多次讨论，提出了若干提法。下面试举几种，略加分析。

（一）社会主义社会的基本矛盾是生产与消费的矛盾，表现为个人与社会的矛盾。这里的消费指人的消费活动，即衣食住行以及满足精神需要的消费。消费成为生产的最后目的，这是社会主义制度区别于资本主义制度的特点之一，但在人类社会中，消费不是最后的决定力。消费是生产的前提，没有消费就没有生产，但消费作为一种现实的具体的社会现象是生产决定的，因此，社会基本矛盾首先应从生产内部去寻找，而不应在生产以外去寻找。至于个人与社会的矛盾当然是存在的，但社会不是直接由一个一个的个人构成的，即首先划分为各种群体（家庭、民族、企业、行业、单位等），再形成社会。把社会主义社会设想成只有个人与社会两个层次，未免太空泛了。

（二）社会主义社会的基本矛盾是计划经济与商品生产的矛盾，表现为各种利益集团的矛盾。在社会主义社会中，这确实是一个十分重要的矛盾。商品生产受价值规律的支配，导致生产无政府状态，妨碍国家计划的实施；而硬性实施国家计划，又往往会挫伤企业和生产

---

① 《毛泽东著作选读》下册，人民出版社1986年版，第767页。

者的积极性，导致生产萎缩，这就是常常说的，一放就乱，一管就死。如何把二者统一起来，做到互相推动而不互相妨害，正是我们在努力解决的问题。但这仍然是生产以外的矛盾，而不是生产内部的生产力与生产关系的矛盾，而且计划经济与商品经济的矛盾的根源和解决途径也得从生产中的矛盾去寻找。因此，各种利益集团的矛盾决不仅仅是由计划经济与商品生产的矛盾产生的，而首先是由生产资料所有制的差别产生的。

（三）一定程度的社会化生产力与生产资料公有制的各个具体环节的矛盾。我国多数学者严格限于生产力与生产关系这一对矛盾的范围之内来寻找社会主义社会基本矛盾的特殊表现，并提出了一系列的表述方式，如社会化生产与公有制的规模、程度、形式、结构之间的矛盾，一定程度的生产社会化和不同层次的经营主体的相对独立性的矛盾，等等。如此考虑问题，无疑是正确的，问题在于能否找到一个适用于整个社会主义社会形态的社会主义社会基本矛盾的特殊表现方式。经过多年讨论，回过头来看一看毛泽东对这个问题的考虑，可以得到不少有益的启示。毛泽东认为社会主义社会的基本矛盾同旧社会的基本矛盾相比，"具有根本不同的性质和情况"①，这就是前面谈到的它的矛盾能在社会主义社会内部解决。那么，有些什么矛盾呢？毛泽东作了具体分析。他说："我国的社会主义制度还刚刚建立，还没有完全建成，还不完全巩固。"② 具体说来，有：由于定息的存在，公私合营企业还不是完全社会主义的，农业和手工业合作社还有一部分是半社会主义性质的，完全社会主义性质的合作社在所有制上还有些个别问题，在各经济部门中的生产和交换的相互关系还没有完全按社会主义原则建立起来，全民所有制和集体所有制之间积累和消费的分配还没有解决得完全合理。他分析后总结说："总之，社会主义生产关系已经建立起来，它是和生产力的发展相适应的；但是，它又还很不完

---

① 《毛泽东著作选读》下册，人民出版社1986年版，第767页。
② 同上书，第768页。

善，这些不完善的方面和生产力的发展又是相矛盾的。"① 我理解这里所说的"相矛盾"就是"不适应"，变一种说法，就是：社会主义生产关系和生产力的发展基本上是相适应的，但在某些具体环节上是不相适应的。这话是1957年讲的，那时，社会主义建设和改造的复杂性还没有充分暴露出来，毛泽东把问题看得比较简单。30多年后的今天再回过头来研究毛泽东的这一番话，我认为有几个问题值得推敲：

第一，毛泽东的主要着眼点是社会主义性质不完全，不完全就是不完善，就是不相适应。这里就包含了这种思想：公有制越完全越高级，就越好。现在看来，情况并不是这样，公有制的完全程度过高也有不适应的地方；低一点也许更适应。第二，毛泽东也看到社会主义制度在许多具体环节上会有不完善不适应的地方，如生产与交换、消费与积累的关系上就有许多问题，他在1956年写的《论十大关系》还提到了更多的环节，这是很正确的，遗憾的是毛泽东对这些问题重视不够，没有深入地研究和不断地解决这些问题。第三，如果这些不完全不完善之处都克服了，社会主义生产关系是否就完全适应生产力的发展？毛泽东作了明确的回答："在解决这些矛盾以后，又会出现新的问题。新的矛盾，又需要人们去解决。"② 这个回答也是很正确的。这就是说社会主义社会中不但新矛盾在不断出现，旧矛盾也不可能完全解决、彻底解决。

如果以上这些分析能够成立的话，我们就可以这样回答前面提出的问题：社会主义社会的生产力与生产关系的矛盾就是社会化生产与生产资料公有制的矛盾，这就是社会主义社会最基本的矛盾。如此表述资本主义社会基本矛盾（社会化生产与生产资料私有制）能明显说明矛盾的对抗性，人们易于接受；如此表述社会主义社会基本矛盾，也能明显说明矛盾的特色，即非对抗性，但人们却难于接受，这是为什么呢？我认为这是由于对概念的理解不确切所致。人们习惯于承认社会化与私有制（非社会化）是矛盾，却不习惯于承认社会化与公有

---

① 《毛泽东著作选读》下册，人民出版社1986年版，第768页。
② 同上书，第769页。

制（社会化）有矛盾，其实是有矛盾的，不过根本性质不同罢了。矛盾是对立统一，不等于对立。私有制根本不适应社会化生产，但也有适应的地方，公有制根本适应社会化生产，但也有不适应的地方。关键问题在于：公有制不是抽象的存在物，而是具体的存在物，我们初步建立起来的公有制只是整体上适应社会化生产，至于它的具体环节当然有适应的，也有不适应的，搞得不好，很多具体环节都不适应，社会化生产不但不能发展，还遭受破坏，这种教训在过去颇不少见。相反，资本主义私有制整体上是不适应社会化生产的，它的具体环节当然有不适应的，但也有适应的，甚至很多环节都是适应的，并使社会化生产有很大的发展。至于另一对社会主义社会基本矛盾，即经济基础和上层建筑的矛盾，情况类似，限于篇幅，不作具体论述了。

三、社会主义社会基本矛盾与建设有中国特色的社会主义

既然在社会主义社会中，公有制只是在整体上适应社会化生产力的发展，而在具体环节上不一定适应，而且即使现在是适应的，情况变化了，又会不适应，那么，不断改变这些具体环节，就是不可避免的，不把不适应的环节改变为适应的，生产力的发展就会受到阻碍。在这种情况下，容易产生两种偏向，一种偏向认为既然公有制是适应生产的社会化性质的，那就万事大吉了，甚至不顾实际条件，一味追求公有制的高级形式；另一种偏向则是片面地强调改变，忽视或否认公有制在整体上是与生产的社会化性质适应的，而主张放弃社会主义公有制。这就是改革中的"左"右偏向。可见，改革是社会主义社会，乃至社会主义制度中必然存在的因素，但改革限于体制而不是根本制度。一个与生产的社会性在各个具体环节上都适应的社会主义制度必须通过不断的改革才能形成，形成以后还要不断改革才能保证它不断推动生产力前进。不仅苏联需要改革，中国需要改革，由发达的资本主义国家转变成的社会主义国家也必须改革。改革应是社会主义制度的一个普遍原则，它是由社会主义制度的本性决定的。

中国必须改革不仅有一般的理由，而且有特殊的理由，就是说，

中国的社会主义制度更需要改革，具有其外部与内部原因，是有历史必然性的。中国要实现现代化，曾选择过封建的道路、资本主义改良主义的道路、旧民主主义革命的道路、半封建半殖民地的道路，都失败了，才走上新民主主义革命和社会主义改造的道路。有人认为根据唯物史观原理，中国没有条件实行社会主义制度。这是对生产力决定生产关系原理的机械理解，是庸俗生产力论的表现。既然社会化生产在资本主义私有制中也能发展起来，为什么在与它根本适应的社会主义公有制中反而不能发展呢？列宁在反驳"俄国生产力还没有发展到足以实现社会主义水平"时说得好："既然建立社会主义需要有一定的文化水平（虽然谁也说不出这个一定的'文化水平'究竟是什么样的，因为这在各个西欧国家都是不同的），我们为什么不能首先用革命手段取得达到这个一定水平的前提，然后在工农政权和苏维埃制度的基础上赶上别国的人民呢？"① 中国在解放前比当年的俄国更落后，但列宁的论断对中国显然是适用的。但是，应该看到，在经济文化落后国家实现的社会主义制度无疑会比在经济发达国家实现的社会主义制度有更多的问题，有更多的特色，形成了社会主义社会的一个特殊阶段，即社会主义初级阶段。改革是社会主义初级阶段的主要特征之一。

由此可见，必须进行社会主义改革的结论是在社会基本矛盾理论的指导下作出的，也只能在它的指导下来实行改革。改革的目的就是具体地建立与中国生产力的发展相适应的社会主义制度，也就是我们经常所说的有中国特色的社会主义。那么，中国特色是些什么特色呢？它们是怎样适应于生产力的发展的呢？

中国共产党从十一届三中全会开始，经过十二大和十三大，逐渐形成了社会主义初级阶段理论和一个中心、两个基本点的基本路线，并在此基础上形成了一些关于有中国特色的社会主义的共识。这些思想、理论的形成明显贯彻了社会基本矛盾理论的指导，也是对这一理论的验证和发展。

---

① 《列宁选集》第4卷，人民出版社1995年版，第777页。

所谓社会主义初级阶段不是就任何过程均可以区分为初级阶段、中级阶段、高级阶段这种一般意义说的,中国完成社会主义改造已经30多年,才宣布它处于初级阶段,岂不奇怪?说它处于初级阶段是就其生产力发展水平不高、社会化程度不高这种特殊意义而言的。这就是对生产力的最终决定作用的肯定和重视。尽管中国在种种原因的作用下走上了社会主义道路,但生产力发展水平太低,需有一个特殊阶段来解决这一问题。如果中国原是一个经济发达的国家,在它进入社会主义社会之后,就不需要这种特殊意义的初级阶段。

"一个中心、两个基本点"的基本路线充分体现了社会基本矛盾理论的作用。一个中心是以经济建设为中心,两个基本点是坚持四项基本原则(坚持社会主义道路、坚持人民民主专政、坚持中国共产党的领导、坚持马克思列宁主义毛泽东思想)和坚持改革开放的总方针。为什么经济建设是中心?因为生产力是整个社会的最后的决定的力量。生产力不发展,一切无从谈起,加以中国经济落后,发展经济成为十分紧急的任务。两个基本点包括生产关系、政治上层建筑、意识形态等因素以及对这些因素及其相互关系的调整和改变,其中包括中国和外国的关系。四项基本原则是立国之本,改革开放是强国之路,二者均是为了把中国建设成为繁荣、发达、富强的社会主义国家,具有高度的物质文明和精神文明,使全体人民共同富裕,过上幸福安乐的生活。

有中国特色的社会主义究竟有哪些特色,是十年来我国人民在实践和理论研究中努力探索的问题。经过实践中的成功与失败、理论上的研究与讨论,这些特色逐渐明朗起来了,人们的认识也趋于比较一致了。这里不拟一一详细论述这些特色,只想举例说明这些特色是社会基本矛盾理论与中国国情相结合的产物,是适应我国生产力的发展的。例如在所有制方面的特色是:坚持以社会主义公有制为主体的多种经济成分并存的所有制结构,发挥个体经济、私营经济和其他经济成分对公有制经济的有益的补充作用,并对它们加强正确的管理和引导。在所有制问题上主要处理好两个问题,一是不同所有制之间的关系，二是公有制的规模、水平、具体环节。改革开放就是要妥善解决这两类问题，使中国的所有制能最大限度地适应生产力的发展。找到所有制的这种形式，是经过了迂回曲折的道路的。在目前生产力水平上，完全否定私有制的作用是不行的，不加引导，任它自发发展也是不行的，家庭联产承包制是我国农业中公有制的主要形式，过去规模大、公有程度高的形式是不行的，完全放弃公有制、实行私有化，不仅会产生两极分化，也必然会破坏现有生产力。搞活国营大中型企业是目前公有制改革中正在探索的问题，已经有了不少成功的经验。当然，适应是相对的，生产力进一步发展了，所有制的具体形式也应随之不断改变。又如在产品的生产和流通方面的特色是：积极发展社会主义的有计划商品经济，实行计划经济与市场调节相结合，努力促进国民经济持续、稳定、协调发展。肯定社会主义的有计划商品经济是商品经济的一个特殊阶段，商品经济是社会主义经济的一个不可缺少的方面，这是马克思主义理论的一个重大突破，过去总把商品经济看作资本主义的残余，看成完全消极的东西。问题是处理好计划经济与市场调剂之间的关系。片面强调计划而抹杀价值规律的作用或让价值规律支配一切而否定国家计划都是不利于生产力的发展的。

其他特色如实行以按劳分配为主体、其他分配方式为补充的分配方式，坚持工人阶级领导的以工农联盟为基础的人民民主专政，不断完善共产党领导的多党合作的政治协商制度，建设以马列主义毛泽东思想为指导的继承和吸收中外古今优秀文化遗产的社会主义精神文明，等等，都体现了社会基本矛盾的辩证关系。

总之，我国走上社会主义道路和今天的改革是以社会基本矛盾理论为指导的，凡是违背这个理论的时候，我们的事业就会遭受挫折，凡是结合实际正确贯彻它的指导的时候，我们的事业就不断前进。用它来指导，也就是用唯物史观来指导，用马克思列宁主义毛泽东思想来指导，它是唯一正确的指导思想。

孔子与儒学[*]

世界文化名人、中国古代伟大的哲学家、思想家、教育家、政治家孔子和他所创立的学派——儒家,他们的思想持续影响中国历史2000多年,成了中国传统文化的核心部分,对世界很多国家,特别是亚洲国家也有着明显的影响。在科学技术和物质文明高度发达的今天,儒家思想对于克服片面追求物质享受所产生的流弊是否可能发挥一定的积极作用,这一问题引起了人们的普遍关注,成为国际理论研究的一个热点。

一、孔子及其思想

孔子名丘字仲尼(孔子是一种尊称),中国春秋时代鲁国(今山东曲阜)人,生于公元前551年,死于公元前479年。祖先是宋国贵

---

[*] 本文写于1991年,为 *Companion Encyclopedia of Asian Philosophy*(Edited by Brian Carr and Indira Mahalingam, Routledge, 1977)之第26章,英译有删节。作者从50年代开始发表文章以来,没有写过一篇有关中国哲学史的文章,只是在"文革"时期参加过《〈论语〉批注》一书的写作,批判了《论语》中的每一句话。此书内部发行,影响恶劣,是"左"倾路线的典型产品。作者常为此事感到内疚。本文可以说是对《〈论语〉批注》的一种批判。

族，后逐渐没落，父亲叔梁纥是鲁国的一个低级官吏——陬邑大夫。三岁丧父，寡母孤儿，生活十分贫困。孔子一生主要活动有教育、从政、游说、整理古籍，他在这些活动中发表自己的各种思想。他的一生自15岁以后，大致可以分为四个阶段：

（一）15岁至30岁为学习阶段。孔子自己说："吾十有五而志于学，三十而立。"他学习了六艺（礼、乐、射、御、书、数）和他后来又加以整理修订的六经（《诗》、《书》、《礼》、《乐》、《易》、《春秋》），直到30岁，为他从事教育和政治活动打下了坚实的基础。其后，特别是他母亲于他17岁时逝世后，他独立生活，从事过多种劳动，还做过婚丧礼仪中的司仪、管理牛羊的小吏和管理仓库的小吏。

（二）30岁至55岁为从事教育、政治活动的阶段。孔子在30岁左右开设私学，是中国最早兴办私学的教育家。他同时进行了一系列政治活动，希望跻身于鲁国贵族统治集团之列，但直至51岁才当上鲁国的中都宰（县长），后来又升任司空（工程管理长官）和大司寇（公安司法长官），还代理过宰相。孔子55岁时，由于触犯了鲁国的权臣季桓子，不得不辞职离开鲁国，开始了周游列国之行。

（三）55岁至68岁的游说阶段。孔子周游列国的目的是为了寻求国君的支持，以便实行他的主张。他先后访问了卫、陈、曹、宋、郑、蔡等6个国家。他带着几十名随从弟子，所到之处颇受国君的尊重和礼遇，但没有一个国君给予高官和大权，采纳他的主张。有时也受到冷遇，特别是在途中还受到过包围，甚至断粮，被弄得十分狼狈。

（四）68岁至72岁的整理文献阶段。孔子是鲁国宰相季康子欢迎回来的，但鲁国君除了给予他较高物质待遇外，也不采纳他的主张，孔子于是把精力集中在整理文献和教育事业上。孔子一生从事教育事业从未中辍，号称有3000弟子，其中有72贤人，逐渐在他周围形成了儒家学派，这使他成为中国第一个伟大的教育家。他整理修订的文献，相传就是六经。六经均不是他的著作，但经过他整理修订才呈现出今天所见到的面貌，这对于这些文献的保存、传播与使用无疑是具有历史意义的重大贡献。

孔子没有写出专著来系统阐述自己的思想，而是在他的各种活动中，特别是教育活动和政治交往中，发挥自己的观点。他的弟子们以极其精炼的语言记录下他的言行，整理成书，这就是流传下来的《论语》。《论语》是中国古代典籍中流传最广、影响最大的著作，被视作儒家的"圣经"。此外，左丘明的《左传》和司马迁的《史记·孔子世家》以及其他著作也都有着关于孔子言行的可靠的记载。

孔子思想涉及的领域十分广泛，比较集中的是哲学、伦理、政治、教育等方面的思想。下面就这几方面作一简略介绍。

（一）孔子的哲学思想。在古代中国人的思想里，天或天地就是自然界，人们把自然界视为神，把自然规律神化为天命，孔子沿袭了这种原始宗教的有神论思想。由于孔子过分强调知识的实用性，他忽视对世界本体和自然界的研究和思考，对鬼神采取敬而远之的态度，认为："敬鬼神而远之，可谓知矣。""未能事人，焉能事鬼。"

孔子哲学主要是社会哲学和人的哲学。孔子哲学的核心是什么？是仁还是礼？学者们对这个问题至今意见分歧。据多数学者的意见，孔子哲学的核心是仁与礼的统一，即关于贯穿着仁的精神的社会秩序或社会制度的理论。孔子对自己的哲学观点缺乏明确的规定和形而上学的论证，他对于礼的理解是明确的，即鼎盛时期的周代的经济、政治和文化，亦即被孔子理想化了的周代社会制度。中国学者对周代的社会性质存在着意见分歧，但在孔子心目中，它显然不是奴隶社会，而是封建社会。从孔子的言论来看，这是一个人丁兴旺，生活富裕，人民安居乐业，天子和诸侯的等级井然有序，礼乐兴盛，盗贼绝迹，安定和谐，道德高尚，人人严于律己，彼此相亲相爱的理想社会。什么是仁？从孔子的各式各样的回答中可以看出，仁的根本含义还是爱人。从这种精神出发，孔子十分重视社会关系的协调，他的学生有子说："礼之用，和为贵。"孔子把这种状态又称为中庸，说"中庸之为德也，其至矣乎"，因此，人们在自己的活动中要"允执其中"，"过犹不及"。为什么要以仁作为社会的根本精神？孔子似乎要以人性善来解释（"性相近也，习相远也"），但他没有展开论证。孔子对他所在的春秋社会十分不满，认为当时礼崩乐坏，上下颠倒，立志恢复或建设一个仁的社会，并以此为目标而提出了他的伦理、政治、教育思想。

（二）孔子的伦理思想。孔子极端重视个人的道德修养，把仁人或君子看成理想人格。他说的仁人君子无疑是统治阶层中的人，但他的伦理观点具有一定普遍意义。他的伦理思想可概括为以下几点：（1）以等级名分来严格要求自己，"君君，臣臣，父父，子子"，"克己复礼"，即孔子所说的"正名"。（2）爱人，这种爱无疑有等级和亲疏的差别的，但他也承认爱的广泛性（"泛爱众"，"博施济众"）。（3）推己及人，"己欲立而立人"，"己欲达而达人"，"己所不欲，勿施于人"。（4）重义轻利，孔子认为"君子喻于义，小人喻于利"。主张"见利思义"，杀身成仁，舍生取义，并围绕仁义提出了一系列道德规范如孝、悌、忠、恕、智、勇等。

（三）孔子的政治思想。孔子把仁的思想应用于政治，强调仁政德治，反对单纯依靠行政命令和刑罚来治理国家。他的政治思想的大前提是维持和巩固封建等级制度，因此，他要求统治阶层"克己复礼"，"事君以忠"，特别是尊崇周王。而对于人民，他主张"道之以德，齐之以礼"，实行重教化，省刑罚，薄赋税的政策，这样，人民就能安居乐业，社会秩序就稳定了。这就是孔子的仁政德治。靠什么人来实行仁政德治呢？靠贤才。孔子虽然并不反对封建贵族的世袭特权，但由于他本人出身平民，又一贯从事教育活动，他更强调"举贤才"，即在贵族等级之外选拔人才。他认为最好的统治者就是君子，他们是具有多种优良品德和才能的人。孔子把伦理思想与政治思想统一起来，形成一个统一理论，后来《大学》把它概括成"正心、诚意、修身、齐家、治国、平天下"的理论，亦即"内圣外王"之道。

（四）孔子的教育思想。孔子在长期的教育实践中形成的教育思想贯穿了他的哲学思想，是为他的政治理想服务的，其中也包含了许多教育经验，至今为人们所传颂。尽管孔子在理论上承认有生而知之者，但他说自己不是这种上智之人，而是"好古，敏以求之者也"。在他看来上智之人是极少的，因此他十分重视学习和教育，说自己"学而不厌，诲人不倦"。孔子从事教育的目的是培养出能够实现他的政治理想的人。他认为，修身是为了治国（"修己以安百姓"），"学也，禄在其中矣"，"君子忧道不忧贫"。为了培养合格人才，孔子打破过去贵族垄断学习与教育的局面，主张"有教无类"，为平民大开校门。这使孔子的门庭中多数是平民。孔子对学生进行全面教育，既有理论，又有实习；既有知识，也有品德（"子教以四：文、行、忠、信"）。孔子的教学方法有许多符合科学精神，至今仍有重要价值，如"学而不思则罔，思而不学则殆"，"学而时习之"，"温故而知新"，"举一反三"，"因材施教"，等等。

总起来说，孔子思想有以下几个特点：（1）重视人类社会，忽视自然界；强调学以致用，忽视学术研究。其影响使中国文化具有实用特色和务实精神，也使中国的自然科学的系统化落后于西方。（2）重视和平稳定，协调统一，追求长治久安，反对"犯上作乱"。这使孔子思想为历代统治者所尊崇，因为这种思想对于维持已有秩序是有利的，但革命者或造反者没有不批判孔子的。（3）强调人的精神需要，主张提高人们的道德修养，忽视人的物质需要。这一点在今天得到一些东亚国家的重视，认为可以对过度物质欲望，起一定的抑制作用。（4）孔子思想中有非常丰富的人生经验，许多言论已成为中国传统的警句、格言、公德，如"知之为知之，不知为不知，是知也"，"政者正也，子帅以正，孰敢不正？""三军可夺帅也，匹夫不可夺志也"，"朝闻道，夕死可矣"，"听其言而观其行"，"后生可畏"，"其身正，不令而行；其身不正，虽令不从"，"欲速则不达"，"人无远虑，必有近忧"，"当仁不让于师"，等等，这些名言具有广泛的长远的价值。

二、儒家的创立和发展

孔子及其弟子在孔子在世时形成了一个学派——儒家。儒本是当时从事文化活动的知识分子的通称，他们通晓诗、书、礼、乐，以巫、史、祝、卜为业。孔子青年时期曾以相礼司仪为业，就是一个儒。后来他长期不仕，以授徒为业，做了一辈子的儒。当时便把以孔子为首的这个学派称为儒家,后世也把一切崇奉孔子的知识分子称为儒家。由于孔子的思想和言论并不十分严密,给人以不同解释的可能,因而在春秋战国时代儒家就分裂成了不同派别,韩非曾谈到儒家当时有八派:"自孔子之死也,有子张之儒,有子思之儒,有颜氏之儒,有孟氏之儒,有漆雕氏之儒,有仲良氏之儒,有孙氏之儒,有乐正氏之儒。"其中的孟氏之儒和孙氏(荀子)之儒是战国时代儒家的两大派,在当时和后代都有巨大影响,形成了孔子之后儒家发展的第一个高峰。秦始皇焚书坑儒,汉代初年崇尚黄老,儒家一度被冷落。汉武帝在董仲舒的鼓吹下,认识到儒家思想对于巩固统治的作用,于是就罢黜百家,独尊儒术,形成了儒家发展的第二个高峰,从此确立了儒家思想在中国封建社会意识形态中的统治地位,直到1911年辛亥革命,才从根本上发生动摇,汉唐之间,由于佛教的传入和发展,儒家与佛教展开了激烈的争斗,互有消长,但儒家的统治地位一直是巩固的,孔子受到历代帝王的尊崇。宋明理学吸收了佛教与道家的思想,在理论上有重大突破,形成了儒家发展的第三个高峰。由于宋明理学在理论上的重大成就,它又被称为新儒家。下面简略介绍这三次高峰。

(一)战国时期的儒家。这个时期的儒家以孟子一派和荀子一派最重要,对后世的影响最大。

孟子(约公元前372—前289)名轲,邹国(今山东省邹县)人,是孔子的孙子子思的学生的学生,曾周游列国,劝说国君实行他的政治主张,受到多国国君礼遇,但无人真正实行他的主张。他以授徒讲学终其生,宣扬和发挥孔子思想,其行为和对话记录由他及其学生整理编纂为《孟子》一书。较之《论语》,《孟子》思想具有更高的系统性、论证性,极为雄辩。后代把他尊崇为亚圣,仅次于孔子。

孟子主要发展了孔子关于天命、人性、仁义、王道的思想。孟子从天命那里寻找社会历史、人性、伦理的形而上学根据,认为"莫之为而为者天也,莫之致而致者命也",人性是天生的、共同的、善的,具体说:"恻隐之心,人皆有之;羞恶之心,人皆有之;恭敬之心,人皆有之;是非之心,人皆有之。"这就是仁义礼智的根源。但他并不赞成宿命论。他认为这些善性最初是以萌芽状态存在于每一个人身上，必须经过自觉的修养和社会的磨炼，一个人才能成为圣贤。因此，在他看来，主观的努力十分重要，只要充分发挥潜在的善性，"人皆可以为尧舜"。人成为圣贤的目的是推行儒家的德政和王道。孟子的政治主张的目的无疑在于维持和巩固君主的统治，但如何才能做到呢？他反对暴政和霸道。他认为人民安居乐业，生活富裕，是政治统治稳定的基础，并从此作了进一步引申，认为"民为贵，君为轻，社稷次之"，主张千方百计获取人民的拥戴，"乐民之所乐者，民亦乐其乐；忧民之所忧者，民亦忧其忧。乐以天下，忧以天下，然而不王者未之有也。"他甚至激进到主张人民可以惩办暴君污吏，"闻诛一夫纣矣，未闻弑君也"。孟子的这些言论尽管是从统治者的立场讲的，在一定程度上也反映了老百姓的愿望。

荀子（约公元前325—前238），名况，亦称苟卿或孙卿，赵国（今山西省南部）人。他自认师承孔子及其弟子仲弓，曾任齐的学官祭酒，楚的兰陵令，一生大部时间从事讲学和学术活动。他的主要著作《荀子》，是他本人撰写或学生记录整理的。荀子是当时与孟子齐名的儒家主要代表，但他发挥的重点与孟子不同，观点也针锋相对，具有显著特色。他的思想实际概括了老庄和法家学派的思想成果。荀子也谈天，甚至称之为神，但他的天实际是自然界，天命就是客观的自然规律，"天行有常，不为尧存，不为桀亡"，强调掌握和运用自然规律来为人服务，"大天而思之，孰与物畜而制之。从天而颂之，孰与制天命而用之"。他把人性看成人的生物本能，认为"人性恶，其善者伪也"，强调人的伦理道德观念是后天养成的，这是同孟子的性善论对立的。荀子不否认仁义的作用，但更重视礼乐对维持和巩固君主统治的意义。他认为，"人无礼不生，事无礼不成，国家无礼不宁"（《大略》）。他很重视音乐，认为乐能陶冶人的性情，是君主实行礼的辅助手段，"乐合同，礼别异；礼乐之统，管乎人心矣"。荀子的礼的具体内容已不再是周礼，而是他所理想的地主阶级的规章制度，其中就包含了法，所以他说："礼者法之大分，类之纲纪也。"他提出"法后王"的口号，取代孔孟的法先王的思想。法家著名代表李斯、韩非都是他的学生，他们运用他的思想指导秦国的政治，辅佐秦王统一了中国，这说明荀子的思想比较适应统一的需要。

（二）儒家思想统治地位的树立。儒家思想的统治地位是西汉武帝时期树立的，其代表人物是董仲舒，他不但进一步发展了儒家思想，而且假借政治势力，把儒学抬高为封建时期的国家哲学。

董仲舒（公元前179—前104）是中国西汉的经学学者。经学是汉代开始并延续到唐代的以注释、诠诂经书（《诗》、《书》、《易》、《礼》、《春秋》）为任务的学问，也是儒家的一个学派。董仲舒是《春秋公羊传》的专家，曾任博士，讲授《春秋公羊传》。公元前134年他上书汉武帝建议"罢黜百家，独尊儒术"，得到汉武帝采纳。后两度出任汉亲王的相国，一直得到汉武帝的尊重与崇敬，常常以国家大事向他咨询。他留传下来的主要著作有《春秋繁露》等。他把儒学推向一个新的高峰，牢固地树立了儒学在中国古代意识中的统治地位。

董仲舒思想的特色是进一步发扬儒家的忠君思想，而抛弃其爱民思想，并为这种思想寻求一种形而上学根据，形成了比较严密的思想体系。他提出了著名的"三纲"说，即君为臣纲，父为子纲，夫为妻纲，主张臣民要绝对忠于君主，"善皆归于君，恶皆归于臣"。为什么要这样呢？董仲舒认为这是上天决定的。如果说孔子的天作为人格神的含义还不十分明确的话，董仲舒的天就完全是上帝了。在他看来，地上的一切都是上天决定的，君主就是天的儿子（天子）。不仅如此，他还认为上天一直严密地监视着地上的活动，各种自然灾害都是上天对君主的警告，天与人可以互相感应。他以神学的形式、迷信的语言猜到了人与自然界的相互作用，创立了天人感应说。同孔孟一样，他主张德政而反对刑罚，"任德不任刑"，因为刑罚虽可见效于一时，而长治久安还是需要仁政和教化。他综合孟荀的人性论，提出性三品说，认为圣人之性善，斗筲之性恶，但圣人与斗筲都是少数，多数人的性是中民之性，即善恶混，这部分人可以为善，也可以为不善，所以需要教化。

（三）新儒家的出现。新儒家即宋明理学，亦称道学，是儒家发展中的第三个高峰。两汉经学自三国以来日益衰落，老庄思想在魏晋时期逐渐抬头，佛教在南北朝隋唐五代则大为盛行，但儒家并未完全丧失其在古代思想中的统治地位。儒家思想除了仍受君主的尊崇外，在魏晋玄学和南北朝隋唐的佛学中也有相当的影响。宋明理学使儒家思想无论在理论高度上还是在实际地位上都登上了新的阶段。唐代韩愈、李翱是宋明理学的先驱。韩愈的道统说（主张尧、舜、禹、汤、文、武、周公、孔子、孟子一脉相承）等对宋明理学产生了巨大的影响。宋明理学人物众多，派别林立，著名的人物和派别有：北宋初期的范仲淹、欧阳修和胡瑗、孙复、石介（三先生），北宋中期的周敦颐（濂学）、邵雍（象数学）、张载（关学）、程颢、程颐（洛学）、司马光（朔学），南宋的朱熹（闽学）是理学的集大成者，此外还有南宋的陆九渊（江西之学）和明代的王守仁（阳明学），陆王的思想又称心学。

宋明理学之所以成为儒学的新阶段是由于它具有若干新的特点：第一，它形成了儒家思想发展史上的内容最丰富、精细、完整的思想体系。儒家学说的中心内容是政治伦理哲学，在这一点上宋明理学是与以前的儒家学说一致的，但它在探寻政治伦理哲学的形而上学根据的过程中发展了本体论和认识论以及其他方面，大大提高了儒家学说的理论性。第二，宋明理学是在反对和批判佛教和道家思想的过程中产生的，在论战的过程中，不仅回答了佛教与道家提出的问题，从而发展了儒家学说，而且从儒家的立场出发吸收了它们的若干思想，从而丰富了儒家学说。第三，宋元明几代君主对儒家的尊崇使儒家学说得到了空前的发展，形成宋明理学，而它也为封建君主专制制度的巩固提供了更加完备的思想工具。如朱熹把《论语》、《孟子》、《大学》、《中庸》从《十三经》中突出出来，称为《四书》，为之作注，即《四书集注》，元明以来它被规定为科举考试的必读教科书，确立了它在中国古代经典中的核心地位。下面分别介绍一下宋明理学中的三个主要派别的代表：

1. 张载（1020—1077），北宋气一元论的主要代表。他担任过一些政府官职，但一生主要活动是讲学。他崇奉、宣扬并发挥了儒家伦理道德思想，努力维护封建社会秩序，对佛教和道家的出世、无为和唯心主义思想采取了批判态度。他用气一元论作为他的政治伦理思想的本体论根据。他认为世界的本源是太虚，太虚也就是气，气凝聚而成万物，万物散而为气。人和万物一样，都是气凝聚而成。气体现在人身上即为人性，人性有两种，一为天地之性，一为气质之性，前者是天地的本来状态，清澈纯一，即理性，是善的，后者则掺杂了人的欲望感情，混乱不纯，是恶的。因此，人应该通过修身养性，限制气质之性，恢复天地之性。他把封建社会看成是一个与天地合一的大家庭，认为"天称父，地称母，予兹藐焉，乃浑然中处……大君者，吾父母宗子，其大臣，宗子家相也。"以此论证封建社会的永恒性、绝对性。张载的社会伦理思想为二程、朱熹所继承，其唯物主义思想对明代的王廷相、王夫之有很大的影响。

2. 二程和朱熹是理一元论的主要代表。理一元论是宋明理学的主流，狭义的理学就是程朱理学。程颢（1032—1085）和程颐（1033—1107）兄弟是理一元论的奠基人，朱熹（1130—1200）是其完成者。朱熹认为中国的道统至孟子而中断，二程才把道统连接起来，二程之后就是他了。他们都担任过一些政府官职，但主要活动都是授徒讲学。

程朱理学把理看作最根本的东西，是一种客观唯心主义，但程颢有主观唯心主义倾向。他们继承了儒家的政治伦理思想，而在同佛、老的争论中吸收了佛、老的唯心主义思辨性，提出以理为世界的本原，使儒家传统思想得到较为严密精致的论证。理即共相、理念、规律，是使事物成为该事物的东西。程颐说："天下万物皆可以理照，有物必有则，一物须有一理。"他们区分形而上与形而下，理是形而上的，气是形而下的，形而上的理比形而下的气更根本。

朱熹发展这一思想，提出"理在事先"的观点，事也就是气。朱熹认为从时间上说，"理气本无先后之可言，然必欲推其所从来，则须说先有是理"。这个先后是一种逻辑关系，即前提与结论的关系，所以他说："未有这事，先有这理。如未有君臣，已先有君臣之理；未有父子，先有父子之理。"在他们看来，理不是杂乱无章的，而是统一的，说到底，理只有一个，"理一分殊"。程颢把这个统一的理看成心，程颐把它看成天理，朱熹把它称为太极。太极有什么具体内容呢？他说，"太极只是个极好至善底道理……是天地人物万善至好的表德"，"其中含具万理，而纲领之大者有四，故命之曰仁义礼智"，这样，朱熹就赋予了封建伦理道德以绝对的无限的形而上学意义。程朱理学从理一元论引申出他们的人性论和政治伦理观点。二程把人性区分为天命之性和生之性，朱熹则区分为天命之性和气质之性，前者来自理，后者来自气，前者是善的，后者按是否受天理制约而有善有恶，例如"饮食，天理也；要求美味，人欲也"。他们进一步提出禁欲主义的主张，朱熹主张"革尽人欲"和"复尽天理"的口号，程颢提出"饿死事极小，失节事极大"的口号，从这里不难看出佛家禁欲主义的影响。在他们看来，做到存天理、灭人欲的人便是有德之人；人人如此，则君臣父子各尽其职，和谐共处的社会秩序就可以长期稳定下来了。

他们的认识论是唯理主义的先验论，是从属于理一元论的。程颐说："知者吾之所固有，然不致则不能得之，而致知必有道，故曰致知在格物。"认识的目的是穷理，即致知，通过什么途径呢？通过格物，即研究外部事物，他们把这种认识过程叫作即物穷理。朱熹进一步发挥了即物穷理的理论，认为即物穷理，"至于用力之久，而一旦豁然贯通焉，则众物之表里精粗无不到，而吾心之全体大用无不明矣。"即物穷理的结果就是认识我自己心中原有的理。这样，人们就可以成为有德之人了。

3. 陆九渊和王守仁是心一元论的主要代表，他们的理论又称心学。陆九渊（1139—1193）与朱熹同时，曾任地方官，赞同程颢的主观唯心主义观点，主张理就是心，并同朱熹展开过激烈的争论。王守仁（1472—1528），号阳明，担任过明代政府高级官职，进一步发展了陆九渊的思想，提出"心外无理"、"心外无物"的极端的主观唯心主义观点。他们的政治伦理思想同宋明理学的其他各派基本上是一致的，但其哲学基础不同，论证方法不同。他们反对程朱派区别心与理的观点，陆九渊认为，"宇宙便是吾心，吾心即是宇宙"，"人皆有是心，心皆具是理，心即理"。为什么呢？他认为至高原则只能有一个，"至当归一，精义无二，此心此理实不容有二"。既然如此，那么，心外还有没有什么呢？王守仁明确地回答说，"心外无理"，"心外无事"，"心外无物"。对此，他的弟子提出诘难："天下无心外之物，如此花树在深山中自开自落，于我心亦何相干？"王守仁回答说："你未看此花时，此花与此心同归于寂，你来看此花时，则此花颜色一时明白起来，便知此花不在你的心外。"这个观点的提出显然是受了佛教禅宗的影响。陆九渊说的心内的理也就是仁义礼智，它们是人心所固有的"本心"，只是由于物欲的浸染，才出现了异端、邪说、错误和罪恶。因此，他认为程朱的即物穷理太繁难，大可不必，只要反省内求就可认识这些理。修养不在于增加什么品德，而在于清除外来污染，"切己自反，改过迁善"就行了。王守仁把"本心"称作"良知"，反省内求就可以"致良知"。他在此基础上提出了"知行合一"的思想。王守仁把良知理解为伦理道德规范，这种良知的根本特点就是实践，因而他特别重视实践。他认为："知是行的主意，行是知的功夫；知是行之始，行是知之成。"尽管他把知行统一夸大成合一，这一学说毕竟是在中国哲学史上第一次对知行关系问题的系统论述，这是王守仁的独特贡献。

三、儒家与现代文化

宋明理学流行到明末清初就大为衰落，除官方仍予以支持外，在思想界遭到许多人的批判，如王廷相、王夫之、顾炎武、黄宗羲都批判理学，主张以实学取代空疏说教的理学，李贽甚至公开批评孔子。尽管如此，儒家思想2000年来的思想统治仍未从根本上动摇过。在中国古代的三家主要思想派别儒、释、道中，儒家思想从整个过程来说也一直占主导地位，这是因为儒家思想是中国封建社会制度的直接的肯定的反映，它的政治伦理思想（"三纲五常"、仁义礼智等）是有利于维护和巩固封建社会秩序的。因此,从19世纪中叶以来,当中国封建社会制度面临被推翻命运时,儒家思想的统治就从根本上动摇了。在最后一个王朝——清王朝被推翻后,儒家思想统治借以维持2000年之久的政治基础就不复存在了,儒家思想统治就开始崩溃了。

(一)"五四"运动所掀起的批孔倒孔运动。近代首先起来反对孔子的是太平天国的领袖们。维新派康有为则采取托古改制策略,把孔子改造成为现代改良主义的圣人。实际上是以民主主义取代儒家思想。民主主义革命派孙中山、章太炎也是反孔的。袁世凯为了恢复帝制,把儒家思想定为国教,大搞尊孔读经。1919年的"五四"运动是反对帝国主义和封建主义的政治运动,也是一个高举民主和科学两面旗帜的新文化运动,"打倒孔家店"是这次运动的主要口号之一。随着新文化运动的发展和深入,儒家思想受到了系统而彻底的批判。"五四"运动宣告了儒家思想统治的结束。

"五四"新文化运动的主将们陈独秀、李大钊等对儒家思想采取了根本否定的态度。陈独秀在《新青年》创刊号上号召青年们奋起反对儒家所维护的封建制度和封建思想,认为"倘不改弦更张之,则国力将莫由昭苏,社会永无宁日"。李大钊还主张区别孔子本人和历代统治者为了适应自己的政治需要而塑造出来的孔子,申明"余掊击孔子非掊击孔子之本身,乃掊击孔子为历代时君雕塑之偶像的权威也;非掊击孔子,乃掊击专制政治之灵魂也"。吴虞认为孔子宣扬的忠孝观念是为维护君主专制制度和家族宗法制度服务的,被誉为"打倒孔家店的老英雄"。毛泽东把儒家所代表的制度和思想概括为政权、族权、神权、夫权,认为它们是束缚中国人民特别是农民的四条极大的绳索。孔子和儒家的思想作为中国封建社会的统治思想,在反封建的革命运动中会受到猛烈的冲击和彻底的批判是很自然的,不可避免的。

但是,就是在这种反孔的浪潮中,"五四"新文化运动倡导者中间也有人主张给予孔子在历史上的功过是非以科学的评价。例如胡适在其《中国哲学史大纲》中把孔子的言论行动摆到他生活的春秋时代中来考察,认为春秋时代是一个社会大变动的时代,孔子总是力图变无道为有道，变乱为治，因而"正名"成为孔子的中心政治主张。胡适认为孔子把君子推崇为模范人格，注重个人道德修养，提倡行"仁"道，不过是要人都成为人。不管胡适的分析和评价是否正确，把孔子和儒家作为一种历史现象和一些历史人物来对待总是必要的。后来毛泽东也主张为了推进中国现代文化，对包括儒家在内的中国文化遗产，既不能盲目照搬，也不能一概排斥，"从孔夫子到孙中山，我们应当给以总结，承继这一份珍贵的遗产"。

（二）现代新儒家的出现。儒家思想统治的终结并不意味儒家学派的终结，更不意味儒家思想影响的终结。在"五四"运动以后，不仅那些支持保皇立场、提倡尊孔读经的前朝遗老以儒家自居（康有为、辜鸿铭），还陆续出现过一批具有现代文化素养、赞成科学和民主的学者肯定儒家基本精神，主张把儒家思想现代化，并以现代化的儒家思想指导中国实现现代化，形成以儒家思想为核心的中国现代化文化。这一批人被称为现代新儒家。

穷竟哪些人是现代新儒家？他们的演变情况怎样？现代新儒家的基本特点有哪些？如何评价他们在现代历史中的作用？他们的发展前景怎样？……这些问题，海内外学者均在研究，意见很不一致，下面根据多数学者的看法作一简略介绍。

许多学者认为现代新儒家从创始至今已经经历了三代。第一代活动于20世纪20—40年代，第二代活动于50—70年代，第三代活动于80年代。早在1917年梁漱溟跨进北京大学讲学时就明确表示要发扬孔子的思想，后来在其《东西文化及其哲学》中预言西方哲学会走上中国的路、孔子的路。张君劢在参加科学与人生观的论战中认为孔孟以至宋明理学家侧重内心修养，树立了高度的精神文明，主张复活宋明理学。熊十力的《新唯识论》以重建中国儒家的本体论哲学为目标，意图为弘扬儒家提供一个坚实的形而上学基础。钱穆则在治史的过程中着意提倡复兴中国文化，拓建儒学传统。冯友兰把新实在论同程朱理学结合起来，形成自己的哲学体系，自称新理学，并写了专著《新理学》。贺麟则把新黑格尔主义同陆王心学结合起来，形成自己的哲学体系，自称新心学。1939年马浮在乐山建立了复性书院，1940年梁漱溟在北碚建立了勉仁书院，张君劢在大理建立民族文化书院，培养了一大批现代新儒家的追随者。中华人民共和国建立后，张君劢、钱穆和一批新儒家的追随者迁到香港、台湾，继续从事复兴儒家学说的活动，留在大陆的现代新儒家停止了活动，其中一些人如冯友兰、贺麟还公开申明接受马克思主义，放弃原来的思想体系。

现代新儒家的第二代主要在台湾和香港从事活动。除老资格的张君劢、钱穆而外，较年轻的新儒家的著名代表有方东美、唐君毅、牟宗三、徐复观等人。1948年钱穆、唐君毅在香港创建新亚书院及所属新亚研究所作为讲授和弘扬儒家的机构，同年徐复观在香港创办《民主评论》，1951年王道在香港创办《人生》，这两个刊物一开始就以复兴中国文化、发扬儒家精神作为自己的主要目标。1958年牟宗三、徐复观、张君劢、唐君毅4人联名发表《为中国文化警告世界人士宣言——我们对中国学术研究及中国文化与世界文化前途之共同认识》，把现代新儒家的活动推向了高潮。这篇宣言的发表引起世界学术界的注意，是现代新儒家走向世界的标志。50年代，他们进行了一系列发扬儒学的活动，牟宗三先是在台湾师范学院发起人文友会，由他主持讲习儒家思想，后在台中东海大学主持同样的讲习会，对发展新儒家起到了推进作用。1962年唐君毅、牟宗三、王道、谢幼伟和程兆熊在香港发起创建东方人文学会、1975年《鹅湖月刊》创办。1979年东海大学哲学系创办的《中国文化月刊》对于扩大中国文化和现代新儒家的影响都有着明显的作用。

80年代的现代新儒家具有明显的特点。他们大多是中年人，具有鲜明的时代意识。80年代期间，西方国家的经济发展到了空前的水平，居民物质生活水平空前提高，但精神文明并未相应提高，社会问题如吸毒、卖淫、谋杀、抢劫、强奸、性关系混乱、道德水平下降、环境污染等层出不穷，愈演愈烈。东方几个受儒学影响较大的国家如日本、韩国、新加坡以及中国的台湾省，在经济上都有飞跃发展。但物质文明高度发展产生的种种弊端也出现了。这些情况使一些新儒家得到极大鼓舞，认为儒家思想不但能防止和补救物质文明片面发展所产生的流弊，而且能推动一国或一地区的经济高速发展。于是，现代新儒家的活动就频繁起来，规模也日益扩大。1982年10月台北中国论坛召开了题为"新儒家与中国现代化"的座谈会，广泛探讨了现代新儒家的问题。与会的余英时、刘述先、张灏、林毓生以及未与会的杜维明、劳思光等被认为是第三代的代表。这一代新儒家的活动还处于起始阶段，谁是第三代的主要带头人，今天还难于认定。1982年夏威夷国际朱子会议、1983年多伦多国际中国哲学会第三次会议讨论了牟宗三、唐君毅的儒学思想。近几年来，活跃在港、台、美等地的新儒家日益受到国际学术界的重视，中国内地学术界也很重视，国家哲学社会科学基金会把对现代新儒家的研究列为第七个五年计划的重点科研项目之一。

概括起来说，现代新儒家有以下一些特点：（1）现代新儒家不是一个或多个政治派别，虽然他们都有其政治思想，而是一个学术派别，更确切点说，是由许多学派形成的一个文化思潮。（2）他们都是爱国的，希望中国繁荣富强。他们赞同现代民主制度，决不想恢复君主专制制度，退回到封建社会或半殖民地半封建社会中去。（3）他们并不反对西方文化，相反，对西方文化都具有较深入的理解，但他们反对全盘西化，反对否定中国传统文化，主张在新的历史条件下复兴儒家，即弘扬儒家思想，特别是宋明理学，有分析地吸收和容纳现代西方文化，正确地解决中国传统文化与现代文化、东方文化与西方文化的结合问题，使儒家现代化，形成以儒学为核心的现代中国文化。（4）现代新儒家在哲学上派别甚多，但在一些儒学基本观点上是一致的。这主要指儒家的道德主义或人本主义，即强调个人的道德修养，个人对物质欲望的自我控制，主张由己及外扩而充之，建立协调的人际关系，提高整个社会的精神文明，形成经济繁荣、生活富裕、品德高尚、政治清明的健康、民主、文明的现代社会。他们赋予"内圣外王"、"正心、诚意、修身、齐家、治国、平天下"以现代内容和现代意义。

（三）50年代以来中国内地对孔子和儒家的研究。中华人民共和国建立以来，马克思主义成为整个国家生活的指导思想，孔子和儒家被作为历史人物来研究和评价。学者们对孔子和儒家的评价有高有低，但一般都肯定他们在中国传统文化中的一定地位，他们的思想属于中国优秀文化传统之列。1966—1976 年间的"文化大革命"再次掀起了批孔运动，全盘否定儒家思想。这次"批孔"同"五四"运动的批孔在表面上很相似，但在实质上是根本不同的。"五四"批孔是在反封建的民主革命中不可避免的一次历史性行动。而这次批孔是少数人为了某种政治目的而人为地煽动起来的，因此，"文革"一结束，这次批孔就被根本否定了。不仅如此，随着改革、开放的进展，随着"双百方针"的贯彻，对孔子和儒家的研究活动，以前所未有的规模与深度开展起来。在"文革"中遭到严重破坏的"三孔"（孔庙、孔府、孔林）已修整如新，接待了大量国内外的瞻仰者和参观者。对孔子和儒学的研究是近 10 多年来中国内地集中进行的重大学术活动之一。

10 多年来对孔子和儒学的学术活动可以概括为以下几个方面：

1. 建立了大量从事孔子研究的学术机构和团体。10 多年来陆续建立了中国孔子基金会、中国孔子学会、中华孔子研究所、山东孔子学会、山东社科院儒学研究所、曲阜师大孔子研究所，全国其他省市和多所大学也建立了一定数量的研究机构和团体。

2. 召开了大量专门讨论孔子和儒学的大大小小的学术会议，其中包括若干国际会议，如 1987 年 9 月在曲阜召开的儒学国际学术讨论会，同年 10 月在济宁召开的国际孔子讨论会、11 月在台湾召开的国际孔学会议、1982 年在夏威夷和 1987 年在厦门召开的两次国际朱子学术讨论会。规模最大的国际会议是 1989 年 10 月在北京，然后在曲阜举行的孔子 2540 周年诞辰纪念和学术讨论会，这是由联合国教科文组织和中国孔子基金会联合举办的，主题是"孔子儒家思想在历史上的地位和对现代社会的影响"，与会者 300 余人，其中包括台、港、澳和世界 20 多个国家和地区的学者，提供了 200 多篇论文。

3. 发表了大量学术文章、论文集和专著，据统计，截至 1988 年，共发表文章近 400 篇，著作 30 余部。中国孔子基金会主办的《孔子研究》季刊是 1986 年创刊的，它为孔子和儒家思想的研究提供了专门的阵地。山东推出的《孔子文化大全》全面系统地掌握和整理了2000多年来孔子的言论、著述以及后人对孔子思想的研究、继承和发展的各种资料,包括珍贵的档案资料,由图书系列、音像系列、工艺系列和孔膳系列构成。孔子基金会会长匡亚明撰写的《孔子评传》对孔子的言行及其对后代和世界各国的影响作了比较详尽的介绍和公允的评价,反映了中国内地80年代研究孔子的水平。

4. 讨论了有关孔子和儒学的各种问题。有许多关于孔子和儒家的意见分歧,经过10年来的讨论,已经取得一致,例如大家都同意把孔子作为一个历史人物来对待,既不应把他当作偶像来崇拜,也不应把他看作历史的罪人、中国落后的罪魁祸首;一致认为对以儒家思想为核心的传统文化应采取历史的分析的态度,既不应把它看作全部合理,完全可以适应现代化的需要,也不应把它看成纯粹的精神枷锁和历史包袱;对儒家思想的基本特点,多数学者也比较一致。

目前大陆理论界关注的热点是儒学与现代社会的关系问题,亦即儒学在现代社会中的价值问题,这个问题也是1989年10月孔子2540周年诞辰纪念和学术讨论会的主要议题。多数学者都肯定儒家思想在现代社会中的价值。大家认为古代社会和现代社会不仅有其个性和特殊性,也有其共性和普遍性,因此,孔子所提出的处理古代社会生活的一些准则对现代社会也是有意义的。例如孔子关于"仁"的学说,排除其中的等级观念,就是与现代的"自主、公平、平等、和谐"等美德相通的。但是,对于儒家思想究竟有多大价值,能不能像现代新儒家所主张的那样,把儒家思想现代化,形成现代的儒家思想体系,并用以指导一些国家或地区的现代化事业,学者们的意见是有分歧的。孔子基金会名誉会长在这次大会上发言高度评价了孔子的"和为贵"以及有关的其他思想,认为"这些思想不仅为中国古代社会的昌盛作出过积极的贡献,即使到了今天,它对人类生存和发展也仍然具有现实意义"。当前,研究孔子及中国传统文化的现代价值,建设具有民族特色的、适应时代要求的新文化,所涉及的领域是多方面的,问题是复杂的,还需要我们在今后不断的实践中去探索。

唯物辩证法与市场经济[*]

《高校理论战线》已走过了它五周年的历程。在这风风雨雨的五年中，它努力坚持和贯彻党的"一个中心，两个基本点"的基本路线，发表了大量高水平的理论文章，产生了广泛的积极的影响。作为本刊的顾问之一，我没有为本刊做多少工作，颇以为憾。聊写数语，以资纪念。

恩格斯说过，自然界是检验辩证法的试金石。人类社会的实践活动无疑也是检验辩证法的试金石。我国社会主义市场经济概念的确立表现了辩证法的威力，我国市场经济体制的形成也有赖于辩证法的指导，而这些反过来又是对辩证法的检验，同时也会推动辩证法的发展。

从前把市场经济与资本主义混为一谈，把计划经济与社会主义混为一谈，从辩证法的角度看，这就是以特殊性否定了普遍性，即把资本主义市场经济等同于市场经济，把社会主义计划经济等同于计划经济。邓小平同志在南方谈话中指出，计划经济不等于社会主义，资本主义也有计划；市场经济不等于资本主义，社会主义也有市场。计划

---

[*] 本文发表于《高校理论战线》1993 年第 1 期。

和市场都是经济手段。这是经济思想上的一次突破，也是辩证法思想的一次突破，即把计划与市场的普遍性从其特殊性中区别出来，并把二者结合起来了：市场经济是普遍的，社会主义市场经济和资本主义市场经济是其特殊形态。

市场经济概念的突破使我们的经济体制改革有了明确的目标，但社会主义市场经济的真正建立也要不断解决一系列的矛盾，其中最关紧要的就是计划与市场的矛盾。江泽民同志在十四大报告中曾指出，我国经济体制改革确定什么样的目标模式这个问题的核心，是正确认识和处理计划与市场的关系。尽管我们过去不承认市场经济，但市场一直是存在的，价值规律一直在起作用，改革开始以后，我国就在自觉地探索正确处理计划与市场的关系的经济模式。十二大提出计划经济为主、市场调节为辅，市场在我国经济体制中取得了一席之地。十二届三中全会指出我国的经济体制是公有制基础上的有计划商品经济，市场的地位显然是上升了，但是上升到什么地位则是需要在实践中继续探索的课题。在后来的几次党的重要会议上，提法有一些变化，主要是强调计划与市场要有机地结合起来，对两者地位的认识仍有待进一步深化。十四大明确提出要建立社会主义市场经济，这就确定了市场对资源配置起基础性作用的地位，市场经济不能等同于计划经济，但并不是说它没有计划。

在社会主义市场经济中，市场将对我国资源配置起基础作用，各种企业将根据市场的供求关系和价格的涨落来安排自己的生产和交换，通过公平竞争发展自己，同时社会主义国家也要在社会经济生活中起宏观调控作用，抑制市场的消极作用，推动市场经济健康成长，其中就包括国家计划的指导。可以看出，自改革开始以来，计划与市场的关系一直在不断变化，其总趋势是计划的成分不断减少，市场的成分不断增强，从计划为主演变成市场为主。那么，计划与市场的关系是否从此就完全处理好了，一劳永逸了呢？当然不是，今后仍然要根据不同时间和地点的具体情况，适当处理这个问题。过去出现过的一统就死、一放就乱的情况仍然是可能出现的。

社会主义市场经济中不仅有矛盾，而且充满了矛盾；不但有普遍性与特殊性的矛盾，而且有一与多、量与质、量变与质变的矛盾；不但有计划与市场的矛盾，而且有公有制与私有制、各种公有制企业之间、各种私有制企业之间、社会主义与资本主义、个人利益与集体利益的矛盾，等等。只有把各种矛盾处理好了，成熟的健康的社会主义市场经济才能建立起来。处理好这些矛盾的关键是找到矛盾双方的结合部位，使它们辩证地统一起来，协调起来，因而，在处理各种矛盾时一定要尽可能避免片面性。

人们在思想方法上最易犯的毛病就是片面性。与片面性相对立的是全面性，全面性当然是多面性，其中最关键的是两面性，因为人们在思想方法上的片面性总是表现为抓住一面而忘记它的反面。抓住普遍性便容易忽视特殊性，于是出现一刀切、一哄而起的现象。一统就死，是由于抓住了统一性而忽视了多样性、灵活性；一放就乱，是由于抓住了灵活性、多样性而忽视了统一性。强调建设的速度就容易忽视建设的效益，而强调建设的质量就容易忽视发展的数量。社会现象的发展过程之所以总是呈现出上下起伏的波浪式状态，就是因为它是矛盾运动过程，参与其中的人抓住一面就容易忽视其反面，但如果我们能自觉地坚持思想方法上的全面性，特别是两面性，这条曲线就可以相对地直一点，事业就会更顺利一点。如果缺乏这点自觉性，甚至有意识地追求片面性，那么，大起落、大反复就是非常可能的。邓小平同志在南方谈话中提出中国要警惕右，主要是防止"左"，其中蕴含了深刻的辩证法思想。如果我们的人民群众、干部、知识分子和企业家们真正掌握了辩证法精神，能够自觉地结合实际地运用辩证法，有中国特色的社会主义市场经济体制就可以更快地更完善地建立起来。

关于建立社会主义市场经济的几个哲学问题[*]

中国的社会主义市场经济是一个具体事物，要真正建立成为充分发展的成熟的经济体制还要一段时间，还要全体干部和人民做很多艰苦细致的工作。作为一名哲学工作者，运用马克思主义的基本观点来考察、分析建立社会主义市场经济的基本问题，是一件既有理论意义又有现实价值的事情。我认为在社会主义市场经济这个新事物面前，我们有三件事需要做，一是从建立市场经济的实践中作出新的哲学结论，二是使我们的哲学工作适应建立社会主义市场经济的需要，这两件事做起来都很难，我在本文中要谈的是第三件事，即运用马克思主义哲学的一些观点来分析社会主义市场经济。

一、社会主义市场经济的本质

社会主义市场经济当然是一个经济学问题，但如果用哲学观点来分析它，它就成为一个哲学问题。这里我们要问它的本质是什么？对

---

[*] 本文发表于《哲学研究》1993年第7期。

于这个问题，需要作些分析。

建国初期，我国确立了计划经济体制，它对我国的社会主义经济建设确曾发挥过巨大的作用。但随着经济的发展，计划经济体制逐渐暴露了很多弊端。因此，自70年代末改革开放以来，我国经济体制中市场的作用就逐渐加强了。80年代中，党中央明确规定我国的经济体制是社会主义有计划的商品经济体制。

我国经济体制已经确定为商品经济，有什么必要改为市场经济呢？市场经济和商品经济究竟有什么区别呢？关于这个问题，大致有三种观点：

第一，商品经济就是市场经济，因为市场就是商品交换的地方，商品、市场、货币和价值规律都是不可分的。这种观点实际是抽象地从字面上看问题，看不到二者的真正区别。中国原来的商品经济，实际上仍然是计划经济，与市场经济有本质的区别，不能混为一谈。

第二，市场经济是商品经济的充分发展，商品没有充分发展时是商品经济，达到充分发展时才是市场经济。这种理解有一定的道理，但把二者的区别看成程度上的区别，这就否定了二者的本质区别。说它有道理，是因为商品经济的市场只是商品市场，而市场经济的市场不仅是商品市场，而且包括劳动力市场、产权市场、所有权和经营权市场。市场发展是否充分是二者的区别之一。但如此理解仍然没有抓住市场经济的本质特征。

第三，市场经济和商品经济有根本区别。原来的社会主义有计划的商品经济仍然是计划经济，在这种体制下，资源配置的手段、基础是计划，而在市场经济体制中，资源配置的基础、手段在于市场，即根据市场需求决定生产什么、生产多少、规定价格，等等。

多数同志都同意第三种观点，认为从社会主义商品经济转入社会主义市场经济，是根本性的转变，不仅是量的变化和扩展。把市场作为资源配置的基础，这是社会主义市场经济和资本主义市场经济的共同之处，那么，社会主义市场经济和资本主义市场经济的区别何在呢？要弄清楚社会主义市场经济的本质，这个问题不能不回答。

抽象地说，二者的区别很清楚，一个是社会主义的，一个是资本主义的，但具体分析起来，并非易事。我认为可以把社会主义市场经济和资本主义市场经济的区别归结为以下几点：

1. 经济活动的目的不同。资本主义市场经济活动的根本目的是谋取最高利润，它追求社会效益是为了经济效益，社会主义市场经济活动也要利润，但更根本的目的是满足人民的需要，追求最大的社会效益，也就是说，社会主义市场经济追求经济效益是为了社会效益。

2. 市场经济的主体不同。资本主义市场经济的主体是个人、股份公司、私有企业等，社会主义市场经济的主体也有个人和私有企业，但还有公有企业，而且公有企业占主要地位。

3. 市场经济的调控力量和方式不同。资本主义国家对市场也进行一定程度的干预，但社会主义国家以公有企业为主体，有较完整严密的计划和政策，对市场的调控力量要大得多。

4. 分配方式不同。资本主义国家的分配形式是按资分配；我们的国家虽然在一定程度上也存在这种分配方式，但从总体上说，社会主义市场经济则以按劳分配为主，力图抑制剥削，防止两极分化，追求共同富裕。

5. 经济活动的指导思想不同。在我们的国家，指导我们从事经济活动的思想是马列主义、毛泽东思想；而资本主义国家，市场经济的指导思想是资产阶级思想，如凯恩斯主义等。

6. 价值观不一样。在资本主义市场经济中起主导作用的价值观是个人主义或利己主义；而在社会主义市场经济中，由于私有企业的存在，个人主义也无疑存在，而且起一定作用，鼓励一部分人先富起来的政策就包含利用个人主义作用的因素，但个人主义决不是主导的价值观。从整体上说，在社会主义市场经济中占主导地位的是集体主义。

从上可见，社会主义市场经济和资本主义市场经济有本质区别，不能混为一谈。弄清楚了二者的本质区别，我们就可以讨论社会主义市场经济的本质了。

关于社会主义市场经济的本质，有两个层次，一是市场经济的本质，一是社会主义市场经济的本质。市场经济的本质就是生产的社会化。人的生产总是社会性的，一个人也可以进行生产劳动，但他的劳动离不开整个社会。类人猿演化成为人是以群体的方式，而不是以个体的方式发生的，即是从类人猿社会变为人的社会。最初是自然分工，当人类的生产有了一定程度的发展，便开始了社会分工，形成人与人之间的一定社会关系。从此，人们一方面要深入认识自然、改造自然，另一方面又要调整人与人之间的社会关系，以便发挥人的主体作用。社会分工导致产品交换，交换形成价值、市场、货币、价值规律等。这些都是生产社会化的结果。但是社会化的程度最初是不高的，当人类社会的历史进入资本主义时，生产社会化就进入一个崭新的阶段，以致生产社会化与资本主义私有制陷入深刻的尖锐的矛盾。科学社会主义就是为了解决这个矛盾，但决不是为了抑制生产社会化的发展。然而，对于体现生产社会化的商品生产和交换，过去我们却采取了否定的态度，视之为消极的东西，认为是迫不得已才暂时承认商品经济或市场经济的。这是思想上的片面性。商品经济或市场经济无疑有其消极面，但还是应该说这些东西都是人类社会的伟大发明。试想一下，没有分工、货币、商品、市场、价值规律等，会有今天灿烂的文明吗？商品经济或市场经济的确是不可超越的，没有它们，生产社会化水平不可能提高，生产现代化也不可能实现。理论界有一种观点，认为商品、货币和市场将来也不可能消灭。是否真是如此，现在难说，但无论如何今天还难以设想到什么时候这些东西会消灭。

我们应该充分估价市场经济的积极作用。市场经济无疑是在私有制特别是在资本主义私有制条件下发展起来的，因此，过去我们认为市场经济专属于资本主义，市场经济就是资本主义市场经济，没有其他形式。现在的社会主义市场经济理论突破了这种观点，区分了基本经济制度与经济体制，这涉及普遍性和特殊性的关系问题。社会主义市场经济和资本主义市场经济有没有共同之处呢？有，这就是以市场作为资源配置的基本方式或基本手段。市场经济是普遍性，资本主义市场经济与社会主义市场经济是特殊性。许多理论都有这种普遍性和特殊性的关系问题，例如人权概念，它既有普遍性、共同性，又有特殊性，人权的阶级性就是一种特殊性。又如伦理道德规范也是既有普遍性，又有特殊性。不能只承认特殊性，不承认普遍性，也不能只承认普遍性，不承认特殊性。党的十四大报告就从这种普遍性和特殊性的辩证关系的哲学高度全面阐明了社会主义市场经济概念。它的普遍性，是指以市场作为资源配置的基本方式、基本手段，市场在资源配置中起基础性作用；它的特殊性，是指市场的这种作用是在社会主义条件下进行的，前面具体分析了资本主义市场经济和社会主义市场经济的区别，就说明了所谓"社会主义条件"的具体内容。由此我们可以得出结论：社会主义市场经济的本质就是在社会主义条件下提高生产社会化的程度，实现生产的现代化。

总之，从生产社会化的角度来理解市场经济，就可以抓住它的本质，从而理解其必然性。这是我国在建国以来的多年的社会主义建设中，特别是多年来的社会主义改革中逐渐摸索社会发展的脉络而作出的具有历史意义的重大突破——把建立社会主义市场经济体制，作为我们经济体制改革的目标模式。

二、建立社会主义市场经济要解决的若干矛盾

目前，我国社会主义市场经济有了一定的发展。乡镇企业、私营企业一开始就在市场经济中活动，但占据主导地位的国有企业尚未完全进入市场。我国的市场经济，还未达到基本形成或成熟的阶段。经济学家们预测，实现市场经济还要二三十年时间。其战略步骤大致分为三个阶段：第一阶段是"八五"期间（1991—1995），在财政、税收、金融、保险等方面进一步深化改革。第二阶段是"九五"期间（1996—2000），理顺国家和企业、中央和地方的关系，初步建立社会主义市场经济。第三阶段是下个世纪最初20年，那时才能建成成熟的社会主义市场经济。

建立社会主义市场经济是一个复杂的社会系统工程，要处理和解决好一系列的矛盾才能建立起来，如中央和地方、国家和企业、企业

和企业、企业和个人、个人和个人等。用唯物辩证法的矛盾分析法分析社会主义市场经济的建立过程，首先要处理好的是计划和市场的矛盾、公有制和私有制的矛盾、社会主义和资本主义的矛盾、所有权和经营权的矛盾。这些矛盾如果解决不好，社会生产的发展必然会受到巨大的损失，或者建成的不是社会主义市场经济。下面拟对这几对矛盾作些简略的分析。

第一，计划和市场的矛盾。党的十四大报告指出，建立社会主义市场经济，"这个问题的核心，是正确认识和处理计划与市场的关系"，这是非常正确的。近来社会上形成了一种倾向，似乎社会主义市场经济完全不要计划，这是天大的误解。社会主义市场经济决不是不要计划，而是要更好地处理计划与市场的关系。为什么这样说呢？

市场与计划是共存的。不仅在社会主义国家，就是在资本主义国家，都不存在没有任何干预的纯粹的市场经济。18世纪二三十年代以前，在自由资本主义时期存在着比较纯粹的市场经济。当时，经济学界的主导观点认为，政府采取自由放任的政策，各企业以经济利益为依据，进行充分的自由竞争，就会有一只看不见的手，把经济引向充分发展，所有的人都能充分就业，个人和社会利益就会充分协调起来。

19世纪末20世纪初，西欧资本主义有了充分发展，但接着爆发了第一次世界大战，尤其是30年代的世界性经济危机所造成的大萧条，向资本主义市场经济提出了严重的挑战，此时就出现了凯恩斯理论，即国家干预主义，以政府干预来缓解经济危机。政府干预主义理论得到很多人赞成，被认为是避免、至少缓解经济危机的良方。

马克思主义认为，资产阶级国家对经济的干预只能缓解矛盾，根本的解决在于社会革命。不管怎样，30年代以后，就不再存在纯粹的市场经济了。西方国家的市场经济均有国家的一定方式的干预，实际是以市场经济为主的混合经济。不同国家采取不同干预方式，如美国采取短期调节手段，而日本把自己的体制叫作有计划的市场经济，即"官民混合调节"。

在市场经济中，市场与计划既然是共存的，矛盾就是不可避免的。

计划经济以计划为主,并没有完全废除商品,其中就始终存在着计划和商品的矛盾,两种价格(两轨制)就是计划和市场矛盾的表现。计划与市场的矛盾贯穿于整个计划经济时期,也将继续存在于整个市场经济时期。市场经济的确立将为这一矛盾的解决提供更加有利的条件,例如商品价格基本根据市场的需要来规定,两种价格的现象基本上就可以避免。一般认为在社会主义市场经济中,"计划是指导,市场是基础",即在市场的基础上制定计划,在计划指导下培育和发展市场。如此把计划和市场结合起来,就能较好地处理市场经济中计划与市场的矛盾。

在社会主义市场经济中,计划仍然发挥着重大的作用,决不能轻视。国家的计划是国家对市场经济进行宏观调控的主要手段之一。不仅如此,市场只是对资源配置起基础性作用,并没有囊括全部生产领域,至于市场和上层建筑领域的关系就更为复杂。无疑,社会生活的一切领域都应该与社会主义市场经济相适应,自觉采取适当的改革,但并不是把一切都推向市场,仅仅追求经济效益。薄一波同志在《正确处理计划和市场的关系》一文中认为:"国民经济的发展目标和总量控制,重大经济比例关系的协调,重要基础设施和重大项目的建设,重大科研项目的攻关,科研文卫事业的发展,以及保护生态环境和保障社会公正,主要发挥计划的作用。"[①] 总之,在社会主义市场经济中,市场与计划要互相妥善地结合起来,互相补充,互相推动,不能夸大一个方面,绝对排斥另一个方面。

第二,公有制和私有制的矛盾。目前,我国处在社会主义初级阶段,我们的基本制度属于社会主义,但还是含有大量的私有制成分,就是说,公有制为主体,以私有制为补充,这也是中国的社会主义的特色之一。

在市场经济中,公有制和私有制当然是互相结合、互相补充的。但是它们之间的矛盾又是多方面的,在资源、技术、人才、市场各方

---

① 《人民日报》1992年12月22日。

面都有矛盾，这些矛盾都可以通过互相协商、互相让步、互相支持来解决。最主要的矛盾是发展下去，公有制究竟能不能保持自己的主体地位？这个问题理论界也在讨论。在改革开放的条件下，私营企业和外资企业在资金、产值、利润方面的增长速度当然会大于公有制企业，因为私有制企业本来就是在市场经济中出现和发展的，不像国有经济那样受国家计划的种种束缚。私有制企业税收一般在赢利的一半以下，而国有企业上交利税一般在90%以上，这大大降低了它的活力，发展基建、扩大再生产都十分困难（首钢的成功经验表明，国有企业利税上交国家40%—50%，企业才会有活力）国有企业办社会，且离退休人员多，福利费用大，而外资企业、私有企业则无此负担。据估计，国有制企业在国民经济总产值中所占比重已从前几年的80%下降到50%左右。加上集体企业，公有制无疑仍占主体地位。关于这个问题的精确统计，现在难于做到，各种估计出入颇大，但公有制的比重在下降，私有制的比重在上升则是很明显的。

如此发展下去，公有制能不能保持其主体地位呢？当然，这里有个问题占多少才是主体。能不能说占49%就不是主体，占51%就是主体？问题当然不是这样简单。经济学界有人认为，所谓主体即占主导地位，问题不在于占多大比重，而在于公有制能否控制整个国民经济。但是，量变总有一个度，达到一定界限就会发生质变，没有数量的保证就无法保持主导地位。难以设想私有制有了巨大发展，会安于补充的从属的地位。

当然，目前矛盾并不尖锐，私有制经济还需要大量发展，但发展下去，公有制经济，特别是国有经济如何保持主体和主导地位就成为一个问题。不能采取政治措施人为地限制私营经济的发展，唯一正确的途径还是搞活和加速发展大中型国有企业，借以保持公有制的主体和主导地位。据统计，1992年我国最大的500家工业企业在数量上只占我国乡和乡以上独立核算企业40.8万家的0.12%，但销售额却占24.52%，利税总额占40.83%，其中公有制成分占绝对优势。这足以表明，公有制在国民经济中占有举足轻重的地位。只要国有大中型企业能够扭转亏损局面，做到保值增殖，不断发展，其主体地位是不会丧失的。

第三，社会主义和资本主义的矛盾。公有制和私有制的矛盾问题，实质就是社会主义和资本主义的矛盾问题。有中国特色的社会主义的特色之一，就是它包含一定比重的资本主义经济，这种资本主义是有中国特色的资本主义。我们的目标是建立有中国特色的社会主义，其中重要内容之一就是正确处理社会主义和资本主义的关系问题。

有一种流行的思想倾向，认为一切都不要问姓"资"姓"社"。这是对邓小平同志南方重要谈话和十四大报告精神的误解。在马克思主义指导下的社会主义国家里怎能不问姓"社"姓"资"呢？难道四项基本原则也不坚持了，市场经济也不姓"社"了？我理解邓小平同志南方谈话的意思是不要抽象地争论姓"社"姓"资"问题，我们的指导思想、基本制度、基本路线当然姓"社"不姓"资"，有些资本主义并不可怕，不要因为在这个问题上纠缠而放跑了机遇，贻误国家现代化的伟大事业。

资本主义和社会主义诚然有矛盾，但也是可以结合的，问题在于处理好它们的关系。那么该如何正确处理这一对矛盾呢？处理方法同上面谈到的处理公有制与私有制的矛盾的方法是一致的，一方面，要保持社会主义的主体和主导地位，另一方面，要充分发挥资本主义作为社会主义经济的补充的作用，充分利用资本主义的合理的有用的东西，不能视之为洪水猛兽。具体说，资本主义有下列一些方面是可以利用和学习的：（1）商品经济或市场经济，社会主义商品经济或市场经济是从资本主义那里学来的；（2）资本主义企业的组织形式，如股份制；（3）资本主义的经营管理方法；（4）资本主义的物质激励的方式；（5）资本主义的资金；（6）资本主义经济成分本身，国家允许它存在和发展；等等。至于资本主义社会中那些中性的东西，如机器设备、科学技术，根本不具有资本主义或社会主义性质，当然是要加以利用的，也早就利用了。

其实，资本主义也在学习和利用社会主义，如福利政策、计划经济等。看来，商品经济或市场经济的经济发展阶段是不能超越的，资本主义因素的一定程度的发展也是必要的，否则社会主义社会的生产力发展不起来。可见，社会主义和资本主义不是绝对排斥的，在一定程度上是可以结合的、互补的、互相推动的。但是它们之间随时随地都会有矛盾，我们要保持清醒的头脑，你利用它，它也利用你，不小心就会上当的。有材料表明，外商投资并不都是现钞，90%的投资是产品，绝大多数外商都虚报进口货价。1990年"三资"企业进口价高于全国净价的商品达124种，其中6种价格高出10倍以上；而且商品质量也存在很大问题，如1992年四川检查了430批进口商品，不合格率达46.3%，其中有不少假冒伪劣商品。1992年外商投资达80亿美元，我国损失之大可以想见。反过来，外商对出口商品则拼命压价，1990年"三资"企业商品出口价低于净价。发展下去，到头来究竟谁利用了谁就是一个问题。资本主义经济力量的发展和经济地位的提高必然反映到政治上来，这是难以避免的。对这个问题，我们决不可掉以轻心。

第四，所有权和经营权的矛盾。在私有企业里没有所有权和经营权的矛盾问题，这个问题主要存在于国有企业内部。在以前的计划经济体制下，所有权和经营权都属于国家，不存在二者的矛盾问题，但这种体制使企业缺乏活力。改革以来，把二者分开成为搞活国有大中型企业的关键，尤其是市场经济理论提出后，这个问题更为经济学界和企业界所关注。

显然，我们不能对一切国有企业都采取一种方法来处理所有权与经营权的关系问题。例如，军事工业、高科技工业中始终会有相当大一部分不能由企业自主经营，但国有企业的绝大部分中所有权与经营权还是应该分开的。所有权属于国家，经营权属于企业，国家完全听之任之，所有权会名存实亡；国家管得太多，就会削弱企业的活力。有的同志主张干脆实行企业所有制，这恐怕有损企业的全民性质。不久前经济学界在桂林讨论了新型国有资产管理体制问题，比较一致的看法是：应建立一种包括三个层次的组织的体制来处理所有权和经营权的关系：一是各级政府设立的专门行使所有者管理职能的机构；二是作为自主经营和自负盈亏的法人实体和市场主体的国有企业；三是联系政府和国有企业的多种类型的国有产权经营机构。目前正在采用的股份制、承包制、租赁制则是具体处理所有权与经营权关系的一些模式，在这些模式中，所有权属于或主要属于国家，经营权属于企业。总之，所有权与经营权的关系是一个十分复杂又很重要的问题，解决得好不好，将直接影响国有企业的兴衰成败，乃至社会主义的命运。

在建立社会主义市场经济过程中，还有很多矛盾，如中央与地方、公平与效率、市场的正面效应与负面效应等，都是应该研究的。以上只是择其主要者略加论述，意在说明只有正确处理其中各种矛盾，社会主义市场经济才能顺利地建立起来。

三、社会主义市场经济和人的主体性

主体性问题是近年来理论界讨论的热点问题之一。有人认为计划经济必须转变为市场经济，其理由之一就是计划经济无法发挥人的主体性，而市场经济则能把人的主体性充分发挥出来。为什么呢？因为在市场经济中，经济活动的主体是个人和企业，而企业作为法人也是自主经营的主体。所谓主体指的是人的活动的主体，即主动发出各种各样活动的主体，而人的主体性就是人作为活动的发出者所具有的基本特性，如自主性、主动性、积极性、创造性、能动性，等等。在市场经济条件下，个人和企业作为自主经营的主体，其主体性就能充分发挥出来，而在计划经济下，企业不是自主经营的主体，主体性当然难以发挥。

在计划经济条件下，人的主体性完全不能发挥吗？不能这样说。计划性本是人的活动的特点之一。人的实践活动不是本能活动，而是有目的的活动，即有计划的活动，它就是人的主体性的表现，怎能说在计划经济中人的主体性不能发挥呢？就劳动者个人来说，剥削制度基本消灭了，人民当家做了主人，劳动者主体性的发挥有了十分优越的条件。事实上，解放以后，劳动者的主体性也确实一度普遍高涨，

国家的计划对我国经济的发展也发挥过重大作用，特别是第一个五年计划期间，经济发展十分迅速，这是有目共睹的。但是也应该承认，人的主体性远没有得到充分的发挥。在计划经济体制下，人的主体性在以下几方面受到限制：

第一，国家的主体性发挥了，但企业的主体性受国家的束缚难以发挥，而由于我国幅员大、人口多、情况复杂，国家计划的主体性也很难发挥。薄一波同志在上述文章中曾谈到："如果在'一五'期间中央政府能够管理几百个大型国营企业的生产活动，而且可以管得比较好的话，那么以后沿用这套办法管理几万个、几十万个企业，则是力不从心，而且不可能了。"高度集中的体制随生产的发展越来越难以发挥人的主体性。

第二，公有制取代私有制，诚然是消除了对劳动者主体性的制度上的束缚，但高度集中的体制未能使劳动者真正拥有当家做主的权利。在高度集中体制下，厂长听上级的安排，工人听厂长的安排，工人看不出自己对企业的重大问题的决策能起什么作用。这样，工人当家做主变成了一句空话，工人的主体性何以发挥？

第三，在高度集中的体制下，劳动者劳动的好坏多少同他的物质利益的大小很难联系起来，这也束缚了他的主体性的发挥。为了激励劳动者的主体性，过去主要依靠政治动员来提高热情，叫作抓革命、促生产，要求人们毫不利己专门利人。但是大多数人都做不到。这是由于几千年的私有制所形成的自私心难以克服的缘故。在自私心普遍存在的情况下，除了政治思想工作而外，还要通过满足个人的物质利益来调动人的积极性。

总之，在计划经济条件下，个人的主体性不能充分发挥，企业的主体性也难以发挥，国家的主体性也不能很好地发挥出来。有人形象地比喻说，国有企业像拴在柱子上的牛，集体企业像猫，可以自由活动，个体、私营、"三资"企业像鸟，有自由飞翔的广阔天空。

比较起来，社会主义市场经济更加有利于发挥个人、企业和国家的主体性，笼统地说更加有利于发挥人的主体性。下面分别谈一下。

第一,在市场经济条件下,决不是不要国家发挥主体性,相反,要求国家更好地更大地发挥主体性。问题是怎样发挥,是高高在上,超越经济规律,单凭主观臆想瞎指挥,还是脚踏实地,实事求是地依据经济规律,特别是价值规律,做好国家计划和宏观调控,充分发挥国家的主体性?应该是后者,而不是前者。

第二,一切企业,特别是国有企业,要成为"四自"企业,即自主经营、自负盈亏、自我发展、自我约束,在市场经济的大海中,它们的主体性才可以得到充分的发挥。企业主体性的发挥是在国家计划和法令、政策的宏观指导之下公平地自由竞争,其中有机遇,有风险,但一切违反法令政策的互相倾轧、坑蒙拐骗、损人利己、损公肥私、倾销假冒伪劣、以邻为壑的行为,决不是对主体性的正当的发挥。

第三,在社会主义市场经济中,个人的主体性也将得到更多更好的发挥。个人的主体性的发挥和个人的实际利益密切相关。自主经营的企业能更好地贯彻按劳分配的原则,劳动者物质利益的获取与他的劳动的数量和质量成正比,这无疑能更好地激励起劳动者的热情。当然,这里也有许多复杂的问题。当工资、奖金对人的主体性的调动达到一定的限度时,激励作用就减弱了,有人认为股份制能起到更大更持久的作用,因为让劳动者变成企业的股东,股份收入多少和企业经营管理的好坏息息相关,劳动者的主体性就可以充分发挥了。但也有人提出劳动者个人的股票允不允许出卖的问题,如果不允许出卖,于理不当;如果允许出卖,那么,对于那些出卖了股票的职工,股份制的激励作用就消失了。看来物质利益的激励作用对于劳动者的主体性是不可缺少的,但它也不是万能的,加强政治思想工作,提高劳动者建设社会主义的觉悟,同时改革管理制度,使劳动者真正体会到主人翁地位,也是决不可少的。如果劳动者在思想上和实践中都认识到自己是企业的主人,企业的发展和整个国家的兴旺发达就是自己的事业,劳动并不仅仅是谋生的手段,那么,劳动者的主体性就可以充分发挥出来了。总之,在社会主义市场经济体制下如何更好地发挥人的主体性,可以归结为两个方面,一是调整社会经济体制的各个环节,使之更加合理，以利于人的主体性的发挥，这是集体的主体性；一是调动个人的主体性，这是个体的主体性。社会主义市场经济对于调动这两种主体性都比计划经济更为有力。

本文论证了社会主义市场经济的种种优点，但也不应忘记市场经济也有其消极作用。市场经济，包括社会主义市场经济，显然会助长一切向钱看的拜金主义，会助长损人利己、损公肥私的极端个人主义倾向，会助长不顾整体利益的分散主义倾向，等等。我们决不可以掉以轻心，听之任之。这就需要大力强调和努力建设社会主义精神文明。

另外，关于建立社会主义市场经济还有两个问题是哲学工作者必须研究的，一是市场经济的建立和整个上层建筑的关系，二是市场经济的建立和观念变革的关系。一方面我们要解放思想，变革观念；另一方面又要实事求是，不能把观念变革夸大成完全否定过去的观念。

市场经济从来是资本主义的，社会主义的经济体制从来是计划经济，社会主义市场经济的出现确是人类社会历史上的创举。我国已在十几年的改革开放中取得了丰富的经验和教训，并已在经济上、政治上、理论上取得了很大的成功，这些经验、教训、成功虽然不是在市场经济的名义下取得的，却是指向市场经济。只要不犯严重的错误，社会主义市场经济的建成是有把握的。社会主义市场经济的实践将使中国呈现出崭新的面貌，社会主义市场经济的理论也将使马克思主义进入一个崭新的形态。

谈谈我国的文化观念变革和哲学观念变革[*]

我对文化哲学毫无研究，只是有些朴素的粗浅的想法，提出来向同志们请教。先谈一下一般的文化观念变革，再谈一下哲学观念变革。

一、我国文化观念变革

何谓文化观念变革？要回答这个问题，首先要对文化概念有明确的界定，但文化概念在人们的理解和使用中却是千差万别的。这里没有必要来详细研究这些界定，我只想谈谈它的广义的理解和狭义的理解。

广义的文化等于文明，包括人类所创造的一切，即物质文明（生产劳动的产品）、制度文明（经济制度、政治制度及其他制度）和精神文明（精神生产的产品）。狭义的文化则仅指精神生产的产品，文化活动仅指精神性活动，与经济（物质生产和经济制度）、政治（政治活动和政治制度）并列为三。在唯物史观看来，文化是经济和政治的

---

[*] 本文收录于《改革开放正在掘进岩层》，中国广播电视出版社1993年8月出版。

反映，又是为经济和政治服务的。因此，文化不是经济和政治，但又离不开经济和政治。经济、政治和文化是人类社会的三个组成部分，它们构成整个人类社会。具体说来，狭义的文化包括意识形态、意识形式（如自然科学等无阶级性的精神产品）、语言文字等。因此，虽然狭义的文化指的不是经济发展水平和经济制度，我们却常常以生产发展水平或经济制度来命名某种文化，如农业文化、工业文化、封建文化、资本主义文化，这里所说的文化就不再是狭义的文化，即精神活动及其产品，而是广义的文化，即狭义的文化以及它所赖以建立的生产力水平、经济制度和政治制度了。我们一般谈的文化是狭义的文化，它的内容十分复杂，就目前来讲，其中包括阶级性的因素和无阶级性的因素、民族的因素和超民族的因素、时代的因素和超时代的因素，总之，特殊的因素和普遍的因素。文化是经济和政治的反映和产物，但它一旦产生，就有相对独立性，它的变化发展除了来自经济和政治的变化发展而外，也来自它的自己运动。把文化看成完全脱离着经济和政治发展的观点和把文化看成完全随着经济和政治的发展而发展的观点都是不符合人类文化的实际状况的。

文化观念指的是某一民族、某一国家或某一地区的人们在某一历史时代所具有的对某一种类、类型或模式的文化的理解，如上述各种文化在人们的头脑中形成了各种文化观念，而文化观念的变革则指文化类型转换过程中同时相应发生的观念上的变革，如封建文化转变为资本主义文化、农业文化转变为工业文化时相应发生的观念变革，当然，文化观念变革从整体上说必然落后于文化变革。中国文化观念变革指的是我们所理解的中国文化变革为某种新的文化的过程中我们观念上的变革，弄清楚这个问题无疑会使我国的文化变革更加自觉，能收事半功倍之效。为此，我们就应研究，中国传统文化是什么，今天的现状怎样，将来的出路何在，等等。

中国传统文化是农业封建文化，是一个历史悠久的优秀文化，是由以汉族为主的多民族的文化汇合而成的。它的优越性主要表现在它在同各种文化相互撞击的过程中能够以我为主，兼容并包，并不断发扬光大，因此，在历史上汉族多次为其他民族所征服，但由于汉族文化比较先进，军事上虽然失败了，政治上为异民族所统治，文化上却获得了胜利，其结果异民族文化为汉族文化所融合，最后形成了多民族的中国文化。它不愧是中国历史上最优秀的文化。但是，它在西方现代文化面前却相形见绌。100多年来，由于中华民族的艰苦斗争，中国在政治上军事上一直没有完全被西方国家所统治，中国没有被完全吞并，最终获得了彻底的独立，但其文化却黯然失色，至今无法与西方现代文化并驾齐驱。这不能不引起学者们的关注，于是"五四"运动以来，不少人从事中西文化比较的研究，近10多年来甚至形成了热潮。这些研究的目的不外乎比较中西文化的差异，估价这些差异，揭示中国文化的前景。这种研究无疑是十分重要的。

有不少学者认为，中国传统文化与西方传统文化有一些重要的差别，前者主张天人合一，后者力求征服自然；前者注重综合，后者注重分析；前者重视伦理关系，后者追求物质享受；前者强调实用，后者强调理论；前者重视集体，后者重视个人……至于对这些特点的评价，学者们更是意见分歧，莫衷一是。我认为从一定意义来讲，这些差异确实存在，这种比较也是有益的，但是造成西方现代文化优于中国传统文化、中国传统文化相对落后的不是这些差异，因为这些差异只是程度上的，不是完全对立的，例如中国人要生存、要发展，就不能不征服自然，所谓"天人合一"不过是除征服自然而外还要与自然协调一致而已，对此西方人绝非不知，其他差异均不是完全对立，中国与西方在这些差异之上还存在着共同之处。因此，这些差异不是造成中国传统文化与西方文化的巨大差距的根本原因。根本原因还是在于：在人类社会历史的长河中，中国传统文化比之西方现代文化是落后的文化，前者是农业封建文化，后者是工业资本主义文化。那么，中国文化的出路何在呢？

显然，中华民族要自立于世界之林，中国文化要与西方文化相匹敌，唯一的办法是赶上世界历史的步伐，把中国社会及其文化变革成为与西方同等程度先进的地步，用我们常用的话来说，就是使中国社会全面现代化，形成有中国特色的现代文化。作为现代文化，它可以与西方现代文化相并立；作为中国文化，它具有中国特色，既包括中国传统文化的优秀成分，也包括外国文化的优秀成分，并植根于中国现代社会的经济、政治的深厚土壤之中。这就是中国的现代社会主义文化。

按照历史常规，中国虽然落后了，也有可能使农业封建文化转变成为工业资本主义文化，像日本那样。然而由于种种原因，中国没有走这条路，而是在复杂的条件下通过新民主主义和社会主义的道路来形成自己的先进的现代文化，其中马克思主义和资产阶级思想、社会主义道路和资本主义道路展开了激烈的斗争。中华人民共和国成立后，特别是在社会主义改造完成后，我国形成了以总体上落后的复合的生产力和社会主义经济政治制度为基础的社会主义文化。这个文化的经济力量是弱小的，思想中和社会制度中存在着大量封建的资本主义的因素。这个文化虽然是以马克思主义为主导的社会主义文化，但由于其基础的虚弱和历史包袱的沉重，仍然难以与现代西方文化相抗衡。特别是近数十年来，发达国家凭借科技革命，经济发展迅速，政治上相对稳定，而社会主义国家虽然在建设上也有很大成就，仍然难以相比，中国文化与西方文化的差距不仅没有缩小，反而愈来愈大了。怎么缩短这个差距，赶上西方现代文化呢？中国共产党十一届三中全会开辟了一条缩短这个差距的道路，即通过改革开放，形成有中国特色的社会主义现代文化的道路。

究竟如何形成中国现代文化？近年来是颇有争议的。既然中国传统文化是落后的，西方文化是先进的，落后的当然要学习先进的，从这里很容易得出全盘西化的结论。中国当然要向西方学习，中国人找到马克思主义也是向西方学习的结果，但学习不等于全盘西化，而且事实上不可能全盘西化。100多年来，不管自觉不自觉，西方的东西要在中国生根，不能不中国化。现代的中国社会生活中有很多西方因素，但仍然保留大量传统因素，现在的问题是如果更加自觉地正确对待西方文化和中国传统文化，形成高度发达的先进的现代中国文化，这就要求文化观念变革先行一步。10多年来，由于我国经济、政治、文化已发生了一定的变革，我国文化观念也发生了一定的变革，现在应使之明确起来，借以反过来进一步推动我国经济、政治、文化上的变革。那么，我国文化观念发生了哪些变革呢？我认为有以下几点：

（一）关于中国现代文化的生产力基础。过去认为中国现代文化的经济基础就是经济制度，社会主义文化建立在社会主义经济制度基础上；现在认识到没有高度现代化的生产力，就没有中国现代社会主义文化，而没有高度发达的社会主义商品经济或市场经济，也没有高度现代化的生产力。

（二）关于中国现代文化的经济制度基础。中国现代文化只能是社会主义性质的，当然要以社会主义经济制度为基础，这是必须坚持的，但过去对此的理解有简单化片面化的毛病，脱离实际地一味追求一大二公，反而阻碍了生产力的发展。现在认识到，在目前国际国内条件下，最有利于现代生产力的发展的是以公有制为主体的多种经济成分的综合体制，这要通过改革开放来形成和发展。

（三）关于中国现代文化的政治基础。过去认为它的政治基础是人民民主专政，这当然是正确的，但过去强调专政方面，对民主方面有所忽视；现在认识到，还要进一步扩大社会主义民主，健全社会主义法制，才能一方面为经济建设，一方面为文化建设提供政治上的保证和推动。

（四）关于中国现代文化的思想基础。中国现代文化的思想基础或指导思想无疑是马列主义毛泽东思想，但过去在理解和贯彻中存在着教条主义的毛病；现在认识到以马列主义毛泽东思想为主导并不排斥百家争鸣和百花齐放，离开"双百方针"，中国现代文化的生动活泼、丰富多彩的具体内容就会陷于枯竭干涸。

（五）关于中国现代文化与资本主义文化的关系。过去把资本主义文化与社会主义文化绝对对立起来，视之为洪水猛兽；现在认识到，资本主义不仅在经济上和政治上有可以学习和借鉴之处，在文化上也是如此，过去似乎忘记了马克思主义正是从资本主义文化中脱颖而出的。今天的资本主义文化是现代资本主义经济和政治的反映，决不能全盘否定。当然也不应全盘照搬，尤其不能忽视它的消极成分，批判吸收是唯一正确的态度。

（六）关于中国现代文化与传统文化的关系。由于传统文化是封建性的，过去采取了全盘否定的态度，但这是不应该的，也是不可能的，因为传统文化中有不少东西今天仍有积极作用，传统文化是几千年历史形成的，根深蒂固，源远流长，中国现代社会脱胎于传统社会，传统因素（包括积极的和消极的）深深埋藏于现代社会的骨骼、肌肉和血液之中，不是几十年能够排除掉的。现在认识到，必须正确对待传统文化，不仅应该采取一般的批判继承态度，还应看到，从整体上说，它是现代文化的历史前提和基础，中国现代文化毕竟是中国文化。

（七）关于中国现代文化的特色。这是一个需要深入探索的问题。中国现代文化无疑不是西方文化，也不是中国传统文化，而是与有中国特色的社会主义相适应的文化，但这是一般地说的，它的具体特色究竟有哪些，一要靠广大干部和群众在实践中创造，二要靠文化工作者在实践基础上加以系统的总结。

我们相信，随着有中国特色的社会主义的形成，有中国特色的现代社会主义文化也将形成，这样的文化将是人类历史上最先进的最优越的文化形态。

二、我国哲学观念变革

哲学是文化的一部分，哲学观念变革是文化观念变革的一部分，作为哲学工作者，我想谈谈我关于哲学观念变革的想法。

什么是哲学观念变革呢？它指的不是哲学具体内容（如原理、规律、范畴）等的变革，而是指我们关于整个哲学的观念的变革，即对什么是哲学，哲学的性质是什么，哲学的功能是什么，哲学应有哪些内容等等问题的看法的变化，这个问题是很值得研究的，对中国哲学今后的发展是很有意义的。

20 世纪上半叶以来，中国的哲学观念有三次变革。第一次变革是

20世纪上半叶的几十年间,中国的传统哲学转变为以西方哲学为主导的哲学;第二次变革是解放初期,以西方哲学为主导的哲学转变为马克思主义哲学;第三次变革是近十几年,是马克思主义哲学内部的变革,即从比较片面的观念转变为比较全面的观念。那么,在这三次变革中,究竟是什么东西变了呢?这个变化应该怎么确定和评价呢?对于这些问题有各种各样的看法,我想谈一下我的具体想法。

第一次变革是在20世纪上半叶,传统的哲学观念转变成以西方哲学为主导的哲学观念。西方哲学和中国传统哲学在思路上是有很大差别的。究竟有什么样的差别,争论也较激烈。我认为有以下几点差别:第一,西方哲学(主要指西方近代哲学)与中国的传统哲学赖以建立的基础有差别。西方哲学是在近代自然科学有较大发展的基础上建立起来的,中国的传统哲学缺少近代自然科学的基础,主要是在实践经验,包括生产实践和其他社会实践的经验的基础上建立起来的。第二,中国的传统哲学没有建立起自觉的比较完整的思想体系。中国哲学家的哲学思想当然是系统的,成体系的,但没有把自己的思想体系比较完整地表述出来,而是采取了零散论述的方式,或者包含在论述各种实际问题的论著之中。西方哲学家却不同,大都有一个很自觉的哲学体系。第三,中国的传统哲学思想比较笼统,不同领域的思想往往混在一起,不像西方哲学那样划分为各个有相对界限的领域,比如划分为本体论、历史观、伦理学、认识论等各种各样的学科领域,有的思想甚至从哲学中分化出来形成单独的学科。

20世纪上半叶由于西方哲学的影响,中国的哲学观念不断地变化,出现了一个西方哲学观念逐渐占主导地位的过程。在这个过程中,中国传统哲学依然存在,但从胡适开始,一些哲学家在讲授中国哲学时,大都是用西方哲学的方法或西方哲学框架来整理和讲授中国的传统哲学。还有一些哲学家把中国的传统哲学和西方哲学结合起来,建立自己的哲学体系。一般认为,金岳霖、冯友兰、贺麟就是这样的哲学家。在那个时期,马克思主义哲学已经传入中国,但仅在一些青年知识分子和一些革命者中间流传,当时具有统治地位和权威性的哲学中没有马克思主义哲学的地位。

第二次变革即解放初期，从以西方哲学为主导的哲学转变为马克思主义哲学。应该指出，马克思主义哲学就是一种西方哲学，它是以西方哲学特别是德国古典哲学为思想来源，通过批评、改造建立起来的，它是工人阶级、劳动人民的哲学，它把哲学从剥削阶级手中夺过来变成了群众手里的思想武器。它以人类社会实践和科学为基础，本身也是科学的。虽然不能说其他西方哲学都是不科学的，但是从整体上讲它们是非科学的。非科学与科学存在着许多区别，其中主要区别之一就是非科学的东西中掺杂着许多个人的信仰、感情和兴趣等，而科学的东西总是要尽可能减少主观的东西而与客观实际相一致，因此，非科学的东西可以是五花八门的，而科学的东西总是要趋于一致的。马克思主义哲学把哲学作为科学来追求，对世界及其规律作了科学的解释，总是力求与客观世界及其规律一致。而西方哲学，从整体上讲，并没有达到科学的水平，仍然处于前科学或非科学的地步，虽然它们有丰富的科学思想，但从整体上讲没有哪一个流派可以称为科学，这一点是与马克思主义哲学根本不同的。这就是造成西方哲学多种多样，马克思主义哲学比较一致的根本原因。西方哲学与马克思主义哲学的再一个区别是西方哲学是为哲学而哲学，虽然它实质上也是联系实际的，也发挥着改变现实的作用，但这不是它的自觉的任务。而马克思主义哲学是实践的哲学，是工人阶级和劳动人民自觉地改造世界的最高指导思想。

中国解放以前是以西方哲学为主导，解放后一下子改变为马克思主义哲学占主导地位，这与革命战争的胜利和中华人民共和国的建立有着直接关系。也就是说，马克思主义哲学的主导地位的建立在一定程度上是凭借了政治革命的胜利，并不完全是人们在思想上、实践上经过长时间的思考与研究逐渐形成的，这就使人们对马克思主义哲学的理解带上一些片面性、表面性、凝固性。

第三次变革就是这十几年来我国哲学观念的变革，是否应该承认这是一种变革呢？我认为应该承认。现在我们所理解的马克思主义哲学与以前大不一样，我从中受到很大教育，在观念上也有许多转变。但是究竟应该怎样估计和评价这些变化，大家的意见不一致，有些观点我不是很赞同的。例如有的同志认为，这一变化就是从一元化变为多元化。从一元化到多元化当然是很大的变革，但我想这不过是一种倾向，这个倾向是否值得肯定，我是怀疑的。我认为近十几年来的变革是马克思主义哲学内部的变革，这个变革与我们的社会主义改革相适应。我们的改革是社会主义制度内的改革，不是推翻社会主义制度的改革。我们的哲学观念的变革也是在马克思主义哲学范围内的变革，是让片面的、有弊病的哲学观念更加全面的变革，假如我们在各个方面都达到全面，这种变革也是巨大的。近十几年来我国哲学变革主要表现在以下几个方面：

（一）过去的马克思主义哲学，过分强调哲学的意识形态性，以至于否定了它的学术性，哲学只为政治作论证，哲学问题与政治问题混淆在一起。现在的哲学已经恢复其学术地位，各种各样的观点作为学术观点都有一定的学术价值，都是可以讨论的。

（二）过去只有革命领袖才能发展马克思主义哲学，这个观念现在有所改变，现在人们承认谁都可以发展马克思主义哲学，只要你的观点是真正科学的新观点。职业哲学家更应如此，而且发展马克思主义哲学应该是职业哲学家的本职工作之一，是他们的职业所要求的。十几年来我们对如何发展马克思主义哲学进行了广泛、深入的讨论，应该说它在这一讨论过程中已有了很大的发展。

（三）过去并未完全否定人的活动的主体性和人的实践对外部世界的作用，但是有所忽视，很多时间是忘记了，今天对这个问题进行了广泛而深入的研究和讨论，这是完全必要的。

（四）过去哲学中的教条主义、个人迷信是严重的，往往停留在对马克思主义经典著作的引经据典、咬文嚼字上面，而不是从字句里面挖掘出精神实质，并用科学的发展来丰富马克思主义哲学。现在的哲学已经大不一样，10多年来马克思主义哲学讨论了大量实际问题、科学问题、改革问题、建设问题中的哲学问题。现在应用哲学的研究非常广泛，丰富多彩，这也是马克思主义哲学和实际密切结合的一种表现。当然应用哲学本身还有许多问题没有研究清楚，但它充当哲学与实践相结合的桥梁的作用，是功不可没的。

（五）现在的哲学与过去的哲学比较，科学性大大加强了。过去的马克思主义哲学教材是不太严格、不太完整的，有许多经常使用的概念含义模糊，这些概念之间有什么区别、有什么联系，大都不求甚解。许多搞自然科学的同志在学习马克思主义哲学的时候都有这样的感觉。现在情况有了较大改善，体系更加完整严密了，概念、原理的规定和论证更加合理了。

（六）现在对哲学功能的理解比较实事求是了。过去，特别是"文化大革命"时期，要求哲学有立竿见影的功能，好像只要运用哲学原理立即就能解决实践问题。现在大家认识到，单单哲学原理不能解决任何实际问题，它最多只能起指导作用，而解决实际问题还需要有具体知识和实践才能以及所掌握的第一手材料。当然现在又产生了另一种片面性，即认为哲学无用，这是需要进一步解释的。总而言之，对于哲学的功能我们要作科学的实事求是的理解。

下面再说明一下应该怎样看待当代西方哲学。当代西方哲学是当代西方文明的产物，是在当代西方社会实践和科学的基础上产生出来的，它自然有许多新的内容，并且远远超出了近代西方哲学的范围，这是无疑的，那么怎样估计它呢？对于这一问题我有一些初步看法。当代西方哲学有许多科学因素，比起上个世纪的西方哲学也有很大发展，但我认为它在整体上并没有摆脱前科学的状况。西方哲学是多元的，我国的马克思主义哲学是一元的，那么，究竟马克思主义哲学这种状况是哲学的正常状况呢，还是目前西方哲学的状况是哲学的正常状况？哲学的进步究竟会使一元化变成多元化，还是会使多元化变成一元化呢？在这些问题上分歧很大。我想西方哲学如果要成为一种科学的话，那么它还是会走一元化的道路。不能说只有马克思主义哲学才能代表科学，西方哲学不值得研究，如果科学发展的总趋势是一元化，是走向多样性基础上的统一性，作为一门科学的哲学在长期发展的过程中也会形成一种全世界公认的大体上一致的哲学。

近十几年来,在哲学界的讨论中形成了目前关于哲学的一些观念,如果我们把这十几年来哲学观念的变革进行研究、概括和总结,明确起来,并用以指导我们哲学观念的进一步变革,把不太自觉的变革变成自觉的发展,那么,中国的马克思主义哲学的面貌将为之一新。

社会主义市场经济理论的哲学基础[*]

  这个问题实质上就是建立社会主义市场经济理论的哲学指导思想问题。笼统地讲，社会主义市场经济理论的哲学基础就是马克思主义哲学，具体讲来，就是通常说的解放思想、实事求是等观点。这里，我主要讲跟社会主义市场经济的建立有着密切联系的两个问题，一是社会主义社会的基本矛盾理论，一是普遍性与特殊性的关系的理论。邓小平同志在领导我们建立社会主义市场经济的过程中，科学地运用了这些理论。所以，研究一下这些理论，对于深入理解小平同志的社会主义市场经济理论、发展马克思主义、理解哲学的威力都颇有意义。

一

  由于历史条件的限制，马克思、恩格斯和列宁都没有也不可能研究社会主义社会的基本矛盾问题。斯大林虽然在晚年意识到了在社会主义社会中生产力与生产关系之间仍然存在矛盾，但并没有把社会主义社会的基本矛盾问题明确提出来，当然也就谈不上如何解决它。

---

[*] 本文发表于《马克思主义与现实》1994 年第 4 期。

真正提出社会主义社会的基本矛盾问题的是毛泽东同志,他在1957年《关于正确处理人民内部矛盾的问题》中指出:"在社会主义社会中,基本的矛盾仍然是生产关系和生产力之间的矛盾、上层建筑和经济基础之间的矛盾。"[①] 毛泽东同志还认为,这些矛盾跟旧社会相比具有根本不同的性质和情况,就是说,它们是非对抗性的;生产关系与生产力、上层建筑与经济基础是基本适应的,只存在某些不适应的方面;矛盾可以在社会主义制度内部解决。这些论述现在看来仍然完全正确,无可厚非。

那么,为什么毛泽东同志后来没有解决好社会主义建设的问题呢?关键在于毛泽东同志在具体分析社会主义社会的基本矛盾问题时出现了失误。他认为,这些矛盾主要在于:(1)存在私有制残余;(2)公有化程度不够高;(3)生产关系的某些具体环节没有调整好,如积累和消费的比例问题等;(4)刚开始适应,但随着生产力的发展适应又会变为不适应。毛泽东同志的这些分析在今天看来就大有问题。就第一点看,一定限度的私有制是否就没有积极作用呢?实践证明不是,它还有一定的积极作用。第二点显然是讲过头了,认为公有化程度越高越好,于是就出现了盲目追求"一大二公"的错误。第三点基本上是对的,但讲得很笼统,究竟是什么环节不适应的问题没有弄清楚。第四点是对的,但讲得也太抽象。

总之,改革开放之前我们对社会主义社会的基本矛盾究竟是什么这个问题始终没有研究清楚。资本主义社会的基本矛盾是很清楚的,因为生产是社会性的,生产资料的占有是私有的。在社会主义社会,总不好说生产社会性与生产资料公有制是矛盾的,但又不能像斯大林那样否认生产力和生产关系的矛盾,那是违反辩证法的。过去总觉得矛盾发生自公有制程度不够高,所以,在实践中就一再人为地拔高所有制的公有化程度,加之"左"倾思潮的影响,失误不断出现,使生产力不是得到发展而是遭到了破坏。

---

① 《毛泽东文集》第7卷,人民出版社1999年版,第214页。

以邓小平同志为代表的中国共产党人在改革开放的过程中不断研究探索，才逐步弄清了社会主义社会的基本矛盾这个关键问题。我认为，在社会主义社会的建设过程中，生产力与生产关系这个社会基本矛盾，主要地不是表现为生产力与所有制的矛盾而是表现为生产力和经济体制的矛盾。

这个问题是在实践中才逐渐明确起来的。大家知道，改革一开始就是从经济体制的变革着手的。但究竟应当建立一个什么样的经济体制，只是在不断的探索中才逐渐明确起来的。今天，回过头来看一下我国改革的历程，尤其是经济体制改革的历程，就会看出这样一条明显的历史轨迹：计划经济的成分不断减少，市场经济的分量逐渐加重，社会主义市场经济体制逐渐取代了计划经济体制。

那么，这是不是就意味着过去我们实行计划经济体制根本是一个错误呢？不能简单而论。我认为，无产阶级革命成功后，实行计划经济体制是很自然的，而且计划经济体制在当时确曾发挥过很大的作用，应肯定其历史价值和历史功绩。但是，随着生产力的进一步发展、生产规模日益扩大、和平环境中人们政治意识的淡化、消费要求的提高、与发达国家的交往加深等，计划经济体制的许多弊端，如难以发挥企业和个人的自主性和积极性等，就显露出来了，就不适应生产力发展的要求了。

当然，建立社会主义市场经济体制也涉及所有制问题，但不是像过去所做的那样，完全否定私有制，一味地强调公有制，而是承认私有制在现阶段的积极作用，把它作为公有制的补充成分对待，给它以一定的地位。

二

如何把社会主义计划经济体制转换为社会主义市场经济体制呢？大家知道，市场经济过去只与私有制相联系，而社会主义总与公有制相联系，但是，如果资本主义与市场经济区分不开，社会主义与市场经济就结合不起来，这就有一个经济体制的普遍性与特殊性的关系问题。

过去人们总认为,一个国家的经济体制与其基本经济制度是一致的、不可分割的。所以,只要谁主张发展自由市场等,就会被当作资本主义路线来批判。这种认识有一定的客观原因。在第二次世界大战以前,无论西方资本主义世界的经济制度,还是苏联社会主义经济制度,都只有一种经济体制,即资本主义社会只有市场经济体制,社会主义社会只有计划经济体制,所以人们对经济体制和基本经济制度不加区分。但战后各国的经济体制都发生了很大变化,呈现出多样化格局,资本主义国家的经济活动中计划成分不断增多,于是出现了日本的有计划的市场经济体制、美国和德国的国家调控下的市场经济体制等;社会主义国家中也出现了打破苏联式的中央集权的高度计划经济体制的情况,如南斯拉夫的社会自治经济体制等。这说明,把经济体制与社会的基本经济制度混为一谈是不正确的。

以邓小平同志为代表的中国共产党人,在总结世界各国经济发展经验和我国改革开放所取得经验的基础上,明确提出了资本主义也可以有计划经济,社会主义也可以有市场经济的观点。这就告诉我们,一个国家的经济体制跟它的社会制度是可以分开的;市场经济体制既可以跟资本主义结合,也可以跟社会主义结合;市场经济体制和社会主义市场经济体制的关系是共性和个性、普遍性和特殊性的关系,就是说,市场经济可以成为资本主义经济体制和社会主义经济体制的共性,而资本主义和社会主义是它们的个性。

那么,这是否意味着有一个中立性的市场经济体制呢?不是。中立性的东西是有的,如自然科学或机器,不论在资本主义条件下还是在社会主义条件下总是一样的,不因社会制度的改变而改变。但市场经济体制就不是如此,并不存在一个脱离社会的基本经济制度而独立自存的市场经济体制,市场经济体制要么跟资本主义制度相结合,要么跟社会主义制度相结合。所以说,市场经济体制总有个姓"社"姓"资"的问题。因此,我们一方面要研究市场经济体制的共性,即以市场为资源配置的手段和基础,同时也要研究市场经济体制的特殊性,即社会主义市场经济体制和资本主义市场经济体制的特殊性。只有这些问题弄清楚了，我们才能在实践中顺利地完成旧体制向新体制的转轨。

社会主义市场经济体制的特殊性究竟有哪些呢？我认为至少有如下几点：第一，社会主义市场经济体制是以公有制为主体的多种经济成分并存的市场经济体制。第二，社会主义市场经济活动的直接目的是利润，但更根本的目的是满足人民的需要，追求最大最好的社会效益。第三，社会主义市场经济体制以按劳分配为主要分配原则，追求共同富裕，力图限制剥削，防止两极分化。第四，社会主义市场经济体制建立的指导思想是马克思主义，具体地讲就是邓小平同志所创立的建设有中国特色的社会主义理论这个当今中国的马克思主义。第五，在社会主义市场经济体制中起主导作用的价值观是社会主义的集体主义而不是个人主义。

可见，社会主义市场经济体制本质上反映着人与人之间的社会主义关系，它和资本主义市场经济体制是有本质区别的，不能混为一谈。弄清二者的区别，对于转换国有企业经营机制，建立现代企业制度，培育和发展市场经济体制，转变政府职能，建立合理的个人收入和社会保障制度，为在本世纪末初步建成社会主义市场经济体制等，都具有重要的战略意义。

当然，究竟应当怎样在实践中将市场经济体制的共性抽取出来、区分开来，并把它与社会主义制度有机地结合起来，确实是一个相当艰难的问题。因为这不像处理纯中立性的东西那样简单，不像引进一门自然科学或引进一台机器那样整个拿来，即可为我所用。当然，也不可能毫无改变，而要涉及所有制的变革、产权关系的改革、人们利益关系的重新调整等一系列问题，这也是一场深刻的社会巨变。所以，要完成这一历史使命，还需有理论工作者和实际工作者的共同努力。

有中国特色的社会主义是一种特殊的科学社会主义[*]

邓小平同志的理论是当代中国的马克思主义,是马克思主义的继承与发展,当然也是科学社会主义的继承与发展。它们之间的关系可以说是一般与特殊的关系,如果科学社会主义是一般社会主义,邓小平理论则是科学社会主义在中国改革开放以来的特殊的社会主义理论形态。

严格说来,并不存在现成的纯粹的一般社会主义理论,正如不存在既不是这个橘子、那个苹果,又不是这个桃子、那个西瓜的现成的纯粹的一般水果一样。马克思和恩格斯的社会主义理论也是具体存在的特殊的社会主义理论,因而也有其特色,即地区和时代的烙印,有其历史局限性,不等于一般社会主义,但它是第一个科学社会主义理论,完整地包含了科学社会主义的基本观点,最能代表一般的科学社会主义,因此,把它看成一般科学社会主义也是可以的,只是我们不要忘记它是历史的产物,也有历史局限性就可以了。

---

[*] 本文发表于:《北京大学学报》(恩格斯与科学社会主义专刊)1995 年;《中国特色社会主义研究》1995 年第 5 期。

那么，邓小平同志的理论同它有哪些共同之处和不同之处呢？继承了哪些观点，又发展了哪些观点呢？我认为可以从以下几个方面考察。

首先，从指导思想或理论基础看。

恩格斯曾经指出，由于马克思的两个伟大的发现——唯物主义历史观和剩余价值学说，社会主义变成了科学。

唯物史观当然逻辑地蕴涵了辩证唯物主义，剩余价值学说逻辑地蕴涵了马克思主义政治经济学，科学社会主义的结论就是在马克思主义哲学和政治经济学的指导下研究资本主义社会的结果，因此，马克思主义哲学、政治经济学和科学社会主义成为马克思主义的三个组成部分。邓小平理论的理论基础无疑也是马克思主义哲学和政治经济学以及科学社会主义，即马克思主义，因而被称为当代中国的马克思主义。具体说，我们可以提出以下几点根据：（1）邓小平理论是毛泽东思想的继承和发展，而毛泽东思想是以毛泽东为代表的中国共产党人以马克思主义来指导中国革命，在民主革命、社会主义改造和建设的实践经验的基础上形成的，邓小平理论的指导思想与毛泽东思想的指导思想完全是一脉相承的。（2）邓小平同志本人在《邓小平文选》三卷中多次反复强调马克思列宁主义、毛泽东思想是我们建设有中国特色的社会主义的指导思想，多次谈到要坚持用马列主义的立场、观点、方法来提出问题、分析问题和解决问题，不能违背辩证唯物主义和历史唯物主义的原理。（3）马克思主义的基本观点鲜明地贯穿在邓小平理论之中，例如马克思主义关于生产力和生产关系的辩证关系的观点可以说是唯物史观的基石，也是科学社会主义的基石，它在邓小平理论中的基础地位也是极其鲜明的。同时也应指出，邓小平理论的指导思想也是具有中国特色的发展了的马克思主义。被邓小平同志看作马列主义、毛泽东思想的精髓的"解放思想，实事求是"，可以说是辩证唯物主义思想的聚焦、凝练、浓缩，但就其丰富的内涵和民族的风格来说也是辩证唯物主义的中国化和发展。邓小平理论对唯物史观的中国化和发展则更为突出和明显。它对唯物史观的社会形态理论，社发展阶段的划分特别是社会主义社会阶段的划分理论,社会发展动力特别是社会主义社会发展动力理论等等都作出了特殊的贡献,例如对于社会主义社会基本矛盾理论,邓小平同志根据我国社会主义实践,特别是改革开放以来的经验,突破了过去把生产关系限于所有制的局限,提出了经济体制要与生产力的发展相适应的观点,指出:"社会主义基本制度确立以后,还要从根本上改变束缚生产力发展的经济体制,建立起充满生机和活力的社会主义经济体制,促进生产力的发展,这是改革,所以改革也是解放生产力。"[①] 这是对唯物史观的重大发展,具有重大的理论意义和深远的历史意义。

其次,从社会主义本质看。

社会主义本质问题也就是什么是社会主义的问题。马克思和恩格斯曾经用各种方式回答过这个问题。公认的最主要的社会主义(共产主义)的理论经典是《共产党宣言》,它对这个问题的回答是:"共产党人可以把自己的理论概括为一句话:消灭私有制。"[②] 通过工人革命取得政治统治后,"无产阶级将利用自己的政治统治,一步一步地夺取资产阶级的全部资本,把一切生产工具集中在国家即组织成为统治阶级的无产阶级手里,并且尽可能快地增加生产力的总量"[③]。《共产党宣言》对社会主义社会没有多少具体的描写,倒是恩格斯执笔的《共产主义原理》(共产主义者同盟的纲领草案,其中基本观点都已吸收进《共产党宣言》之中)专门回答了"彻底废除私有制以后将产生什么结果?"这个问题,最后总结说:"由社会全体成员组成的共同联合体来共同地和有计划地利用生产力;把生产发展到能够满足所有人的需要的规模;结束牺牲一些人的利益来满足另一些人的需要的状况;彻底消灭阶级和阶级对立;通过消除旧的分工,通过产业教育、变换工种、所有人共同享受大家创造出来的福利,通过城乡的融合,使社会全体成员的才能得到全面发展;——这就是废除私有制的主要

[①]《邓小平文选》第 3 卷,人民出版社 1993 年版,第 370 页。
[②]《马克思恩格斯选集》第 1 卷,人民出版社 1995 年版,第 286 页。
[③] 同上书,第 293 页。

结果。"① 这包括了以下九个特征，前八个都是社会主义经济特征：公有制、计划经济、发展生产力、消灭剥削、消灭阶级、消灭旧式分工、共同富裕、消灭城乡差别、人的才能的全面发展。至于分配制度，他们当时主张按需分配，后来在《哥达纲领批判》中把共产主义区分为两个阶段时，马克思明确提出社会主义分配原则是按劳分配、共产主义分配原则是按需分配。后来苏联理论界把社会主义的本质特征归结为三项：公有制、计划经济和按劳分配。这个观点解放后一直在我国流行。

邓小平同志指出："什么叫马克思主义，什么叫社会主义？我们过去对这个问题的认识不是完全清醒的。"什么地方不完全清醒？他没有直接回答。从他的全部论述来看，我认为他主要指两点，一是忽视生产力的发展，他说："如果说我们建国以后有缺点，那就是对发展生产力有某种忽略。社会主义要消灭贫穷。贫穷不是社会主义，更不是共产主义。"② 显然，这不是说马克思和恩格斯不清醒，忽视发展生产力。邓小平同志说："马克思主义最注重发展生产力。"③ 从上面的那些引文也可以看出，尽管马克思和恩格斯所说的社会主义是在生产力高度发展的条件下实现的，但他们时刻都没有忘记革命的任务就是要尽快地增加生产力的总量，要把生产发展到能够满足全体成员需要的规模。对于这一点不完全清醒的是我们。还有一点不清醒，就是把计划经济看成社会主义本质特征。正是针对这种情况，邓小平同志在谈了计划与市场都是手段后紧接着作出了社会主义本质的新规定："社会主义的本质，是解放生产力，发展生产力，消灭剥削，消除两极分化，最终达到共同富裕。"④ 同上面马克思和恩格斯提出的那10点本质特征作一比较，这个规定可以说已全部包括在那10点之中，没有提到的几点可区分为两类。一类是现在还谈不到的，如消灭城乡差别、消灭旧

---

① 《马克思恩格斯选集》第1卷，人民出版社1995年版，第243页。
② 《邓小平文选》第3卷，人民出版社1993年版，第63—34页。
③ 同上书，第63页。
④ 同上书，第373页。

式分工、人的全面发展，一类是可以实现的，即公有制、计划经济、按劳分配，这三点恰恰是过去被公认的社会主义本质特征。问题在于：这些本质规定是不是被否定了？如果邓小平同志把这三点都否定了，那么，有中国特色的社会主义同马克思和恩格斯所创立的社会主义以及后来苏联和中国根据他们的观点建立的社会主义就有了本质的差别。有些鼓吹私有化的人们就是这样看的，但这是不符合事实的。邓小平同志诚然是否定了计划经济，但决没有否定公有制和按劳分配。有两个根据可以提出，一是邓小平同志的一贯思想。在《邓小平文选》中，他对公有制和按劳分配的坚持是十分明确的，始终一贯的。就在作出本质规定的前一页，他谈到深圳时说"特区姓'社'不姓'资'。从深圳的情况看，公有制是主体，外商投资只占四分之一"[①]。可见他是把公有制与私有制的区别看作社会主义与资本主义的根本区别之一，公有制对于社会主义决不是可有可无的单纯的手段。如果愿意，我们可以从《邓小平文选》中找出他肯定公有制和按劳分配的许多论断。二是邓小平同志提出的社会主义本质规定的内涵。发展生产力诚然不一定要有公有制，但消灭阶级和消除两极分化，没有公有制和按劳分配就是不可能的；最终达到共同富裕，没有公有制和按劳分配也是不可能的。再说，在中国的条件下，生产力，特别是快速发展生产力，赶上发达的资本主义国家，实现现代化，没有公有制为主体也是不可能的。我们的结论是，从社会主义本质看，有中国特色社会主义与科学社会主义是一致的。

邓小平同志提出的社会主义本质规定也具有中国特色，是对科学社会主义的发展，这表现在他用这个全新的规定取代了原来公认的三点本质规定。新规定根据苏联和中国建设社会主义的经验，明确舍弃了作为社会主义本质规定之一的计划经济，而把另外两点规定逻辑地蕴涵在新规定之中，把新规定用五点来表述，每一点都包含了深刻的新的具体内容。它把"发展生产力"摆在首位，这对于中国社会主义

[①] 《邓小平文选》第 3 卷，人民出版社 1993 年版，第 372 页。

是有特殊意义的。"解放生产力"在这里意味着从计划经济体制下解放出来。"消灭剥削,消除两极分化,最终达到共同富裕"是在不同的生产力发展水平的基础上社会主义人际关系的三个层次,是要经过长期奋斗才能逐步达到的。社会主义无疑还有其他本质规定,但就目前来说,这些规定是至关重要的。邓小平同志所提出的规定适应了中国国情,言简意赅,抓住了要害,便于掌握,确实具有我国的特色。

第三,从社会主义政治制度看。

马克思和恩格斯在《共产党宣言》中说:"工人革命的第一步就是使无产阶级上升为统治阶级,争得民主。"[①] 无产阶级统治和民主可以说是他们最初设想的社会主义政治制度。他们还指出这种阶级统治在阶级消灭以后将会自行消亡。后来马克思把这种阶级统治称作无产阶级专政,并认为巴黎公社"是终于发现的可以使劳动在经济上获得解放的政治形式"[②],即无产阶级专政的具体形式。无产阶级专政也就是无产阶级民主,它是社会主义经济制度的政治上层建筑,是为发展生产力、为巩固和完善社会主义制度服务的,"是达到消灭一切阶级差别,达到消灭这些差别所由产生的一切生产关系,达到消灭和这些生产关系相适应的一切社会关系,达到改变由这些社会关系产生出来的一切观念的必然的过渡阶段"[③]。即达到共产主义高级阶段的政治过渡。后来列宁和斯大林在苏联社会主义实践的基础上进一步发展了无产阶级专政的理论。

有中国特色的社会主义的政治制度是按照科学社会主义的这些基本观点根据中国的特殊国情在实践过程中逐步建设起来的和演变过来的,从根本性质上说是属于无产阶级专政的范畴,但同时也有其特色和发展。毛泽东最初把经过革命建立起来的政权称为人民民主专政,它的阶级构成与专政对象同当年马克思和恩格斯所设想的无产阶级专政的阶级构成与专政对象都有所不同,但起主导作用的阶级(无产阶

---

① 《马克思恩格斯选集》第1卷,人民出版社1995年版,第293页。
② 《马克思恩格斯选集》第3卷,人民出版社1995年版,第59页。
③ 《马克思恩格斯选集》第1卷,人民出版社1995年版,第462页。

级)和历史任务(向社会主义过渡和建设社会主义)是相同的。人民民主专政实际是无产阶级专政的一种特殊形态,尽管经历了几十年风风雨雨,它的具体内容有不少变化,但它的根本性质是始终如一的。无产阶级专政今天已被作为"四项基本原则"之一包含在党的基本路线之中,长期不变。

那么,今天它有哪些特色呢?

经过几十年曲折发展和演变,特别是经过10多年的政治体制改革,我国的无产阶级专政制度已经形成了如下主要特色:(1)我国的社会主义根本政治制度是人民民主专政的国体与人民代表大会的政体的统一。邓小平同志指出:"西方的民主就是三权分立,多党竞选,等等。我们并不反对西方国家这样搞,但是我们中国内地不搞多党竞选,不搞三权分立、两院制。我们实行的就是全国人民代表大会一院制,这最符合中国实际。"[①] 我国的这种政治制度不但与西方的政治制度不同,与苏联的政治制度也是不同的。(2)中国共产党领导的多党合作制和政治协商制度是我国社会主义民主制度的重要内容之一,是中国共产党同各民主党派在共同革命斗争中逐渐形成的。邓小平同志说:"讲党派,我们也有好多个民主党派,都接受共产党的领导,实行中国共产党领导的多党合作、政治协商制度。"[②] 这个制度的根本指导原则是"长期共存、互相监督、肝胆相照、荣辱与共"。它既不是西方流行的多党制或两党制,也不是苏联的一党制,而是中国特有的民主制度。这个制度经受住了多次政治风波,最有利于稳定、改革和发展。(3)社会主义民主与社会主义法制的统一也是我国政治制度的一个特色。邓小平同志说:"为了保障人民民主,必须加强法制。必须使民主制度化、法制化,使这种制度和法律不因领导人的改变而改变,不因领导人的看法和注意力的改变而改变。"[③] "我们的民主制度还有不完善的地方,要制定一系列的法律、法令和条例使民主制度化、法律化。社

---

① 《邓小平文选》第3卷,人民出版社1993年版,第220页。
② 同上书,第224页。
③ 同上书,第146页。

会主义民主和社会主义法制是不可分的。"① 我国的人民民主专政的特色是适应我国社会主义改造和社会主义现代化建设的需要而不断形成的，这个制度还有不完善之处，将随着改革开放的深入而不断完善。

第四，从社会主义文化建设或精神文明看。

马克思和恩格斯在《共产党宣言》中对资本主义文化作了深入的尖锐的抨击和批判，指出他们的教育、道德、哲学、法学、政治以及多种观念都是建筑在资本主义私有制上面，但他们却说消灭资产阶级文化就是消灭一般文化，即消灭一般的教育、道德等。马克思和恩格斯反对把资产阶级文化与一般文化混为一谈。并明确宣布："人们的观念、观点和概念，一句话，人们的意识，随着人们的生活条件、人们的社会关系、人们的社会存在的改变而改变"②。"共产主义革命就是同传统的所有制关系实行最彻底的决裂；毫不奇怪，它在自己的发展进程中要同传统的观念实行最彻底的决裂。"③ 他们在《共产党宣言》中没有正面描绘社会主义文化的特点，但这种文化无疑是与社会主义经济制度和政治制度相适应的。马克思和恩格斯提出的"人的全面发展"和"人的自由发展"思想比较集中地表现了他们关于社会主义文化或精神文明的一些设想。他们认为共产主义社会是自由人的联合体，"在那里，每个人的自由发展是一切人的自由发展的条件"④，"社会全体成员的才能得到全面的发展"⑤。我认为所谓全面发展并不是要求人们成为无所不能的全才，这是不可能的；而是指体力与智力的平衡发展、才能与品德的同步发展和知识与技术的相应发展，即指摆脱资本主义制度带来的畸形发展、片面发展。所谓自由发展不是指主观随意地想干什么就干什么，而是指不屈从于不合理的压力，即资本主义制度带来的对发展的不合理的限制。"每一个社会成员都能够完全自由地

---

① 《邓小平文选》第 2 卷，人民出版社 1994 年版，第 359 页。
② 《马克思恩格斯选集》第 1 卷，人民出版社 1995 年版，第 291 页。
③ 同上书，第 293 页。
④ 同上书，第 294 页。
⑤ 同上书，第 243 页。

发展和发挥他的全部力量和才能。"① 自由而全面发展的人就是共产主义新人，即具有高度发达的文化和共产主义道德品质的人。由这样的人作为成员的共产主义社会无疑具有极高的精神文明。后来，由于有了社会主义建设的实践，苏联理论界提出了比较系统的社会主义文化理论。

在中国民主革命过程中，毛泽东曾提出过中国新民主主义文化的理论，他认为新民主主义文化是新民主主义经济和政治的反映，又是为新民主主义经济和政治服务的，是民族的大众的科学的。新民主主义文化无疑属于社会主义文化的范畴。建国以后在新民主主义文化的基础上形成了我国的社会主义文化。我国社会主义文化经历了错综复杂曲折的过程，特别是经过了近10多年来的发展，今日已经初具规模，逐渐形成了有中国特色的社会主义文化，成为有中国特色的社会主义的一个组成部分。

我国社会主义文化或精神文明在根本性质上是与马克思和恩格斯所设想的共产主义文化一致的，它们都是社会主义经济制度和政治制度的反映，都是为社会主义经济制度和政治制度的巩固和发展服务的，都是要造就具有高度精神文明的社会主义或共产主义新人。但中国社会主义文化或精神文明又具有自己的明显的特点。

有中国特色的社会主义文化在内容上无疑是很有特色的，如中国的文学、艺术、传统文化、哲学、教育、宗教等等，这里要讲的是它的一般的主要的特色。我认为它大致有以下特色：（1）物质文明与精神文明同步发展。物质文明是精神文明的基础，精神文明是物质文明的指导，没有物质文明的一定程度的发展，精神文明就是一句空话；没有精神文明的正确引导，物质文明就会走上歧路。二者互相推动，相得益彰，缺一不可。因此，邓小平同志指出："我们要在建设高度物质文明的同时，提高全民族的科学文化水平，发展高尚的丰富多彩的文化生活，建设高度的社会主义精神文明。"② "经济建设这一手我们

---

① 《马克思恩格斯选集》第1卷，人民出版社1995年版，第237页。
② 《邓小平文选》第2卷，人民出版社1994年版，第208页。

搞得相当有成绩,形势喜人,这是我们国家的成功。但风气如果坏下去,经济搞成功又有什么意义?会在另一方面变质,反过来影响整个经济变质,发展下去会形成贪污、盗窃、贿赂横行的世界。"[①] 他经常强调物质文明与精神文明要两手抓,两手都要硬。(2) 精神文明建设的根本任务是培育"四有"新人。"四有"新人即有理想、有道德、有文化、有纪律的社会主义新人,"四有"新人的概念是邓小平同志提出来的。"四有"新人当然还不是共产主义社会中自由而全面发展的人,而是这种人的初级阶段,再上一个台阶就是共产主义新人。这种人具有较高的思想道德素质和科学文化素质,没有大批这样的人,社会主义现代化是很难实现的,社会主义市场经济是很难健康地完整地建立起来的。(3) 有中国特色的社会主义文化是以马克思主义为主导思想,吸收中国传统文化和外国文化的精华部分,在长期社会主义实践,特别是改革开放实践经验的基础上形成的。它既然是社会主义文化,当然离不开马克思主义的指导,任何中国传统的学派或外国的学派都担当不起这个主导的任务。(4) 坚持"百家争鸣,百花齐放"的文化建设的方针。"双百"方针是毛泽东提出来的,但提出来后并没有真正贯彻。1978 年邓小平同志在谈到科技体制初步改革的设想时重提"双百"方针,10 多年来这个方针贯彻得比较彻底,产生了很好的效果。这是十分必要的,只有遵循这个方针,文学艺术才能丰富多彩,理论学术才能繁荣发达,社会主义精神文明才能真正建设起来。

当然,我们还可以从其他方面进行比较。根据以上比较,可以看出,邓小平理论是科学社会主义的一种特殊形态,是对它的重大的发展。它既不是与科学社会主义并列的一种理论,也不是它的简单的继续。

此外,重温马克思和恩格斯的一些观点很有意义,他们的思想并没有为我们今天所全部理解和吸收,挖掘他们的深刻思想来增强我们对共产主义的信心和推动今天的改革开放,也是十分必要的。

---

① 《邓小平文选》第 3 卷,人民出版社 1993 年版,第 154 页。

关于价值观的几个问题[*]

人们谈论价值观或价值论是改革开放以后的事情，但这决不是说以前没有价值观。不仅马克思有经济价值论，不少马克思主义者还研究道德价值论（伦理学）、审美价值论（美学），这些都是特殊的价值论。过去经常谈到的个人主义和集体主义的人生观也就是不同的人生价值观。但是研究一般价值论，热烈讨论价值观，确实是改革开放以后的事。尤其是党中央在十四大把建立社会主义市场经济作为经济体制改革的目标以后，人们更加关注价值观问题。有的同志认为既然计划经济要向市场经济转变，价值观上也应该有一个根本变革，推倒过去的价值观，树立起与市场经济相适应的新价值观。有的同志提出应把人本主义树立为新价值观的核心原则，我们的一切行动均应以人为本。本文想就以下三个问题谈些意见。

一、价值观与市场经济的建立

作为一种意识形态或思想观念，价值观无疑会随着社会实践和经

---

* 本文发表于《求是》1995 年第 5 期。

济基础的改变而改变，也将随着市场经济的建立而改变。近年来人们经常在谈论由于经济体制的转轨而发生的价值观以及其他思想观念的变革。但是变革是否大到根本推翻原来的价值观，树立另外一套新的价值观呢？我认为应该深入思考的问题有：原来的价值观是什么？变革的深度有多深？新的价值观又是什么？

自解放以来在我国逐渐形成起来的占主导地位的价值观是什么呢？应该说是马克思主义的社会主义的价值观，或说集体主义价值观。它的根本原则是一切活动以社会为本位，为人民服务，为最后实现共产主义奋斗。当然，在我们社会中还存在着封建主义的、资本主义的、个人主义的价值观。这个社会主义价值观在实际运行中也还掺杂有过分强调行政命令的作用、家长制残余、忽视个人权利和个性等因素。这种价值观应该有所改变，实际上也在改变，然而决不应根本推翻，也不可能根本推翻。这就涉及改变的深度问题。

改革是场革命，但并不是改变基本经济制度的革命，而是改变经济体制的革命；改革是解放生产力，但并不是从基本经济制度的束缚下解放，而是从经济体制的束缚下解放。因此，中国的改革并不是实行私有化，以私有制取代公有制，而只是允许私有制存在和发展，以私有制来补充公有制之不足，丝毫不能动摇公有制的主体地位。我们要建立的是社会主义市场经济，决不是资本主义市场经济。与此相应，价值观的改变也决不会达到改变其社会主义性质，以个人主义价值观取代集体主义价值观的程度。过去的价值观是同社会主义及其经济体制相适应的，现在基本经济制度未变，经济体制变了，价值观也应在体制层次上发生变革，也就是说，以社会为本位、为人民服务的根本原则不能变，它是由社会主义制度决定的，而如何以社会为本位、如何为人民服务则必须按照市场经济的需要来变革。

那么，这种与社会主义市场经济相适应的价值观是怎样的价值观呢？我认为这种价值观应该是充分发挥人的主体性的集体主义价值观，它不是个人主义价值观，也不是集体主义与个人主义的混合价值观。无疑，在我们这个社会里存在着大量的个人主义价值观，特别是由于非公有制经济的发展，个人主义也会有所抬头，这是不能否认的。但占主导地位的只能是集体主义，只有它才能与社会主义相适应。同时，由于市场经济的需要，在集体主义中人的主体性应占有十分重要的地位。与计划经济体制中的国有企业不同，在市场经济体制中的国有企业除极个别的大型国有企业外都是自主的法人实体，至于私营企业和乡镇集体企业从来就是自主企业。自主企业就要自主经营、自负盈亏、自我发展、自我约束，企业都是由企业主或企业管理者经营的，如果人的主体性（包括自为性、自主性、主观能动性、积极性、创造性、自制性等）不能充分发挥，在激烈的市场竞争中是会归于失败的。市场繁荣兴旺不起来，市场经济体制也建立不起来，其后果将是十分严重的。但这决不是说应由个人主义来主导。为了弄清这个问题，有必要专门分析一下集体主义与个人主义的关系问题。

二、集体主义与个人主义

集体主义与个人主义要处理的是同一个问题，即我们通常说的为什么人的问题，或者说人生价值观问题。人活一辈子，进行各种活动，其价值何在？其根本意义何在？为了谁？具体一点说，是为了自己，还是为了社会，还是为了别的什么（如神、天、绝对命令）？应当说，为自己与为社会二者是相容的，是经常交错存在或混合存在的，问题在于最终为谁，归根到底为谁。最终为自己还是为社会，二者是不相容的。我们把那种一切活动最终为个人的观点称作个人主义，确切点说，应称作个人中心主义或个人本位主义；把那种一切活动最终为社会的观点称作集体主义，确切点说，应称作集体中心主义或集体本位主义。我们所说的集体，不是任何狭隘的集团、组织、地区，而是社会、人民、群众，这种集体主义实际上就是社会主义价值观。个人主义与集体主义可以同时存在于一个人的头脑里，可以交替指导一个人的行动，但作为两种观点是不相容的。近代以来，集体主义是同社会化大生产和生产资料公有制联系在一起的。现代化大工业生产中严密的组织性、整体性、程序性锻造了工人阶级的集体主义精神。工人阶级在旧社会一无所有，在新社会成了国家的主人，但他们并不谋求生产资料的私人占有，而是维护生产资料的公有制。在现代条件下，个人主义是资本主义私有制的反映，集体主义是社会主义公有制的反映。

私有制已经有几千年的历史，个人主义也有几千年的历史，由于历史传统和现代环境的影响，不少人形成了个人主义价值观。但人们的生活归根到底是社会性的，因而个人主义不可能在一个人的活动中彻底地绝对地贯彻，无论在生产斗争中还是在社会斗争中往往都需要暂时地或局部地放弃个人中心地位，甚至一个封建社会的思想家也会提出"先天下之忧而忧，后天下之乐而乐"的口号。无产阶级在生产和社会斗争中形成的集体主义思想，经过马克思主义的系统化和论证而成为社会主义价值观，即共产主义人生观。社会主义公有制在中国建立之后，社会主义集体主义就成了占主导地位的人生价值观。有人认为集体主义是计划经济的反映，个人主义是市场经济的反映，既然计划经济要转为市场经济，在其中占主导地位的价值观就应该是个人主义，而不是集体主义。这种观点把经济体制混同于基本经济制度，把社会主义市场经济混同于资本主义市场经济，是站不住脚的。

前面我们已就价值观与经济体制的关系说明过在社会主义市场经济中必须由集体主义占据主导地位，下面再作一些具体分析。首先，应该正确地区别开个人主义和对个人利益的正当要求，不能把任何个人要求或个人利益都说成是个人主义，因为要求某种利益不一定是以个人利益为中心。其次，即使是个人主义的表现，也应区别对待。对于党员和干部，特别是领导干部，应该要求他们克服个人主义，坚持集体主义；至于一般群众，则只要求他们把自己的行为限制在不妨害他人、集体和社会利益的范围之内。第三，就整个社会来说，应该坚持集体主义的主导地位，这就是说，要求党员和干部自觉地以集体主义价值观来指导自己的言行，在全体人民中提倡和鼓励发扬集体主义精神，使集体主义精神蔚然成风，成为我国人生价值观的主流，人人、处处、时时、事事都努力把社会利益摆在首位，把个人利益摆在第二位；把国家利益摆在首位，把局部利益摆在第二位。第四，在集体主义精神指导下，充分发挥个人、企业、各个层次的集体、组织、机构的主体性，特别是搞活国有大中型企业的运行机制，充分发挥其主体性，使社会主义市场经济体制逐步健康地建立起来。设想一下。如果不是集体主义而是个人主义占主导，我们的党员和干部的头脑中充满了个人主义思想，国有企业的管理者和领导者的所作所为最终都是为了他们个人的升官发财，那么，国有资产还能保持和增长吗？公有制的主体地位还能保持吗？市场经济还能是社会主义的吗？总之，在社会主义市场经济条件下，个人主义决不能取代集体主义而成为我国的主导的人生价值观，占主导地位的只能是社会主义集体主义。

三、评价标准种种

除人生价值观而外，直接影响着人们的社会活动的还有各式各样的评价标准，它们构成价值观的重要内容。在一个人头脑中养成正确的高尚的评价标准，对于把这个人培养成为优秀的高尚的人具有重要意义；使正确的高尚的评价标准成为整个社会评价中的主流，对于建设社会主义精神文明和培养跨世纪新一代人才具有重要的意义。

一个人碰到问题并作出判断和采取行动时，无论是否经过深思熟虑，他已有的知识、思想、观点、好恶总要起相当大的作用，其中种种评价标准是其重要组成部分。例如见一孩子落水，有的人立即下水相救，有的人袖手旁观，有的人借机敲诈，这些不同的行动中包含了种种评价标准的比较、冲突、交错和综合。这里起码有两个标准，一是利害标准，一是道德标准。下水对己不利的标准一般人都是有的，但应救人危难的标准就不见得人人都有了。有的人有，两种标准便发生了冲突，其结果是下水，也可能是不下水；有的人没有，便袖手旁观，心安理得；有的人甚至另有评价标准，便借机敲诈。至于一些复杂事件，其中起着作用的标准当然就更多了。可以断言，如果正确的利害标准和道德标准在人们头脑中广泛而牢固地树立起来，见义勇为的人就会多起来，见死不救甚至趁机打劫的人就会少起来。

如何使正确的高尚的评价标准在人们的头脑中牢固地树立起来并

贯彻到行动中呢？我想提出以下几点意见：（1）要批判地继承中国优秀文化中的各种评价标准。各种传统道德规范都是道德评价标准，其中有些是封建主义的，如"三纲"（君为臣纲，父为子纲，夫为妻纲），应予剔除；有些是包含合理内核的，如仁、义、礼、智、信等，可以批判地继承。（2）全社会都努力建设社会主义精神文明，形成文明的社会环境和健康的社会生活。例如近年来大力开展的建设"五个一工程"，查禁社会丑恶现象等活动都属于这种努力。（3）向全社会进行正确高尚的评价标准的宣传，特别是采取生动活泼的方式教育孩子们从小开始培养和树立各式各样正确高尚的评价标准，使自己逐渐成为有益于人民的高尚的人，成为有共产主义理想、有道德、有文化、守纪律的人。（4）开展对正确高尚的评价标准的研究和论证。正确高尚的评价标准无疑应该是实际生活中具有明确作用的东西，不能只是口头上、书面上的东西，但它们也应该是自觉的科学的系统的思想，这就有必要开展理论研究和论证，否则会产生种种曲解和失误。例如生产力标准，即以是否有利于发展我国生产力作为衡量一切工作的最根本的标准，过去曾被歪曲为庸俗经济决定论，后来又被曲解为一切向钱看的拜金主义，因此，究竟什么是生产力最根本的标准，怎样成为最根本的标准，都是需要研究和论证的。很多其他评价标准都应该加以论证和分析。

对评价标准进行分类和区别完全是为了掌握的方便，实际状况是非常复杂的，有的行动单独用一个标准加以评价时可能是正确的，结合其他标准评价就不正确了。在各种评价标准中应有一个是主导的，这个主导的评价标准就是上面谈到的人生价值观。在许多见义勇为、舍己救人的行动中，就有许多评价标准在起作用。在洪水泛滥的时候，什么是危险，什么是安全，是不难断定的，人们据此避危险、求安全没有什么错，但另有一个标准又告诉我们，应该救援被洪水围困的群众，应该保证广大群众的安全，这两个标准就冲突起来了。在这种情况下，人们面临着严峻的考验。锦州市委书记张鸣岐不愧是一个共产党的好干部，他把群众的安全摆在首位，带领一班人深入灾区察看水情，救援群众，终于牺牲了自己，这充分显示了社会主义集体主义在他头脑中的主导作用。

人们在自己的实践活动中要接触成千上万的对象，每个对象对主体都有价值问题，每个人无时无刻都在自觉地或不自觉地处理这个问题，都在运用自己的价值观和各种评价标准来发挥作用。我国理论界对评价标准的研究还比较少，这是应该加强的。

建设中国现代化文化的几个理论问题[*]

我国的文化热并不是近几年的事，在改革开放开始以后不久就出现了。不仅理论界热，各行各业都在热。人们不但谈论精神文化、观念文化，而且谈论经济文化、企业文化，还谈论五花八门的各式文化：食文化、穿文化、酒文化、茶文化，无处莫非文化。这不是偶然的，因为我国人民百多年来梦寐以求的国家现代化概括起来说就是要使中国经济现代化、政治现代化和文化现代化。或者说，建设中国现代化的经济、政治、文化。而建设中国现代化文化又是全部现代化建设的焦点，因为各种现代化建设都可以在其中得到反映。我想这是人们普遍关注文化问题的一个原因。但究竟怎样建设中国现代化文化，新儒家、全盘西化派、综合创新派、其他流派以及各行各业的意见是分歧的。对于这样一个大家共同关注的问题进行一些心平气和的认真讨论，我认为是十分必要的。我想就以下几个重要的理论问题发表一些不成熟的看法。

---

[*] 本文发表于《高校理论战线》1996年第4期；收录于《真理之树长青》，北京大学出版社1997年10月出版。

一、文化在人类社会中的地位

文化是什么？它在人类社会中处于怎样的地位？这是必须首先明确的理论前提。否则各谈各的，达不到任何共识。

文化界说据说有170多种之多，但概括起来讲，主要的理解有二：广义的文化指人所创造的一切物质的、制度的（关系的）、精神的东西，实际上就是整个人类社会及其赖以存在的经过人改造过的自然物和人所创造的精神产品；狭义的文化指人所创造的一切精神的东西，即观念文化。从今天人们的多数使用来看，文化实即观念文化，这不仅表现在人们的"文化教育"、"文化活动"、"文化工作"、"文化事业"等用语中，也表现在"食文化"、"穿文化"、"酒文化"、"茶文化"等用语中。"食文化"实际并不是各种具体食品，而是指体现在食品中的科学、技术、艺术、审美情趣、风格、风俗、习惯等精神性的东西。文化经常与经济、政治并列起来使用，这时它只是人类社会的一部分，而决不是全部。按照这种理解，就有一个文化在社会中的地位问题，即与其他社会组成部分的关系问题。为了讨论的方便，我想采取狭义的理解，下面所谈的文化就是精神文化。对文化在人类社会中的地位，基本上有两种观点：唯物史观与文化史观。文化史观是一种唯心史观。西方文化哲学的各派，差不多都把文化看成人类社会中最根本的东西，尽管其中有的人对文化作广义的理解，但按照上面我们对文化涵义的分析，归根到底，仍然是把文化看成最根本的东西。这是毫不为奇的。马克思以前，唯心史观独占历史观领域；马克思以后，唯物史观一直受到西方非马克思主义学者的排斥和攻击，他们支持各式各样唯心史观，西方各种文化史观也没有摆脱唯心史观的窠臼。

马克思主义理所当然用唯物史观来考察文化。马克思和恩格斯常常使用"文化"一词，特别是列宁有过许多关于文化的论述，但他们都没有给"文化"下过界说，没有系统的文化理论，在革命领袖中只有毛泽东对"文化"下过界说和提出过专门理论，这就是他在《新民主主义论》中提出的著名的新民主主义文化理论。他把文化界定为

"当作观念形态的文化",并说:"一定的文化(当作观念形态的文化)是一定社会的政治和经济的反映,又给予伟大影响和作用于一定社会的政治和经济;而经济是基础,政治则是经济的集中的表现。"可以明显看出来,毛泽东的这些论断的理论根据是马克思关于社会存在与社会意识、经济基础与上层建筑的辩证关系的理论以及列宁关于经济与政治的辩证关系的理论。这种文化观虽然十分重视文化的重大作用,却没有把文化看成人类社会中最根本的起最后决定作用的东西,这就摆对了文化在人类社会中的地位。毛泽东的文化理论是马克思主义文化观,其基本观点经受住了长期社会实践的检验,是应该坚持的。但是,对毛泽东的论述今天有一个正确理解的问题。毛泽东讲的"观念形态"易与通常所讲的"意识形态"混同,而按照一般的理解,意识形态不包括直接反映生产活动的自然科学、技术科学、管理科学、语言等,如果把文化理解为意识形态,那就把这些因素排斥在文化之外了。因此,我认为对毛泽东所说的"观念形态的文化"应理解得灵活一点,它不仅包括意识形态,而且包括直接反映生产和生产力的因素,如自然科学、技术科学、管理科学、语言等。按照今天多数人的理解,精神文化不能等同于上层建筑,它还应该包括那些非意识形态的精神因素和被统治阶级的精神因素。

大家知道,中国的现代化事业就是建设有中国特色的社会主义,因此,中国文化的现代化也就是建设有中国特色的社会主义文化。从近年来的讨论来看,要成功地建设现代化的中国文化必须处理好三个关系:中国现代化文化与中国经济政治、中国现代化文化与中国传统文化、中国现代化文化与外来文化。中国经济政治是中国现代化文化的根基,中国传统文化与外来文化是中国现代化文化的来源。我们要建设的是现代化文化,这在今天还没有实现,但也并不是完全没有实现,现代化文化就是中国现代文化的进一步发展。现代中国和现代中国文化中的"现代"是一个时间概念,主要指1949年建国之后。"现代化"不是一个时间概念,而是一个国家的社会发展水平,即其经济政治文化的发展水平。中国虽然是一个现代国家,由于社会发展水平的落后而有着现代化问题,因而我们下面分别考察中国现代文化与中国的经济政治、中国传统文化、外来文化的关系,最后再概括描绘一下中国现代化文化,亦即有中国特色的社会主义文化的轮廓。

二、中国现代文化与中国经济政治

中国现代文化是建国后经济政治的反映和产物,又给予了巨大反作用于经济政治。中国现代文化显然不是一个凝固的现成的东西,而是一个过程,一直在不断变化和发展,它是中国现代化文化的主要来源。那么,它是何时形成的,又是怎么发展的呢?

辛亥革命的胜利从政治上动摇了中国传统文化——封建文化的根基,但它第一次遭到真正的冲击是"五四"运动前后的新文化运动。由于儒家思想是中国传统文化的精神支柱,新文化运动的矛头指向儒家思想,提出"打倒孔家店"的口号,尽管有不少过激的地方,从当时看是无可厚非的,也是难以避免的。问题在于:新文化是什么?不同的人有不同的回答,大体上有三种回答:全盘西化派主张的西方自由主义文化、新儒家主张的传统文化的现代化和共产党人主张的新民主主义文化,即毛泽东所说的作为新民主主义经济政治之反映的民族的科学的大众的文化。不管各派有多少意见分歧,旧文化在瓦解,旧文化因素在消逝,新文化,即中国现代文化在萌芽,新文化因素在增加。"五四"运动开始了新旧文化的交替过程。在中华人民共和国成立之后,特别是在剥夺了官僚资产阶级和全国土改之后,应该说新民主主义文化就基本形成了。新民主主义经济政治是过渡性的,新民主主义文化当然也是过渡性的,它随着社会主义经济改造的实现而逐渐形成为社会主义文化,这就是中国现代文化。

这只是就这个文化的基本性质来讲的,它的具体内容实际上是非常复杂的。它不仅在不断变化和发展,而且包含了很多非社会主义的非现代化的东西,它离开真正现代化的社会主义文化还很远。它的指导思想无疑是马列主义毛泽东思想,但是它的指导思想中在不同时候混杂了不同程度的错误的东西,如教条主义、个人迷信、极"左"思想等。在这个文化中也保留了许多传统思想,传统思想也十分复杂,是长期积累而沉淀下来的,既包括封建时代的思想,也包括民主革命时期的思想;既包括精华,也包括糟粕;既包括用文字传下来的,也包括口头相传的或只潜藏在人们头脑中而在人们的行为中起作用的思想。在这个文化中也存在着许多外来的东西,外来的思想也十分复杂,是通过各种传媒或中外人士的直接接触而传进来的,特别是改革开放以来,随着市场经济的发展,外来思想,特别是西方思想,蜂拥而来,进入中国现代文化之中。其中有着许多现代化的科学的东西,如高精尖的科学技术、管理思想、积极进取创新的思想、文学艺术哲学中的合理因素等;也有不少消极腐朽的东西,如极端个人主义、金钱至上思想、极端享乐主义、非理性主义等。中国现代文化的主要部分是直接反映中国现代经济政治的那些精神因素。首先,是反映中国生产水平,即科学技术管理水平的思想和理论,其中有很现代化的,也有很落后的,甚至是很原始的。整个说来,其水平是不高的,还不是现代化的。其次,是直接反映中国现代经济制度(包括基本经济制度和经济体制)和政治制度(包括国体和政体)的思想和理论,其内容也十分复杂。中国基本经济制度是以公有制为主体的多种经济成分共存的制度,经济体制处于从计划经济向国家宏观调控下的市场经济的转轨之中,中国国体(基本政治制度)是工人阶级领导下的人民民主专政,政体(政治体制)是人民代表大会制度和共产党领导下的多党合作协商制度,这种政治体制目前也处于不断完善和发展之中,这种经济政治制度反映在文化上是以马列主义毛泽东思想为主导的多种中国现代的经济、政治、法律、文学、艺术、教育、道德、宗教、哲学的思想和理论。其中既有社会主义的与无产阶级的,也有资本主义的与资产阶级的,还有小资产阶级的,甚至封建主义的;既有精华,也有糟粕;既有积极的,也有消极的。第三,与全部社会生活有关的语言与文字,也是中国现代文化的重要组成部分。汉语与汉字无疑是中国现代语文的主体,此外还有少数民族和外国的语文。关于汉语与汉字,特别汉字改革,人们之间存在着许多观点上的分歧。但无论如何,汉字是世界文化中的一笔巨大的精神财富,在世界文字中占有崇高的地位,这是大家都认同的。

三、中国现代文化与中国传统文化

中国传统文化可以规定为"五四"运动以前的文化,它的内容十分丰富和复杂。现在似乎公认传统文化就是儒家文化,因为儒学是中国传统文化的精神支柱,即最主要的指导思想。这种观点一般说来是可以接受的,但还要具体分析,尤其不能忽视其他文化因素。首先,不能轻视儒家以外各家思想在中国文化中的地位和作用,特别是道家、法家、佛家的思想。反孔的思想家历代都有,实际上儒家思想在其漫长的形成和发展的过程中吸收了诸子百家以及反孔各派的大量思想。其次,应看到儒家本身也有许多门派,儒学并不是一个结构严谨、思想一贯的理论体系,其中不仅主观唯心主义与客观唯心主义并存,甚至唯心主义与唯物主义同在。第三,尤其不能忽视的是我国古代人民在改造自然的物质生产活动中积累的生产经验、作出的创造发明、提出的科学理论、写出的科学著作,以及他们在同自然的斗争中培养出来的勤劳、勇敢、节约、自强不息等优良品德,正是这些智慧、才能与品德使中华诸民族在这片并不太广阔,更不太丰腴的土地上几千年子孙繁衍,生生不息。但是,这些文化因素却被排斥于儒家的视野之外,轻视劳动和劳动人民成为儒家的一贯思想。第四,也是万万不能忽视的是我国古代人民在反抗剥削压迫和外来侵略的斗争中所培养出来的不畏强暴、不怕牺牲、坚韧不拔的斗争精神和济困扶危、舍己为人、大公无私的高贵品质,正是这些精神因素使中国古代人民能够对己和、对敌狠,前仆后继去争取胜利而岿然独立于世。这些因素在儒家思想中有所反映,但由于儒家阶级性的局限,没有占据主要的地位。中国传统文化非常丰富而复杂,如果把它归结为儒家思想,又把儒家思想归结为天人合一、以人为本、和为贵等思想,就未免片面了。

"五四"运动以来,"孔家店"是被打倒了,中国传统文化是否被消灭了呢?应该说,由于西方文化(包括马克思列宁主义)的冲击,特别是由于经济政治的变革，从整体上讲，中国传统文化已不复存在，但它的各种因素，包括积极的和消极的、精华和糟粕，还大量存在，在个别地方甚至占有优势。这些因素短时间内不可能消逝，其精华还将永远保留下去，造福于中华民族的子孙万代。

有一种观点认为，"五四"运动以来，中国文化失落了，这对于弘扬爱国主义、树立民族自信心和增强民族凝聚力是不利的，应该加以恢复，但也不是简单地恢复，而是加以现代化。我认为这是把中国传统文化与中国文化混为一谈了。中国存在中国文化的现代化问题，不存在中国传统文化的现代化问题，正如中国存在中国社会的现代化问题，不存在中国传统社会的现代化问题。中国传统社会和传统文化已经成为过去，不必要也不可能加以恢复并使之现代化。中国文化的现代化只能是中国现代文化的现代化。传统文化立足于传统社会之上，现代文化立足于现代社会之上，传统文化与现代文化之间存在着中断与继承的关系，不能只承认传统社会与现代社会之间的继承而否定其间的中断，也不能只承认传统文化与现代文化之间的继承而否定其间的中断。传统文化失落不等于中国文化失落，难道中国现代文化不是中国文化？

应该指出，"文革"结束以前虽然毛泽东和中国共产党对传统文化一直采取了批判与继承的正确的方针，但实际上在理论工作中重视批判而忽视继承，甚至在"文革"中发展到对孔子和儒家思想的全盘否定。这种片面性近10多年来逐渐得到了纠正，开始对传统文化采取了实事求是的态度，但这10多年来由于西方文化和西方生活方式的冲击，中国传统文化以及整个中国历史传统在许多人心目中日益淡薄，有的人甚至耻为中国人，有鉴于此，近年来党和政府加强了全民的爱国主义教育，号召和支持文化界整理和研究中国传统文化，弘扬中国优秀传统文化，这是完全正确的，这个工作正在开始，还须继续加强。但这决不是要把中国传统文化现代化，而是对传统文化采取实事求是的科学态度，取其精华，弃其糟粕，使传统文化的精华更充分地融入中国现代文化之中，这也就是批判与继承的方针的真正贯彻。中国传统文化的精华不仅将有机地溶入中国现代文化之中,而且将溶入中国现代化文化之中。

四、中国现代文化与西方文化

西方文化主要指西方发达国家的文化,对中国影响最大的当然是西方现代文化。我国近几百年来落后了,其具体含义就是我国的经济政治文化落后于西方。西方已经步入现代,而我国还停留在近代,甚至中世纪的水平。在"五四"运动或俄国十月革命以前,在一般人看来,我国要现代化也就是要在经济政治文化上赶上西方,现代化实际上就是西方化。这是以前的情况。那时主张现代化的人主要分成两派,一派是中学为体西学为用的改良派,即主张保持中国传统文化,但在经济上学习西方;另一派是全盘西化派,即主张经济政治文化全面学习西方的自由派,这两派都失败了。十月革命后出现的马克思主义派主张向俄国革命学习。改良派演化为后来的现代新儒家,它同自由派实际上都主张中国走资本主义道路,马克思主义派主张中国走社会主义道路。由于国际国内、历史现实、主观客观的种种原因,社会主义道路走通了。有的人喜欢把中国共产党领导的中国革命的道路称为"俄化",这是很不确切的。中国现代革命诚然是大量吸取了俄国革命的理论和经验,但中国革命的根本指导思想是马克思主义、列宁主义,而具体指导中国革命的则是马列主义与中国革命实际相结合的毛泽东思想。而所谓"俄化"则是脱离中国实际照搬俄国经验,这曾经发生过,并给中国革命造成了重大损失,中国革命的胜利正是抵制了这种错误倾向并创造性地贯彻了马列主义指导的结果。

现代新儒家没有使中国实现现代化,且不说其他原因,理论上的致命的弱点,就足以导致它的失败,这就是颠倒了文化与经济政治的关系。文化只有与经济政治相适应,才能对经济政治的发展起积极的推动作用,而新儒家则是要用古代的文化来指导现代的经济政治,尽管戴上现代的桂冠,但毕竟是古代的东西,怎么能对远比古代为复杂的现代经济政治的发展起积极的推动作用呢?

比较起来，倒是全盘西化派没有这个毛病，但他们完全否定中国传统，特别是不管中国国情，主张照搬西方经济政治文化，其失败也是不足为奇的。

我们既不应全盘否定传统文化，也不应全盘否定西方文化，中国文化的现代化与西方文化之间有着密切而复杂的关系。中国社会和中国文化的现代化离不开西方文化。不仅西方高度发达的科学技术管理的思想和理论是必须吸取的而且已经大量吸取了，经济政治的思想和理论也有许多值得学习和借鉴之处，实际上已对我国建设产生了巨大的影响。社会主义经济政治思想也是西方社会的产物，资本主义与社会主义的关系是十分复杂的，我国过去对社会主义认识不清楚，与对资本主义认识不清楚有关。西方文学、艺术、道德、教育、宗教、哲学中当然都有许多值得借鉴之处。西方文化同中国传统文化一样有精华，也有糟粕；有积极因素，也有消极因素。总之，我们对西方文化也应采取分析的态度，取其精华，弃其糟粕，以我为主，洋为中用。当然吸取西方文化的精华也要与中国实际相结合，而不能生搬硬套。

五、中国现代化文化是有中国特色的社会主义文化

中国现代文化不等于现代化的中国文化。要使中国文化现代化，还有一个努力建设的过程。我们要建设的现代化的中国文化是怎样的呢？按照以上对文化在人类社会中的地位的理解和对中国现代文化的认识，现代化的中国文化应该是现代化的中国社会的一部分，而现代化的中国社会就是邓小平同志所指明的有中国特色的社会主义社会，因此，现代化的中国文化就是有中国特色的社会主义文化。它将随着中国现代化建设的发展而逐步形成，成为有中国特色的社会主义社会的一个重要组成部分。具体说，我认为它有以下几个特点：

1. 现代化的中国文化的现实基础是有中国特色的社会主义经济政治。它首先包括高度发达的生产水平和科技水平，其次是与生产水平相适应的以公有制为主体的基本经济制度和充分发达的社会主义市场经济体制，第三是与这种经济制度相适应的具有中国特色的完善的社

会主义民主制度。这样的经济政治是中国现代经济政治之进一步发展和完善，要经过长期的艰苦努力才能充分建立起来。

2. 现代化的中国文化的思想来源是中国传统文化与现代文化以及西方文化、东方文化和苏联的社会主义文化。苏联和东欧各国的社会主义虽然都失败了，但它们都创造了灿烂辉煌的社会主义文化，其中有许多因素对于建设我国现代化文化是有很大的参考价值的，它们失败的教训也是一种有价值的文化因素。东方各国文化虽然在整体上也落后于西方发达国家，但近年来若干国家和地区的文化在一定程度上已赶上西方，而且由于同属东方，它们与我国有更多的共同之处，过去也有过更多的交流，因此，它们的文化中可借鉴的东西也是不少的。当然对于它们，如同对西方文化那样，我们也应采取分析的态度。

3. 社会主义文化因素在整个现代化中国文化中占主导地位。中国经济政治中存在多种成分，这决定了中国文化中存在多种成分，这种状况在实现了现代化之后也不会消逝，但与经济政治中社会主义因素占主导地位相适应，文化中也必然是社会主义因素占主导。因此，中国现代化文化必然是为人民服务的、为社会主义服务的文化。无论在文学、艺术中，还是在教育、伦理中都应该是如此。例如在人们的价值取向中，由于私有制还存在，个人主义是不会消逝的，但社会主义集体主义又不能不占主导，如果由个人主义占了主导，这样的文化将不再是社会主义文化，经济政治上的社会主义就难以坚持下去了。

4. 现代化中国文化将集中表现在"四有"新人的大量涌现上。现代化的中国文化是实际的具体的活生生的文化，它必然体现在现实的人身上，否则它就只是空洞的理论，正如中国社会的现代化必然体现在人的现代化上一样。江泽民同志说："同经济、政治的改革和发展相适应，以'有理想、有道德、有文化、有纪律'为目标，建设社会主义精神文明。"（《十四大报告》）这里说的正是现代化的中国文化的标志和具体体现。

5. 马列主义、毛泽东思想和邓小平建设有中国特色社会主义的理论是现代化的中国文化的指导思想。全盘西化派、现代新儒家和马克思主义派在中国文化现代化问题上的分歧实际上是指导思想上的分歧，即用资本主义思想，还是儒家思想，还是马克思主义来指导？既然现代化的中国文化就是有中国特色的社会主义文化，它的指导思想当然只能是马克思主义。以资本主义思想来指导，只能建立资本主义文化，从而只能为资本主义的经济政治开辟道路。以儒家思想来指导，即使它是"现代化"了的，也只能通过改良道路来建立资本主义文化，从而也只能为资本主义开辟道路。它们实际上走的是自由化的道路，而决不是社会主义现代化的道路，而自由化，历史已经证明，是不可能在中国实现中国社会的现代化的。马克思主义的指导并不排斥文化上的多样化，相反，中国现代化文化必然贯彻"百花齐放，百家争鸣"的方针，多种文学艺术形式，多个学术流派，只要是有益于社会主义的文化因素都可以得到存在和发展，都可以共同促进中国现代化文化的繁荣。

江泽民同志在1991年庆祝中国共产党成立70周年大会上发表长篇讲话，他指出："有中国特色社会主义的经济、政治、文化，是有机统一、不可分割的整体。"还指出："有中国特色社会主义的文化，必然以马克思列宁主义、毛泽东思想为指导，不能搞指导思想的多元化，必须坚持为人民服务、为社会主义服务的方向和'百花齐放，百家争鸣'的方针，繁荣和发展社会主义文化，不允许毒害人民、污染社会和反社会主义的东西泛滥；必须继承发扬民族优秀传统文化而又充分体现社会主义时代精神，立足本国而又充分吸收世界文化优秀成果，不允许搞民族虚无主义和全盘西化。我们应该牢牢把握有中国特色社会主义文化的这些基本要求，极大地提高全民族的思想道德和科学文化素质，促进社会主义物质文明和精神文明的发展。"这就为全体从事文化工作的现代中国知识分子提出了建设中国现代化文化的神圣而艰巨的任务。这个任务，我相信是可以经过艰苦的奋斗而同整个社会主义现代化事业一起完成的。

马克思主义与中国文化的发展[*]

自"五四"运动以来,马克思主义已深深地渗透到中国文化之中,不管我们是否赞成它,它已成为中国文化的有机组成部分。究竟怎样估计它在中国文化发展中的作用,怎样预测它在中国未来文化中的作用,是一个无法回避的问题。下面谈些粗浅的看法。

一、中国传统文化的本质

中国现代文化无疑是从中国传统文化演化和发展而来的,那么,什么是传统文化呢?它又是怎样演变成现代文化的呢?由于"五四"运动前后掀起的新文化运动从根本上动摇了中国传统文化,所以我把传统文化看成"五四"运动前的中国文化。中国传统文化的内容是十分丰富而复杂的。现在人们似乎都公认传统文化就是儒家文化,因为儒学是传统文化的精神支柱,有资格代表传统文化。一般说来,这一观点是可以接受的,但儒学仅仅是传统文化的一个因素,决不能忽视其他文化因素。略为具体分析一下,我认为除儒家思想而外,有以下

---

[*] 本文发表于《文艺理论与批评》1996年第3期。

因素不能轻视。

中国传统文化如此异彩纷呈，多种多样，有没有什么东西可以把它统率起来的呢？当然有，儒家思想如前所述就发挥了一定的统率作用。但儒家思想也只是一种文化因素，有没有更深层次的起决定作用的东西呢？按马克思主义观点，这样的东西是有的，那就是中国传统社会的经济政治。唯物史观认为社会存在决定社会意识，文化（按这个词的狭义，指一个社会的精神因素）是经济政治的反映或表现。经济首先是经济活动，即生产、交换、分配、消费，即经济生活，然后是经济关系或经济制度。政治生活是经济生活的集中表现，在阶级社会中，由于经济生活中存在阶级的分裂和斗争，政治生活中也存在阶级斗争。作为经济政治之表现的文化包含了社会的全部精神活动及其产物，其因素首先是直接反映生产和生产力的精神因素，如自然科学、技术科学、管理科学、语言等；其次才是直接或间接反映生产关系和经济制度的精神因素如经济思想、政治思想、教育思想、文学艺术思想、宗教思想、伦理思想、哲学思想及其制度和产物，其间政治制度又制约着政治思想及其他思想。因此这些精神因素无疑包含许多有阶级性的东西，但也包含一些直接反映生产的因素和各阶级共同具有的东西，而且阶级性的与共同性的东西往往互相渗透在一起，可以区分而无法分割。反映占统治地位的经济制度的政治思想、政治制度及其他思想、制度又称为上层建筑，所以文化不仅包含占统治地位的上层建筑，而且还包括被统治阶级的精神因素。此外，文化还包括一些全民族的精神因素，如某些社会心理、兴趣爱好、风俗习惯等。文化虽然是经济政治的反映，但其关系并不像形与影那样形生影生，形变影变，形灭影灭，文化一旦形成，特别是经过长期考验之后，它就获得了相对独立性，是不容易轻易消灭的。可以这样说，就其基本方面而言，一个社会的文化的本质就是这个社会的经济政治。

按照这种观点来看中国传统文化，中国传统文化的本质就是农业封建主义，可以称之为农业封建主义文化。2000多年以来，中国的生产水平一直停留在手工农业的水平，而经济政治制度则是封建主义。

封建主义的经济政治制度近百多年来由于暴露出它阻碍我国生产发展和综合国力提高的严重弱点，受到各种批判，成为一个纯粹的贬义词，但中华几千年灿烂文化正是在这种制度上创造出来的。农业封建主义文化包含着糟粕，也包含着丰富的具有永恒价值的精华，这已成为人们的共识。当人们要消灭封建制度的时候，对封建文化采取了过激的态度，这是难于避免的。革命完成之后就应予以有分析的公正的评价。现在是在这样努力了，已经取得巨大的成果，这种努力还要大力进行下去，但这并不能改变它的农业封建主义的本质。

二、中国传统文化的解体与马克思主义的传入

马克思主义是在中国传统文化的解体中传入的。中国传统文化的解体不是马克思主义引起的，但马克思主义的传入加速了传统文化的解体。

中国传统社会在历史上曾经有过非常辉煌灿烂的时期，但近三四百年来逐渐大大落后于西方，鸦片战争的失败是它的落后性的大暴露，从此中国成为强国欺凌侵略的对象。中国需要赶上西方国家，用后来的话讲，就是要现代化。中国的落后最明显表现在经济方面，经济要现代化的内部阻力主要来自传统的政治和文化，而文化又是政治变革的主要阻力。在经济、政治和文化的这种错综复杂的相互作用之中，有识之士先后提出过实现中国现代化的各种主张，掀起了各种运动，如洋务运动、维新运动、民主革命运动。这些主张的提出是受了西方文化的影响，也反映了中国社会现代化的需要，这就意味着中国传统文化在悄悄地发生变化。

辛亥革命的胜利从政治上动摇了中国传统文化的根基，但它第一次遭到的真正的冲击是"五四"运动前后的新文化运动。由于儒家思想是中国传统文化的精神支柱，新文化运动的矛头直接指向儒家思想，提出"打倒孔家店"的口号，从当时看这是无可厚非的，也是难以避免的。当然，应该看到，新文化运动对孔子及其学派的思想的批判有许多过激之处，今天必须加以纠正。当时更重要的问题是：新文化是

什么？具有不同观点的人有不同的回答，大体上有三种回答：全盘西化派主张的西方自由主义文化、新儒家主张的传统文化的现代化和共产党人主张的新民主主义文化，即毛泽东所说的作为新民主主义经济政治之反映的民族的科学的大众的文化。这三派都是在中国传统文化解体过程中产生的，都主张向西方学习，都属于新文化运动。现代新儒家并不是复古派。这三派的区别在于对待西方文化的态度、对待中国传统文化的态度和对待马克思主义的态度。

中国封建统治阶级在文化问题上对资本主义侵略的反应，除盲目地顽固坚持闭关锁国政策而外，最初就是要在原封不动地保持传统文化的条件下，发展工业，用坚船利炮武装自己，这就是主张中学为体、西学为用的洋务运动。洋务运动之后兴起的改良主义的维新运动对中国传统文化采取了一定的批判态度。民主革命运动则进一步主张以西方的经济、政治、文化来取代中国传统社会，这就是西化。在民主革命影响下陈独秀1915年创办《新青年》，掀起专门的文化运动批判旧文化、创立新文化的新文化运动，它的核心就是后来得到广泛认同的"科学与民主"。俄国十月革命的胜利大大影响了中国新文化运动，使它发生了分化，陈独秀、李大钊等人从西化派转为马克思主义派，胡适成了西化派的主要代表。新文化运动推动了"五四"运动的兴起，"五四"运动又推动了新文化运动的发展。西方派与马克思主义派有许多共同之处，它们都主张向西方学习，都主张科学与民主，都对传统文化持批判态度。但它们之间存在着根本性的分歧。首先一个分歧是对马克思主义的态度，西化派想把西方工业资本主义文化全盘搬到中国来，反对马克思主义，而马克思主义派则反对资本主义，而赞成作为资本主义批判者的马克思主义。对西方文化，马克思主义派虽然也主张加以吸收，但赞成采取分析的态度，从工人阶级和社会主义的立场加以取舍，或加以重新理解。例如科学与民主的旗帜，马克思主义者也是主张高举的，认为科学是应该充分吸收的，而民主则不应该是少数人的民主，而应该是真正的彻底的民主，是包括工人阶级在内的人民的民主。西化派对传统文化基本上抱虚无主义态度，而马克思主义派则主张加以批判地继承,例如抨击当时的尊孔复古思潮最力的李大钊主张以今日的标准对孔子思想进行取舍,说:"孔子之道有几分合于此真理者,我则取之;否者,斥之。"还主张区分真实的孔子与封建统治者塑造过的孔子,申明:"余之抨击孔子,非抨击孔子之本身,乃抨击孔子为历代君主所雕塑之偶像的权威也;非抨击孔子,乃抨击专制政治之灵魂也。"

现代新儒家创立者应该说是提倡东方文化的梁漱溟。现代新儒家不是尊孔复古的顽固派,而是一些具有现代西方文化素养,赞成科学与民主的学者。以梁漱溟来说,他原本是赞成西化的,由于看见西方资本主义社会的各种弊端,才转向佛学,又转向儒家,于1917年进入北大讲学时第一次明确发表了后来被称作现代新儒学的这一思路。现代新儒家的特色在于既反对全盘西化,又反对马克思主义,坚持以儒家思想为核心来形成现代中国文化,或者说,把中国传统文化现代化,借以实现中国社会现代化。从时间上讲,尊孔复古的顽固派早于新文化运动,而现代新儒家是在新文化运动中出现的,稍晚于西化派和马克思主义派。现代新儒家容易被误解为尊孔复古派,但实际上它是跟着西化派的现代化道路前进的,决不想保持农业封建文化,相反,它也反对这个传统文化的经济政治基础,只是鉴于资本主义社会的各种弊端而主张以儒家思想来加以补救,因此,从实质上讲,它所设想的文化是自认能够克服资本主义弊端的资本主义现代文化。

总之,中国传统文化之所以受到新文化运动的冲击而逐渐解体,其原因不在于传统文化本身,而在于它的经济政治基础在逐渐解体,新文化运动正是适应了中国经济政治基础中的变化才兴起的,才能如此波澜壮阔地凯歌前进的。当然,新文化运动的兴起、扩大与深入大大加速了中国传统文化的解体,对此,新文化运动中的三个基本派别都是发挥了积极作用的,其中马克思主义派起了突出的领导的作用。新文化运动的倡导者和主要代表最初都属于西化派,但后来转变成为马克思主义派的是其中起主导作用的一些人物,如陈独秀、李大钊等,而这些人在新文化运动中最活跃、最坚决、影响最大,而西化派则比较软弱，相形见绌。

马克思主义的传入不是没有阻力的，反对马克思主义传入的最主要理由是：马克思主义是外来的，不是本土的，不合中国国情。但事实上马克思主义在新文化运动以及整个革命运动中都发挥了重要的指导作用，这是为什么呢？我认为如果西方社会与中国社会毫无共同之处，产生于西方社会的马克思主义就不可能适应中国社会，反之，适应就是可能的。马克思主义在许多方面反映了西方社会与中国社会的相同之处，它虽是外来的，仍然可以适应中国社会。很难完全列举马克思主义能够适应中国的特点，我只想举出特别重要的几点：（1）马克思主义作为最先进的阶级现代工人阶级的理论代表了绝大多数人的利益，而它所要追求的目标社会主义和共产主义适合了全体人民和全人类的利益。它是在现代社会发展水平的基础上继承了几千年来中西思想家的崇高理想（包括中国的大同思想）。这种理论无疑能吸引广大的人民，特别是劳动人民。（2）马克思主义把自己看成是科学，是真理，总是诉诸事实，诉诸最新科学成果，诉诸理性，以社会实践来检验自己，反对盲目迷信，警惕成见偏见。它对各种错误观点的批判总是摆事实，讲道理，能够令人信服。（3）马克思主义是一般理论，但认为实际存在的东西总是一般与个别、共相与殊相的统一体，除了头脑中的东西，没有脱离个别的一般，没有脱离殊相的共相，因此，理论必须与实际相结合才能成为真实存在的东西，所以马克思主义传入中国总是力求与中国国情相适合，特别是与中国社会实践相结合，包括与中国传统相结合，从而使自己具有中国的特色，成为中国化的马克思主义。中国的马克思主义派犯过许多错误，但由于它本身的这种特点，它比任何思想体系在中国社会的变动中发挥了更大的作用，从而推动了传统文化的解体和中国现代文化的形成。

三、中国现代文化的形成与马克思主义

这里所说的中国现代文化是指1949年以后中国的文化，它萌芽于"五四"运动，经过30年的演化而于1949年后形成的。所谓"萌

芽"，所谓"形成"，都带有很强的相对性、模糊性，实际上并没有准确的时间，只是大体上有一个阶段的划分。所谓"现代文化"也没有一个完成了的形态，而是一个过程，只是大体上有一定的确实的内容。也就是说，它的形成有一定的经济政治基础，而形成以后它有一定的确实的内容。

我认为它的经济政治基础形成于1949年至1956年之间。从生产力来说，中国仍然是一个农业国家，现代工业产值在整个国民经济中只占10%。在经济制度方面，中国经历了半封建半殖民地（半资本主义）和各种经济成分并存的新民主主义经济制度（社会主义、资本主义和个体经济），已过渡到社会主义。在政治制度方面，中国经历了中华民国的政治制度和新民主主义政治制度，已过渡到人民代表大会和多党合作的人民民主专政。现代文化正是建立在这样的基础上，其内容是这样的基础的反映。由于这个基础1956年后仍处于不断变化的过程中，这个文化也在不断地变化，特别是改革开放以来，变化更大，但其根本性质并没有改变，仍然是社会主义的。那么，它有些什么实际内容呢？我认为其内容是十分复杂的。

首先，它的核心或指导思想无疑是马列主义、毛泽东思想、邓小平建设有中国特色社会主义理论，这是社会主义经济政治制度的反映，又是为这个制度服务的。但同时在这个文化的实际指导思想中又混杂了不少非马克思主义的因素，如教条主义、个人迷信、极"左"思想等，这些因素是各种错误的思想根源。

其次，在这个文化中也保留了许多传统文化因素和革命传统因素。传统思想十分复杂，是长期积累而沉淀下来的，具有相对的独立存在，不易随着旧经济政治基础的消失而消失。这些传统思想包括封建时期的思想，也包括民主革命时期的思想；既包括传统文化的精华，也包括传统文化的糟粕；既包括用文字传下来的，也包括口头相传或潜藏在人们头脑中而在人们的实际活动中起作用的思想，即所谓"无意识"或"潜意识"。

第三，在这个文化中也存在着许多外来的东西。外来的思想也十分复杂，是通过各种传媒或中外人士的直接间接接触而传过来的。特别是改革开放以来，由于市场经济的发展，外来思想，尤其是西方思想蜂拥而至，进入中国文化之中。其中有不少科学的东西，如高精尖的科学技术思想、科学的管理思想、积极进取创新的思想、文学艺术哲学中的合理思想等。也有许多消极腐朽的东西，如极端个人主义、金钱至上思想、极端享乐主义、非理性主义等。

第四，中国新文化的主要部分是直接反映中国当前经济政治的精神因素。一是反映中国生产水平，即科学技术管理水平的思想和理论，其中有很现代化的，也有很落后的，甚至是很原始的。整个说来，它还不是现代化的，仍属于发展中国家的行列，没有达到发达国家的水平。二是直接反映中国当前经济政治制度的思想和理论，其内容也十分复杂。中国基本经济制度是以公有制为主体的多种经济成分共存的制度，经济体制正处于从计划经济向国家宏观调控下的市场经济转轨的过程之中。中国基本政治制度（国体）是工人阶级领导下的人民民主专政，政治体制（政体）是人民代表大会制度和中国共产党领导下的多党合作协商制度，这种制度既不同于西方的多党制，也不同于苏联的一党制，而是在长期政治实践中逐渐形成的适应中国国情的特殊的民主制度，这种政治体制目前正处于不断完善和发展之中。直接反映这种经济政治制度的经济思想和政治思想是中国现代文化的重要组成部分。三是间接或直接反映这种经济政治基础的文化因素，具体讲就是语言、文学、艺术、宗教、道德、哲学、教育、体育、卫生、风俗习惯、社会风气、礼仪等。这些文化因素中既有社会主义的与工人阶级的，也有资本主义的与资产阶级的、小资产阶级的，还有中性的与各阶级共同的；既有积极的，也有消极的；既有精华，也有糟粕。中国的语言文字是中国现代文化的重要组成部分，它是中国社会的全部经济、政治与文化生活得以运转的不可缺少的因素。汉语与汉字是中国语言文字的主体，此外还有少数民族和外国的语言文字。关于汉字改革，人们之间存在着意见分歧。在我看来，汉字有其优越性，也有其局限性。语言文字是以抽象的形、声、意来描写或者说明具体的复杂的东西，形与声的抽象性愈高，其描写或说明就愈方便愈精确。汉字的声的抽象性很高，一个音节就是一个词，西方文字则否。但汉字的形的抽象性则比西方文字为低，造成了一定程度的不便。如何解决这个矛盾是一个十分困难的问题，意见分歧就是围绕这个矛盾发生的。但无论如何，汉字是世界文化中的一笔巨大精神财富，在世界文字中占有崇高的地位，是大家都认同的。

中国现代文化，作为一个整体，不仅是多因素的、多侧面的、多样性的、多层次的，而且是多元的，其多元性表现在它的多种来源、多民族性、以多种经济成分为基础、多阶级性，但是它的总的发展趋势不是多元化或多极化，相反，它的总的趋势从一定意义上说是一元化，这就是说，它有一个统一的指导思想，这个指导思想一般说来就是马克思列宁主义，具体说来就是毛泽东思想和邓小平建设有中国特色的社会主义理论。马列主义就其原来形态说诚然是外来的东西，但由于它的普遍性适应中国国情，80年来经过中国共产党人的宣传、研究、运用、发展，它已深深植根于中国历史和中国社会，并形成了它的中国化的形态——毛泽东思想和邓小平建设有中国特色社会主义理论，成为中国现代文化的核心，即指导思想。它之所以能成为中国文化的核心因素，还由于它有着中国的经济政治作为它的坚实的基础，由于它实际地指导着中国经济政治文化的建设和发展。

我想我应当申明一下，以上所谈主要指中国内地而言，不包括台湾、香港和澳门，虽然中国内地、台湾、香港、澳门有大量文化因素是共同的，特别是在传统文化方面是共同的。

四、中国文化的发展与马克思主义

中国文化的未来会是怎么样，其细节和具体内容当然是难以预测的，因为偶然的东西、个别的东西、特殊的东西是变化莫测的。但未来文化的基本性质和基本面貌，如果我们掌握了它的决定性因素，大体上是可以正确估计的。中国未来文化的决定性因素是什么呢？根据我们对形成文化的因素的理解，决定中国文化的未来面貌的因素首先是经济政治因素，其次是未来文化的指导思想。我认为中国未来文化将是现代化的工业社会主义文化，它的指导思想仍然是马克思主义，为什么呢？第一，因为中国未来的生产力将是基本上现代化的，中国未来的经济政治制度将是更加完善的社会主义经济制度和政治制度，在香港和澳门回归祖国以后，中国将出现实行资本主义经济政治制度的特殊地区，即出现"一国两制"的现象。这样的经济政治基础无疑将会进一步保证未来文化的社会主义性质，而决不会削弱它。第二，马克思主义在中国社会的经济政治基础支撑下，在与其他思想体系比较中，将能保持和加强其指导地位，它的指导作用将进一步扩散和深入到中国文化的各个领域，保证未来文化的社会主义性质。

在未来文化中有可能起指导作用的主要有三个思想体系，除马克思主义以外就是儒家思想和西方自由主义思想。谁有最大的可能成为中国未来文化的指导思想呢？

现代新儒家认为是儒家思想，其理由主要有二：第一，儒家思想是中国本土思想，土生土长，源远流长，2000多年来成为中国文化的根本，最适应中国社会生存与发展的需要。第二，儒家的若干基本思想诚然是古代的东西，但加以现代化就可能成为中国现代文化的核心，用于指导实现中国社会的现代化。人们谈得较多的儒家思想有：天人合一思想（人与自然应保持协调与和谐的关系）、人文精神（从人的需要，按人的标准来考虑一切问题，从事一切活动）、集体利益原则（把集体利益摆到个人利益的前面，个人利益应服从集体利益）、中庸哲学（不趋极端，不为己甚，力求适中）等。

我认为儒家思想要成为中国未来文化的指导思想是不可能的，有三个主要理由：第一，中国传统文化已经解体，儒家思想体系已为历史所否定，其根本原因是由于其经济政治基础已经崩溃，除非恢复传统社会和传统文化，儒家思想的权威是不可能恢复的。第二，现代社会远比古代为复杂，儒家思想作为一个思想体系无法适用于现代社会，80年前新文化运动的领袖已作过这种评价，时至今日就更加如此了。第三，儒家思想中有许多合理因素，这些因素在今天是有价值的，例如上面所说那些思想，此外还有很多别的思想今天都是有价值的，但是，且不说这些思想是不是中国传统文化所独有的，这些思想也只能起一定的积极的作用，而不能起根本的指导作用，也不是儒家思想作为一个体系起作用。

西化派认为西方自由主义应是中国未来文化的指导思想，把传播这种思想视作"新启蒙"运动。这种观点的理由有三：第一，西方发达国家从整体上说是现代社会发展的最高水平，现代化就是西方化，自由主义思想是现代西方社会和西方文化的指导思想，理应成为中国社会和文化的现代化的指导思想。第二，中国正处于从计划经济向市场经济的转轨过程之中，市场经济与私有制是不可分的，市场经济发展下去，终将走向资本主义，自由主义是资本主义的产物和资本主义文化的核心。第三，中国奉行开放政策，向西方学习，西方生活方式和西方文化大量涌入，渗透进从科学技术、经济思想、政治思想到文化娱乐、文学艺术、宗教、哲学等各个领域，实际上发生了全盘西化的过程，自由主义是这个过程的指导思想。

这种观点无疑有一定事实根据，它所预言的后果不是不可能，但其可能性不是很大的。第一，现代化不等于西化，更不等于全盘西化。中国社会在各个方面都要吸收西方的合理的东西，但决不是照搬。在科学技术方面学得很多，但在经济制度和政治制度方面只吸收从社会主义角度看来可以吸收的东西，文化方面更是如此。在此情况下，自由主义难以发挥指导作用。第二，在中国有的人不相信社会主义可以同市场经济相结合，有的人希望社会主义通过市场经济而转化为资本主义，但从改革开放10多年的经验来看，建立正常而有效运转的社会主义市场经济是完全可能的，因为近10多年来中国经济体制实际上已处于转轨之中，市场经济的发展既推动了中国经济的高速发展，又保证了公有制的主体地位。实践证明，只要改革的措施正确，执行得力，公有制企业完全可以成为市场活动中强有力的竞争者。第三，只要社会主义公有制的主体地位能够确保，自由主义在中国文化中就不可能起指导作用。西方文化中那些健康的积极的合理的因素将为中国文化所吸收，而成为马克思主义指导下的中国文化的有机组成部分。

看来，随着历史从20世纪进入21世纪，中国文化的核心不会发生根本性的转换，将仍是马克思主义。21世纪中国文化的内容大量是本土的，也有很多是外来的。随着社会的发展，社会生活和社会文化将更加丰富和复杂。随着人们对传统文化的挖掘和清理，将有更多的传统文化的因素变成为现实的文化因素。随着对外开放的扩大和内外交流的增加，将有更多的外来文化因素参加进中国文化中来。因此，21世纪的中国文化将比今天丰富多彩，其中难免会有一些消极的因素，但只要它的经济政治的基本性质不改变，它的基本性质也不会改变，马克思主义的指导地位也不会改变。

我认为马克思主义是一种文化因素，但它不是一种文化系统。一种文化系统的具体内容是极为丰富和复杂的，总是离不开一定时代、一定地域、一定历史、一定民族的。到21世纪中叶，当中国社会的现代化基本实现时，在亚洲的平原上将出现一个现代化的民族的人民的科学的工业社会主义文化，它的核心是发展了的马克思主义。

恩格斯晚年唯物史观思想中的文化理论[*]

中共中央召开的十四届六中全会以精神文明建设,主要是思想道德文化建设作为会议的主要议题,这充分反映了时代的需要,反映了我国社会主义建设的需要。自从党的工作作重点转移以来,经济建设是中心,并取得了巨大的进展,这是有目共睹的。但精神文明建设相对落后,远远不能适应社会主义建设的需要,这种情况也引起了我国理论界的关注,这就是90年代以来文化热、国学热(传统文化热)悄然兴起的社会根源。在这场文化热中出现了一些理论上的分歧,发生了一些争论,这是一种正常现象。对这些文化建设中的问题进行理论上的实事求是的探讨,既有利于马克思主义文化理论的发展,也会对我国思想道德文化建设的实践起积极的推动作用。

文化的存在是很古老的,有了人就有了文化。有人说文化就是人化,这是不错的,还应补充一句话,文化也是社会化。文化、人和社会是完全不可分的,但把文化作为对象进行专门研究,却是上一世纪

---

[*] 本文发表于《兵团理论研究》1996年第3期。

以来的事情。100多年以来，西方学术界出现了多种文化理论或文化哲学的流派。然而马克思主义经典作家，表面上看来似乎没有专门的文化理论。马克思和恩格斯都使用过文化这个字眼，但没有关于文化的系统论述，列宁更多地谈到文化，批判过无产阶级文化派，但也没有系统论述过文化问题。但是从实质上说，情况并非如此，马克思主义历史观，即唯物史观中已包括了对文化的系统论述。从某种意义上讲，唯物史观就是马克思主义的文化理论。

唯物史观是研究作为整体的人类社会的科学理论，其内容包括人类社会的各个主要组成部分及其相互关系和人类社会的运动、发展及其一般规律，其中当然包括经济、政治和文化的相互关系以及文化内部各个主要组成部分之间的相互关系。可以说，文化理论是唯物史观的一个组成部分或分支学科。这里，我想引用恩格斯晚年关于唯物史观的几封信来说明这一点。

恩格斯在这些信中指出"根据唯物史观，历史过程中的决定性因素归根到底是现实生活的生产和再生产。"① 大家知道，这就是唯物史观的最根本的观点，即把经济看作人类社会的最后的决定因素。从文化角度看，经济、政治、文化三者中经济是最后的决定因素。有的人把"最后的决定因素"看成"唯一的决定因素"，这是一种误解，马克思主义从来不否定其他因素在一定条件下的决定作用，其中包括文化因素在一定条件下的决定作用，因此，恩格斯指出："对历史斗争的进程发生影响并且在许多情况下主要是决定着这一斗争的形式的，还有上层建筑的各种因素。"② 他提到的因素有：政治形式、法权形式、政治理论、法权理论、哲学理论、宗教观点。他尖锐地批判资产阶级学者巴尔特诬蔑唯物史观说经济因素是唯一决定性的因素，否定其他社会因素对经济因素的反作用的观点。恩格斯这里谈的政治形式、法权形式指的是政治上层建筑，政治理论、法权理论、哲学理论、宗教观点指的是文化或观念文化的一部分，这就是说，观念上层建筑包括

---

① 《马克思恩格斯选集》第4卷，人民出版社1995版，第695页。
② 同上书，第696页。

在文化之中，但并不是文化的全部。恩格斯强调上层建筑在一定条件下的决定作用就包含了文化在一定条件下的决定作用，这一观点对于我们认识文化的重要地位和作用无疑是很有意义的。

他还进一步指出，经济因素与政治因素直接发生关系，政治因素与哲学因素直接发生关系，因而经济因素与哲学因素的关系是间接的。[①] 列宁后来继承并发展了这一思想，指出"政治是经济的集中表现"，"政治同经济相比不能不占首位"。无产阶级"如果不从政治上正确地看问题，就不能维持它的统治，因而也就不能完成它的生产任务。"[②] 恩格斯把上层建筑中的政治因素突出了出来，把它作为经济基础和观念上层建筑之间的中间环节，这是符合政治活动在整个社会活动中的地位和作用的，这样就形成了经济、政治、文化三者并列的格局，为我们分析人类社会的整体提供了一个新的模式。

除政治理论、法权理论、哲学理论、宗教观点之外，恩格斯还提到文学、艺术、美学、科学等，指出："如果……技术在很大程度上依赖于科学状况，那么科学却在更大得多的程度上依赖于技术的状况的需要。社会一旦有技术上的需要，这种需要就会比十所大学更能把科学推向前进。"[③] 这说明生产力可以同文化中的某些因素直接发生联系，而不一定通过经济制度和政治制度的中介。这样，恩格斯实际上论述了经济、政治和文化的辩证的唯物主义的关系。毛泽东在《新民主主义论》中正是以这些观点为根据而提出了系统的文化理论。

毛泽东完全是以唯物史观为指导提出自己的文化理论和中国文化建设的主张的。他说："一定的文化（当作观念形态的文化）是一定社会的政治和经济的反映，又给予伟大影响和作用于一定社会的政治和经济；而经济是基础，政治则是经济的集中的表现……一定形态的政治和经济是首先决定那一定形态的文化的；然后，那一定形态的文

[①] 《马克思恩格斯选集》第4卷，人民出版社1995版，第704页。
[②] 《列宁选集》第4卷，人民出版社1995年版，第407—408页。
[③] 《马克思恩格斯选集》第4卷，人民出版社1995版，第731—732页。

化又给予影响和作用于一定形态的政治和经济。"① 这就是毛泽东的文化理论的基本观点。他还进一步分析了中国的旧文化、当时的文化和未来的文化,指出中国的新文化是新民主主义文化,即"民族的科学的大众的文化"②。

可以明显看出,毛泽东的文化理论是马克思主义的、科学的,它的指导思想是社会存在与社会意识、经济基础与上层建筑、经济与政治的辩证关系等唯物史观的原理。毛泽东把经济、政治与文化三者并列起来,对"文化"一词使用了狭义的理解。这也表现了理论界的一种共同倾向。但是,对毛泽东的文化理论也应予以正确的理解:他所说的"观念形态的文化"易使人误解为"意识形态的文化",甚至误解为文化就是意识形态。文化无疑包含着意识形态,但不能归结为意识形态,文化,即使是观念文化也包含着非意识形态的因素,如自然科学、语言等。毛泽东对"经济"一词的使用也应予以合适的理解。即不能把经济仅仅理解为上层建筑的经济基础,即经济制度,而应理解为整个社会经济生活,即物质生活资料的生产和再生产,包括生产力和生产关系。这样,文化与经济和政治的关系包括,但不等于思想上层建筑与政治上层建筑和经济基础的关系,文化与经济的关系不仅有通过政治的间接关系,而且有不通过政治的直接关系,例如文化中的自然科学,就与生产力、生产技术直接发生关系而不一定通过政治。

毛泽东根据唯物史观提出的文化理论包括对个别文化因素及其相互关系的论述,如对哲学、文学、艺术、宗教等及其相互关系,特别是对这些因素与政治的关系的论述,形成了系统全面的文化理论。毛泽东的文化理论是科学的、马克思主义的,是马克思主义化理论的继承与发展。它指导了我国文化战线的斗争,指导了新民主主义文化建设,又指导了我国社会主义文化建设。我们今天要建设有中国特色的社会主义文化是高度现代化的文化,这样的文化建设只能以马克思主

---

① 《毛泽东选集》第2卷,人民出版社1991年版,第663—664页。
② 同上书,第706页。

义为指导,特别是以当代中国马克思主义,即有中国特色的社会主义理论为指导,这个指导思想中的文化理论无疑将起最直接的指导作用。因此,进一步研究马克思主义文化理论是有重要的理论意义和现实意义的。

目前哲学界值得思考的
两个重大的理论问题*

康健：建立社会主义市场经济新体制，是目前我国理论界关注的热点问题。如果说它是一个经济学问题，大家还比较容易理解；但是为什么说它同时也是一个哲学问题呢？

黄枬森：建立社会主义市场经济新体制，必然要涉及到经济基础和上层建筑方面的诸多变化。其影响自然也包括哲学上层建筑这样一个层次上的变动和调整。哲学的研究以整体的世界为对象，它当然也不回避对社会一般的经济基础的积极反映和主动干预。因此，社会主义市场经济固然是一个经济学问题，但同时也是一个哲学问题。哲学理论界目前关注的主要问题是建设有中国特色的社会主义，特别是建立社会主义市场经济体制的哲学问题，即以马克思主义哲学为指导，研究社会主义和市场经济问题。

康健：哲学界关于社会主义市场经济问题的讨论和研究正在不断深入，您在这期间也发表过许多颇富启发性的论著，黄先生能否结合

---

* 本文发表于《党校科研信息》1994年第6—7期，康健访谈并整理。

近期的学术活动,谈谈目前哲学理论界值得思考的重大理论问题应该是哪些?

黄枬森:最近一段时期内,哲学理论界比较关心的问题,一个是关于社会主义市场经济的哲学问题,也就是怎样在新形势下发挥哲学的作用,促进社会主义市场经济的建设。这是近年来大家一直比较关注的问题,也是我经常思考的问题。我以为,这个问题在目前仍然值得哲学理论界继续、深入地加以讨论。另外一个问题就是关于社会主义市场经济条件下人的价值观问题。哲学界就此问题有过讨论,但似嫌不够。事实上,这个问题在当前具有很强的现实意义。在这些方面,学术界开了许多讨论会。年前,我参加了两个会,一个是在长沙召开的纪念毛泽东诞生100周年的学术研讨会,会上主要讨论毛泽东思想与邓小平提出的建设中国特色的社会主义理论的联系问题,其中也涉及到社会主义市场经济的问题。另一个会是在深圳召开的关于社会主义市场经济条件下人的价值观问题的研讨会。此外,在去年12月份还去深圳参加一本叫作《价值转化工程》的书的座谈会,谈的也是价值问题。在这次会后我走访了广东的一些地方,如深圳、东莞、广州、南海、番禺等地,也引发了我对一些问题的联想和思考。我第一次去珠江三角洲是在1986年,距今已有近八年时间了,旧地重游,感到确是今非昔比,给我留下了深刻的印象。从经济方面的情况看,珠江三角洲的发展已达到了相当高的水平,的确呈现一派欣欣向荣、蒸蒸日上的新气象。但这些地方有一个比较特殊的条件,就是乡镇企业的发展。虽然其中有些城市如深圳也有国营企业,但属从空地上发展起来的新型城市,没有内地企业特别是老企业中所经常存在的那些包袱;而且它们还享有许多优惠条件,从一开始就搞市场经济,不存在什么转轨问题,也不存在搞活国有大中型企业的问题,而是本身机制的深化改革问题。因此这次在珠江三角洲的参观,虽然给我们带来很多触动,但还不能够帮助解决我们思想中的一个问题,即如何搞活国有大中型企业的问题。联系学术界最近的一些讨论进一步讲,这个问题与如何认识公有制问题有着诸多关联。因此,具体而言,我以为,关于对社会主义公有制的认识问题和关于新形势下加强人道主义价值观教育问题，是目前哲学理论界尤其值得注意的两个重大的理论问题。

康健：我同意黄先生对两大理论问题的这种概括，分论之，如何认识社会主义公有制问题，在眼下学术界的讨论中有理解上的深入，也不免认识上的模糊之处。请黄先生展开谈一下对此问题的理解。

黄枏森：最近理论界特别关心公有制问题。党中央关于建立社会主义市场经济体制的决议强调坚持公有制为主体、在国民经济中公有制企业占主体，这一点很重要，大家认为是非常正确的。那么，在社会主义市场经济中公有制究竟能够起到什么作用？公有制是不是必要的，是否不可或缺的？公有制的主体地位是不是重要的？诸如这些问题，说到底还是一个如何认识公有制的问题，理论界对此有着不同的看法。下面我准备从两个层面谈谈理论界对公有制问题的不同观点和我自己对这一问题的理解。

第一个方面是关于公有制是目的还是手段的问题。对此一问题，理论界的基本看法有两种。第一种观点认为，公有制只是一个手段，发展生产力是最终目的。有的同志不太同意这个看法，而持第二种观点，认为公有制不仅仅是手段，而且即使作为手段，也是不可或缺的一个手段。

我倾向于同意第二种观点。首先，我以为手段和目的是相对的，而且是可以相互转化的；目的可以转化为手段，手段也可以转化成目的；它们的关系是辩证的。以公有制和发展生产力的关系而论，一般应承认公有制是手段，发展生产力才是目的。但是反过来说，只有发展生产力，公有制才能得以巩固和发展；那么，发展生产力便又变成了手段，而巩固和发展公有制又成了目的。因此，目的和手段是可以转化的，不能把它们的关系看得太死，不能说哪一个仅仅是手段或只是目的。同时我们还可以进一步追问：发展生产力是不是我们最后的目的？也不是。只有共同富裕才是最后的目的，只有发展生产力才能达到共同富裕。当然，从一定意义讲，也可以说共同富裕是手段，发展生产力是目的。现实中存在着这种关系：大家手里钱多了，实现了共同富裕，就可以很好地发展生产力。目的和手段在这里是互相转换的。但是根本而言，共同富裕是目的，发展生产力是手段，故此不能简单地断定哪一个仅仅是手段。以上是我对此问题的理解的第一层意思。

其次，我对此问题的理解还有一层意思是，不能为了达到目的，什么手段都可以采取。因为有些目的，只有通过某种特定的手段才能达到，而采用了其他手段就不能达到。因此，我们不是不择手段的，为了达到目的，我们采取的手段是有选择的。就我们所讨论的问题而言，如果仅仅把发展生产力，视作唯一的目的或最后的目的，那么，就会引出公有制与私有制都无区别的结论。因为对于发展生产力，公有制是手段，私有制也是手段，而且从历史与现实的情况来看，到目前为止，私有制对生产力的发展较之公有制对生产力的发展，似乎还更见效果。也即是说，社会主义公有制在发展生产力方面，还不如资本主义或私有制有更大作为，远不如后者所达到的高水准和所具有的高效率。如果目的仅仅在于发展生产力的话，就不一定非得要公有制不可。但是，我们的目的不仅仅是发展生产力，而且还要消灭剥削，达到共同富裕，而后者则是私有制所不能达到的。为什么私有制达不到共同富裕的目的呢？因为私有制存在和发展的条件就是贫富悬殊；如果不是两极分化，就无私有制可言。假设我们都是个体户，我们所占有的财产份额在开始的时候是一样多的，当被置于自由竞争的条件之下时，在我们中间，两极分化必然会出现，资本主义必然会出现，这一事实恐怕是不可避免的。资本主义私有制不可能达到共同富裕，不可能达到消灭剥削。资本主义私有制的实质就是剥削，它当然也可以发展生产力，但是没有剥削就没有私有制，所以不能说私有制仅仅是一种手段，当然更不能说公有制也仅仅是一种手段。小平同志在谈到社会主义本质的时候，虽然没有明确提公有制，但已经包括了像消灭剥削、共同富裕这样的内容。因此，我们怎么可以讲公有制仅仅是一种手段呢？

第二个方面是关于公有制应否为主体的问题。党中央关于建立社会主义市场经济体制的决定中明确坚持以公有制为主体，我认为这是非常正确的。理论界就此问题的讨论也很热烈。有的人认为不一定要坚持以公有制为主体，只要坚持以公有制为主导就可以了。甚至有些人认为也不要讲什么以公有制为主导，谁能发展生产力就以谁为主导，资本主义能发展生产力就搞资本主义，社会主义能发展生产力就搞社会主义。但是我认为坚持以公有制为主体这一点是不能动摇的，否则也就没有了社会主义的市场经济。资本主义市场经济与社会主义市场经济有很大区别，而其中最基本、最主要的区别就在于它的主体是什么，究竟是公有制还是私有制。因此，建立社会主义市场经济体制，必须坚持以公有制为主体。

在这里，我们必须认明"主体"与"主导"的关系。且不说那些连主导地位都不讲的观点，即使还坚持公有制占主导地位，也是远远不够的，因为主导地位如何得到保证呢？主导地位要靠主体来予以保证，如果没有了后者，前者是很难保持的。主体地位丧失了，下一步就会丧失主导地位，这样就没有社会主义的市场经济了。因此，之所以要占主体地位，是为了保证主导地位；当然，如果占了主体，而不起主导作用，那么这样的主体地位也是没有意义的。譬如说，尽管是国有制或公有制成分在整个国民经济中占到50%以上就算主体，但是如果没有能够主导经济命脉，不能为了人民利益对国民经济发展进行宏观控制，那么这个主体地位就没有什么意义。总之，强调占主体地位，确是为了起主导作用，是为了控制国民经济，使国民经济发展不朝着两极分化的路子前进，而是能够造福于广大人民群众。公有制成分起主导作用，但主导要靠主体地位来保证；反之，如果不占主体，那么主导的作用就是空悬的。还会有这种情况：不占主体却还是主导的。例如在一个工厂，如果能控股20%—30%，同时其他剩余股份比较分散，在这种情况下就可以控制这个工厂。这种情形可能是会存在的。但是，如果没有成为主体，主导地位是很容易丧失的。虽然你有20%—30%的股份，但是如果我能联合控股40%—50%，那么你的主导地位就不能保持了。

康健：按照访谈计划，下一个单元将转入新形势下加强人道主义价值观教育问题。请黄先生谈谈在 80 年代关于人道主义的讨论之后，今天继续或重新讨论这一问题具有何种现实意义？

黄枬森：关于人道主义问题，学术界在前一段时期又进行了讨论，在讨论中重新提出了一些问题。年前，在《马克思主义与现实》杂志（总第 11 期）上我发表了一篇短文，主要谈了这个问题。要说明今天进行人道主义研究和讨论的现实意义，有必要作一简短的历史追溯。80 年代初期发生的那场关于人道主义的大讨论，其外部条件是世界性的人道主义思潮的兴起，其内部条件则是总结十年动乱的教训、拨乱反正和改革开放。在此以后，理论界对人道主义的研究实际上并没有停止过。近年来我国理论界对人权问题的研究和讨论可以说是人道主义研究的继续与发展。80 年代的那场讨论所产生的一个积极成果，就是把人道主义区分为历史观和伦理原则这两个方面，应对人道主义历史观加以否定，而对人道主义伦理原则应加以吸收，用马克思主义观点加以改造，形成社会主义的人道主义。我认为这是关于人道主义的最初讨论的最主要的积极成果。不过，虽然人道主义伦理原则在马克思主义理论体系中找到了自己的位置，但并没有被很好地贯彻到实践活动中去。理论上达到的共识和积极成果没有在理论和道德教育中体现出来，在报章杂志的理论宣传和青少年的一般教育中很少提到人道主义，人道主义的声音在我们的社会生活中十分微弱。显然，我们把人道主义这面旗帜举得不高，很少谈到人道主义伦理原则问题。因此，我有一个想法，这就是如果对我们的少年儿童，在他们很小的时候就开始有计划有步骤地灌输一些人道主义观念和人权意识，那么对整个社会主义社会人们的道德素质的提高，以及社会形势基本面貌的好转，都会起相当大的积极推动作用。广大人民群众的人道主义观念的形成，对于全民族整体素质的提高，是一个非常重要的方面。所谓人道主义观念其实也很简单，无非就是把自己看成人，把别人也看成人，既尊重自己，也尊重别人。这样的人道主义是一种很朴素的思想意识，如果从孩子时候起就树立了这样一种意识或观念，尊重自己，也尊重别人，恐怕有一些刑事犯罪就可以减少。譬如情杀，有的男青年因为女友不同意继续保持恋爱关系，就把对方毁容、伤害甚至残杀。这样的事情，现在有很多。如果一个人具有起码的人道主义观念，就会认为对方也是人，同样有着人格的尊严与独立，人家不同意自己，也就罢了，而绝对不至于要毁掉甚至杀死人家。正是基于这种理解，我一直坚持认为人道主义道德原则是首要原则，没有人道主义原则，其他原则如爱国主义和集体主义等更无从谈起。

康健：请黄先生再具体谈谈人道主义伦理原则在社会主义道德中究竟处于什么地位？

黄枬森：关于人道主义原则在社会主义道德中的地位问题，在理论上并不很明确。一般都认为它是一个初级的起码的原则。但是如果因为它不是社会主义道德中特有的东西，而忽视它的重要作用，那就大错特错了。

伦理原则是人们处理人际关系必须遵循的原则，而人际关系不外乎个人与个人、个人与社会、个人与国家三大类。处理个人与个人的关系的正确伦理原则是人道主义，处理个人与社会的关系的正确伦理原则是集体主义，处理个人与国家的关系的正确伦理原则是爱国主义。人道主义、集体主义和爱国主义应该是处理人际关系的三项主要原则，三者结合起来形成社会主义道德的主要内容。由于个人与个人的关系是大量存在、随时发生的，我们不能用集体主义与爱国主义来处理纯属个人之间的关系问题。而且，即便在处理个人与集体、个人与国家的关系时，我们首先碰到的仍然是个人与个人的关系问题，因为个人无法与集体和国家直接接触，个人能直接接触的仍然是个人——集体和国家的代表。因此我说人道主义是首要原则，理由就在这里。

康健：您既然认为现在重新讨论人道主义原则的意义，其背景是最初的那场讨论所获得的成果没有被贯彻到理论教育和社会生活中去，请再从正面谈谈这个成果本身的理论意义。

黄枬森：我想联系自己与一位同志间的学术商榷谈一下这个问题。由于我对人道主义问题抱有这样的想法，所以写了前述的那篇文章。

有同志在随后一期的同一刊物上发表文章同我商榷。对于我的基本观点，他没有什么意见，商榷的是一些理论问题。我以为在他所提的三个问题中最主要的还是人道主义不能区分为历史观和伦理原则两个方面这一点。从理论上探讨人道主义问题，引起大家对此一问题的重视，而且他提的几点不同意见也并非没有道理，因此这种讨论是首先应予肯定的。但我同时以为在讨论中所涉及的这个最主要的问题上不可含糊。因为，特别是自文艺复兴以后，人道主义作为一个强大的思潮发展到今天，在其中的确包含着历史观的内容，而不仅仅是一个伦理原则，不仅仅是处理人们之间关系的一个道德规范体系。当一个思想家把人道主义原则夸大为决定人类社会的历史发展的时候，它就成为一种历史观。这种历史观在西方启蒙思想家那里是非常清楚的。文艺复兴和启蒙运动都把矛头直接指向封建等级制度，指向神权和君权，认为神权和君权这些特权的存在，其最大的弊端就是不把人当人看，不承认人的平等权利，只承认君权和神权，不承认人权。在这种意义上人道主义的确是一种伦理道德原则，但一当被用于解释人类社会历史时就变成了历史观，因为在作如是观的思想家看来，人类社会的历史就是人道原则的实现过程：人道原则在人类社会初期是得到尊重的，而在后来的阶级社会中被否定了，现在就是要把它再度恢复。用人道主义历史观的术语来讲，人类历史就是人性的丧失和人性的恢复的过程。人性的丧失就是异化，而这种异化的扬弃就是人性的恢复。用人道原则来解释人的社会历史的发展，这就是历史观，而且是唯心史观。有大量的思想史材料可以证明这一点。当然现代西方思想家们不再强调这一点，因为资产阶级的统治已经确立，人性在他们看来也已得到实现。但在资产阶级革命的初期，西方思想家就是用这一套人性史观论证资产阶级和资产阶级共和国的合理性。马克思本人的思想发展过程中确实有一个抛弃人道主义历史观、保留人道主义伦理原则这么一个过程。马克思主义的产生正是由于用唯物史观来取代了人道主义历史观。后来有许多马克思主义学者对人道主义采取了全面否定的态度，就是因为混淆了人道主义历史观和人道主义伦理原则，为了否定人道主义历史观，结果也否定或忽视了人道主义伦理道德原则。现在的西方马克思主义者与一般资产阶级思想家还有所不同，他们从另外一个角度入手，从肯定人道原则进而到肯定人道主义历史观。西方马克思主义者在这个问题上的基本观点，正是当年曾受到马克思批评的空想社会主义的观点。

因此，今天我们认为对人道主义伦理原则应加以吸收，同时也应与人道主义历史观划清界限。只有这样，才能坚持唯物史观，才能坚持马克思主义。如果我们在这方面不加注意的话，就很容易走到西方马克思主义的那条路上去。

康健：我已经注意到您所谈的人道主义问题与目前市场经济建设的某种内在关联，我这样去理解您谈的问题，黄先生是否同意？

黄枬森：是这样的。我以为社会主义市场经济建设，要解决两个方面的问题：一个是体制问题，就是要理顺市场经济各个环节间的关系；另一个是人的问题，就是要提高人的素质。只有人的素质提高了，社会主义市场经济才能搞得好。

在社会主义市场经济活动过程中，占有主导地位的价值观应是集体主义，而不能是个人主义。当然在社会主义市场经济的基本格局之内，由于多种经济成分的存在，因而有个人主义的大量涌现，这是个客观事实，也不可能消灭它。一个人尽管抱着个人主义的动机，但只要能遵纪守法，从事诚实劳动，以他的服务来赚得收入乃至发财致富，这种情况当然无可厚非，不但允许，甚至是可以鼓励的。但是社会主义社会是以集体主义而不是以个人主义作为主要价值取向的。在这方面我以为特别重要的问题是，我们从事社会主义市场经济活动的国有企业的代表，如果抱着个人主义价值观进行工作，必然是搞不好的。或者他的积极性也不会高，因为他费劲赚那么多的钱，都交给了国家，而他自己所得不多。在这种情况下，他甚至可能以权谋私、挖社会主义的墙脚，这样的话，社会主义公有制的主体地位还能够坚持下去吗？所以社会主义社会占主导地位的价值观必须是集体主义。因此，做人的工作，提高人的素质，是建立社会主义市场经济体制的一个很重要的方面。人道主义教育是最起码的教育,一个人如果连人道主义的思想都没有的话,他是根本不会有集体主义观念的,因为人道主义思想侧重于个人品格的修炼,而集体主义原则已经是一种社会主义的思想原则,它要求必要的自我牺牲精神。在现阶段,如果把人道主义的宣传和教育重视起来并长期坚持下去,我们的社会主义精神文明的水平会大为提高,许多个人之间的纠纷和刑事犯罪活动也会减少,这对于建设有中国特色的社会主义和建立社会主义市场经济新体制无疑是大有好处的。

论文化的内涵与外延[*]

"文化"一词可能是各种论文著作和日常语言中含义最为分歧、使用最为随意的名词之一,要求全社会都按照一个同一的定义来使用它当然是做不到的,也是不必要的。但当我们把文化问题作为一个理论问题来研究,特别是作为有中国特色的社会主义文化建设来研究的时候,我们对文化的含义必须有一个比较合理因而比较统一的理解,这是文化研究和文化建设必须首先解决的前提,否则研究与建设都无从谈起。

要弄清楚一个概念的含义必须从内涵与外延两个方面着手。一个概念的内涵指它的定义,而定义必须揭示这个概念所指该类事物的本质。文化是一类社会现象,那么,它是哪一类现象呢?不管人们对文化的定义有多少,若只问它是哪一类社会现象,人们的看法还是比较一致的。几乎各种论著都指出,文化的含义有广义与狭义之分,广义的文化现象等同于社会现象,狭义的文化现象就是精神现象,不包括客观现象或物质现象。这里我们只举《中国大百科全书》的社会学卷

---

[*] 本文发表于《北京社会科学》1997年第4期。

和哲学卷来说明这点。社会学卷说:"广义的文化是指人类创造的一切物质产品和精神产品的总和。狭义的文化专指语言、文学、艺术及一切意识形态在内的精神产品。"① 哲学卷说:"广义的文化总括人类的物质生产和精神生产的能力、物质的和精神的全部产品。狭义的文化指精神生产能力和精神产品,包括一切社会意识形式,有时又专指教育、科学、文学、艺术、卫生、体育等方面的知识和设施,以与世界观、政治思想、道德等意识形态相区别。"② 这两个定义基本上是一致的,不同的只是后一个定义把精神产品又分为两类,一类是意识形态,另一类是非意识形态,认为更狭义的文化指非意识形态的精神产品。那么,在这广狭两种定义中有没有一个为人们更多地使用呢?这两卷都没有提出和回答这个问题,但社会学卷曾指出,从词源上讲,在西方,文化(culture)的含义是从农作物的培育引申出来的,指人的品德和能力的培养;在中国,与文化相并列的是武功,即文治教化之意,并说"文化一词的中西两个来源,殊途同归,今人都用来指称人类社会的精神现象",但是"历史学、人类学和社会学通常在广义上使用文化概念"。③ 我认为,应该指出,对文化作狭义的理解是具有更广泛性的趋势,而且从文化理论和文化建设来讲,应该使用狭义的理解,狭义的文化是严格意义的文化,即人类的精神现象和精神产品。为什么这样说呢?

把文化与经济、政治并列起来使用,已经成为一种相当普遍的趋势。应该说,在过去广义的文化被更多地使用,而20世纪以来,经济、政治和文化就经常被并列起来使用了。例如英国著名历史哲学家汤因比的文明形态理论认为人类社会表现为各种文明形态,而文明包括三个组成部分,即经济、政治和文化,文化是文明形态中稳定的经常起作用的精神因素,是文明的核心,而经济、政治的作用经常变化,宗教又是文化的核心,因此,文明形态就是以文化,特别是以宗教为

---

① 《中国大百科全书》(社会学卷),中国大百科全书1991年版,第409页。
② 《中国大百科全书》(哲学卷),中国大百科全书1987年版,第924页。
③ 《中国大百科全书》(社会学卷),中国大百科全书1991年版,第409页。

标准来划分的。又如近年来在国际理论界引起很大争议的美国学者亨廷顿的文章《文明的冲突》也是把文化与经济、政治并列，认为文明是文化的实体，文化是文明中最根本的东西，以文化和文明来划分世界国家集团远比以政治经济制度或经济发展水平来划分有意义。西方学者把经济、政治、文化三者并列，马克思主义者又如何呢？

　　文化一词在马克思主义经典作家的著作中多次出现，但不是一个特定的术语，其含义是比较广泛的。他们没有把经济、政治和文化三者并列起来说明社会结构。他们用以说明社会结构的术语是社会存在与社会意识、生产力和生产关系、经济基础（生产关系总和）和上层建筑，上层建筑包括政治和意识形态。如果把文化与经济、政治并列起来，显然文化与意识形态不能相等，因为意识形态只是精神领域的一小部分，所以文化大于意识形态。一般马克思主义哲学教科书创造了"意识形式"一词用以称呼包括意识形态在内的全部意识，但也没有用"文化"一词。毛泽东在《新民主主义论》中提出了经济、政治和文化三者并列的社会结构理论，并规定了三者之间的关系："一定的文化（当作观念形态的文化）是一定社会的政治和经济的反映，又给予伟大影响和作用于一定社会的政治和经济；而经济是基础，政治是经济的集中表现。这是我们对于文化和政治、经济的关系及政治和经济的关系的基本观点。"[①] 不难看出，毛泽东的社会结构三分理论与马克思和恩格斯的社会结构二分理论在基本内容和基本基点上是一致的，毛泽东对三者关系的规定根据的就是社会存在决定社会意识、政治是经济的集中表现等原理。因此，毛泽东的三分理论与西方学者的三分理论形式上是一致的，观点上是对立的：毛泽东坚持的是唯物史观，而西方学者坚持的是文化史观，即认为文化或精神是人类社会发展的最后的决定力量，这是一种唯心史观。因此，马克思主义者有时也采用社会结构三分理论来阐明一些问题，例如江泽民同志也把三者并列说："有中国特色社会主义的经济、政治、文化，是有机统一、不可分

[①]《毛泽东选集》第2卷，人民出版社1991年版，第663页。

割的整体。"① 至于各种论著把三者并列起来论述，那就太多了。不管人们如何理解三者的关系，只要把三者并列，就是承认文化不是经济、政治，而是经济、政治以外的东西，即精神活动及其产品。这就是前面提到的狭义的理解。有了这个共识，我们就可以进一步弄清楚它的内涵，即它的本质。

从前面的论述已可看出，在这个问题上，唯物史观和文化史观的观点是根本对立的。唯物史观认为文化作为精神活动及其产品是经济、政治的反映，经济是物质活动及其产品，政治不是物质活动，但也是改造社会的客观活动，由于它是经济的集中表现，因而在经济与文化之间起着中介作用，因此，文化是经济与政治的反映，而归根到底是经济的反映，但是，文化还具有相对独立性，因而能给予伟大反作用于经济和政治，其本身也具有传承性和稳定性，是人类社会结构不可缺少的一部分。文化水平的高低也是衡量一个社会文明程度的标准之一。文化史观夸大文化的地位和作用，亦即夸大精神活动的地位和作用，认为文化不是来自人类的物质活动，而是人生来就具有的精神活动的能力及其产品；认为人的一切活动都由人自己支配，因而它是人类活动中最根本的活动，决定着人类社会的一切，决定着人类社会的经济和政治。这两种观点的对立和争论实际是唯物主义与唯心主义的对立和争论，本文不拟讨论这个古老而又常新的问题，只想提示一下，借以衬托一下本文所遵循的唯物史观关于文化内涵的观点。因此，本文对文化内涵的回答就是：文化是人类的精神活动及其产品，是经济和政治的反映，归根到底是人类物质活动的反映。

弄清楚了文化的内涵，还必须弄清楚它的外延，否则我们对文化的理解仍然是抽象的。有的事物的外延是很容易弄清楚的，例如中华人民共和国的内涵是发展中的社会主义国家，它的外延就是它的国界。文化的外延则不是很容易弄清楚的。我们无法把文化所具有的具体的分子一一指陈出来，唯一的办法只能是根据其内涵来分门别类地列举

---

① 江泽民：《在庆祝中国共产党成立七十周年大会上的讲话》，人民出版社1991年版。

其各个组成部分。这样做，有三个不可少的前提：（1）经济、政治和文化包括了人类社会全部现象，三者之外就是社会之外的自然界了。（2）经济、政治和文化三者尽管有互相渗透和互相包含的关系，但从概念上是不相容的，也就是说，有明确区别的。（3）文化的各个组成部分不可避免会有所交错，但也应有明确的界限。这样，我们就可以把文化的外延表述为若干类文化现象。为了得到一个比较具体的理解，下面我们以中国社会的文化现象来说明文化的外延问题。

首先应该提出的是作为经济之直接反映的精神活动及其产品。经济活动可以分为两个方面，一是生产活动，一是生产交往，即生产关系。因此：

第一类文化现象就是科学技术（这里指的主要是自然科学技术），它是一个社会的物质生产水平的直接反映并直接推动生产的发展。从整体上说，我国生产水平是不高的，还处在发展中国家的水平，因而其科技水平也是不高的，但我国毕竟生活在世界经济高度发达的环境之中，100多年以来，特别是改革开放以来又大力引进高新科学技术，因此，在我国，中世纪的落后的科学技术与20世纪世界第一流的最新科学技术同时存在。为了发展我国生产，我国应大力建设我国科学技术，这不仅包括引进外国最新科学技术，而且包括我国在已有基础上的发明创造；不仅包括提高科技专业队伍的水平，而且包括提高广大劳动者的科技水平。

第二类的文化现象是经济思想和经济理论，它是经济制度的直接反映并直接指导经济制度的变化。我国的基本经济制度是社会主义公有制和按劳分配，但同时存在着其他经济成分和分配形式。其经济体制正处于从计划经济向市场经济的转变过程之中。这种状况反映在思想上就是各种经济思想和理论同时存在，而且互相争论，但占主导地位的，不能不是马克思主义的经济理论。为了胜利地进行我国经济体制改革和建立完善的社会主义市场经济体制，必须坚持、建设和丰富发展马克思主义经济理论，保证它在各种经济思想中占据主导地位，同时也要吸收各种合理的经济思想。

第三类文化现象是政治法律思想和理论,它诚然是一个社会的政治活动的反映,但首先却是社会经济制度的反映。在我国,由于多种经济成分的存在,政治思想的多元性是不可避免的,但由于社会主义公有制的主体地位和人民民主专政的存在,马克思主义政治法律理论占据着,而且不能不占据主导地位。马克思主义政治法律理论无疑将在我国建设有中国特色社会主义的政治实践中不断丰富、完善和发展,同时也要吸收各种合理的政治法律思想。

第四类文化现象是语言文字。语言文字是人类文化的重要组成部分,是人类生产劳动和全部社会实践的产物,服务于全部社会实践,贯穿于人类社会的一切领域。汉语和汉字是我国传统文化中的永久性瑰宝,形成于古代,100多年来又有极大的丰富和发展。汉字虽然在读音上有较大的缺点,但由于一音一字,其抽象水平在全世界各种文字中首屈一指,这产生了极强大的表达能力,已成为表现现代文明的最优秀的文字之一。

第五类文化现象是道德伦理观念、善恶标准和道德伦理理论。道德伦理现象是文化的重要组成部分,也是观念上层建筑的重要组成部分。我国的伦理道德思想和理论无疑也是多元的,不但有资产阶级的,甚至有封建阶级的、奴隶主阶级的,但主导的仍然是社会主义道德和共产主义道德。怎样在社会主义市场经济条件下提高全体人民的道德水平,特别是巩固和加强社会主义道德体系的主导地位,是我国目前文化建设中的一个迫切的任务。

第六类文化现象是宗教现象。从理论上讲,宗教与马克思主义唯物主义是不相容的,但它作为人类传统文化的重要组成部分已深深地生长在现代社会中,成为现代文化的重要组成部分。各种宗教在中国社会主义文化中也占有重要的地位。作为一种文化现象,宗教在一定条件下对社会主义建设有着积极作用,应该创造条件使宗教发挥这种作用。

第七类文化现象是文学艺术。文学艺术是具有最广泛群众性的文化现象,可能没有人不欣赏文学艺术,因而文学艺术对于人的观念、思想、情感具有最强大的感染作用。在我国,文学艺术的趣味、欣赏标准、思想和理论是各式各样的，无疑应该百花齐放，但社会主义的文艺思想必须占主导地位，以优美的文学艺术作品引导人们在欣赏过程中培养情感健康、趣味高尚、思想端正、积极向上的人生态度，决不能放任那些庸俗下流、诲淫诲盗的东西自由泛滥。

第八类文化现象是哲学和社会学说。哲学和各种社会学说（包括前面的经济理论和政治法律理论）也是文化的重要组成部分，它们的性质比较复杂，一方面是知识，因而可以成为科学，一方面是意识形态，表现了一定的阶级利益。因此，在这个领域，一方面有百家争鸣问题，一方面存在意识形态斗争。所以在哲学社会学说这个领域，马克思主义包括列宁主义、毛泽东思想、邓小平理论的指导是一点也不能含糊的。不仅如此，马克思主义本身也是属于这个领域的文化因素。尽管党中央十分重视哲学社会科学的作用，但在我国的现实生活中，哲学社会科学不受重视，是我国社会主义文化的一个薄弱环节，必须大大加强建设的力度。

第九类文化现象是教育和教育思想。以上八个文化领域彼此可以相对地分开，但作为文化的一个重要领域的教育却无法与这些领域分开。教育活动本身诚然是一种特殊的文化活动（知识、技能的传授与学习、品德的陶冶与修养、身体的锻炼等），但教育的内容却离不开上述各个领域。因此，教育在文化中具有综合性、代表性，教育水平的高低能够代表一个国家的文化水平的高低，要提高文化水平，加强教育是唯一途径。改革开放以来，我国教育事业有了很大进步，但在世界上水平还是比较低的，还不能充分满足社会主义现代化的需要。

第十类文化现象是新闻出版事业。新闻出版事业是另一个具有综合性的文化因素。新闻工作以报道各种当前发生的重要事件为主，实际上无所不包，出版工作当然更加如此。新闻出版运用语言、文字、图像、广播、电视、电脑各种传播工具反映和沟通整个世界，影响及于每一个人，在文化领域处于十分重要的地位。

第十一类文化现象是公共文化设施及其活动，它是由政府或社团设立的面向社会大众的文化设施及其活动，例如图书馆、博物馆、文化宫、文化活动室等及其活动。这也是一种综合性的活动,是不可缺少的文化活动。

第十二类文化现象是民间文化。民间文化也是一个具有综合性的文化领域,即自发地流行于民间的通俗的素朴的文化,缺乏自觉性、理论性、系统性,然而为广大群众所喜闻乐见,对群众具有潜移默化的作用,有强大的影响力。其具体内容甚为复杂,难以尽述,例如民间文艺活动、节日活动、旅游活动、娱乐活动、风俗习惯、时尚、流行音乐、近年来颇为流行的夜总会、歌舞厅的活动等。由于这些活动甚为广泛,有时甚至很隐秘,难免包含若干淫秽的不健康的内容,因此,对民间文化活动不可不加以正确而有效的引导。

以上所谈12个领域都是作为现实的经济政治之反映的文化现象,除此之外,在我国的文化中当然还包括从古代遗留下来的文化因素,即传统文化因素和从国外传播进行的文化因素,特别是西方文化因素。它们的力量都是很大的,不能视而不见,听而不闻,因此,在我国文化建设中始终存在如何正确处理古代文化与现代文化、外来文化与本土文化的关系问题,其中核心问题是马克思主义与西方文化、传统文化的关系问题。我们的态度应该是坚持马克思主义基本观点的指导,对西方文化与传统文化持分析态度,去其糟粕,取其精华。

党的十四届六中全会通过的《中共中央关于加强社会主义精神文明建设若干重要问题的决议》,实际上就是关于建设有中国特色的社会主义文化问题的全面的系统的论述。从这个文件的文字上看,精神文明范围很广,而文化只是精神文明的一部分,即文学艺术、新闻出版和哲学社会科学,这就是前面所谈到的对文化的更狭窄的理解,但这决不是说道德、宗教、教育等不是文化。从唯物史观角度研究文化问题,把社会主义文化看成与社会主义精神文明基本一致还是合适的。

那么,以上12个领域是否包括了经济、政治以外的全部社会现象呢?至少还有两个领域没有涉及,一是卫生,一是体育。它们不是物质生产活动,但也不好说是精神活动。它们无疑是物质活动,因为它们都是改造人体的活动,而人体是一种物质。它们无疑包含着丰富的文化因素,即精神因素,如医药学、医疗道德、体育学、体育艺术等。也许把卫生、体育归属于文化现象更合适一些。文化的外延问题是一个需要进一步研究的复杂问题,以上意见只是一孔之见,提供讨论参考而已。

论文化在人类社会中的地位和作用[*]

在文化问题的讨论中某些观点有一个没有明确提出来论证的理论前提：一个国家、一个民族、一个地区的最根本的东西就是它的文化，它不仅以文化与动物根本区别开来，而且各国家、各民族、各地区也以不同类型的文化而区别开来。例如一种颇为流行的看法是：中国与西方的根本区别就在于文化，一个是天人合一的文化，一个是主客二分的文化。这个前提能成立吗？这就是文化在人类社会中的地位和作用问题，本文试图探讨一下这个问题。

一、文化是什么？

这是必须首先明确的问题，否则，各人所理解的文化各不相同，问题就无法讨论下去了。事实上人们对文化已有比较一致的理解，但明确一下还是必要的。一般都承认文化有广义与狭义两种理解，广义的文化就是人化或社会化，即经过人或社会加工改造过的东西都是文化，也就是文明，因而文化或文明可以分为三类：物质文化（物质文

---

[*] 本文为黄枬森、王东合写，收录于《建设有中国特色社会主义文化理论文集》，四川人民出版社1997年6月出版。

明)、制度文化(制度文明)和精神文化(精神文明)。狭义的文化就是精神文化或精神,它包括精神领域里的一切东西,如思想、意识、感情、意志、知识、信仰、能力等人的主观活动及其成果如科学、理论、学说、语言、文字、文学、艺术、哲学、宗教、道德、教育、技术、风俗、习惯、爱好等。还有一种更狭窄的理解,即一般所说文化水平中的文化,主要指科学知识、语言文字、文学艺术等,不包括宗教、道德、风俗等因素。在这几种理解中,有没有一种更加合理呢?

我认为是有的,即狭义的理解。有三点理由:(1)有较多的人倾向于这种狭义的理解。许多人都把经济、政治、文化三者并列,认为三者是构成人类社会的基本组成部分,那就是说,经济、政治不是文化,文化是区别于经济、政治的东西,即只能是精神的东西。约定俗成,多数人的用法当然能得到多数人的认同。(2)即使是广义的文化,如食文化、酒文化、穿文化等,实质上指的并不是食品、酒、衣服等物质实体,而是包含在这些物质实体中的精神因素,如科学、知识、技术、风俗、习惯、美感、趣味、使用的方法或方式等,其中包含的精神因素愈多,其文化水平愈高。如果食仅能果腹,衣仅能蔽体,则没有什么文化可言。(3)只有把文化看成人类社会的一个组成部分,才有文化在人类社会中的地位和作用可言,如果文化的外延同人类社会的外延是完全一致的,文化在人类社会中的地位和作用就无从谈起了,那样,问题将变成:文化中的几个组成部分:物质文化、制度文化和精神文化之间的关系问题。因此,对文化采取狭义的理解不仅是约定俗成,而且也是合理的,至于那种更狭义的理解往往是指文化中的这一部分或那一部分,带有一定的随意性,只是为了行文或表述的方便,很难说是文化的确切的含义。

二、文化在人类社会中的地位

文化在人类社会中的地位问题实际是人类社会的各个组成部分的关系问题,而由于经济、政治与文化是人类社会的三个主要组成部分,因此,这个问题就主要成为经济、政治和文化的关系问题,说得更具体一点，就是：经济、政治和文化三者中哪一个是最根本的，起最后决定作用的？是经济还是文化？这里存在着两种截然相反的论点：文化史观认为文化是人类社会的最根本的起最后决定作用的东西，是它最后决定了一个国家、一个民族、一个地区的基本面貌，是它的不同类型区别了不同的国家、不同的民族、不同的地区；而唯物史观认为是经济，而不是文化。下面举几个例子来说明。

梁漱溟在《东西文化及其哲学》中提出了一种颇为典型的文化史观，认为文化是"民族生活的样法"，而"生活是没尽的意欲和那不断的满足和不满足罢了"，用现代话来说，生活就是人们的实践活动，样法就是方式、基本原则、基本精神。他又说文化是"吾人生活所依靠之一切"。他认为世界上有三种基本文化，即西方文化、中国文化和印度文化，三种文化决定了三种社会。西方文化的核心是科学技术，中国文化的核心是伦理道德，印度文化的核心是宗教。科学技术处理的是人与自然的关系问题，伦理道德处理的是人与人的关系问题，宗教处理的是人与自己的关系问题。在他看来，科学技术社会是人类社会发展的低级阶段，伦理道德社会是它的高级阶段，宗教社会是它的最高阶段。人类社会应该从低级阶段向高级阶段发展，但中国社会和印度社会并未经过科学技术社会阶段，处于早熟状态，因此国力孱弱，备受欺凌，而西方社会尚处于低级阶段，虽国力强大，但人们生活弊端甚多。他从这种观点出发提出了中国现代化的道路就是要把三者结合起来，即以儒家思想为本，吸收西方文化成分，复兴中国文化，真正达到人类社会发展的高级阶段，进一步再过渡到宗教社会阶段，即人类社会发展的成熟的最高阶段。显然可见，梁漱溟把文化看成是一种精神性的东西，它是决定人类社会发展的根本力量，是区别不同社会类型的根本标准。这种观点是与唯物史观根本不同的文化史观。

英国现代历史学家汤因比在他的代表作《历史研究》中提出了另一种文化史观，即宗教史观。他认为人类社会的单位不是国家，而是文明，文明包括三个组成部分，即经济、政治和文化，其中文化是文明的核心和精髓，而文化中最根本的是宗教，"宗教是文明生机的源泉"，不同类型的宗教决定了不同类型的文明。因此，他根据不同类型的文化，确切点说，根据不同类型的宗教，把世界区分为二十多个类型的文明，如基督教文明、东亚教文明（俄罗斯和东亚的基督教）、伊斯兰文明、印度文明、远东文明（中国、朝鲜、日本等）。在他看来，人类社会史就是文化史或宗教史。

名噪一时的美国学者亨廷顿的文章《文明的冲突》对世界的现状和前景提出了许多观点，引起了很大的反响，我国学者也发表了不少评论文章。我这里只想评论一下它的理论基础——一种文化史观。他认为"文明是一种文化的实体"，"文明是人们的最高文化凝聚物"，这同汤因比的观点是一致的：文化是文明中最根本的东西。他也把文化同政治、经济并列，认为"以文化和文明划分这些国家集团远比以政治经济制度或经济发展水平来进行划分有意义"。在他看来，"文明间的差异不仅是现实的差异，而且还是基本的差异"，而文明间的差异主要是思想观念上的差异，"不同文明的人们既在权利和义务、自由和权威、平等和等级的关系何者更重要有分歧，也在神人关系、个人与集体关系、市民与国家关系、双亲和孩子关系、夫妇关系等方面持不同看法。这些差异作为历史的积累非短期所能消除，它们比政治意识形态和政治权利间的差异更为根本"。因此，"人类历史在更宏观的尺度上是文明的历史"。按照亨廷顿关于文明、文化的观点，人类社会的历史实质上就是文化史或思想观念史。亨廷顿也像汤因比那样把世界划分为若干文明，他说汤因比所确认的 21 种主要的文明大多数已消逝，只留下了 6 种文明，因此，他把世界划分为 7 或 8 种文明，"它们包括西方文明、儒教文明、日本文明、伊斯兰文明、印度文明、斯拉夫－东正教文明、拉美文明以及可能的非洲文明。未来最大的冲突将沿着分隔这些文明的断裂带进行。"①

从以上举例，我们可以概括出文化史观或文明形态历史观的几个特点：（1）划分世界不同地区的主要标准不是经济发展水平或经济政

---

① 以上引文均见《现代外国哲学社会科学文摘》1994 年第 8 期。

治制度，而是文明或作为文明的核心的文化。（2）文化与经济、政治并列，并共同组成人类社会，属于人类社会的精神领域。（3）文化在整个人类社会中起最后的决定作用，是人类社会中最根本的东西。亨廷顿的文明形态历史观比汤因比更重视经济政治的作用。他并不否认在冷战期间世界曾由于经济政治的差异而划分为第一、第二、第三世界，不过这种划分今天过时了。他在文章的后部甚至承认"权力上的差距以及为军事、经济和机构组织权力的争夺斗争是西方和其他文明冲突的一个根源；而文化上的差异，也即基本价值和信仰的差异则是冲突的第二个根源"。[①] 如果这里的"第一个"和"第二个"意味着最根本的和较根本的，那么，这就同文化史观的基本观点矛盾了，因为文化史观是把文化放在最根本的地位，而经济、政治只能占据次根本的地位。当然，从《文明的冲突》整篇文章的基本倾向来看，这种论断可能是亨廷顿的偶尔失言。

同文化史观相反，唯物史观认为人类社会的基础、根基是经济，政治是经济的产物；经济和政治又是文化的基础、根基，文化是经济和政治的产物，而经济、政治和文化又通过直接和间接的、简单和复杂的相互作用形成一个有机的立体网络，文化的作用是巨大的重要的不可缺少的，但决定整个社会面貌的最后的根基、推动整个社会前进的最后的动力是经济，这是不能含糊的。所谓"经济"当然不仅是经济制度，它首先是一定水平的社会物质生产，即人类的经济生活，然后才是建立在物质生产上的经济制度。所谓"文化"当然不仅是意识形态或思想上层建筑，它首先是直接反映物质生产的精神因素如科学知识、语言等，然后才是反映经济制度、政治活动的思想上层建筑。马克思主义经典作家没有系统地论证过经济、政治和文化的关系，但这些思想已包含在他们关于社会基本矛盾，即生产力与生产关系、经济基础与上层建筑的矛盾的理论之中。毛泽东正是根据了唯物史观的基本观点在《新民主主义论》中系统地论证了经济、政治和文化的关

---

① 《现代外国哲学社会科学文摘》1994年第9期。

系，确认了文化的重要地位。他说："一定的文化（当作观念形态的文化）是一定社会的政治和经济的反映，又给予伟大影响和作用于一定社会的政治和经济；而经济是基础，政治是经济的集中的表现。这是我们对于文化和政治、经济的关系及政治和经济的关系的基本观点。"接着他就引证了马克思的话来说明他的观点的理论根据就是马克思主义，并指出，"我们讨论中国文化问题不能忘记这个基本观点。"[①] 毛泽东运用这个基本观点来分析中国文化的过去、现在与将来，认为中国的旧文化是封建文化，当时的文化是殖民地、半殖民地、半封建的文化，而中国要建立的新文化应该是新民主主义的文化，也就是人民大众反帝反封建的文化，是民族的科学的大众的文化。对毛泽东的文化理论有一个正确理解问题，它有可能使人误认为经济只包括经济制度，即唯物史观所说的经济基础，不包括生产及其他经济活动，文化就是意识形态（观念形态）或唯物史观所说的上层建筑，不包括那些非意识形态的东西如自然科学、语言等，这不是毛泽东的本意。毛泽东讲新民主主义文化是民族的科学的大众的，显然包括那些全民族的科学的东西，而不仅仅是占统治地位的意识形态或上层建筑。总起来看，唯物史观认为：（1）人类社会可以区分为经济、政治、文化三个组成部分，这一点是与文化史观一致的；（2）经济、政治、文化三者中最根本的或起最后决定作用的是经济，不是文化；（3）划分世界各个地区、国家的主要标准是经济（包括生产发展水平和经济制度），而不是文化。这后两点是与文化史观相反的。

文化史观把文化看成是人类社会的最后决定的最根本的东西，而文化或文化的核心是精神、观念、思想，所以文化史观是一种唯心史观。文化无疑是人类社会的一个重要组成部分，在人类社会中具有不可缺少的巨大的作用，在某些条件下发挥了决定性作用，也是不同国家、不同民族、不同地区相区别的重要标志之一，而且不同地区的文化上的差异是经过长期社会生活和历史的积累而形成的，具有相对的

[①] 《毛泽东选集》第2卷，人民出版社1991年版，第663—664页。

独立性和稳定性，对于一个国家、一个民族是一种强大的凝聚力，是决不可忽视的。文化史观强调文化的重要地位和巨大作用，具有一定的合理性，因而它对文化问题的分析和论证往往具有重要的启发作用，但它毕竟是一种唯心史观，是片面的，从整体上说是不科学的。因此，不但不能以文化史观作为实现我国现代化的基本指导思想，也不能以它作为我国文化建设的基本指导思想。我们应该充分吸取它的合理的因素，但也应防止它可能产生的模糊、动摇唯物史观，引导人们忽视经济的最后决定作用和政治的重大作用的消极影响。

三、应以唯物史观为指导来进行中西文化的比较

如果只有唯物史观才是科学的，就应该以唯物史观来考察中国传统文化和现代文化，而不能以文化史观为指导。正是以唯物史观为指导，毛泽东断言中国传统文化是封建文化。我国近年来关于中国传统文化的研究和讨论中，许多人回避用什么观点来指导这个问题，而是就事论事，就文化论文化，例如对中国传统文化与西方文化的比较问题就是这样。一种颇为流行的观点认为中国传统文化的精髓就是天人合一思想，这导致科学技术不发达，但天人（自然与人）关系和谐，而西方文化的精髓是主客二分思想，这导致科学技术发达，但天人关系紧张。有些人不同意这个观点，我也不同意这个观点。由于这个争论涉及用什么观点来考察中国传统文化和一切文化的问题，下面试作一些分析。

表达这个观点的论著很多，陈国谦教授的一段话讲得最为明确、集中、简练。1994年《哲学研究》第5期陈国谦的文章《关于环境问题的哲学思考》认为："在人与世界万物的关系问题上，西方文化主张主客二分，凭逻辑抽象能力取同去异，追求普遍统一性，促使科学技术发达，增强了人类对自然的实际认识和改造能力；但如果停留于主客二分阶段，主客彼此隔绝，人与环境无法交融，心灵难得自由，实际生活亦可能引致环境的破坏性反作用。中国文化主张主客混沌，凭生命直觉任万物自然，创造了万物一体、人与自然交融的内心高远境

界；但缺乏主客二分的理性精神，难以发展近代科学技术，人在与环境的关系上缺乏实践能动性。可见中西文化各执一端，各自的长处亦正是各自的短处。如何从主客二分达到主客一体，从人与环境分离达到人与环境相融，是环境哲学的根本问题。"同年《哲学研究》第4期罗卜的文章《国粹·复古·文化》针锋相对地反对这种观点，他说："人类文化发育史所遵循的共同规律表明：无论是东方文化，还是西方文化，都是具体的、历史的、多样的。在特定历史时期，某种思潮可以成为主宰大众文化的主流，但绝不可能有万古不变的单一文化图景。文化在一定意义上就是文化史，而文化史本身就是多重因素彼此交融的产物。任何文化都是共性与个性的统一。有鉴于此，笔者认为，所谓西方文化是主客二分文化，中国文化是主客混沌（或天人合一）文化，是一种任意的虚构。"

"任何文化都是共性与个性的统一"，这话讲得很对，但罗卜并没有讲清楚中国文化的共性是什么，西方文化的共性是什么，更没有讲清楚人类文化的共性是什么，而是强调文化的个性，甚至说文化就是文化史，否定了文化的共性。陈国谦倒是讲了中国文化的共性（天人合一），西方文化的共性（主客二分），但也没有讲人类文化有没有共性，如果有，共性是什么。我认为文化无疑是具体的历史的多姿多彩的，但它也有共性。文化的共性，或曰普遍性、一般性，又分为若干层次，否定共性是不对的，只承认地区文化的共性，否定人类文化的共性也是不对的。当然，共性是什么也是要进一步研究的。那么，人类文化的共性是什么呢？

要回答这个问题，可以有多种方式，最一般的方式就是从各地区、各时代的文化现象中寻求其共同点，但这样找到的共同点不一定是最根本的，因为文化现象十分复杂，极其多样化，很难归纳。另一种方式是从其根源去寻求，也就是以唯物史观为指导，把文化看成在经济、政治的基础上产生的社会现象，不能离开社会实践，就文化谈文化。

人类社会的历史告诉我们，人和人类社会都是人的社会实践的产物，所谓历史归根到底不外是人的社会实践的总和。人类社会的文化，作为与经济、政治并列的人类社会的三大组成部分之一，其根源也是人的社会实践。因此，文化的共性与个性是社会实践的共性与个性决定的。那么，社会实践的共性是什么呢？

实践的最根本的共性是实践的本质，即自觉地改造自然、改造社会和改造自我的活动。一是改造，二是自觉。所谓自觉不仅是有意图、有目的，而且是有思想指导，即多多少少的规律性认识的指导。有自觉而无改造，即无实际行动，谈不上实践；有改造而无自觉，则是动物式的活动，也谈不上人的实践。一个民族、一个国家、一个社会的生存和发展，都是以它的成员的自觉改造活动为基础。不管哪个地区的社会，不管哪个时代的社会，都是如此，无一例外。文化既是以社会实践为其产生和发展的根源，它的共性就应该是社会成员的自觉改造的思想。这种自觉改造世界的思想是任何地区、任何时代的任何民族、任何国家、任何社会都必然具有，而且不能不有的，否则它就只有萎缩、凋零、消灭。

诚然，在人类历史上，思想家们真正科学地认识到自觉改造世界活动在社会中的地位和历史上的作用是很晚的事情，即在马克思和恩格斯大约150年前创建马克思主义的时候。由于体力劳动和脑力劳动的分离，历史上的思想家们绝大多数都是轻视劳动的，从而也是轻视实践的。但是，既然实践活动是人类社会生死存在所系的活动，怎么可能没有思想家对它有所认识呢？而且，一个人即使对实践活动的意义毫无认识，在实际行动中也不能不对世界进行自觉的改造。试想，人类在进行采集、渔猎、畜牧、农业、工业生产活动的漫长过程中怎么可能不按照一定的规律性认识来指导自己的改造活动呢？这种活动怎么可能不反映到自己的头脑里并影响自己的文化活动呢？回答是肯定的。我们可以从世界各国的文献中摘引大量言论来印证这种推断。

按照这种观点，中国文化与西方文化有许多共同之处，它们的最根本的共性应该是自觉改造世界的思想。这是应该首先明确的，然后才谈得上它们之间的差别，即特殊性或个性。如果只谈它们之间的差别而忽视它们的共性，这种差别就会成为割裂，成为难以理解的虚构。

我们不妨用这种唯物主义观点分析一下天人合一思想和主客二分思想。

"天人合一"在中国思想史上有多种含义，其中包含的神秘的封建的含义暂时不予考虑，这里只谈其中包含的合理思想。（1）天人合一是指人与自然是一体，人不能存在于自然之外，人自始至终是自然的一部分。这当然是对的，也是有意义的，可以防止我们去做超越自然的蠢事。（2）天人合一是指自然与社会的和谐，即人们所熟知的生态平衡，但所谓"和谐"、"平衡"都是从人的角度说的，是以人类为中心的和谐与平衡。人类保护自然资源、保护动植物、治理环境污染、维持生态平衡，并不是因为自然界有什么权利，完全是为了人类自己。人与自然的和谐状态就是最宜于人类居住、生存和发展的状态。自然界本身是无所谓和谐不和谐的。因此，要达到人与自然的和谐，只能采取更加自觉的改造自然的办法，而决不能抛弃科学技术、停止自觉的改造自然，让自然界回到人类出现时的原始状态。不存在是否要改造自然的问题，只存在怎样改造自然的问题：是把自然界改造得更宜于人类的生活，还是只顾局部利益与眼前利益而把自然界改造得越来越不宜于人类的生活，这才是问题的关键。如此理解的"天人合一"，不但与改造自然不冲突，而且正是人类自觉改造自然的积极后果。

"主客二分"当然也有一个理解问题。有的人把主客二分理解为主客对立，理解为作为主体的人对作为客体的自然贪得无厌、肆无忌惮地索取和掠夺，而且把生态平衡的破坏归罪于主客二分的思维方式，并把它说成是西方文化的共性，似乎它不是中国文化的共性。这完全是对主客二分的误解。合理地理解的主客二分，不过是指人在实践与认识的过程中把自己与客观世界相对地区别开来，这是人类生存与发展所必需的，是不可避免的。只要人类不毁灭，人类永远要把自己看成主体，而把世界看成客体。至于人如何处理主客关系，是第二个层次的问题，不能因为主客关系处理不好就根本否定主客关系，那不是因噎废食吗？

主客体的区分，人把自己从混沌的世界里区别出来，是在类人猿变为人的过程中发生的，是在劳动和实践的过程中发生的。从逻辑上说，首先是实践的主体与客体的区分，然后是认识的主体与客体的区分,还有评价的主体与客体的区分,这种区分将与人类相终始。主客二分从空间上讲是普遍的,不仅西方那里有主客二分,中国这里的主客二分一点也不少。人的活动只要是自觉的活动,人就是作为主体来活动。西方唯心主义哲学家把区分主客的唯物主义叫作二元论,那完全是一种歪曲和诬蔑。

主客二分并不排斥主客统一,主客统一也是首先在劳动和实践的过程中发生的,那就是改造世界的成功,是主体目的的实现。主客统一在认识活动和评价活动中也时时出现。上面讲的天人合一从一定意义讲也就是主客统一。因此,主客二分与天人合一,如果给以合理的解释,实际是人类实践活动的两个侧面,不仅是不冲突的,而且是相互依存的,互补的,谁也离不开谁。只有主客统一而无主客二分,那就没有人类及其活动;只有主客二分而无主客统一,那就会使人类无法生存和发展下去。西方人,东方人,北方人,南方人,概莫能外。主客二分与主客统一反映在文化上就是自觉改造世界的思想,它是文化的本质,没有主客二分的文化和没有主客统一的文化都是不可能的,不仅如此,偏重一个方面的文化也是不可能长期存在的。如果中华民族偏重主客统一,而不与天斗、与地斗、与人斗,它能绵延存在到今天而且日益兴旺发达吗?如果西方各国偏重主客二分,它们能创造出高度的现代文明吗?

那么,各民族、各地区、各国家的文化是否各自有其共同的特色呢?这当然是有的,人类文化的共性只能通过多种文化的特殊性、个性表现出来,这些特殊性、个性对于各自文化来讲,也是普遍性、共性。把"天人合一"看成中国文化的共同特性,把"主客二分"看成西方文化的共同特性,我认为是难以成立的;即使说中国文化偏重于主客统一,西方文化偏重于主客二分,也是难以成立的。你可以在中国思想家中找出许多强调主客统一的话,我也可以在中国思想家中找出同样多的强调主客二分的话;你可以在西方思想家中找出许多强调主客二分的话,我也可以在西方思想家中找出同样多的强调主客统一的话。但是,这并不是说,各种文化没有任何共同的特性。中国理论界除了以主客统一与主客二分来区分中西文化之外，还提到另外一些中西文化的区分，如中国文化强调把整体摆在第一位（整体主义），西方文化强调把个人摆在第一位（个人主义）；中国文化重视伦理道德，西方文化重视宗教；中国文化强调精神享受，西方文化强调物质享受；中国文化重视经世致用，西方文化重视系统研究，这些都是有道理的。但是有些说法不见得能成立，除了上面提到的主客统一与主客二分而外，有人认为中国哲学以"和为贵"，"仇必和而解"，而西方哲学，特别是包括在西方范围内的马克思主义则主张斗，"仇则仇到底"，这是不符合实际的，无论中西，思想家们都是讲和的多，强调斗的毕竟是少数，但中国文化中斗的纪录决不次于西方。有人讲过二十四史就是一部相砍书，这是不错的。马克思主义在革命年代当然强调斗争，但在从革命过渡到建设时，和，即统一，就成了主旋律。毛泽东讲斗也讲和，邓小平强调和平与发展是当代世界的两大主题，但也没有忘记斗争，这些是大家都很熟悉的。

　　人类文化的共性与个性、普遍性与特殊性，各民族、各地区、各国家的文化的差别与比较是一个大题目。为了创建21世纪的文化，为了各种文化互相取彼之长，补己之短，应该广泛而深入地研讨文化的共性与个性问题，但是无论如何不要忽视整个人类文化的共性——自觉地改造世界的思想。如果没有这个根本的共性，各种文化的互相学习和互相吸取将成为不可能。我们经常听到世界各种文化要融合，特别是中国文化与西方文化要融合的主张，如果人类文化没有共性，这种融合也是不可能的。不仅如此，21世纪的文化将是在人类历史新阶段，亦即人类社会实践新阶段的基础上来建立，它更加离不开人类文化的根本共性——自觉地改造世界的思想。

　　人类文化的共性与个性问题直接涉及到马克思主义是否适合中国国情的问题。这是一个大问题，也是一个老问题。马克思主义刚传入中国时争论过这个问题，近一个世纪过去了还有争论。在有些人看来，马克思主义不是本土的东西，而是舶来品，它的传播导致民族文化传统的失落和断裂。中国现代文化的核心只能是本土的东西，即儒家思想和其他本土的思想。这就否定了作为西方现代文化一部分的马克思主义与中国传统文化有任何共同之处或相通之处，然而近一个世纪的实践证明，马克思主义的理论体系中包含了许多对于东西方有普遍意义的东西，这些东西既然具有普遍意义，只要能找到它们在中国的具体表现形式，它们就是与中国国情相适应的。毛泽东思想与邓小平建设有中国特色社会主义理论就是这种表现形式，即中国的马克思主义，它们是马克思主义的普遍原理与中国社会实践相结合的产物，来自中国实践，又成功地指导了中国实践，这就证明了马克思主义的普遍原理是适应中国国情的。毛泽东思想和邓小平理论又是中国特有的思想体系，它们深深植根于中国土壤之中，是中国优秀文化传统的继承与发展，是中国现代文化的精髓，正如儒家思想曾是中国封建文化的精髓一样。它们是地地道道的国产，而不是舶来品。不仅如此，中国现代文化是一个庞大的复杂的精神系统，其主要部分（主体）当然是本土的，外来的因素（包括马克思主义的因素）只能是局部，起指导作用的马克思主义也只是局部。马克思主义只是文化因素，不是一个文化的完整体系，不可能取代中国文化。它作为指导思想也不是以其纯粹原有的形态起作用，而是通过其中国化的形态即毛泽东思想、邓小平理论起作用。中国文化仍然是中国文化，它没有变成德国文化，也没有变成苏联文化或俄国文化。它仍然是中国传统文化的继续和发展。由于中国历史发展的复杂性和曲折性，今天当然存在着对中国传统文化的重新认识和评价问题，重新分析和吸取问题，但这也离不开马克思主义的指导，即离不开毛泽东思想和邓小平理论的指导，根本不存在由于马克思主义的传入而出现的中国民族文化传统的断裂问题，有的只是中国封建文化的断裂，或说中国殖民地、半殖民地、半封建文化的断裂，这是不可避免的，也是不可逆转的；今日中国存在着对儒家思想的重新认识和重新评价，根本不存在，也不可能存在恢复儒家思想的权威地位问题。

四、应该以唯物史观来指导中国现代文化的建设

毛泽东在唯物史观指导下作出中国新民主主义文化是民族的科学

的大众的文化的结论，这一结论在今天也是正确的，但要加上一个特点，即现代化的特点，这个民族的科学的大众的现代化的文化也就是有中国特色的社会主义文化，它无疑也应在唯物史观指导下来建设，即首先按照唯物史观来区分社会主义文化体系的各个因素，其次按照唯物史观来处理各个因素之间的关系。因此，我认为有中国特色的社会主义文化可以从以下几个方面来建设：

（一）作为我国物质生产水平之直接反映并直接推动我国生产发展的科学技术（这里指的主要是自然科学技术）。从整体上说，我国生产水平是不高的，还处在发展中国家的水平，因而其科技水平也是不高的，但我国毕竟生活在世界经济高度发达的环境之中，100多年以来，特别是改革开放以来又大力引进高新科学技术，因此，在我国，中世纪的落后的科学技术与20世纪世界第一流的最新科学技术同时存在。为了发展我国生产，我国应大力建设我国科学技术，这不仅包括引进外国最新科学技术，而且包括我国在已有基础上的发明创造；不仅包括提高科技专业队伍的水平，而且包括提高广大劳动者的科技水平。

（二）作为我国经济制度之直接反映并直接推动和引导我国经济制度变化的经济理论和经济思想。我国的基本经济制度是社会主义公有制，但同时存在着其他经济成分，其经济体制正处于从计划经济向社会主义市场经济的转变过程之中。这种状况反映在思想上就是各种经济思想和理论同时存在，而且互相争论，但占主导地位的是，而且不能不是马克思主义的经济理论。为了胜利地进行我国经济体制改革和建立完善的社会主义市场经济体系，必须坚持、建设和丰富发展马克思主义经济理论，保证它在各种经济思想中占据主导地位。

（三）作为文化因素之一的政治法律思想和理论。它一方面是我国国体和政体的反映，一方面又是我国经济制度的反映，对我国政治体制的改革、法制建设和政治民主化起着重大的推动作用。由于多种经济成分的存在，政治思想的多元性是不可避免的，但由于社会主义公有制的主体地位和人民民主专政的存在，马克思主义政治法律理论占据着，而且不能不占据主导地位。马克思主义政治法律理论无疑将在我国建设有中国特色社会主义的政治实践中不断丰富、完善和发展。

（四）中国语言文字，其中主要是汉语汉字。语言文字是人类文化的重要组成部分，是人类生产劳动和全部社会实践的产物，服务于全部社会实践，贯穿于人类社会的一切领域。汉语和汉字是我国传统文化中的永久性瑰宝，形成于古代，100多年来又有极大的丰富和发展。汉字虽然在读音上有较大的缺点，但由于一音一字，其抽象水平在全世界各种文字中首屈一指，这产生了极强大的表达能力，已成为表现现代文明的最优秀的文字之一。

（五）中国社会的道德伦理观念、善恶标准和道德伦理理论。道德伦理现象是文化的重要组成部分，也是观念上层建筑的重要组成部分。我国的伦理道德思想和理论无疑也是多元的，不但有资产阶级的，甚至有封建阶级的、奴隶主阶级的，但主导的仍然是社会主义道德和共产主义道德。怎样在社会主义市场经济条件下提高全体人民的道德水平，特别是巩固和加强社会主义道德体系的主导地位，是我国目前文化建设中的一个迫切的任务。

（六）中国社会的宗教现象。从理论上讲，宗教与马克思主义唯物主义是不相容的，但它作为人类传统文化的重要组成部分已深深地生长在现代社会中，成为现代文化的重要组成部分。各种宗教在中国社会主义文化中也占有重要的地位。作为一种文化现象，宗教在一定条件下对社会主义四化建设有着积极作用，应该创造条件使宗教发挥这种作用。

（七）中国社会的文学艺术。文学艺术是具有最广泛群众性的文化现象，可能没有人不欣赏文学艺术，因而文学艺术对于人的观念、思想、情感具有最强大的影响作用。在我国，文学艺术的趣味、欣赏标准、思想和理论是各式各样的，无疑应该百花齐放，但社会主义的文艺思想必须占主导地位，以优美的文学艺术作品引导人们在欣赏过程中培养情感健康、趣味高尚、思想端正、积极向上的人生态度，决不能放任那些庸俗下流、诲淫诲盗的东西自由泛滥。

（八）中国社会的哲学和社会学说。哲学和各种社会学说（包括前面的经济理论和政治法律理论）也是文化的重要组成部分，它们的性质比较复杂，一方面是知识，因而可以成为科学，一方面是意识形态，表现了一定的阶级利益。因此，在这个领域，一方面有百家争鸣问题，一方面存在着意识形态斗争。所以在哲学社会学说这个领域，马克思主义（包括列宁主义、毛泽东思想、邓小平理论）的指导是一点也不能含糊的。不仅如此，马克思主义本身也是属于这个领域的文化因素。在我国的现实生活中，哲学社会科学不受重视，是我国社会主义文化的一个薄弱环节，必须大大加强建设的力度。

（九）中国社会的教育和教育思想。以上八个文化领域彼此可以相对地分开，但作为文化的一个重要领域的教育却无法与这些领域分开。教育活动本身诚然是一种特殊的文化活动——知识、技能的传授与学习、品德的陶冶与修养、身体的锻炼等，但教育的内容却离不开上述各个领域。因此，教育在文化中具有综合性、代表性，教育水平的高低能够代表一个国家的文化水平的高低，要提高文化水平，加强教育是唯一途径。

（十）中国的新闻出版事业。新闻出版事业是另一个具有综合性的文化因素。新闻工作以报道各种当前发生的重要事件为主，实际上无所不包，出版工作当然更加如此。新闻出版运用语言、文字、图像、广播、电视、电脑各种传播工具反映和沟通整个世界，影响及于每一个人，在文化领域处于十分重要的地位。

（十一）中国社会的民间文化。民间文化也是一个具有综合性的文化领域，即自发地流行于民间的通俗的素朴的文化，缺乏自觉性、理论性、系统性，然而为广大群众所喜闻乐见，对群众具有潜移默化的作用，有强大的影响力。其具体内容甚为复杂，难以尽述，例如民间文艺活动、节日活动、娱乐活动、风俗习惯、时尚、流行音乐、近年来颇为流行的夜总会、歌舞厅的活动等。由于这些活动甚为广泛，有时甚至很隐秘，难免包含若干淫秽的不健康的内容，因此，对民间文化活动不可不加以正确而有效的引导。

以上所谈十一个领域都是作为现实的经济政治之反映的文化现象，

除此之外，在我国的文化当然还包括从古代遗留下来的文化因素，即传统文化因素，和从国外传播进来的文化因素，特别是西方文化因素。它们的力量都是很大的，不能视而不见，听而不闻，因此，在我国文化建设中始终存在如何正确处理古代文化与现代文化、外来文化与本土文化的关系问题，其中核心问题是马克思主义与西方文化、传统文化的关系问题。我们的态度始终是坚持马克思主义基本观点的指导，对西方文化与传统文化持分析态度，去其糟粕，取其精华。

党的十届六中全会通过的《中共中央关于加强社会主义精神文明建设若干重要问题的决议》实际上就是关于建设有中国特色的社会主义文化问题的全面的系统的论述。从字面上看，精神文明范围很广，而文化只是精神文明的一部分，即文学艺术、新闻出版和哲学社会科学，这就是前面所谈到的对文化的更狭窄的理解，但这决不是说道德、宗教、教育等不是文化。从唯物史观角度研究文化问题，把社会主义文化看成与社会主义精神文明基本一致还是合适的。

文化问题始终是我国理论界的一个热烈讨论的问题，已发表的论著甚多，但谈论具体文化问题的论著多，而研究文化基本问题的论著偏少，这不利于我国有中国特色的社会主义文化建设。我认为关键的关键是坚持以唯物史观为指导来建立马克思主义文化观，来作出关于中国文化问题的结论，来建设有中国特色的社会主义文化，避免不知不觉间陷入文化史观的窠臼、以文化史观为指导来考察中国文化问题，并进而以文化史观为指导来考虑整个中国的现代化建设问题。

文化基本问题与中国文化现代化[*]

文化问题是国际理论界十分关注的问题之一。"文化"二字在马克思主义著作中也经常出现,但马克思、恩格斯、列宁以及其他马克思主义理论家都没有系统地论述过文化问题。毛泽东在《新民主主义论》中对文化问题作了一定的系统的论述,但文化问题在一般马克思主义基本理论的著作中仍然缺乏系统的论述。因此,长期以来,文化的确切含义是什么、文化在人类社会的地位和作用以及其他文化基本问题,没有得到系统的深入研究和论述。人们对文化问题意见分歧,莫衷一是。改革开放以来,文化成为我国理论界的热门话题,进行了广泛的研究和讨论,在许多问题上形成了一定程度的共识。1997年9月12日江泽民同志在党的十五大上的报告《高举邓小平理论伟大旗帜,把建设有中国特色社会主义事业全面推向二十一世纪》在理论上有许多新的突破,其中关于文化问题的论述可以说是重要的理论突破之一。报告把有中国特色的社会主义社会区分为三个方面:经济、政治和文

---

* 本文收录于《世界经济文化年鉴》(1997—1998),人民出版社1998年7月出版。1996年以来本书作者发表了几篇关于中国文化建设的文章,本文是在这几篇文章的基础上撰写的。

化，并对如何建设有中国特色的社会主义文化作了专章论述，对文化问题提出了许多新的科学论断，这对文化的基本理论问题，特别是文化的建设问题的深入研究会发挥重要的引导和推动作用。下面拟以马克思主义基本理论和十五大报告为指导，参考改革开放以来的讨论，简略论述文化基本问题和建设有中国特色的社会主义文化问题。

一、文化的含义

要弄清楚一个概念的含义必须从内涵与外延两个方面着手。一个概念的内涵指它的定义，而定义必须揭示这个概念所指该类事物的本质。文化是一类社会现象，那么，它是哪一类社会现象呢？不管人们对文化的定义有多少，若只问它是哪一类社会现象，人们的看法还是比较一致的。几乎各种论著都指出，文化的含义有广义与狭义之分，广义的文化现象等同于社会现象，狭义的文化现象就是精神现象，不包括客观现象或物质现象。这里我们只举《中国大百科全书》的社会学卷和哲学卷来说明这点。社会学卷说："广义的文化是指人类创造的一切物质产品和精神产品的总和。狭义的文化专指语言、文学、艺术及一切意识形态在内的精神产品。"[①] 哲学卷说："广义的文化总括人类的物质生产和精神生产的能力、物质的和精神的全部产品。狭义的文化指精神生产能力和精神产品，包括一切社会意识形式，有时又专指教育、科学、文学、艺术、卫生、体育等方面的知识和设施，以与世界观、政治思想、道德等意识形态相区别。"[②] 这两个定义基本上是一致的，不同的只是后一个定义把精神产品又分为两类，一类是意识形态，一类是非意识形态，认为更狭义的文化指非意识形态的精神产品。那么，在这广狭两种定义中有没有一个为人们更多地使用呢？这两卷都没有提出和回答这个问题，但社会学卷曾指出，从词源上讲，在西方，文化（culture）的含义是从农作物的培育引申出来的，指人的品德和能力的培养；在中国，与文化相并列的是武功，文化即文治

---

① 《中国大百科全书》（社会学卷），中国大百科全书出版社1991年版，第409页。
② 《中国大百科全书》（哲学卷），中国大百科全书出版社1987年版，第924页。

教化之意，并说："文化一词的中西两个来源，殊途同归，今人都用来指称人类社会的精神现象"，但是"历史学、人类学和社会学通常在广义上使用文化概念。"① 我认为，应该指出，对文化作狭义的理解是具有更广泛性的趋势，而且从文化理论和文化建设来讲，应该使用狭义的理解。狭义的文化是严格意义的文化，即人类的精神现象和精神产品。为什么这样说呢？

把文化与经济、政治并列起来使用，已经成为一种相当普遍的趋势。应该说，在过去广义的文化被更多地使用。而20世纪以来，经济、政治和文化就经常被并列起来使用了。例如英国著名历史哲学家汤因比的文明形态理论认为人类社会表现为各种文明形态，而文明包括三个组成部分，即经济、政治和文化。又如近年来在国际理论界引起很大争议的美国学者亨廷顿的文章《文明的冲突》也是把文化与经济、政治并列。

文化一词在马克思主义经典作家的著作中多次出现，但不是一个特定的术语，其含义是比较广泛的。他们没有把经济、政治和文化三者并列起来说明社会结构。他们用以说明社会结构的术语是社会存在与社会意识、生产力和生产关系、经济基础（生产关系总和）和上层建筑，上层建筑包括政治和意识形态。如果把文化与经济、政治并列起来，显然文化与意识形态不能相等，文化包括意识形态，比意识形态更广。一般马克思主义哲学教科书创造了"意识形式"一词用以称呼包括意识形态在内的全部意识，但也没有用"文化"一词。毛泽东在《新民主主义论》中提出了经济、政治和文化三者并列的社会结构理论，并规定了三者之间的关系。其他马克思主义者也常常采用社会结构三分理论来阐明一些问题，例如江泽民同志也把三者并列说："有中国特色社会主义的经济、政治、文化，是有机统一、不可分割的整体。"② 他在中国共产党第十五次全国代表大会报告中又进一步把社会主义建设区分为这三个方面。不管人们如何理解三者的关系，只要把

---

① 《中国大百科全书》（哲学卷），中国大百科全书出版社1987年版，第924页。
② 江泽民：《在庆祝中国共产党成立七十周年大会上的讲话》，人民出版社1991年版。

三者并列，就是承认文化不是经济、政治，而是经济、政治以外的东西，即精神活动及其产品。这就是前面提到的狭义的理解。有了这个共识，我们就可以进一步弄清它的内涵，即它的本质。

在这个问题上，唯物史观和文化史观的观点是根本对立的。唯物史观认为，文化作为精神活动及其产品是经济、政治的反映，经济是物质活动及其产品，政治不是物质活动，但也是改造社会的客观活动，由于它是经济的集中表现，因而在经济与文化之间起着中介作用，因此，文化是经济与政治的反映，而归根到底是经济的反映。但是，文化还具有相对独立性，因而能给予伟大反作用于经济和政治，其本身也具有传承性和稳定性，是人类社会结构不可缺少的一部分。文化水平的高低也是衡量一个社会文明程度的标准之一。文化史观夸大文化的地位和作用，亦即夸大精神活动的地位和作用，认为文化不是来自人类的物质活动，而是人生来就具有的精神活动的能力及其产品；认为人的一切活动都由人的精神来支配，因而它是人类活动中最根本的活动，决定着人类社会的一切，决定着人类社会的经济和政治。这两种观点的对立和争论实际是唯物主义与唯心主义的对立和争论，这里暂不讨论这个古老而又常新的问题。本文所遵循的是唯物史观关于文化内涵的观点，因此，本文对文化内涵的回答就是：文化是人类的精神活动及其产品，是经济和政治的反映，归根到底是人类物质活动的反映。

弄清楚了文化的内涵，还必须弄清楚它的外延，否则我们对文化的理解仍然是抽象的。文化的外延不是很容易弄清楚的。我们无法把文化所具有的具体的分子——指陈出来，唯一的办法只能是根据其内涵来分门别类地列举其各个组成部分。这样做，有两个不可少的前提：（1）经济、政治和文化包括了人类社会全部现象，三者之外就是社会之外的自然界了。（2）经济、政治和文化三者尽管有互相渗透和互相包含的关系，但从概念上是不相容的，也就是说，有明确区别的。这样，我们就可以把文化的外延表述为若干类文化现象。

首先应该指出的是作为经济之直接反映的精神活动及其产品。经济活动可以分为两个方面，一是生产活动，一是生产交往，即生产关系。因此，第一类文化现象就是科学技术（这里指的主要是自然科学技术），它是一个社会的物质生产水平的直接反映并直接推动生产的发展。

第二类的文化现象是经济思想和经济理论，它是经济制度的直接反映并直接推动和指导经济制度的变化。

第三类文化现象是政治法律思想和理论，它诚然是一个社会的政治活动的反映，但首先却是社会经济制度的反映。

第四类文化现象是语言文字，语言文字是人类文化的重要组成部分，是人类生产劳动和全部社会实践的产物，服务于全部社会实践，贯穿于人类社会的一切领域。

第五类文化现象是道德伦理观念、善恶标准和道德伦理理论。道德伦理现象是文化的重要组成部分，也是观念上层建筑的重要组成部分。

第六类文化现象是宗教现象。从理论上讲，宗教与马克思主义唯物主义是不相容的，但它作为人类传统文化的重要组成部分已深深地生长在现代社会中，成为现代文化的重要组成部分。

第七类文化现象是文学艺术。文学艺术是具有最广泛群众性的文化现象，可能没有人不欣赏文学艺术，因而文学艺术对于人的观念、思想、情感具有最强大的感染作用。

第八类文化现象是哲学和社会学说。哲学和各种社会学说（包括前面所说的经济理论和政治法律理论）也是文化的重要组成部分，它们的性质比较复杂，一方面是知识，因而可以成为科学，一方面是意识形态，表现了一定的阶级利益。因此，在这个领域，一方面有百家争鸣问题，一方面存在着意识形态斗争。

第九类文化现象是教育和教育思想。以上八个文化领域彼此可以相对地分开，但作为文化的一个重要领域的教育却无法与这些领域分开。教育行动本身诚然是一种特殊的文化活动（知识、技能的传授与学习、品德的陶冶与修养、身体的锻炼等），但教育的内容却离不开上述各个领域。因此，教育在文化中具有综合性、代表性，教育水平的高低能够代表一个国家的文化水平的高低，要提高文化水平，加强教育是唯一途径。

第十类文化现象是新闻出版事业。新闻出版事业是另一个具有综合性的文化因素。新闻工作以报道各种当前发生的重要事件为主，实际上无所不包，出版工作当然更加如此。新闻出版运用语言、文字、图像、广播、电视、电脑各种传播工具反映和沟通整个世界，影响及于每一个人，在文化领域处于十分重要的地位。

第十一类文化现象是公共文化设施及其活动，它是由政府或社会设立的面向社会大众的文化设施及其活动，例如图书馆、博物馆、文化宫、文化活动室等等及其活动。这也是一种综合性的活动，是不可缺少的文化活动。

第十二类文化现象是民间文化。民间文化也是一个具有综合性的文化领域，即自发地流行于民间的通俗的素朴的文化，缺乏自觉性、理论性、系统性，然而为广大群众所喜闻乐见，对群众具有潜移默化的作用，有强大的影响力。其具体内容甚为复杂，难以尽述，例如民间文艺活动、节日活动、旅游活动、娱乐活动、风俗习惯、时尚、流行音乐等。

以上所谈 12 个领域都是作为现实的经济、政治之反映的文化现象，除此之外，当然还包括从古代遗留下来的文化因素，即传统文化因素和从国外传播进来的文化因素，特别是西方文化因素。

那么，以上 12 个领域是否包括了经济、政治以外的全部社会现象呢？当然没有。至少还有两个领域没有涉及，一是卫生，一是体育。它们无疑是物质活动，因为它们都是改造人体的活动，而人体是一种物质。它们无疑包含着丰富的文化因素，即精神因素，如医药学、医疗道德、体育学、体育艺术等。也许把卫生、体育归属于文化现象更合适一些。文化的外延问题是一个需要进一步研究的问题，以上意见只是一孔之见，提供讨论而已。

二、研究文化的方法

文化作为科学研究的一种对象，当然是需要用一般科学研究方法来研究，但它又是一种社会研究的对象，需要用社会科学研究方法来研究。它还是一种特殊的社会研究的对象，即文化学研究的对象，需要用文化学研究方法来研究，但文化学研究方法的基础是文化学，而现在这正是我们要解决的问题，因此，这最后一个层次的方法还无从谈起，这里我们只能谈谈前两个层次的方法。

首先是一般科学研究方法。一般研究方法包括两个主要部门，一是搜集和整理材料，一是对材料进行从感性到理性的加工制作，这是一般科学研究的两个阶段，是唯物主义和辩证法原理的运用。为什么要搜集和整理材料，怎样搜集和整理材料？这是因为我们承认理论观点和体系是外部世界及其客观规律的反映，所以研究的首要任务就是从实际出发，从客观世界去搜集感性材料，并努力做到去粗取精，去伪存真，求全觅细，分类排列，显然，这里的主导原则是唯物主义。对感性材料进行理性的加工制作则是运用辩证法的范畴对这些材料进行归纳与演绎、分析与综合，从中引出带有一定程度的普遍性的理论观点，并把这些观点构成一个具有内在逻辑联系的理论体系，在这里所有辩证法范畴或原则都是不可少的，矛盾的对立与统一、质与量、反复与前进、静止与运动、原因与结果、一般与个别、偶然与必须……都是经常要用到的，亦即运用辩证法来做到由此及彼，由表及里，由材料到规律，由理论观点到理论体系，显然这里的主导原则是辩证法。当然，这种阶段或部门的区分是相对的，在第一阶段，辩证法也在起作用；在第二阶段，唯物主义也是不可少的。当然，还有第三个阶段，那就是对理论研究成果进行检验、修正、发展的阶段，这个阶段实际还包括进一步搜集和整理材料，对材料进行加工制作的内容。不仅如此，它实际不是三个阶段，而是反复进行的无限个阶段。毛泽东的《实践论》就是对一般科学研究方法的系统论述，这里我们就不作进一步论述了。

其次是社会科学研究方法。最主要的社会研究方法就是辩证唯物主义历史观的方法，即以辩证唯物史观的基本观点为指导来研究各种现象，其中当然包括研究文化现象。辩证唯物史观的基本观点很多，首先是社会及其规律的客观性的观点，用这个观点来指导研究文化就是要寻找文化现象的客观性和规律性。其次是社会存在决定社会意识，社会意识反作用于社会存在的观点，用这个观点来研究文化现象，就要寻求文化现象的客观根源和它对社会存在的作用。第三是社会发展基本规律的观点，即生产力与生产关系、经济基础与上层建筑的矛盾发展规律的观点，用这个观点研究文化现象就要研究文化怎样表现了社会发展基本规律，文化与生产力、生产关系、经济基础、上层建筑的关系。第四是阶级和阶级斗争的观点，即原始公社瓦解以来人类社会分裂为阶级、主要阶级的斗争推动社会发展的观点，用这个观点研究文化就要研究文化与阶级的关系、文化的阶级性与非阶级性。第五是实践观点，即社会实践是人类社会的本质和基础，一切社会现象均有其实践的根源的观点，用这个观点研究文化就是要弄清楚文化与实践的关系，寻求一切文化现象的实践根源。辩证唯物史观的所有观点对于研究文化都具有指导作用，因为辩证唯物史观是关于人类社会的一般理论，而文化是一种社会现象。人们研究文化不可能没有任何思想指导，区别只在于自觉还是不自觉。不自觉地用唯一科学的历史观，即辩证唯物史观来指导，就可能用其他历史观来指导，而其他历史观就其整体说都是非科学的。非科学的历史观主要有自然主义历史观和唯心主义历史观，前者把人类社会的一切因素归结为人的自然基础，即认为人的一切因素都是作为有血有肉的动物的人与生俱来的，然后由人的因素形成社会的因素；后者把人类社会的一切因素归结为人的与生俱来的理性、智力、思想，然后由人的因素形成社会的因素。可以明显看得出来，这两种历史观是相通的，都主张人的因素是与生俱来的，不同之处在于前者强调人的自然性或动物性，而后者强调人的精神性。用这些观点自觉地或不自觉地来指导文化研究，是不可能对文化问题作出科学结论的。

应该进一步指出，即使自觉地应用辩证唯物史观来指导文化研究，也只解决了一般方法问题，并不能保证结论的科学性。应用科学方法来研究任何问题，都有一个会用不会用、正确应用与错误应用的问题。

最容易出现的错误应用是把一般观点强加于具体现象,并通过逻辑演绎引出结论而不管具体现象的特点。正确的应用只是以一般观点为指导具体分析具体现象,再从中得出与具体现象一致的结论。用辩证唯物史观指导文化研究也是如此,切忌单凭一些一般观点逻辑地引申出若干结论,这样做不是得出空洞的抽象的结论,就是得出错误的结论。

三、文化在人类社会中的地位

文化在人类社会中的地位问题实际是人类社会的各个组成部分的关系问题,而由于经济、政治与文化是人类社会的三个主要组成部分,因此,这个问题就主要成为经济、政治和文化的关系问题,说得更具体一点,就是:经济、政治和文化三者中哪一个是最根本的,起最后决定作用的?是经济还是文化?这里存在着两种截然相反的论点:文化史观认为文化是人类社会的最根本的起最后决定作用的东西,是它最后决定了一个国家、一个民族、一个地区的基本面貌,是它的不同类型区别了不同的国家、不同的民族、不同的地区;而唯物史观认为是经济,而不是文化。下面举几个例子来说明。

梁漱溟在《东西文化及其哲学》中提出了一种颇为典型的文化史观。他认为世界上有三种基本文化,即西方文化、中国文化和印度文化,三种文化决定了三种社会。西方文化的核心是科学技术,中国文化的核心是伦理道德,印度文化的核心是宗教。在他看来,科学技术社会是人类社会发展的低级阶段,伦理道德社会是它的高级阶段,宗教社会是它的最高阶段。中国社会和印度社会并未经过科学技术社会阶段,处于早熟状态,因此国力孱弱,备受欺凌,而西方社会尚处于低级阶段,虽国力强大,但人们生活弊端甚多。他从这种观点出发提出了中国现代化的道路就是要把三者结合起来,即以儒家思想为本,吸收西方文化成分,复兴中国文化,真正达到人类社会发展的高级阶段,进一步再过渡到宗教社会阶段,即人类社会发展的成熟的最高阶段,显然可见,梁漱溟把文化看成是一种精神性的东西,它是决定人类社会发展的根本力量,是区别不同社会类型的根本标准。这种观点是与唯物史观根本不同的文化史观。

英国现代历史学家汤因比在他的代表作《历史研究》中提出了另一种文化史观,即宗教史观。他认为人类社会的单位不是国家,而是文明,文明包括三个组成部分,即经济、政治和文化,其中文化是文明的核心和精髓,而文化中最根本的是宗教,"宗教是文明生机的源泉",不同类型的宗教决定了不同类型的文明。因此,他根据不同类型的文化,确切点说,根据不同类型的宗教,把世界区分为20多个类型的文明,如基督教文明、东正教文明(俄罗斯和东亚的基督教)、伊斯兰文明、印度文明、远东文明(中国、朝鲜、日本等)。在他看来,人类社会史就是文化史或宗教史。

美国学者亨廷顿的文章《文明的冲突》对世界的现状和前景提出了许多观点,引起了很大的反响,我国学者也发表了不少评论文章。我这里只想评论一下它的理论基础——一种文化史观。他认为"文明是一种文化的实体","文明是人们的最高文化凝聚物",这同汤因比的观点是一致的;认为"以文化和文明划分这些国家集团远比以政治经济制度或经济发展水平来进行划分有意义"。在他看来,"文明间的差异不仅是现实的差异,而且还是基本的差异",而文明间的差异主要是思想观念上的差异,"不同文明的人们既在权利和义务、自由和权威、平等和等级的关系何者更重要有分歧,也在神人关系、个人与集体关系、市民与国家关系、双亲和孩子关系、夫妇关系等方面持不同看法。这些差异作为历史的积累非短期所能消除,它们比政治意识形态和政治权利间的差异更为根本。"因此,人类社会的历史实质上就是文化史或思想观念史。他把世界划分为7或8种文明,"它们包括西方文明、儒教文明、日本文明、伊斯兰文明、印度文明、斯拉夫-东正教文明、拉美文明以及可能的非洲文明。未来最大的冲突将沿着分隔这些文明的断裂带进行。"[1]

从以上举例,我们可以概括出文化史观或文明形态历史观的几个

---

[1] 以上引文均见《现代外国哲学社会科学文摘》1994年第8期。

特点:(1)划分世界不同地区的主要标准不是经济发展水平或经济政治制度,而是文明或作为文明的核心的文化。(2)文化与经济、政治并列,并共同组成人类社会,属于人类社会的精神领域。(3)文化在整个人类社会中起最后的决定作用,是人类社会中最根本的东西。

同文化史观相反,唯物史观认为人类社会的基础、根基是经济,政治是经济的产物;经济和政治又是文化的基础、根基,文化是经济和政治的产物,而经济、政治和文化又通过直接和间接的、简单和复杂的相互作用形成一个有机的立体网络,文化的作用是巨大的重要的不可缺少的,但决定整个社会面貌的最后的根基、推动整个社会前进的最后的动力是经济,这是不能含糊的。所谓"经济"当然不仅是经济制度,它首先是一定水平的社会物质生活,即人类的经济生活,然后才是建立在物质生产上的经济制度。所谓"文化"当然不仅是意识形态或思想上层建筑,它首先是直接反映物质生产的精神因素如科学知识、语言等,然后才是反映经济制度、政治活动的思想上层建筑。马克思主义经典作家没有系统地论证过经济、政治和文化的关系,但这些思想已包含在他们关于社会基本矛盾,即生产力与生产关系、经济基础与上层建筑的矛盾的理论之中。毛泽东正是根据了唯物史观的基本观点,在《新民主主义论》中系统地论证了经济、政治和文化的关系,确认了文化的重要地位。他说:"一定的文化(当作观念形态的文化)是一定社会的政治和经济的反映,又给予伟大影响和作用于一定社会的政治和经济;而经济是基础,政治是经济的集中的表现。这是我们对于文化和政治、经济的关系及政治和经济的关系的基本观点。"接着他就引证了马克思的话来说明他的观点的理论根据就是马克思主义,并指出,"我们讨论中国文化问题不能忘记这个基本观点。"毛泽东运用这个基本观点来分析中国文化的过去、现在与将来,认为中国的旧文化是封建文化,当时的文化是殖民地、半殖民地、半封建的文化,而中国要建立的新文化应该是新民主主义的文化,也就是人民大众反帝反封建的文化,是民族的科学的大众的文化。对毛泽东的文化理论有一个正确理解问题,它有可能使人误认为经济只包括经济制度，即唯物史观所说的经济基础，不包括生产及其他经济活动；文化就是意识形态（观念形态）或唯物史观所说的上层建筑，不包括那些非意识形态的东西如自然科学、语言等，这不是毛泽东的本意。毛泽东讲新民主主义文化是民族的科学的大众的，显然包括那些全民族的科学的东西，而不仅是占统治地位的意识形态或上层建筑。总起来看，唯物史观认为：（1）人类社会可以区分为经济、政治、文化三个组成部分，这一点是与文化史观一致的。（2）经济、政治、文化三者中最根本的或起最后决定作用的是经济，不是文化。（3）划分世界各个地区、国家的主要标准是经济（包括生产发展水平和经济制度），而不是文化。这后两点是与文化史观相反的。

文化史观把文化看成是人类社会的最后决定的最根本的东西，而文化或文化的核心是精神、观念、思想，所以文化史观是一种唯心史观。文化无疑是人类社会的一个重要组成部分，在人类社会中具有不可缺少的巨大的作用，在某些条件下发挥了决定性作用，也是不同国家、不同民族、不同地区相区别的重要标志之一，而且不同地区的文化上的差异是经过长期社会生活和历史的积累而形成的，具有相对的独立性和稳定性，对于一个国家、一个民族是一种强大的凝聚力，是决不可忽视的。文化史观强调文化的重要地位和巨大作用，具有一定的合理性，因而它对文化问题的分析和论证往往具有重要的启发作用，但它毕竟是一种唯心史观，是片面的，从整体上说是不科学的。

根据辩证唯物史观来处理文化与政治、经济的关系问题，就能正确理解文化在人类社会中的作用。我们既不能像庸俗经济主义那样低估它的作用，也不能像文化史观那样夸大它的作用，这对认识文化在人类社会中的重大作用，对于建设我国现代文化都是至关重要的。

四、文化的共性与个性

在文化问题的研究中，中西文化比较是一个讨论十分热烈的问题。文化比较研究就是研究文化的共性与个性，就中西文化而言就是研究中国文化与西方文化有什么共同之处和差别，即中西文化的共性和个性。除中西（或中外）比较而外，还有古今文化比较，如中国古代文化与现代文化比较，这种比较不大为人们重视，其实也是很重要的。

文化无疑是具体的历史的多姿多彩的，但它也有共性。文化的共性，或曰普遍性、一般性，又分为若干层次，否定共性是不对的，只承认地区文化的共性，否定人类文化的共性也是不对的。当然，共性是什么也是要进一步研究的。那么，人类文化的共性是什么呢？

要回答这个问题，可以有多种方式，最一般的方式就是从各地区、各时代的文化现象中寻求其共同点，但这样找到的共同点不一定是最根本的，因为文化现象十分复杂，极其多样化，很难归纳。另一种方式是从其根源去寻求，也就是以唯物史观为指导，把文化看成在经济、政治的基础上产生的社会现象，不能离开社会实践，就文化谈文化。

人类社会的历史告诉我们，人和人类社会都是人的社会实践的产物，所谓历史归根到底不外是人的社会实践的总和。人类社会的文化，作为与经济、政治并列的人类社会的三大组成部分之一，其根源也是人的社会实践。因此，文化的共性与个性是社会实践的共性与个性决定的。那么，社会实践的共性是什么呢？

实践的最根本的共性是实践的本质，即自觉地改造自然、改造社会和改造自我的活动。一是改造，二是自觉。所谓自觉不仅是有意图、有目的，而且是有思想指导，即多多少少的规律性认识的指导。有自觉而无改造，即无实际行动，谈不上实践；有改造而无自觉，则是动物式的活动，也谈不上人的实践。一个民族、一个国家、一个社会的生存和发展，都是以它的成员的自觉改造活动为基础。不管哪个地区的社会，不管哪个时代的社会，都是如此，无一例外。文化既是以社会实践为其产生和发展的根源，它的共性就应该是社会成员的自觉改造的思想。这种自觉改造世界的思想是任何地区、任何时代的任何民族、任何国家、任何社会都必然具有，而且不能不有的，否则它就只有萎缩、凋零、消灭。

诚然，在人类历史上，思想家们真正科学地认识到自觉改造世界活动在社会中的地位和历史上的作用是很晚的事情，即在马克思和恩格斯大约 150 年前创建马克思主义的时候。由于体力劳动和脑力劳动的分离，历史上思想家们绝大多数都是轻视劳动的，从而也是轻视实践的。但是，既然实践活动是人类社会生死存亡所系的活动，怎么可能没有思想家对它有所认识呢？而且，一个人即使对实践活动的意义毫无认识，在实际行动中也不能不对世界进行自觉的改造。试想，人类在进行采集、渔猎、畜牧、农业、工业生产活动的漫长过程中怎么可能不按照一定的规律性认识来指导自己的改造活动呢？这种活动怎么可能不反映到自己的头脑里并影响自己的文化活动呢？回答是肯定的。我们可以从历代各国的文献中摘引大量言论来印证这种推断。

按照这种观点，自觉改造世界的思想应该是世界上从古到今一切类型文化的根本的共性，也是中国文化与西方文化的根本的共性。有一种颇为流行的观点认为中国传统文化的精髓就是天人合一思想，这导致科学技术不发达，但天人（自然与人）关系和谐，而西方文化的精髓是主客二分思想，这导致科学技术发达，但天人关系紧张。这种观点是难以成立的。

"天人合一"在中国思想史上有多种含义，其中包含的神秘的封建的含义暂时不予考虑，这里只谈其中包含的合理思想。（1）天人合一是指人与自然是一体，人不能存在于自然之外，人自始至终是自然的一部分。这当然是对的，也是有意义的，可以防止我们去做超越自然的蠢事。（2）天人合一是指自然与社会的和谐，即人们所熟知的生态平衡，但所谓"和谐"、"平衡"都是从人的角度来说的，是以人类为中心的和谐与平衡，人类保护自然资源、保护动植物、治理环境污染、维持生态平衡，并不是因为自然界有什么权利，完全是为了人类自己。人与自然的和谐状态就是最宜于人类居住、生存和发展的状态。自然界本身是无所谓和谐不和谐的。因此，要达到人与自然的和谐，只能采取自觉地改造自然的办法，而决不能抛弃科学技术、停止自觉地改造自然，让自然界回到人类出现时的原始状态。不存在是否要改造自然的问题，只存在怎样改造自然的问题：是把自然界改造得更宜于人类的生活，还是只顾局部利益与眼前利益而把自然界改造得越来越不宜于人类的生活，这才是问题的关键。如此理解的"天人合一"，不但与改造自然不冲突，而且正是人类自觉改造自然的积极结果。

"主客二分"当然也有一个理解问题。有的人把主客二分理解为主客对立，理解为作为主体的人对作为客体的自然贪得无厌、肆无忌惮地索取和掠夺，而且把生态平衡的破坏归罪于主客二分的思维方式，并把它说成是西方文化的共性，似乎它不是中国文化的共性。这完全是对主客二分的误解。合理地理解的主客二分，不过是指人在实践与认识的过程中把自己与客观世界相对地区别开来，这是人类生存与发展所必需的，是不可避免的。只要人类不毁灭，人类永远要把自己看成主体，而把世界看成客体。至于人如何处理主客关系，是第二个层次的问题，不能因为主客关系处理不好就根本否定主客关系，那不是因噎废食吗？

主客体的区分，人把自己从混沌的世界里区别出来，是在类人猿变成人的过程中发生的，是在劳动和实践的过程中发生的。从逻辑上说，首先是实践的主体与客体的区分，然后是认识的主体与客体的区分，还有评价的主体与客体的区分，这种区分将与人类相终始。主客二分从空间上讲是普遍的，不仅西方那里有主客二分，中国这里的主客二分一点也不少。人的活动只要是自觉的活动，人就是作为主体来活动。西方唯心主义哲学家把区分主客的唯物主义叫作二元论，那完全是一种歪曲和诬蔑。

主客二分并不排斥主客统一，主客统一也是首先在劳动和实践的过程中发生的，也就是改造世界的成功，是主体目的的实现。主客统一在认识活动和评价活动中也时时出现。上面讲的天人合一从一定意义讲也就是主客统一。因此，主客二分与天人合一，如果给以合理的解释，实际是人类实践活动的两个侧面，不仅是不冲突的，而且是相互依存的，互补的，谁也离不开谁。只有主客统一而无主客二分，那就没有人类及其活动；只有主客二分而无主客统一，那就会使人类无法生存和发展下去。西方人，东方人，北方人，南方人，概莫能外。主客二分与主客统一反映在文化上就是自觉改造世界的思想，它是文化的本质,没有主客二分的文化和没有主客统一的文化都是不可能的,不仅如此,偏重一个方面的文化也是不可能长期存在的。如果中华民族偏重主客统一,而不与天斗、与地斗、与人斗,它能绵延存在到今天而且日益兴旺发达吗?如果西方各国偏重主客二分,它们能创造出高度的现代文明吗?

那么,各民族、各地区、各国家的文化是否各自有其共同的特色呢?这当然是有的。人类文化的共性只能通过多种文化的特殊性、个性表现出来。这些特殊性、个性对于各自文化来讲,也是普遍性、共性。把"天人合一"看成中国文化的共同特性,把"主客二分"看成西方文化的共同特性,我认为是难以成立的;即使说中国文化偏重于主客统一,西方文化偏重于主客二分,也是难以成立的。你可以在中国思想家中找出许多强调主客统一的话,我也可以在中国思想家中找出同样多的强调主客二分的话;你可以在西方思想家中找出许多强调主客二分的话,我也可以在西方思想家中找出同样多的强调主客统一的话。但是,这并不是说,各种文化没有任何共同的特性。中国理论界除了以主客统一与主客二分来区分中西文化之外,还提到另外一些中西方文化的区分,如中国文化强调把整体摆在第一位(整体主义),西方文化强调把个人摆在第一位(个人主义);中国文化重视伦理道德,西方文化重视宗教;中国文化强调精神享受,西方文化强调物质享受;中国文化重视经世致用,西方文化重视系统研究,这些都是有道理的。但是有些说法不见得能成立,除了上面提到的主客统一与主客二分而外,有人认为中国哲学以"和为贵"、"仇必和而解",而西方哲学,特别是包括在西方范围内的马克思主义则主张斗,"仇则仇到底",这是不符合实际的。无论中西,思想家们都是讲和多,强调斗的毕竟是少数。西方文化当然讲斗,但中国文化中斗的纪录决不次于西方。有人讲过二十四史就是一部相砍书,几千年不但斗争不断,而且战争频繁,这是不错的。马克思主义在革命年代当然强调斗争,但在从革命过渡到建设时,和,即统一,就成了主旋律。毛泽东讲斗也讲和,邓小平强调和平与发展是当代世界的两大主题,但也没有忘记斗争，这些是大家都很熟悉的。

人类文化的共性与个性、普遍性与特殊性，各民族、各地区、各国家的文化的差别与比较是一个大题目。为了创建21世纪的文化，为了各种文化互相取彼之长，补己之短，应该广泛而深入地研讨文化的共性与个性问题，但是无论如何不要忽视整个人类文化的共性——自觉地改造世界的思想。如果没有这个根本的共性，各种文化的互相学习和互相吸取将成为不可能。我们经常听到世界各种文化要融合，特别是中国文化与西方文化要融合的主张，如果人类文化没有共性，这种融合也是不可能的。不仅如此，21世纪的文化将是在人类历史新阶段，亦即人类社会实践新阶段的基础上来建立的。它更加离不开人类文化的根本共性——自觉地改造世界的思想。

五、文化的类型

文化类型问题即对文化分类的问题。对一类事物进行分类首先有一个分类标准的选择问题。可以选择任何标准来分类，但有些标准并不是本质的东西，按照它们来分类只能有某些方面的意义，没有根本的意义。例如人，可以按照性别分为男人和女人，或按照年龄来分为婴儿、儿童、少年、青年、中年和老年，或按肤色分为黄种人、白种人和黑种人，或按地区分为亚洲人、欧洲人、非洲人、美洲人和澳洲人，或按国别分为中国人、俄国人、英国人、法国人、德国人、美国人、日本人等，或按职业分为哲学家、科学家、文学家、艺术家、画家、政治家、军人、公务员、律师、医生、演员等，或按阶级关系分为工人、雇员、资本家、农民、地主、个体劳动者等。在这里标准就是共性，不同的类型就是个性，共性是抽象的，没有独立的存在，共性存在于个性之中，即存在于不同的类型之中。

对文化分类也有一个选择标准问题。文化可以按时代分为古代文化、近代文化、现代文化，也可以按地区分为亚洲文化、欧洲文化、非洲文化、美洲文化、澳洲文化，或东方文化、西方文化，也可按国别分为中国文化、印度文化、日本文化、埃及文化、俄国文化、英国文化、法国文化、德国文化、美国文化等，也可按宗教分为基督教文化、天主教文化、东正教文化、伊斯兰教文化、佛教文化、儒家文化（严格讲，儒家并不是宗教）等。当然我们还可以提出其他标准，对文化的类型进行其他划分。问题在于这些划分有什么意义？我们采取某种划分有什么意义？

仔细推敲，上面有的划分是很笼统的、空洞的，如果不加以具体化，很难说有多大意义。例如东方文化与西方文化，如果仅仅指地区的不同，东方文化就是亚洲文化，西方文化就是欧美文化，究竟这两种类型的文化有什么重要的区别并不清楚，所以人们都在努力寻求一种更有意义的区别，即各自不同的特色，特别是那种根本性的区别。前面提到过几种观点都是对于西方文化与东方文化或中国文化的根本区别的回答。梁漱溟认为区别在于西方文化的核心是科学技术，印度文化的核心是宗教，中国文化的核心是伦理道德。但是，汤因比和亨廷顿却把宗教看成一切文化的共性而不仅是印度文化的特色，并以不同的宗教来区分不同的文化。而中国的一些学者，包括一些外籍华人学者，则以不同的哲学思想，即天人合一与天人对立，来区分中国文化与西方文化。这些学者还未像梁漱溟、汤因比、亨廷顿那样明确提出文化类型问题，没有说人类文化有两大类型。但既然如此规定中国文化与西方文化的特色，实际上就是以关于天人关系的哲学思想为标准来区分文化类型。有的学者还预言东方文化将在世界历史舞台上再度辉煌，并取代西方文化近代以来所占有的支配地位。但我认为以上几种观点并未找到区分文化类型的最根本的东西，这个问题的解决有赖于唯物史观的指导。

那么，根据唯物史观，应该怎样来区分文化的类型呢？

前面已谈到文化与经济、政治构成社会的整体，文化是由经济、政治决定的，既然如此，文化的类型应该是同社会的类型一致的，文化的类型应该按照社会的类型来划分。唯物史观把人类社会的类型划分为五种，文化的类型也应该划分为五种，即原始公社文化、农业奴隶制文化、农业封建制文化、工业资本主义文化和工业社会主义文化，每一种类型的名称都包括了生产力水平和经济政治制度的内容。可以看出，生产力水平在第二、三类型是接近的，在第四、五类型也是接近的，但经济制度在这几种类型中的区别是比较明显的。

文化类型的这种区分不过是对文化本质的抽象把握，各种类型文化的实际存在是具体的，因而是十分复杂的、多种多样的、丰富多彩的。分析起来，其复杂情况大致有三种：一是每种类型均有其特殊的表现形式，如美国文化和西欧文化同是工业资本主义文化，即在本质上属于同一类型，但其具体表现各有不同特色，例如英美哲学偏重于经验主义，西欧大陆哲学偏重于理性主义，等等。二是各种类型文化的相互渗透，你中有我，我中有你，例如中国文化与美国文化按其基本性质来讲，属于不同类型，一是工业社会主义文化，一是工业资本主义文化，但这两种类型文化之间相互影响是很多的。工业资本主义文化一般所说西方文化，大量涌进中国社会，影响十分明显，而现代资本主义国家也吸收了很多社会主义文化因素，如对自由市场进行适当的国家调控的思想、缓和贫富对立的尖锐性的思想、适当提高人民群众的福利的思想等。至于现代资本主义文化中还存在着古代封建制度文化的因素，甚至奴隶制文化的因素，也是很平常的。三是中间类型或混合类型的存在。人类社会的除五种正常的类型而外，还存在着由于多种原因而出现的多种中间的或混合的社会类型，例如从一种类型向另一种类型过渡的时期往往出现具有两种类型的基本特征的社会，或者由于内外原因而出现混合型的社会，因而其文化也出现多种不正常的类型。这两种情况在中国历史上都出现过。春秋战国时代的中国的社会制度一般认为是从奴隶制到封建制的过渡时期，但这个时期很长，长达800年，两种社会制度的交错导致两种类型文化的交错，奴隶制的思想与封建制的思想不仅在社会上同时存在，甚至在一个流派或一个人的思想中存在，例如儒家的思想就很复杂，包含了这两种文化的因素。不仅如此，由于文化的积累作用，有许多原始社会文化的因素，也在儒家的思想中存在。19世纪中叶以来，中国社会逐渐沦为半封建半殖民地社会，这种社会就是一种混合型社会。有人认为半殖民地是一个政治概念，半封建和半殖民地无法结合在一起。其实，半殖民地或殖民地是一个政治概念，半殖民地本身的经济制度可能大部保持其原有形态，但从整体上说，它已纳入帝国资本主义的经济体系之中，并必然有外国资本主义进入其中，正如封建制不仅是一个经济概念（地主所有制），而且是一个政治概念（君主专制或军阀专制）一样。半殖民地不仅指政治上的部分独立性的丧失，而且指经济上的部分资本主义性的存在。半封建半殖民地实质上是封建主义和资本主义经济政治制度的混合。这种混合型的社会产生了混合型的文化，即半封建半殖民地文化。毛泽东在《新民主主义论》中说当时中国社会是半封建半殖民地社会，其文化是半封建半殖民地文化，即一种混合的文化，这种观点是科学的，符合当时的实际情况。当然，还应指出，当时的中国还有着原始公社的和奴隶制的文化因素，这些是中国历史长期发展所积累下来的。

六、文化的不同类型的进化和相互影响

不同类型的文化可以在同一地域或不同地域先后存在，也可以在不同地域同时存在，不管是哪种情况，多种文化都有运动变化和相互影响。文化的运动变化不外两种情况：一是在内外原因的推动下自身的进化运动，一是由于不同文化之间的相互影响而发生的变化，下面分别作些说明。

一种社会形态为另一种社会形态所取代，即五种社会形态中的前一种形态为后一种形态所取代，是一种合乎规律的过程，与此相应，一种文化类型为另一种文化类型所取代，即五种基本文化类型中前一种类型为后一种类型所取代，也是合乎规律的过程。这种过程是一种进化，是循着从低级到高级、从简单到复杂、从单一到多样的前进运动，但是前进运动不限于这五种类型的循序前进，如果由于内外原因，发生了跳跃式或中断式的运动，也是一种前进或进步。例如中国封建社会由于外国势力的侵入而逐渐演变为半封建半殖民地社会，其文化从而也逐渐由封建文化演化为半封建半殖民地文化，尽管其间付出了

丧权辱国、人民惨遭杀戮的代价，仍然包含了前进的意义。而且正由于中国的半封建半殖民地性质，它才有可能过渡到社会主义社会，从而建立起社会主义文化，中国社会和文化的发展可以说是跳跃了作为一种完整的社会形态的资本主义社会，也可说是通过半封建半殖民地社会（一种畸形的资本主义社会）从封建社会演变为社会主义社会，这也是历史的进步，在文化上也是如此。又如西藏社会，本是一个农奴制社会，由于社会主义制度在全国范围内建立，便经过和平民主改革直接从农奴制过渡到社会主义，其文化也如此，这也是历史的进步。

在今天的地球上，历史上曾经出现过的文化类型都同时存在，尽管资本主义文化占据着绝对的优势，因此，这些文化类型之间便产生了相互影响，不仅先进的文化影响着后进的文化，后进的文化也在多方面影响着先进的文化，使现代社会的文化呈现出丰富多样的姹紫嫣红的色彩。先进文化影响后进文化是易于理解的，似乎是理所当然的，后进文化何以也能影响先进文化呢？这是因为在人类文化中积累了许多永久性、普遍性的因素，这些因素对于任何时期和任何地域都是适用的，即或者是有益的、或者是无害的。许多哲学思想、科学思想、价值观念都具有普遍性，例如按照自然规律而不是随意地贪婪地改造自然的思想、所有的人应友好相处的思想、勤劳节俭的品德、各种科学的观点和理论、积极向上的人生态度等都具有永恒的普遍的价值，任何类型文化都是应吸收的。针刺治疗是中国古老的医疗技术，在现代医学空前发展的今天仍然具有重要的价值，已得到美国政府和医学界的承认，在全世界得到广泛的赞赏。自有人类以来，特别是今天各地区交往方便而频繁，各种文化之间的影响是很明显的，而且是无法阻止的。

这种相互影响无疑有负面的消极的作用，但从整体上看，从长远看，其作用是积极的正面的。这种作用不仅使各种文化更加丰富多彩，而且可以扩大与加深人类的智慧与才能，提高人们的品德与趣味，推动整个社会和文化的发展。因此，我们应该推动并正确引导文化之间的交流与相互影响，避免不利的影响，扩大与加深有利的影响。

七、中国的传统文化的解体与现代文化的形成

如果按照历史学的一般划分，中国历史在鸦片战争（1840年）以前为古代，鸦片战争至"五四"运动（1919年）为近代，"五四"运动以后为现代，那么，就可按照年代的划分把中国文化史划分为古代文化、近代文化和现代文化。这样，就有一个为这三个时代的文化定性的问题。根据以上关于文化的一般观点，我们就可以把中国古代文化定性为农业封建文化（秦汉以前暂不考虑），近代文化为半封建半殖民地文化，现代文化为半封建半殖民地文化经过新民主主义文化向工业社会主义文化的过渡。中国文化史是一个复杂的问题，应该开展专门的研究。从近年来的讨论来看，大家最关注的是传统文化与现代文化的关系问题，下面就这个问题谈些看法。

如何给中国传统文化定性？如何给现代文化定性？我认为传统文化指2000多年来逐渐形成的相对稳定的文化，即农业封建文化，亦即中国古代文化，它的下限是"五四"运动，此时它开始了急剧的变化，加速半封建半殖民地化的过程，也开始了向现代文化的过渡。中国现代文化十分复杂，包含着封建的资本主义的文化因素，但就其最后形成的相对稳定的文化类型而言，它应是工业社会主义文化。

2000多年以来，中国的生产水平一直停留在手工农业的水平，而经济政治制度则是封建主义。封建主义的经济制度近百多年来由于暴露出它阻碍中国生产发展和综合国力的提高的严重弱点，受到各种批判，成为一个纯粹的贬义词。但中华几千年灿烂文化正是在这种制度上创造出来的。农业封建主义文化包含着糟粕，也包含着丰富的具有永恒价值的精华，它已成为人们的共识。当人们要消灭封建制度的时候，对封建文化采取了过激的态度，这是难于避免的。革命完成之后就应予以有分析的公正的评价。现在是在这样努力了，已经取得巨大的成果，这种努力还要大力进行下去，但这并不能改变它的农业封建主义的本质。

中国传统文化的内容十分丰富和复杂。现在似乎公认传统文化就

是儒家文化，因为儒学是中国传统文化的精神支柱，即最主要的指导思想。这种观点一般说来是可以接受的，但还要具体分析，尤其不能忽视其他文化因素。第一，不能轻视儒家以外各家思想在中国文化中的地位和作用，特别是道家、法家、佛家的思想。反孔的思想家历代都有，实际上儒家思想在其漫长的形成和发展的过程中吸收了诸子百家以及反孔各派的大量思想。第二，应看到儒家本身也有许多门派，儒学并不是一个结构严谨、思想一贯的理论体系，其中不仅主观唯心主义与客观唯心主义并存，甚至唯心主义与唯物主义同在。第三，尤其不能忽视的是我国古代各族人民在改造自然的物质生产活动中积累的生产经验、作出的创造发明、提出的科学理论、写出的科学著作，以及他们在同自然的斗争中培养出来的勤劳、勇敢、节约、自强不息等优良品德，正是这些智慧、才能与品德使中华诸民族在这片并不太广阔，更不太丰腴的土地上几千年子孙繁衍，生生不息。但是，这些文化因素却被排斥于儒家的视野之外，轻视劳动和劳动人民成为儒家的一贯思想。第四，也是万万不能忽视的是中国古代各族人民在反抗剥削压迫和外来侵略的斗争中所培养出来的不畏强暴、不怕牺牲、坚忍不拔的斗争精神和济困扶危、舍己为人、大公无私的高贵品质，正是这些精神因素使中国古代人民能够对己和、对敌狠，前仆后继去争取胜利而岿然独立于世。这些因素在儒家思想中有所反映，但由于儒家阶级性的局限，没有占据主要的地位。中国传统文化非常丰富而复杂，如果把它归结为儒家思想，又把儒家思想归结为天人合一、以人为本、和为贵等思想，就未免片面了。

中国传统社会及其文化真正发生变化是从鸦片战争开始的。

中国传统社会在历史上曾经有过非常辉煌灿烂的时期，但近三四百年来逐渐大大落后于西方，鸦片战争的失败是它的落后性的大暴露，从此中国成为强国欺凌侵略的对象。中国需要赶上西方国家，用后来的话讲，就是要现代化。中国的落后最明显地表现在经济方面，经济要现代化的内部阻力主要来自传统的政治和文化，而文化又是政治变革的主要阻力。在经济、政治和文化的这种错综复杂的相互作用之中，有识之士先后提出过实现中国现代化的种种主张，掀起了各种运动，如洋务运动、维新运动、民主革命运动。这些主张的提出是受西方文化的影响，也反映了中国社会现代化的需要，这就意味着中国传统文化在悄悄地发生变化。

辛亥革命的胜利从政治上动摇了中国传统文化的根基，但它第一次遭到的真正的冲击是"五四"运动前后的新文化运动。由于儒家思想是中国传统文化的精神支柱，新文化运动的矛头直接指向儒家思想，提出"打倒孔家店"的口号，从当时看这是无可厚非的，也是难以避免的。当然，应该看到，新文化运动对孔子及其学派的思想的批判有许多过激之处，今天必须加以纠正。当时更重要的问题是：新文化是什么？具有不同观点的人有不同的回答，大体上有三种回答：全盘西化派主张的西方自由主义文化、新儒家主张的传统文化的现代化和共产党人主张的新民主主义文化，即毛泽东所说的作为新民主主义经济政治之反映的民族的科学的大众的文化。这三派都是在中国传统文化解体过程中产生的，都主张向西方学习，都属于新文化运动。现代新儒家并不是复古派。这三派的区别在于对待西方文化的态度、对待中国传统文化的态度和对待马克思主义的态度。

中国封建统治阶级在文化问题上对资本主义侵略的反应，除盲目地顽固坚持闭关锁国政策而外，最初就是要在原封不动地保持传统文化的条件下，发展工业，用坚船利炮武装自己，这就是主张中学为体、西学为用的洋务运动。洋务运动之后兴起的改良主义的维新运动对中国传统文化采取了一定的批判态度。民主革命运动则进一步主张以西方的经济、政治、文化来取代中国传统社会，这就是西化。在民主革命影响下陈独秀1915年创办《新青年》，掀起专门的文化运动——批判旧文化、创立新文化的新文化运动，它的核心就是后来得到广泛认同的"科学与民主"。俄国十月革命的胜利大大影响了中国新文化运动，使它发生了分化，陈独秀、李大钊等人从西化派转为马克思主义派，胡适成了西化派的主要代表。西化派与马克思主义派有许多共同之处，它们都主张向西方学习，都主张科学与民主，都对传统文化持批判态度。但它们之间存在着根本性的分歧。首要的一个分歧是对马克思主义的态度，西化派想把西方工业资本主义文化全盘搬到中国来，反对马克思主义，而马克思主义派则反对资本主义，而赞成作为资本主义批判者的马克思主义。对西方文化，马克思主义派虽然也主张加以吸收，但赞成采取分析的态度，从工人阶级和社会主义的立场加以取舍，或加以重新理解。例如科学与民主的旗帜，马克思主义者也是主张高举的，认为科学是应该充分吸收的，而民主则不应该是少数人的民主，而应该是真正的彻底的民主，是包括工人阶级在内的人民的民主。西化派对传统文化基本上抱虚无主义态度，而马克思主义派则主张加以批判地继承，例如抨击当时的尊孔复古思潮最力的李大钊主张以今日的标准对孔子思想进行取舍，说："孔子之道有几分合于此真理者，我则取之；否者，斥之。"现代新儒家创立者应该说是提倡东方文化的梁漱溟。现代新儒家不是尊孔复古的顽固派，而是一些具有现代西方文化素养，赞成科学与民主的学者。以梁漱溟来说，他原本是赞成西化的，由于看见西方资本主义社会的各种弊端，才转向佛学，又转向儒家，于1917年进入北大讲学时第一次明确发表了后来被称作现代新儒学的这一思路。现代新儒家的特色在于坚持以儒家思想为核心来形成现代中国文化，或者说，把中国传统文化现代化，借以实现中国社会现代化。从时间上讲，尊孔复古的顽固派早于新文化运动，而现代新儒家是在新文化运动中出现的，稍晚于西化派和马克思主义派。现代新儒家容易被误解为尊孔复古派，但实际上它是跟着西化派的现代化道路前进的，决不想保持农业封建文化。相反，它也反对这个传统文化的经济政治基础，只是鉴于资本主义社会的各种弊端而主张以儒家思想来加以补救。因此，从实质上讲，它所设想的文化是自认能够克服资本主义弊端的资本主义现代文化。

总之，中国传统文化之所以受到新文化运动的冲击而逐渐解体，其原因不在于传统文化本身，而在于它的经济政治基础在逐渐解体，新文化运动正是适应了中国经济政治基础中的变化才兴起的，才能如此波澜壮阔地凯歌前进的。当然，新文化运动的兴起、扩大与深入大大加速了中国传统文化的解体,对此,新文化运动中的三个基本派别都是发挥了积极作用的,其中马克思主义派起了突出的领导的作用。新文化运动的倡导者和主要代表最初都属于西化派,但后来转变成为马克思主义派的是其中起主导作用的一些人物,如陈独秀、李大钊等,而这些人在新文化运动中最活跃、最坚决、影响最大。

中国现代文化萌芽于"五四"运动,经过30年的演化而于1949年后形成的,所谓"萌芽",所谓"形成",都带有很强的相对性、模糊性,实际上并没有准确的时间,只是大体上有一个阶段的划分。所谓"现代文化"也没有一个完成了的形态,而是一个过程,只是大体上有一定的确实的内容。也就是说,它的形成有一定的经济政治基础,而形成以后它有一定的确实的内容。

我认为它的经济政治基础形成于1949年至1956年之间。从生产力来说,中国仍然是一个农业国家,现代工业产值在整个国民经济中比重仍很小。在经济制度方面,中国经历了半封建半殖民地(半资本主义)和各种经济成分并存的新民主主义经济制度(社会主义、资本主义和个体经济),已过渡到社会主义。在政治制度方面,中国经历了中华民国的政治制度和新民主主义政治制度,已过渡到了人民代表大会和多党合作的人民民主专政。现代文化正是建立在这样的基础上,其内容是这样的基础的反映。由于这个基础1956年后仍处于不断变化的过程中,这个文化也在不断地变化,特别是改革开放以来,变化更大,但其根本性质并没有改变,仍然是社会主义的。那么,它有些什么实际内容呢?我认为其内容是十分复杂的。

第一,它的核心或指导思想无疑是马列主义、毛泽东思想、邓小平理论,这是社会主义经济政治制度的反映,又是为这个制度服务的。但同时在这个文化的实际指导思想中又混杂了不少非马克思主义的因素,如教条主义、个人迷信、极"左"思想等,这些因素是各种错误的思想根源。

第二,在这个文化中也保留了许多传统文化因素和革命传统因素。传统思想十分复杂,是长期积累而沉淀下来的,具有相对的独立存在,不易随着旧经济政治基础的消失而消失。这些传统思想包括封建时期的思想，也包括民主革命时期的思想；既包括传统文化的精华，也包括传统文化的糟粕；既包括用文字传下来的，也包括口头相传或潜藏在人们头脑中而在人们的实际活动中起作用的思想，即所谓"无意识"或"潜意识"。

第三，在这个文化中也存在着许多外来的东西。外来的思想也十分复杂，是通过各种传媒或中外人士的直接间接接触而传过来的。特别是改革开放以来，由于市场经济的发展，外来思想，尤其是西方思想蜂拥而至，进入中国文化之中。其中不少科学的东西，如高精尖的科学技术思想、科学的管理思想、积极进取创新的思想、文学艺术哲学中的合理思想等。也有许多消极的东西，如极端个人主义、金钱至上思想、极端享乐主义、非理性主义等。

第四，中国新文化的主要部分是直接反映中国当前经济政治的精神因素。一是反映中国生产水平，即科学技术管理水平的思想和理论，其中有很现代化的，也有很落后的，甚至是很原始的。整个说来，它还不是现代化的，仍属于发展中国家的行列，没有达到发达国家的水平。二是直接反映中国当前经济政治制度的思想和理论，其内容也十分复杂。中国基本经济制度是以公有制为主体的多种经济成分共存的制度，经济体制正处于从计划经济向国家宏观调控下的市场经济转轨的过程之中。中国基本政治制度（国体）是工人阶级领导下的人民民主专政，政治体制（政体）是人民代表大会制度和中国共产党领导的多党合作和政治协商制度，这种制度既不同于西方的多党制，也不同于苏联的一党制，而是在长期政治实践中逐渐形成的适应中国国情的特殊的民主制度，这种政治体制目前正处于不断完善和发展之中。直接反映这种经济政治制度的经济思想和政治思想是中国现代文化的重要组成部分。三是间接或直接反映这种经济政治基础的文化因素，具体讲就是语言、文学、艺术、宗教、道德、哲学、教育、体育、卫生、风俗习惯、社会风气、礼仪等。这些文化因素中既有社会主义的与工人阶级的，也有资本主义的与资产阶级的、小资产阶级的，还有中性的与各阶级共同的；既有积极的，也有消极的；既有精华，也有糟粕。中国的语言文字是中国现代文化的重要组成部分，它是中国社会的全部经济、政治与文化生活得以运转的不可缺少的因素。汉语与汉字是中国语言文字的主体，此外还有少数民族和外国的语言文字。关于汉字改革，人们之间存在着意见分歧。在我看来，汉字有其优越性，也有其局限性。语言文字是以抽象的形、声、意来描写或者说明具体的复杂的东西，形与声的抽象性愈高，其描写或说明就愈方便愈精确。汉字的声的抽象性很高，一个音节就是一个词，而西方文字则否。但汉字的形的抽象性则比西方文字为低，造成了一定程度的不便。如何解决这个矛盾是一个十分困难的问题，意见分歧就是围绕这个矛盾发生的。但无论如何，汉字是世界文化中的一笔巨大精神财富，在世界文化中占有崇高的地位，是大家都认同的。

中国现代文化，作为一个整体，不仅是多因素的、多侧面的、多样性的、多层次的，而且是多元的；其多元性表现在它的多种来源、多民族性、以多种经济成分为基础、多阶级性，但是它的总的发展趋势不是多元化或多极化，相反，它的总的趋势从一定意义上讲是一元化，这就是说，它有一个统一的指导思想，这个指导思想一般说来就是马克思列宁主义，具体说来就是毛泽东思想和邓小平理论。马列主义就其原来形态说诚然是外来的东西，但由于它的普遍性适应中国国情，80年来经过中国共产党人的宣传、研究、运用、发展，它已深深植根于中国历史和中国社会，并形成了它的中国化的形态——毛泽东思想和邓小平理论，成为中国现代文化的核心，即指导思想。它之所以能成为中国文化的核心因素，还由于它有着中国的经济政治作为它的坚实的基础，由于它实际地指导着中国经济、政治、文化的建设和发展。

以上所谈主要指中国内地而言，不包括台湾、香港和澳门，虽然中国内地、台湾、香港、澳门有大量文化因素是共同的，特别是在传统文化方面是共同的。

八、中国文化的现代化

在中国经过近一个世纪成千上万人民前仆后继英勇顽强的艰苦奋斗，已经基本建立起工业社会主义社会及其文化，它是现代人类社会的一部分，而由于它原来的历史基础十分落后及其达到现时状态的曲折道路，它在许多方面都还没有达到现代社会的先进水平，即没有现代化，因而它还有现代化的任务。毛泽东及其战友提出的四个现代化的任务主要是就生产力而言的，决不是说，中国社会实现四个现代化就足够了，中国社会的现代化是作为整体的社会及其各个方面的现代化包括经济、政治和文化的现代化，这是不言而喻的。有人说，中国只搞四个现代化，不要民主，如果这不是有意的歪曲和攻击，也是天大的误解。邓小平理论就是一个全面建设现代化中国的理论，其内容不仅包括发展生产力，而且包括经济、政治和文化的现代化，其中当然包括扩大社会主义民主。江泽民在党的十四大报告中已经全面地系统地阐述过这个理论，在党的十五大的报告中又特别从经济、政治、文化三个方面论述了邓小平的现代化理论。十五大报告指出："最大的实际就是中国现在处于并将长期处于社会主义的初级阶段"，"社会主义初级阶段，是逐步摆脱不发达状态，基本实现社会主义现代化的阶段"，其具体内容包括我国社会的一切方面。报告指出："全党要毫不动摇地坚持党在社会主义初级阶段的基本路线，把以经济建设为中心同四项基本原则、改革开放这两个基本点统一于建设有中国特色社会主义的伟大实践……根据这个理论和基本路线，围绕建设富强民主文明的社会主义现代化国家的目标，进一步明确什么是社会主义初级阶段有中国特色社会主义的经济、政治和文化，怎样建设这样的经济、政治和文化，是必要的。"报告就这三方面的现代化建设作了详细的规定。对于文化建设的任务，报告说："建设有中国特色社会主义的文化就是以马克思主义为指导，以培育有理想、有道德、有文化、有纪律的公民为目标，发展面向现代化、面向世界、面向未来的，民族的科学的大众的社会主义文化。"这就是现代化的中国文化。为了实现这个任务，我认为应该正确处理以下一些问题：

(一) 中国现代化文化建设的指导思想

中国文化建设的指导思想应该是什么，自"五四"运动以来，一直是一个争论激烈的问题。

对未来的中国现代化文化建设有可能起指导作用的主要有三个思想体系，除马克思主义以外就是儒家思想和西方自由主义思想。谁有最大的可能成为中国未来文化的指导思想呢？

现代新儒家认为是儒家思想，其理由主要有二：第一，儒家思想是中国本土思想，土生土长，源远流长，2000多年来成为中国文化的根本，最适应中国社会生存与发展的需要。第二，儒家的若干基本思想诚然是古代的东西，但加以现代化就可能成为中国现代文化的核心，用于指导实现中国社会的现代化。人们谈得较多的儒家思想有：天人合一思想（人与自然应保持协调与和谐的关系）、人文精神（从人的需要，按人的标准来考虑一切问题，从事一切活动）、集体利益原则（把集体利益摆到个人利益的前面，个人利益应服从集体利益）、中庸哲学（不趋极端，不为己甚，力求适中）等。

我认为儒家思想要成为中国未来文化的指导思想是不可能的，有三个主要理由：第一，中国传统文化已经解体，儒家思想体系已为历史所否定，其根本原因是由于其经济政治基础已经崩溃，除非恢复传统社会和传统文化，儒家思想的权威是不可能恢复的。第二，现代社会远比古代为复杂，儒家思想作为一个思想体系无法适用于现代社会，80年前新文化运动的领袖已作过这种评价，时至今日就更加如此了。第三，儒家思想中有许多合理因素，这些因素在今天是有价值的，例如上面所说的那些思想，此外还有很多别的思想今天都是有价值的，但是，且不说这些思想是不是中国传统文化所独有的，这些思想也只能起一定的积极的作用，而不能起根本的指导作用，也不是儒家思想作为一个体系起作用。

西化派认为西方自由主义应是中国未来文化的指导思想，把传播这种思想视作"新启蒙"运动。这种观点的理由有三：第一，西方发达国家从整体上说是现代社会发展的最高水平，现代化就是西方化，自由主义思想是现代西方社会和西方文化的指导思想，理应成为中国社会和文化的现代化的指导思想。第二，中国正处于从计划经济向市场经济的转轨过程之中，市场经济与私有制是不可分的，市场经济发展下去，终将走向资本主义，自由主义是资本主义的产物和资本主义文化的核心。第三，中国奉行开放政策，向西方学习，西方生活方式和西方文化大量涌入，渗透进从科学技术、经济思想、政治思想到文化娱乐、文学艺术、宗教、哲学等等各个领域，实际上发生了全盘西化的过程，自由主义是这个过程的指导思想。

这种观点无疑有一定事实根据，它所预言的后果不是不可能，但其可能性不是很大的。第一，现代化不等于西化，更不等于全盘西化。中国社会在各个方面都要吸收西方的合理的东西，但决不是照搬。在科学技术方面学得很多，但在经济制度和政治制度方面只吸收从社会主义角度看来可以吸收的东西，文化方面更是如此。在此情况下，自由主义难以发挥指导作用。第二，在中国有的人不相信社会主义可以同市场经济相结合，有的人希望社会主义通过市场经济而转化为资本主义，但从改革开放10多年的经验来看，建立正常而有效运转的社会主义市场经济是完全可能的，因为近十多年来中国经济体制实际上已处于转轨之中，市场经济的发展既推动了中国经济的高速发展，又保证了公有制的主体地位。实践证明，只要改革的措施正确，执行得力，公有制企业完全可以成为市场活动中强有力的竞争者。第三，只要社会主义公有制的主体地位能够确保，自由主义在中国文化中就不可能起指导作用。西方文化中那些健康的积极的合理的因素将为中国文化所吸收，而成为马克思主义指导下的中国文化的有机组成部分。

剩下来有可能对中国文化建设起指导作用的就只有马克思主义了。文化建设的指导思想问题，实质上是整个国家和全体人民的实践活动的指导思想问题。马克思主义能否成为指导中国社会的发展的根本思想是一个老问题，即马克思主义是否适合中国国情的问题。马克思主义刚传入中国时争论过这个问题，近一个世纪过去了还有争论。在有些人看来，马克思主义不是本土的东西，而是舶来品，它的传播导致民族文化传统的失落和断裂。中国现代文化的核心只能是本土的东西，即儒家思想和其他本土的思想。这就否定作为西方现代文化一部分的马克思主义与中国传统文化有任何共同之处或相通之处，然而近一个世纪的实践证明，马克思主义的理论体系中包含了许多对于东西方有普遍意义的东西，这些东西具有普遍意义，只要能找到它们在中国的具体表现形式，它们就是与中国国情相适应的。毛泽东思想与邓小平理论就是这种表现形式，即中国的马克思主义，它们是马克思主义的普遍原理与中国社会实践相结合的产物，来自中国实践又成功地指导了中国实践，这就证明了马克思主义的普遍原理是适应中国国情的。毛泽东思想和邓小平理论又是中国特有的思想体系，它们深深植根于中国土壤之中，是中国优秀文化传统的继承与发展，是中国现代文化的精髓，正如儒家思想曾是中国封建文化的精髓一样。它们是地地道道的国产，而不是舶来品。不仅如此，中国现代文化是一个庞大的复杂的精神系统，其主要部分（主体）当然是本土的，外来的因素（包括马克思主义的因素）只能是局部，起指导作用的马克思主义也只是局部。马克思主义只是文化因素，不是一个文化的完整体系，不可能取代中国文化。它作为指导思想也不是以其纯粹原有的形态起作用，而是通过其中国化的形态即毛泽东思想、邓小平理论起作用。中国文化仍然是中国文化，它没有变成德国文化，也没有变成苏联文化或俄国文化。它仍然是中国传统文化的继续和发展。由于中国历史发展的复杂性和曲折性，今天当然存在着对中国传统文化的重新认识和评价问题，重新分析和吸取问题，但这也离不开马克思主义的指导，即离不开毛泽东思想和邓小平理论的指导，根本不存在由于马克思主义的传入而出现的中国民族文化传统的断裂问题，有的只是中国封建文化的断裂，或说中国殖民地、半殖民地、半封建文化的断裂，这是不可避免的，也是不可逆转的；今日中国存在着对儒家思想的重新认识和重新评价，根本不存在，也不可能存在恢复儒家思想的权威地位问题。

从正面说，马克思主义之所以能成为中国现代化文化建设的根本指导思想有以下原因：（1）马克思主义本身的科学性和实践性。马克思主义包含着科学的宇宙观和历史观，是人们自觉改造自然与社会的普遍指导思想，对于人类任何自觉的认识活动和实践活动都是必要的和有效的，中国建设社会主义文化当然不能例外。正如前面谈到文化研究的方法时所说，唯物史观具有更加直接和重要的意义，文化建设如无唯物史观的指导必将事倍功半，甚至走到相反的道路上去。（2）中国已经在马克思主义指导下进行了长期的革命和建设，其中包括文化上的争论、斗争和建设，尽管发生过重大的偏差和错误，如"文化大革命"，但总的说来，马克思主义的指导还是成功的，特别当它正确地同中国国情创造性地结合起来，形成适应中国社会发展需要的毛泽东思想和邓小平理论，其指导作用尤其显著。中国今天正在邓小平理论指导下阔步前进，有什么理由抛弃它的根本理论基础——马克思主义的指导呢？（3）文化的基础是经济政治，中国在工业上已经达到相当高的水平，经济制度坚持了公有制主体，正在建立社会主义市场经济体制，政治制度坚持了人民民主专政的国体和人民代表大会、共产党领导的多党合作和政治协商的民主制度，在这样的基础上建立的文化只能是社会主义的，亦即只能是以马克思主义为指导的文化。（4）如果马克思主义的指导在"文化大革命"中曾被歪曲，实际上是被糟蹋的话，那么，建国以来的长时期中，特别是在改革开放以后，马克思主义的指导对于文化建设所起的积极作用则是有目共睹的。邓小平及其他领导人努力在文化建设中贯彻马克思主义的指导，党中央两次制定关于精神文明建设的方针政策，这些方针政策的贯彻执行都卓有成效，这就在实践上证明了马克思主义指导的必要性和合理性。

（二）正确处理中国传统文化与文化建设的关系

"五四"运动以来，"孔家店"是被打倒了，中国传统文化是否被消灭了呢？应该说，由于西方文化（包括马克思列宁主义）的冲击，特别是由于经济政治的变革，从整体上讲，中国传统文化已不复存在，但它的各种因素，包括积极的和消极的、精华和糟粕，还大量存在，在个别地方甚至占有优势。这些因素短时间内不可能消逝。其精华还将永远保留下去，造福于中华民族的子孙万代。

有一种观点认为，"五四"运动以来，中国文化失落了，这对于弘扬爱国主义、树立民族自信心和增强民族凝聚力是不利的，应该加以恢复，但也不是简单地恢复，而是加以现代化。我认为这是把中国传统文化与中国文化混为一谈了。中国存在中国文化的现代化问题，不存在中国传统文化的现代化问题，正如中国存在中国社会的现代化问题，不存在中国传统社会的现代化问题。中国传统社会和传统文化已经成为过去，不必要也不可能加以恢复并使之现代化。中国文化的现代化只能是中国现代文化的现代化。传统文化立足于传统社会之上，现代文化立足于现代社会之上，传统文化与现代文化之间存在着中断与继承的关系，不能只承认传统社会与现代社会之间的继承而否定其间的中断，也不能只承认传统文化与现代文化之间的中断而否定其间的继承。传统文化失落不等于中国文化失落，难道中国现代文化不是中国文化？

应该指出，"文革"结束以前虽然毛泽东和中国共产党对传统文化一直采取了批判与继承的正确的方针，但实际上在理论工作中重视批判而忽视继承，甚至在"文革"中发展到对孔子和儒家思想的全盘否定。这种片面性近10多年来逐渐得到了纠正，开始对传统文化采取了实事求是的态度，但这10多年来由于西方文化和西方生活方式的冲击，中国传统文化以及整个中国历史传统在许多人心目中日益淡薄，有的人甚至耻为中国人，有鉴于此，近年来党和政府加强了全民的爱国主义教育，号召和支持文化界整理和研究中国传统文化，弘扬中国优秀传统文化，这是完全正确的，这个工作正在开始，还须继续加强。但这决不是要把中国传统文化现代化，而是对传统文化采取实事求是的科学态度，取其精华，弃其糟粕，使传统文化的精华更充分地融入中国现代文化之中，这也就是批判与继承的方针的真正贯彻。中国传统文化的精华不仅将有机地融入中国现代文化之中，而且将融入中国现代化文化之中。

显然，在建设我国现代化文化的过程中，必须妥善地处理对待传统文化的态度问题,民族虚无主义与复古主义都是错误的。中国传统文化是中华多民族在世世代代的改造自然与改造社会的斗争中逐渐形成起来的,深深植根于中国的历史传统之中,其影响虽然也有负面的,但也有许多正面的东西,于今天仍有重要意义,是不应抛弃的,而且也不可能抛弃。但是,如果要一成不变地加以保留,或者要把它作为一个整体来取代现代文化,即所谓"中学为体,西学为用"(实际是完整地保留中国传统文化,但物质生活是西方的),不但是不应该的,而且是不可能的。批判与继承是对传统文化唯一正确的态度。

(三)正确处理西方文化与中国文化建设的关系

西方文化主要指西方发达国家的文化,对中国影响最大的当然是西方现代文化。中国近几百年来落后了,其具体含义就是中国的经济政治文化落后于西方。西方已经步入现代,而我国还停留在近代,甚至中世纪的水平。前面我们已经谈到,俄国十月革命以前,在一般人看来,中国要现代化也就是要在经济政治文化上赶上西方,现代化实际上就是西方化。这是以前的情况。那时主张现代化的人主要分成两派,一派是中学为体西学为用的改良派,即主张保持中国传统文化,但在经济上学习西方;另一派是全盘西化派,即主张经济政治文化全面学习西方的自由派,这两派都失败了。十月革命后出现的马克思主义派主张向俄国革命学习。改良派演化为后来的现代新儒家,它同自由派实际上都主张中国走资本主义道路,马克思主义派主张中国走社会主义道路。由于国际国内、历史现实、主观客观的种种原因,社会主义道路走通了。有的人喜欢把中国共产党领导的中国革命的道路称为"俄化",这是很不确切的。中国现代革命诚然是大量吸取了俄国革命的理论和经验,但中国革命的根本指导思想是马克思主义、列宁主义,而具体指导中国革命的则是马列主义与中国革命实践相结合的毛泽东思想。而所谓"俄化"则是脱离中国实际照搬俄国经验,这曾经发生过,并给中国革命造成了重大损失,中国革命的胜利正是抵制了这种错误倾向并创造性地贯彻了马列主义指导的结果。

现代新儒家没有使中国实现现代化,且不说其他原因,理论上的致命的弱点，就足以导致它的失败，这就是颠倒了文化与经济政治的关系。文化只有与经济政治相适应，才能对经济政治的发展起积极的推动作用，用新儒家思想来指导则是要用古代的文化来指导现代的经济政治，尽管戴上现代的桂冠，但毕竟是古代的东西，怎么能对远比古代为复杂的现代经济政治的发展起积极的推动作用呢？

比较起来，倒是全盘西化派没有这个毛病，但他们完全否定中国传统，特别是不管中国国情，主张照搬西方经济政治文化，其失败也是不足为奇的。

我们既不应全盘否定传统文化，也不应全盘否定西方文化，中国文化的现代化与西方文化之间有着密切而复杂的关系。中国社会和中国文化的现代化离不开西方文化。不仅西方高度发达的科学技术管理的思想和理论是必须吸取的而且已经大量吸取了，经济政治的思想和理论也有许多值得学习和借鉴之处，实际上已对中国建设产生了巨大的影响。社会主义经济政治思想也是西方社会的产物，资本主义与社会主义的关系是十分复杂的，中国过去对社会主义认识不清楚，与对资本主义认识不清楚有关，西方文学、艺术、道德、教育、宗教、哲学中当然都有许多值得借鉴之处。西方文化同中国传统文化一样有精华，有糟粕；有积极因素，也有消极因素。总之，我们对西方文化也应采取分析的态度，取其精华，弃其糟粕，以我为主，洋为中用。当然吸取西方文化的精华也要与中国实际相结合，而不能生搬硬套。

（四）中国的现代化文化就是有中国特色的社会主义文化

中国现代文化不等于现代化的中国文化。要使中国文化现代化，还有一个努力建设的过程。我们要建设的现代化的中国文化是怎样的呢？按照以上对文化在人类社会中的地位的理解和对中国现代文化的认识，现代化的中国文化应该是现代化的中国社会的一部分，而现代化的中国社会就是邓小平同志所指明的有中国特色的社会主义社会，因此，现代化的中国文化就是有中国特色的社会主义文化。它将随着中国现代化建设的发展而逐步形成，成为有中国特色的社会主义社会的一个重要组成部分。具体说，我认为它有以下几个特点：现代化的中国文化的现实基础是中国特色的社会主义经济政治。它首先包括高度发达的生产水平和科技水平，其次是与生产水平相适应的以公有制为主体的基本经济制度和充分发达的社会主义市场经济体制，第三是与这种经济制度相适应的具有中国特色的完善的社会主义民主制度，即人民代表大会制度和中国共产党领导的多党合作和政治协商制度的进一步完善化，它就是中国的人民民主专政。与西方那种表面上热热闹闹，实际上为少数人所控制的资产阶级民主制度相比较，这种民主制度将是人类历史上出现过的最真实最广泛最有效的民主，是中国人民对人类政治制度史的独特贡献。这样的经济政治是中国现代经济政治之进一步发展和完善，要经过长期的艰苦努力才能充分建立起来。

现代化的中国文化的思想来源是中国传统文化与现代文化以及西方文化、东方文化和苏联的社会主义文化。关于它与中国传统文化、西方文化的关系前面已经谈到，这里谈谈它与苏联和东欧文化、东方文化的关系。苏联和东欧各国的社会主义虽然都失败了，但它们都创造了灿烂辉煌的社会主义文化，其中有许多因素对于建设中国现代化文化是有很大的参考价值的，它们失败的教训也是一种有价值的文化因素。东方各国文化虽然在整体上也落后于西方发达国家，但近年来若干国家和地区的文化在一定程度上已赶上西方，而且由于同属东方，它们与中国有更多的共同之处，过去也有过更多的交流，因此，它们的文化中可借鉴的东西也是不少的。当然对于它们，如同对西方文化那样，我们也应采取分析的态度。

社会主义文化因素在整个现代化中国文化中占主导地位。中国经济政治中存在多种成分，这决定了中国文化中存在多种成分，这种状况在实现了现代化之后也不会消逝，但与经济政治中社会主义因素占主导地位相适应，文化中也必然是社会主义因素占主导。因此，中国现代化文化必然是为人民服务的、为社会主义服务的文化。无论在文学、艺术中，还是在教育、伦理中都应该是如此。例如在人们的价值取向中，由于私有制还存在，个人主义是不会消逝的，但社会主义集体主义又不能不占主导，如果让个人主义占了主导，这样的文化将不再是社会主义文化，经济政治上的社会主义就难以坚持下去了。

现代化中国文化将集中表现在"四有"新人的大量涌现上。现代化的中国文化是实践的具体的活生生的文化，它必然体现在现实的人身上，否则它就只是空洞的理论，正如中国社会的现代化必然体现在人的现代化上一样。江泽民同志在十四大报告中说："同经济、政治的改革和发展相适应，以'有理想、有道德、有文化、有纪律'为目标，建设社会主义精神文明。"这里说的正是现代化的中国文化的标志和具体体现。他在十五大报告中又重申了这一点。

马列主义、毛泽东思想和邓小平理论是现代化的中国文化的指导思想。全盘西化派、现代新儒家和马克思主义派在中国文化现代化问题上的分歧实际上是指导思想上的分歧，即用资本主义思想，还是儒家思想，还是马克思主义来指导？既然现代化的中国文化就是有中国特色的社会主义文化，它的思想当然只能是马克思主义。以资本主义思想来指导，只能建立资本主义文化，从而只能为资本主义的经济政治开辟道路。以儒家思想来指导，即使它是"现代化"了的，也只能通过改良道路来建立资本主义文化，从而也只能为资本主义开辟道路。它们实际上走的是自由化的道路，而决不是社会主义现代化的道路，而自由化，历史已经证明，是不可能在中国实现社会的现代化的。马克思主义的指导并不排斥文化上的多样化，相反，中国现代化文化必然贯彻"百花齐放、百家争鸣"的方针，多种文学艺术形式，多个学术流派，只要是有益于社会主义的文化因素都可以得到存在和发展，共同促进中国现代化文化的繁荣。江泽民同志在十五大报告中不仅把经济、政治、文化建设作为中国整个社会主义现代化建设的三个不可分割的任务提出来，而且对这三项任务作了具体的规定。他对文化建设的任务作了一个精炼而全面的概括，他说："有中国特色社会主义文化，是凝聚和激励全国人民的重要力量，是综合国力的重要标志。它渊源于中华民族五千年文明史，又植根于有中国特色社会主义的实践，具有鲜明的时代特点；它反映我国社会主义经济和政治的基本特征，又对经济和政治的发展起巨大的促进作用。建设有中国特色社会主义，必须着力提高全民族的思想道德素质和科学文化素质,为经济发展和社会全面进步提供强大的精神动力和智力支持,培育适应社会主义现代化要求的一代又一代有理想、有道德、有文化、有纪律的公民。这是我国文化建设长期而艰巨的任务。"为了完成这个任务,全国人民都要进行艰苦的奋斗,尤其是从事文化工作的知识分子更具有不可推卸的责任。这个任务,我相信是可以同整个社会主义现代化事业一起完成的。

论科学与民主[*]

科学与民主是"五四"运动时期新文化运动的两面旗帜。科学与民主究竟是什么?它们在社会生活中究竟居于什么地位?它们同马克思主义的关系究竟怎样?

在纪念"五四"运动80周年之际把自己的想法写出来,向大家请教,我想是有意义的。

一、科学与民主是什么?

科学与民主的口号最早是陈独秀提出来的。例如,1915年他在《〈新青年〉罪案之答辩书》中说:《新青年》的反对者"所非难本志的,无非是破坏孔教,破坏礼法,破坏国粹,破坏贞节,破坏旧伦理(忠、孝、节),破坏旧艺术(中国戏),破坏旧宗教(鬼神),破坏旧文学,破坏旧政治(特权人治),这几条罪案。这几条罪案,本社同人当然直认不讳。但是追本溯源,本志同人本来无罪,只因为拥护那德谟克拉西(democracy)和赛因斯(science)两位先生,才犯了这几条

---

[*] 本文发表于《理论视野》1999年第3期,后以《论"五四"新文化运动中的科学与民主》为题收入《黄枬森自选集》(学习出版社2005年7月出版)。

滔天的大罪"。德先生便是民主,赛先生便是科学。可以很明显地看出来,陈独秀所主张的就是西方的民主共和制和科学,所反对的是整个封建政治和文化,或者说整个封建社会上层建筑。他的反对,是无分析全盘否定,这当然是偏激的片面的,但在当时是难于避免的,后来的历史纠正了这种片面性。到此为止,陈独秀所说的民主是抽象的一般的民主,其实际所指是西方资产阶级民主,但在他接受了马克思主义之后,他对民主的理解就变了。1919年12月他发表于《晨报》的《告北京劳动界》一文便指出,18世纪的德谟克拉西是新兴财产工商阶级的,而如今20世纪的德谟克拉西是新兴无产劳动阶级的。这就是人们所熟知的马克思主义观点,即承认民主有阶级性。

民主政治是对一类社会现象的概括。并不存在离开实际的民主现象的一般民主或抽象民主,一般民主只存在于实际存在的民主现象之中,因此,任何民主都是普遍性与特殊性、共性和个性的统一。三权分立与多党竞选是西方民主的共性,但西方还有其个性,不仅有君主立宪制与民主共和制之分,民主共和制还有内阁制与总统制之分,至于各民主制的细微差别,那就太多了,可以说没有哪两个国家的民主制是完全相同的,正如没有哪两片树叶是完全相同的一样。三权分立与多党竞选仅是西方民主的共性,而不是民主的共性。那么,民主的共性是什么呢?民主的共性,正如这个名词的含义所表示的,就是人民当家做主,主权在民,一切权力属于人民。这是民主的最一般的共性。必须具备这一共性,才是民主,至于采取什么方式来达到人民当家做主,那是千差万别的,是特殊性。三权分立与多党竞选,同民主的共性比较起来就是一种特殊性,它之所以成为西方资产阶级民主的共性是由历史造成的。西方民主制是针对封建君主专制制度而逐渐出现并形成的,由于资产阶级在经济和政治上都处于统治地位的条件下,这种制度便于实现资产阶级内部的民主和掩盖资产阶级专政的实质,才日益完善和巩固下来。在这种民主制条件下的政治活动完全是富翁们支持下的能言善辩者的天下。这种民主制在一些有长期民主传统的国家搞得较好,能收到一定的选贤与能的效果,而在有些国家则被搞得乌烟瘴气，成为冒险家和阴谋家的乐园。共产党领导下的多党合作和政治协商制度是中国独创的民主的政党制度。中国的社会主义民主制度是在马克思主义指导下适应中国国情，经过近五十年的实践逐渐形成的，它还处在不断完善和发展之中，不是十全十美的，但它能够实现人民当家做主的权利，能够做到选贤与能，因而具有民主的一般特征。可见，怎么能说只有三权分立与多党竞选才是民主呢？

再谈科学。陈独秀所说的科学包含两个含义，一是指各种具体科学，包括多种自然科学和社会科学；一是指科学精神和科学态度。他说："科学者何？吾人对于事物之概念，综合客观之现象，诉之主观之理性而不矛盾之谓也。"他把科学的态度同想象对立起来，说："想象者何？既超脱客观之现象，复抛弃主观之理性，凭空构造，有假定而无实证，不可以人间已有之智灵，明其理由，道其法则者也。"

显然，他对科学精神作了唯物主义的理解，而他所说的想象，用今天的话来说，就是主观主义或唯心主义。今天看来，陈独秀对科学的理解基本上是正确的。关于科学，人们在理解上似乎分歧不大，其实不是这样。"五四"运动之后中国理论界发生过一次科学与玄学的论战，科学派的代表人物丁文江从马赫主义立场理解科学，另一代表人物胡适则从实用主义立场理解科学，因此，他们关于科学的观点不是唯物主义的，他们的科学观当时受到了马克思主义者的批评。关于科学的意见分歧一直没有中断过，今天尤其尖锐。且不说多种封建迷信如算命、看相、巫医等也冒充科学，就是关于科学的理解分歧也很大。有的人否定唯物主义基本观点，从而也否定对科学的唯物主义理解，反对把科学看成客观世界及其规律的正确反映。他们认为，唯物主义科学观是19世纪科学状况的反映，20世纪科学的革命性的发展，特别是相对论、量子力学、系统论的出现和发展，已经使这种观点过时了，因为现代科学包含了强烈的主体性，难以正确反映所谓"客观世界"及其规律。既然客观世界不可知，唯物主义世界观也就难以成立了，这是不正确的。科学究竟是什么呢？

在我看来，科学是人类社会活动的成果之一，而且是最主要的成果。科学是正确知识的系统化，按对象之不同而区分为不同性质的科学。具体点讲，科学有三个方面，即科学实践、科学成果和科学精神。有人认为创造是科学的灵魂，不错，创造对于科学十分重要，没有创造就没有科学和科学发展，但对于科学第一位的还是正确的反映，离开正确反映的创造是幻想，不是真正的科学。只有在正确反映的基础上的创造，才是科学的创造。因此，科学精神、科学态度就是我们经常说的解放思想、实事求是的精神和态度，就是辩证唯物主义的精神。这种科学观是马克思主义的科学观，既不同于马赫主义的科学观，也不同于实用主义的科学观。今天流行于西方的科学主义或唯科学主义，是一种实证主义科学观，即一种唯心主义科学观，是不科学的。"五四"运动时期陈独秀及其他马克思主义者所坚持的科学观基本上是马克思主义的科学观。

二、科学与民主在人类社会生活中的地位

新文化运动举起科学与民主两面旗帜，不是偶然的，因为这两面旗帜确实可以代表整个现代西方文化的精神，对中国以及全人类均有普遍意义。人类社会实践不外改造自然与改造社会（包括改造人自己），从而人要处理的关系不外两大类：人与自然的关系和人与社会的关系（人与人的关系）。不管进行哪种实践，不管处理哪种关系，有两个必须遵循的原则，也是最好的原则，即合理与合法，科学精神包括了合理原则，民主精神包括了合法原则。

前面已谈到，科学精神就是解放思想、实事求是，就是辩证唯物主义。根据这种精神，我们的一切实践活动和待人接物都要以规律性知识为指导，客观规律是客观的理，规律性认识是主观对客观规律的正确认识，即主观的理。合理原则就是按道理办事，按规律办事。但是，谁都不是规律性认识的绝对权威，意见分歧是经常发生的，在争执不下的情况下只有一个办法，那就是按多数人的意见办，这是符合民主精神的。不仅如此，多数人的看法往往也是比较合理的。当然，多数人同意不是真理的标准，真理最初往往在少数人手中，但少数人

同意更不是真理的标准。真理归根到底是对多数人有利的，因而最终能为多数人所承认，真理一旦掌握了多数人，便成为不可抗拒的力量。因此，合理的不一定合法，合法的不一定合理。但从长远看，合理与合法最终是会一致的。由此看来，科学与民主不是两面互相对立的旗帜，而是互补的，是有着密切联系的。科学与民主相结合，就使我们的社会实践既具有真理性思想的指导，又得到多数人拥护与参加，这样，我们的事业就能无往而不胜。

事实上，每个人的生存与发展都离不开人类社会，可以说，每个人的活动都带有社会活动的意义，但是，各个人的思想、愿望、要求和活动都是千差万别的，要把这些东西形成一个多数人能够认同的统一的东西，其难度可想而知。在封建专制制度中，一个人说了算，后来，推翻了君主，民主活动和民主制度便成了体现人类活动的社会性的最佳形式。这不仅因为多数人可以代表所有人，而是因为一般说来通过民主活动（自由发表意见，相互争论比较等）能使多数人的意见比较接近真理。这样，民主就成了整个社会得以科学地改造自然和改造社会的前提。即使在资本主义条件下，民主的发挥受到资本的限制，也明显表现出了巨大的作用。如果在社会主义条件下，民主能够健康地正常地发挥其保证人类活动的社会性的作用，其威力将是难以估量的。

综上所述，可以提出以下观点：人类社会实践是人类活动中最根本的活动，其目的是谋求全体人民的生存、发展和幸福，要达到这个目的必须以规律性认识，亦即以各种科学来指导，而民主，既是达到人民的共同的科学认识的最佳途径，也是在意见分歧而又需要作出决定时唯一可行的办法——这就是科学与民主在人类社会中的重要地位。

三、科学、民主与马克思主义的关系

科学与民主并不是两面互相对立的旗帜，科学、民主与马克思主义也不是三面互相对立的旗帜。

马克思主义是科学，按照传统的理解，它主要是三门科学，即哲

学、政治经济学和科学社会主义。限于篇幅，我们这里只讨论哲学问题。有的人认为哲学不是科学，这对于非马克思主义哲学来说是对的，但马克思主义哲学既是无产阶级意识形态，又是科学。马克思主义哲学确实具有一般科学所具有的一些特点：（1）它有明确的可以同其他科学区别开来的对象，严格讲，马克思主义哲学包括宇宙观、历史观、认识论等部门，但各部门均有明确的对象；（2）它的论点以各门科学为根据，是经过人类社会实践反复验证过的；（3）它有比较严密的逻辑体系；（4）它的基本观点得到了历史上比任何哲学流派的信奉者更多的信奉者，他们自称为马克思主义哲学家，正如一个物理学家自称为物理学家一样；（5）它还拥有难以估量的自发的非专业的支持者和实践者，正如一些基础科学那样。政治经济学与科学社会主义的情况与哲学类似，可以毫无愧色地被称为科学。

这样，马克思主义与科学的关系就是部分与整体的关系，马克思主义属于科学，它有自己的个性，也有科学的共性。邓小平曾指出马克思主义及其哲学的精髓就是解放思想、实事求是，这是极其准确的。解放思想，实事求是，也是一切科学的共性、一切科学的灵魂。各种科学是对现实世界的各个领域之系统的真实的反映，没有解放思想、实事求是的精神，任何科学都不能形成，也是不能发展的。马克思主义作为科学的一员，当然不能例外，它也是靠解放思想、实事求是形成和发展的。一些人不承认它是科学，是因为它的意识形态性或阶级性。在他们看来，科学性与阶级性是绝对对立的，科学就不能有阶级性。这个问题的背后是科学的客体性与主体性的关系问题。科学不管如何客观，都是人的科学，都是人所创建的科学，不可能没有主体性。主体性是具体的、复杂的、多种多样的，阶级性就是一种主体性。一切科学都有主体性，但不是都有阶级性，有的有，有的没有。一般来讲，自然科学没有阶级性，哲学和社会科学有阶级性。主体性并没有妨碍科学的客体性，无产阶级的阶级性也不会妨碍马克思主义的客观性或科学性，相反，它倒是马克思主义的科学性的一种保证，使空想的社会主义转化为科学社会主义的阶级基础。

马克思主义与民主的关系要复杂一些，这是因为民主在现在条件下有阶级性，有资产阶级民主、资本主义民主，还有无产阶级民主、人民民主、社会主义民主。西方学者只讲一般民主、抽象民主，不承认民主的阶级性，并只承认西方民主才是民主。在他们看来，社会主义同民主是不相容的，社会主义民主实际是极权主义。马克思主义并不否定西方民主是一种特殊的民主制度，但认为它有很大的阶级局限性，主张以社会主义民主取代资产阶级民主。

马克思主义与西方民主之间的关系是批判与继承的关系。西方民主思想早于马克思主义出现，与人道主义、自由、平等、人权等思想属于资产阶级启蒙思想的范畴，其主要特点是抽象性，而在资本主义条件下这种抽象性不过是资产阶级立场的掩盖物。马克思和恩格斯尖锐地批判了这些理论的虚伪性，揭穿了它们的阶级实质以及无产阶级意识形态与它们的根本对立，并从这种观点出发在《共产党宣言》中提出了与资产阶级意识形态彻底决裂的主张。这曾被误解为对资产阶级意识形态的完全否定。其实，彻底决裂，如果加以正确理解，就是由于无产阶级意识形态与资产阶级意识形态的根本对立，我们应划清二者之间的根本界限，而绝不是说二者毫无共同之处。马克思主义当然要批判地继承资产阶级意识形态中优秀的东西，不仅如此，它要批判地继承有史以来人类社会中的一切优秀的东西。正如列宁所说，马克思主义"绝不是离开世界文明发展大道而产生的一种故步自封、僵化不变的学说。恰恰相反，马克思的全部天才正是在于他回答了人类先进思想已经提出的种种问题。他的学说的产生正是哲学、政治经济学和社会主义极伟大的代表人物的学说的直接继续"[①]。社会主义民主同资本主义民主有本质区别，然而它也是学习资本主义民主的结果。不仅民主选举、多数决定、民主集中是从资本主义民主学来的，就是三权分立、多党竞选中也有一些因素是可以吸收的。例如，三权分立中的制衡作用、互相监督，多党竞选中的互相批评、公平竞赛等因素，

[①] 《列宁选集》第2卷，人民出版社1995年版，第309页。

如果赋予合适的形式，也是可以发挥积极作用的。其实，这些因素已在我国的政治生活中有所表现，但我们决不能完全照搬整套西方民主，过去我们已有过多次教训。

至于马克思主义与社会主义民主的关系，容易理解。中国社会主义民主，是在中国革命和建设的过程中亦即在马克思主义的指导下逐渐形成的，它的进一步完善和发展当然也离不开马克思主义的指导。因此，它们二者之间的关系就是指导与被指导，而社会主义民主思想反过来又会丰富和发展马克思主义的内容。

今天，我们要高举邓小平理论伟大旗帜，把建设有中国特色社会主义事业全面推向21世纪。这面旗帜同马克思主义、科学、民主是什么关系？我认为，邓小平理论当然逻辑地蕴涵马克思主义、列宁主义、毛泽东思想中的一般的东西，也包括马克思主义科学理论和社会主义民主理论作为它的重要组成部分。科学与民主曾经是20世纪上半叶新文化运动的旗帜，今天它们仍然具有重要的现实的价值。

"五四"新文化运动与自由主义

"五四"新文化运动的旗帜是什么？几乎没有人不同意是科学与民主，但在赞同者中间分歧还是存在的，有人认为它就是自由主义；有人认为它不仅是科学与民主，还是马克思主义；有人认为正是马克思主义和中国革命使中国的自由主义夭折了（所谓"革命压倒了启蒙"）。值此"五四"运动80周年之际，讨论一下这个问题，我想是有意义的。

自由主义是什么？怎样评价自由主义？这不仅是一个历史问题，而且是一个现实问题。改革开放20年也是思想解放的20年，有一本书在封面和封底上写道："中国当代解放思想的历程"就是"从人道主义到自由主义"。自由和自由主义是这本书的一个核心思想。这实际是在世纪之交的中国举起了自由主义的旗帜。看来，讨论一下这个问题也是很有现实意义的。

新文化运动中的科学与民主的口号同自由主义是一致的，但不等同于自由主义。

---

* 本文发表于《文艺理论与批评》1999年第3期。

自由主义有多种含义，过去常用它来指自由散漫、不讲原则、不守纪律的工作生活作风，毛泽东的著名文章《反对自由主义》列举了它的11种表现。我们今天谈的自由主义是近代以来在资产阶级意识形态中始终占据主流地位的政治主张，它开始于欧洲文艺复兴时期的人文主义，经过欧洲启蒙时期人道主义、人权思想而形成为资产阶级民主主义政治思想，以至于今。20世纪出现了新自由主义，但它与古典自由主义并无本质区别。对于自由主义的这种理解，可以说国内国外、马克思主义与非马克思主义基本上是一致的。这一点我们可以用《中国大百科全书》和《简明不列颠百科全书》对"自由主义"一词的解释来证明。

《中国大百科全书》说：自由主义是"一种资产阶级思想流派的代名词"，"强调以理性为基础的个人自由，主张维护个性发展，始终是自由主义的核心"。自由主义者主张"生命、自由和个人财产是公民不可剥夺的基本权利，在法律许可的范围内公民享有广泛的自由权，国家应实行代议制民主，国家权力必须受到限制，国家为保护公民权应实行法治与分权。"①

《简明不列颠百科全书》没有对自由主义的一般性概括，而是分别介绍了古典的和现代的自由主义，认为"18和19世纪的自由主义是以市场的统治权和'利益集团的自然协调'为基础的"。"个人的自私自利是一个促进公共福利的推动力量……但是，这种令人愉快的结果只有在'自由'市场的条件下才能出现。""自由主义者相信，政府不要去做个人所能做的事情。人们想出种种办法限制政府的权力，分权就是其中之一。""他们发展了个人权利的学说……这是近代民主的精髓。"《简明不列颠百科全书》也指出了自由主义的失误，如两极分化、消费者购买力下降、垄断者对政府的影响和控制等。至于"现代自由主义和古典自由主义的一个根本差异就是：大多数自由主义者现在都相信，现代市场所实行的体制，必须以实质性的方式加以补充和

---

① 《中国大百科全书》(政治学卷)，中国大百科全书出版社1992年版，第618页。

改正。"①

从以上引文和一般论著对自由主义的说明，可以看出，多数学者对自由主义的理解已形成了几点基本一致的共识：自由主义是反对封建特权的，它的经济基础是资本主义的经济制度，特别是市场经济，它的政治主张是民主主义，它的人生价值观是个人主义。值得注意的是，《简明不列颠百科全书》并不讳言自由主义的经济基础是资本主义经济制度，而中国的一些学者在鼓吹自由主义时都对它的经济基础避而不谈，或者只抽象地谈市场经济，回避市场经济的社会性质。

按照这种理解，"五四"新文化运动的兴起无疑是在西方自由主义思潮的影响下开始和发展起来的。科学与民主的口号最早是陈独秀在《新青年》第1卷第1号的《敬告青年》一文中提出来的，具体的提法是"科学与人权"。不久他在《新青年》第1卷第2号的《今日之教育方针》一文中提出"惟民主义"，主张"主权在民，实行共和政治"，这样的国家"乃民主的国家，非民奴的国家。民主国家，真国家也，国民之公产也，以人民为主人，以执政为公仆者也"。这样他就从主张人权发展到主张民主政治。这都是1915年的事。1919年1月15日他在《新青年》第6卷第1号的《〈新青年〉罪案之答辩书》中说：《新青年》的反对者"所非难本志的，无非是破坏孔教，破坏礼法，破坏国粹，破坏贞节，破坏旧伦理（忠、孝、节），破坏旧艺术（中国戏），破坏旧宗教（鬼、神），破坏旧文学，破坏旧政治（特权人治），这几条罪案。这几条罪案，本社同人当然直认不讳，但是追本溯源，本志同人本来无罪，只因为拥护那德谟克拉西（democracy）和赛因斯（science）两位先生，才犯了这几条滔天的大罪"。新文化运动从此正式树起了科学与民主两面旗帜。他还明确指出科学与民主是从西方移植过来的："法律上之不平等人权，伦理上之独立人格，学术上之破除迷信、思想自由。此三者为欧美文明进化之根本原因"。② 显然可见，新文化运动与欧美启蒙运动在社会背景和思想内容上都是一致的，

---

① 《简明不列颠百科全书》，中国大百科全书出版社1986年版，第580页。
② 《袁世凯复活》，载《新青年》第6卷第1号。

是中国先进知识分子解放思想，学习西方，把中国社会推上现代化道路的思想运动，是中国的启蒙运动，是自由主义在中国的表现。

但是"五四"新文化运动有两面旗帜，民主的旗帜诚然是自由主义旗帜，科学的旗帜则不能同自由主义混为一谈。在近代的欧洲，自由主义与科学是同步发展的，它们之间有密切的关系，科学与生产共同处理人与自然之间的关系，自由主义处理人际关系，一个社会的运转离不开这两种关系。但不管关系多么密切，它们仍是两个东西，并未形成一个东西或融为不可区分的一体。科学不属于意识形态，自由主义是一种意识形态，区别是明显的。因此，把"五四"新文化运动等同于自由主义运动显然是不对的，把自由主义说成是"五四"新文化运动的唯一旗帜，那就把"五四"新文化运动的内容和意义大大缩小了。问题不仅在于忽视科学，而且在于忽视"五四"运动的反帝任务，从而把马克思主义的传播和指导作用看成是阻碍中国社会前进的消极因素。

马克思主义是"五四"新文化运动的第三面旗帜，它适应了中国反帝的需要，它的传入和对反封建的革命的影响改变了中国社会发展的道路，它没有扼杀科学与民主这两面旗帜，而是促进了中国科学的发展，改变了民主的性质。

当西方开始反封建的民主运动的时候，中国还在东方大帝国的美梦中酣睡。当西方的坚船利炮轰开中国大门时，中国才惊醒过来发现自己已远远落后。当有识之士经过摸索认识到科学与民主是救亡图存的两大法宝时，西方资本主义已受到历史上最先进思想——马克思主义的批判，而且一批马克思主义者正在从事以社会主义取而代之的革命运动，并于1917年在俄国取得第一次胜利，建立了第一个社会主义国家。这对于正在寻找救国之道的中国先进分子无疑是一个极大的启发：既然洋务运动、维新运动、民主运动都先后失败了，既然马克思主义也反对资本（帝国）主义，为什么不可以运用马克思主义的旗帜？今天有些人想，假设当时中国人不接受马克思主义，后来的历史就会……这种假设毫无可能，当时任何力量都挡不住马克思主义的传入。马克思主义的传入使中国后来的历史根本不同于西方一般的资产阶级革命与发展的历史,而是走了一条通过新民主主义革命过渡到社会主义改造和建设的道路。

那么,马克思主义的传入是否打断了中国的启蒙运动呢?这里涉及马克思主义与科学、民主的关系问题。马克思主义是一种科学,它同科学没有什么冲突,相反,马克思主义的科学精神完全有利于科学的发展。马克思主义与民主的关系比较复杂,但决不是有些西方人士所设想的互相冲突,水火不容。在他们看来,马克思主义是极权主义,根本无民主可言。他们的民主是唯一的民主。他们不承认民主有特殊性和阶级性,不承认民主有资产阶级民主和无产阶级民主、人民民主,资本主义民主与社会主义民主。马克思主义与资产阶级民主之间存在着批判与继承的关系,它把资产阶级民主改造成为无产阶级民主。它不承认什么纯粹的民主,认为民主首先是与专政的辩证统一,其次是与集中的辩证统一。资产阶级民主也是如此,不过它首先是与资产阶级专政的统一,其次是与资产阶级集中的统一。巴黎公社是无产阶级民主的第一个典型,苏维埃是无产阶级民主的第二个典型。因此,"五四"新文化运动的一些代表人物,在他们接受了马克思主义之后,并没有根本抛弃民主这面旗帜,而是加以改造,使之成为无产阶级的人民的民主。1920年陈独秀对自由主义(民主)作了阶级分析,指出"资本家利用自由主义,大家自由贸易起来,自由办起实业来,自由虐待劳动者,自由把社会的资本集中在少数人手里,于是渐渐自由造成了自由的资产阶级,渐渐自由造成了近代资本主义自由的国家"。[①] 但是,他也反对无政府主义,而赞同马克思的主张,通过革命建立劳动阶级专政,即劳动阶级国家,亦即劳动者所需要的民主政治制度。李大钊号召建立"自由集合的国民大会"来制约军阀所控制的"国民大会"和南北政府,并"本着自由、平等、博爱、互助、劳工神圣诸大精神,发布一种神圣的民权宣言"。[②] 显然,"五四"新文化运动中的

---

① 《谈政治》,载《新青年》第8卷第1号。
② 《晨报》1920年8月17日。

马克思主义派并没有全盘否定民主的旗帜，而只是改造了它的内容。后来中国共产党所领导的革命实践也从来没有否定过民主，而且以毛泽东为代表的中国共产党在革命实践中逐渐把孙中山的三民主义改造为新三民主义，慢慢形成了完整的马克思主义的新民主主义理论，亦即人民民主专政理论，这是大家都很熟悉的。"五四"运动开始的中国革命并没有打断、中止中国的启蒙运动，只是由于时代的变化和马克思主义的介入，改变了它的性质与内容，开辟了一条不同于西方的自我解放和现代化的道路。

改革开放20年的思想解放的历程决不是经过人道主义向自由主义的复归，而是纠正对马克思主义理论的某些"左"的理解，清算过去30年对传统文化和西方文化的"左"的偏向，在新条件下继承和发展毛泽东思想的历程，是中国当代马克思主义——邓小平理论的诞生、形成与发展的历程。

80年代初期，由于实践标准的讨论破除了"两个凡是"的错误思想路线，树立了解放思想实事求是的马克思主义思想路线，"双百方针"得到了认真的贯彻，过去全盘否定人道主义的思想倾向被纠正了，人道主义作为一种伦理观点被改造成为社会主义人道主义，得到了普遍的承认。但是，多数学者仍然认为作为一种历史观的人道主义或人本主义（以人的本质的异化和复归来解释人类社会历史的观点）是一种唯心史观，是与科学的唯物史观对立的。对西方启蒙思想家的人道主义过去缺乏实事求是的具体分析是不对的，应该予以恰如其分的评价。不能以人道主义取代马克思主义，也不能说马克思主义就是人道主义。因此，不能认为人道主义已成为改革时期的主要思潮。人道主义是西方马克思主义的主要思潮，但决不能说它是中国马克思主义的主要思潮，更不能说它是整个思想领域的主要思潮。诚然，实践标准和人道主义的讨论之后，人的问题成为一个理论研究的热点，以哲学而论，随之而来的一系列讨论，如主体性原则、实践唯物论、人生价值观、价值论、人权、人学等等都与人有关，但其他热点也很多，如马克思主义哲学的许多原理、哲学体系、自然哲学、社会哲学、中国传统哲学、西方哲学、东方哲学等等都是理论界研究的热点，而且不能说对人的研究就是人道主义，对自然、宇宙一般问题、哲学史的研究更不能说是人道主义。至于哲学以外的其他思想领域，更难说人道主义占主导地位。

如果说人道主义在80年代并未占据主导地位，自由主义在90年代同样没有占据主导地位。近年来有一些谈论自由主义的文章，其中有些文章认为既然"五四"运动时期救亡压倒、中断了启蒙或自由主义，救亡的任务完成之后，启蒙或自由主义就该成为主流了。建国之初这一目标没有实现，改革开放之后理所当然地应该实现了。这恐怕是一种一厢情愿的想法，多数人是不会同意这一看法的。自由主义在我国思想界不过是一股支流而已。不仅如此，发展下去，自由主义也不可能成为主流。为什么呢？第一，自由主义已经失去了它的时代基础。自由主义是顺应反封建的时代潮流而产生和扩展的，它是之所以能在20世纪初成为中国历史发展的推动力而流行起来就是因为它顺应了当时反封建的需要。如果它要在中国再度流行，除非改革前的中国是一个封建或半封建社会。封建因素无疑今天还广泛存在，特别是封建思想因素尤其广泛，说中国今天还存在某种封建制度，那就太过分了。第二，自由主义已经失去了它的经济基础。它的经济基础就是资本主义经济制度，在今天的中国诚然还存在着资本主义经济因素，而且在发展，但作为中国经济制度主体的不是资本主义而是社会主义公有制。第三，自由主义已经失去了它的政治基础。自由主义的政治理想就是资产阶级民主制度，而资产阶级民主制度的建立又成为自由主义的政治支撑。中国的政治制度是人民民主专政，即社会主义民主，它是吸取了资产阶级民主制度的合理因素在社会主义改造的基础上经过长期的发展，逐渐形成和成熟起来的，今天已形成为相对稳定的社会主义民主形式——人民代表大会和中国共产党领导的多党合作的政治协商制度，它的代表由全社会的各个地区、各个领域、各个阶层选举产生，强调在和谐协商的基础上达到尽可能大的一致，而不是像资产阶级民主制度那样让政权为一批能言善辩的富有者的代表所把持。

中国民主制度呼唤了一个世纪，经历了在社会主义民主与资产阶级民主之间的比较、动摇、选择、成功与挫折的曲折过程，今天已达到比历史上任何时候都更能体现人民当家做主的程度，它将愈来愈成熟、完善。在这种政治制度基础上，自由主义难以大行其道。

那么，改革开放 20 年的思想主流是什么呢？我想是邓小平理论的诞生、形成和发展，这是国际国内、全国上下所关注的思想体系，是邓小平和我国人民在批判、继承前 30 年的历史经验和继承、发展毛泽东思想的前提下对改革开放实践的总结与概括。大家知道，"建设有中国特色社会主义理论"这一提法是邓小平 1982 年在党的十二大上明确提出来的，但这个理论的萌芽早在 50 年代就出现了。毛泽东那时就多方探索过在中国实现社会主义的特殊道路，但一直未能找到一种在整体上适合中国国情的理论，因而在实践上虽然有不少成功，也遭遇了不少失败，甚至出现"文化大革命"那种大失败。后来以邓小平命名的"建设有中国特色社会主义理论"正式诞生的时间是 1978 年党的十一届三中全会，它诞生的标志就是邓小平在为全会作准备的中央工作会议闭幕会上的讲话《解放思想，实事求是，团结一致向前看》。这个理论在诞生的时候，甚至在明确提出这个名称的时候，还是比较笼统和抽象的，后来随着实践的扩展和深入，其中也包含一定的曲折，这个理论的内容才慢慢丰富、明晰、具体、完善起来。1992 年邓小平的《在武昌、深圳、珠海、上海等地的谈话要点》标志着这个理论的形成，因为这个《谈话》不仅系统地涉及了这个理论的一系列问题，而且明确地提出了"社会主义市场经济"的思想。当年党的十四大报告具体地概括了邓小平理论的思想体系。1997 年党的十五大报告进一步发展了邓小平理论，并在党章中明确地规定邓小平理论在全党的指导地位。今年九届全国人大二次会议又把邓小平理论对全国工作的指导地位写进我国宪法。邓小平理论从诞生到形成、发展的过程，也是我国改革开放和现代化建设不断扩大和深化的过程，是一个理论与实践双向互动的辩证过程，邓小平理论决不是在书斋里创立的，也不是凭一个人或几个人的理论研究创立的，它是在邓小平与人民群众、实际工作者、理论工作者的共同努力下，集中了集体智慧逐渐形成的。它所涉及的实践领域、理论领域之多，涉及的实践者、理论工作者之多，内容之丰富、复杂、深入，不是任何其他理论体系所能比拟的，当然也是自由主义所无法企及的，与之相比，自由主义怎么算是主流呢？

建设有中国特色的社会主义事业正方兴未艾，邓小平理论也将不断发展，"五四"新文化运动中升起的三面旗帜——科学、民主、马克思主义的基本精神都将随着社会主义现代化事业的发展在邓小平理论中发扬光大。

中西文化在实践与认识的
关系问题上的特点比较*

文化的共性和个性，即文化的普遍性和特殊性，是文化比较研究中的根本问题，但一般对文化作比较研究时多关注其特殊性，而忽视其普遍性，如人们在比较中西文化时认为天人合一是中国文化的基本精神。那么，中西文化还有没有共同性呢？如果有，又是什么呢？我在《哲学研究》1997 年第 4 期中发表的《唯物史观与文化的共性和个性》文章中作了这种考察，认为天人合一（就其合理含义讲，即人与自然的统一）与主客二分不仅不是中西文化的特殊性而恰恰是它们的共性，因为根据马克思主义的基本观点和人类社会历史的不争的事实，主客二分与主客统一正是人类社会实践的两个不可分割的方面，缺乏任何一个方面人类社会实践都是不可能的，人类社会也是不可能生存和发展的，当然也就没有文化可言，怎么可能有以主客统一为基本精神的中国文化和以主客二分为基本精神的西方文化呢？研究文化的共同性是很重要的，不了解不同文化的共同性就难于认清它们的特殊性，

---

* 本文发表于《理论视野》2000 年第 1 期。

反之亦然。在那篇文章中我也提到了中西文化的几个特殊性，但没有作进一步论述。弄清楚中西文化的特殊性也是非常重要的，因为只有在这种比较中，我们才能清楚认识自己文化的优点和缺点，才能正确地发扬自己的优点和克服自己的缺点。中西文化的不同点当然很多，这里我只谈谈它们在实践与认识关系问题上的特点。

任何一个社会的生存与发展都离不开改造世界，为了改造世界就得认识世界。实践与认识，这是一切人类社会的共同之处，中外古今，概莫能外。但实践与认识都是具体的，不可能没有自己的特点。在实践上，能说中国人把自然界看成朋友，力求与之和谐共处，而西洋人把自然界看成奴隶，诛求无厌，竭泽而渔吗？我看不能。西洋文化与中国文化在看待实践上有何特殊性还需要作进一步研究，这里暂且不谈。至于在处理实践与认识的关系问题上中国文化与西方文化的特色确实比较明显。我国多数人认为中国文化重视实践和实用知识，强调学以致用，而西方文化强调对外部世界的分门别类的系统研究，不要求科学研究具有立竿见影的效果。这种区别可以从两方面加以说明，一是中西思想家的科学思想，一是中西科学的实际情况。

当然不能认为中国古代思想家根本不重视对外部世界的认识，儒家经典《礼记·大学》说："致知在格物，物格而后知致。"后来朱熹加以发挥说："所谓致知在格物者，言欲致吾之知，在即物而穷其理也。"（《大学章句补格物章》）又如孟子、荀子、王充以及其他思想家都有许多认为知识来自外部世界，应通过与外部世界的直接接触及其他方式来获得知识，但他们更重视书本知识，更重视关于人和人类社会的知识，更重视有实际价值的知识。格物致知不是目的，而是为了正心修身治国平天下。儒家圣经《论语》中有很多精彩的学习和教育思想，但很少谈到如何通过自己的活动从外部世界去获得知识，他教学生学习的周礼、经典都是间接知识。不仅如此，间接知识中孔子特别重视的不是自然知识，而是社会知识，主要是道德和政治知识。

中国古代的科学水平，与同时代的西方国家相比，毫无逊色。中国古代哲学发展的第一次高潮是先秦，这同西方古代哲学的第一次高潮古希腊哲学差不多是同时的。在中西的哲学高潮中都出现过一些素朴的本体论思想,在西方有水论、火论、气论、原子论等,在中国有气论、道论、阴阳论、五行论等,这些理论说明中西哲学家都很关注人类赖以生存和发展的外部世界,都有着从本原上加以探索的强烈冲动。与此相适应,中西思想家对外部世界也获得了大量科学知识。我国是世界上古代天文学最发达的国家之一。我国古代很早就有准确完整的天象记录,从春秋以来记有日食1000多次,月食900多次,太阳黑子100多次,关于彗星的记录在世界上是最早的。这些以及其他天象记录有很高的科学价值。古代墨家的力学可以同古希腊的阿基米德的力学媲美,他们提出了杠杆平衡原理:标(力臂)×权(砝码)=本(重臂)×重(重物)。我国古代很早就形成了十进位制的运算方式,《易经》中的八卦体系包含了二进位制的萌芽,对现代计算机的发明有启发作用。勾股定理(勾方+股方=弦方)是周朝的商高最早发现的。汉唐之间的《算经十书》是10部数学专著,对全世界,特别是对东北亚洲有重要影响。中国古代在物理学、化学、地学、生物学等方面都有辉煌的成就。但是,在中国古代从不同知识领域来讲,人文社会知识比自然知识更加辉煌,从整个知识领域来说,应用研究和技术的成就和影响也大于基础研究,这是中国传统文化的特点之一,是它的优点,也是它的缺点。

中国古代思想家不重视分门别类的专科研究,这是同西方文化大不相同的。诚然,在西方,对自然和社会的分门别类的研究是近代随着资本主义的出现与发展而发展并繁荣起来的。而由于中国封建社会的长期停滞,科学研究不免慢慢地落在后面,但在古希腊时代,西方人已形成了专门研究的传统。古希腊不但出现了一批对基础科学进行专门研究的专家,如以数学研究著称的毕达哥拉斯学派、几何学家欧几里得、力学家阿基米德等,而且出现了对多种基础学科进行分门别类专科研究的百科全书式的学者亚里士多德。我们一般把知识渊博、博古通今的学者称为百科全书式学者,按照这种理解,这种学者在古代是很多的,但像亚里士多德这样的百科全书式学者却是极少的,他不仅知识渊博,博古通今,而且已有明确的按研究对象的不同区别不同科学的思想,即科学分类思想,同时还进行了分类研究,分科讲授,他的全集就是由这些分科的专著和教材形成的。苗力田教授主编的《亚里士多德全集》中译本由 10 卷构成,第一卷是方法论和逻辑学,第二至六卷是自然科学(物理学、天文学、生物学、心理学、人体学……),第七卷是形而上学(宇宙观),第八、九卷是社会科学(伦理学、政治学、家政学、经济学)和文艺理论(修辞学、诗学),第十卷是其他内容。这个《全集》完全是现代百科全书的一个雏形。这是典型的纯学术典型的基础科学研究,不能说,亚里多德的这种研究方法对近代实验科学的繁荣没有巨大的影响。

中国古代的诸子百家之学极少这种纯学术研究,他们的著述都是为了解决某种实际问题而撰写的。他们的著述涉及的领域虽然十分广泛,包括了自然、社会和精神的全部领域,但更多的是修身齐家经邦济世的人文社会知识,尤其缺少像亚里士多德的这种分门别类专科研究。例如人物众多、影响深远的儒家,他们的学说绝大部分是人文社会学说。孔子并非不谈自然,他的《论语》中多次谈到"天",这个"天"有的地方是神,有的地方是自然,但他从不直接对"天"作出什么论断,而是采取一种回避的或敬而远之的态度。子贡说:"夫子之文章,可得而闻也,夫子之言性与天道不可得而闻也。"(《公冶长》)《论语》说"子不语怪、力、乱、神。"(《述而》)整部《论语》主要是三部分思想:政治思想、伦理思想和教育思想。儒家的两大分支孟子与荀子的言论谈到自然的当然比孔子多得多,但其言论的主要部分仍是人文社会知识,而且他们谈到自然时,很少谈自然本身,多谈自然与人的关系。例如孟子说:"昔者,尧荐舜于天,而天受之;暴之于民,而民受之。故曰:天不言,以行与事示之而已矣。"(《万章上》)荀子有些言论直接谈到自然本身,如说"水火有气而无生,草木有生而无知,禽兽有知而无义,人有气有生有知并且有义,故最为天下贵也。"(《王制》)这番话区别了无生物、植物、动物和人,但其目的还是为了说明人之尊贵。至于他说的"大天而思之,孰与物畜而制之?

从天而颂之,孰与制天命而用之?"(《天论》)其主题仍然是自然与人的关系。因此,像荀子这样的唯物主义思想家也没有对自然进行多少专门研究。孔子办学,也有教育科目,有《六经》和《六艺》,《六经》是六种经典,即《诗》、《书》、《礼》、《乐》、《易》和《春秋》,《六艺》是六种技艺,即礼(行礼)、乐(演奏)、射、御(驾车)、书(书写)、数(运算),这十二种教育科目有按学科进行教育的内容,但不是亚里士多德那种分门别类的专科教育。儒家以外的诸家在观点上各不相同,差别很大,但对实践与认识及其关系的态度却是大同小异的。

概括起来,中西文化在实践与认识及其关系问题上的特点是:(1)中国强调认识的实践性,西方强调认识的系统性;(2)中国强调认识的综合性,西方强调认识的分析性;(3)中国强调人文认识,西方强调外部认识。这些特点是它们的优点,也是它们的缺点,其所以是优点,因为它们拥有部分真理;说它们是缺点,因为它们有片面性。下面试就中国方面谈三点看法。

一、人们一般都认为中国文化主张知行合一。知行合一,如果予以正确理解,并用现代语言来说,就是实践与认识的统一。实践与认识的统一并不排斥实践与认识的区分,但中国文化所说知行合一则由于强调实践和认识的实践性而流于忽视认识,特别是基础研究,甚至以实践吞并、淹没了认识。在孔子的教育实践和教育思想中,学习是为了实践,学习就是学习实践,他强调学以致用。他的教育学科除前面谈到的《六经》、《六艺》而外,在学生方面区分为专业,"德行:颜渊、闵子骞、冉伯牛、仲弓。言语:宰我、子贡。政事:冉有、季路。文学:子游、子夏。"(《先进》)这些都是实用学科或人文学科。《论语》记载"子以四教:文、行、忠、信。"(《学而》)孔子对学生提出的要求是身体力行。"弟子入则孝,出则弟,谨而信,泛爱众而亲仁,行有余力,则以学文。"(《学而》)"学而时习之,不亦说乎!"(《学而》)这个"习"就是实习。学成了,"学而优则仕"(《子张》)。中国古代文化如此处理实践与认识的关系,并形成了传统,这种传统虽然在魏晋南北朝时代受到了魏晋玄学的冲击，其统治地位并未动摇。后来王守仁的"知行合一"说把这一态度推向极端。他的知行合一说的本体论根据是心物合一。他说："外心以求理，此知行之所以二也；求理于吾心，此圣门知行合一之教。"（《传习录》中）既然吾心便是天地，吾心一动就把天地改变了，因此他说："一念发动处，即便是行了。"（《传习录》下）严格说，知行合一不能等同于实践与认识的统一。知行合一说有合理的一方面，即包含了实践与认识的统一，但它否定或忽视实践与认识的区分，则是片面的。且不说王守仁的心物合一说，仅就知行合一说本身来说，我们对这个传统也需要具体分析。

人的改造世界的活动，即实践活动，无疑是人的最根本的活动，但人的实践活动之所以根本不同于动物的适应环境的活动，之所以能改变环境来满足人的需要，正由于它是由人的认识来指导的，而且这个认识必须是正确反映客观规律的科学认识，其科学性愈高，实践成功的可能性愈大，实践的效果也愈大；认识愈深入、愈系统，实践的效益也愈高。因此，决不可以因重实践而轻认识。认识从哪里来？从整体上说，实践出真知，认识归根到底来自实践，但决不可以因此而轻视认识的相对独立地位，忽视那些似乎没有实用价值的基础学科的系统研究。我们当然要自觉地使实践与认识统一起来，但统一以二者的区分为前提，不能因强调统一而忽视了区分。反之亦然，区分也是以二者的统一为前提，不能以强调区分而忽视了统一。

知行合一可以说是中国传统文化的一个特点，但这一特点有合理性与片面性的两面，这两面对中国文化的整体和后来的历史发展都有影响。中国传统文化重视实践和认识的实践性，这一点与马克思主义的实践观点有共同之处，应该说这是马克思主义得以在中国传播开来的文化因素之一。在运用马克思主义的过程中出现了脱离中国实践的"左"的教条主义倾向使初期革命累遭失败。后来，在毛泽东领导下，中国革命走上了与中国实践相结合的道路，才胜利前进并取得了民主革命的胜利。不能说中国文化重视实践没有对此起重要的作用。毛泽东的《实践论》诚然是采用了马克思主义的理论形式，也明显总结和发扬了中国传统文化的精华因素。50年代中国共产党采取了与中国实践相结合的社会主义改造的特殊道路，取得了明显的成功。后来社会主义建设有脱离中国实践之处，导致了许多曲折与挫折。"文化大革命"结束后，在邓小平领导下，恢复了正确的思想路线——解放思想实事求是——即理论与中国实践相结合的道路，社会主义建设和改革才走上了顺利前进的坦途。解放思想，实事求是，这是马克思主义思想路线，也是与中国传统文化的重视实践的精神一致的。

重视实践是优点，但因重视实践而忽视认识，否认认识在人类文化中的相对独立的地位，急功近利，要求任何研究都要立竿见影，轻视系统研究，优点就转化成了缺点，这在中国历史上和现实中都是有教训的。有一些基础科学在古希腊时代已经基本建立了，如形式逻辑、平面几何，近代以来更是纷纷建立了基础科学群。中国古代科学技术的辉煌成就比西方毫不逊色，四大发明对世界历史的发展作出了巨大的贡献，但直到"文化大革命"的几千年历史中却没有一门基础学科是中国人建立的，这是值得深思的。在现代民主革命的过程中，轻视知识和知识分子，这在革命战争中可能是难以避免的。但建国之后，仍然认为知识分子成事不足，败事有余，轻视间接知识的系统学习和基础科学的系统研究，这种倾向发展到极端便是全盘否定传统文化和现代文化的"文化大革命"。1972年周恩来主张恢复和加强各高等院校的系统学习，被批判为右倾机会主义。这种把实践极端化以至否定认识的相对独立的地位和不可替代的重要作用的观点可以称之为极端实践主义。当然，这种观点并非对科学的实践观点的真正尊重。作为改革开放的思想先导的实践标准的大讨论恢复了实践的权威，也纠正了极端实践主义的错误，摆对了基础学科的位置。但是，20年来，这种极端实践主义的影响并未完全消逝，认为对实践的价值怎么估计也不会太高的人仍然大有人在，甚至把马克思主义哲学等同于实践主义。实践与认识的关系问题是一个重大的理论问题，应该予以恰如其分的论述。把真理夸大一步就走向了它的反面，历史的经验有利于帮助我们掌握好分寸。

二、从整体来说，人类一切知识在任何时代、任何地域既是综合的，又是分析的。这是因为整体与部分是不可分的，对一个事物的整体描述与部门分析也是不可分的，离开分析的综合是笼统、混沌，并非科学的综合；离开综合的分析是支离破碎，零星片断。任何整体总是由一些部门组成的，任何部门同时又是一个整体，因此，知识的综合性与分析性总是相对的，一定程度的，这样，不同文化在知识的综合性与分析性上可能出现程度上的差异。由于中西文化在实践与认识及其关系上的上述差异，中国文化具有较强的知识综合性，西方文化具有较强的知识分析性。知识综合性或知识分析性强，是特点，是优点，但综合性强可能导致分析性弱，分析性强可能导致综合性弱，这样优点就转化成了缺点。中国文化就有这个问题，前面谈到中国传统文化中分门别类的专科研究少，整体的综合论述多，就是综合性强、分析性弱的一种表现。西方古代文化从整体上讲，也具有这个特点，不同的是那时已出现像亚里士多德这样自觉进行专科研究的思想家，而自近代以来专科研究日益突出，形成形形色色的学科，出现了重分析、轻综合的弊端，但19世纪以来，先是黑格尔的辩证法，后来是马克思主义辩证法，都主张把分析与综合结合起来，强调在分析基础上对世界的综合研究，特别是20世纪出现的现代系统论强调对事物的系统研究，克服了西方文化的重分析轻综合的弊端。我国的专科研究是在20世纪西方科学传入后才逐渐开展起来的，但中国文化仍然保持了重综合的传统，许多有识之士自觉地主张把综合与分析结合起来，例如中西医结合的理论和实践把中医的辨证施治和西医的分科诊治结合起来，就是这种主张的具体表现。重视整体研究的传统有助于马克思主义学说在中国的传播和发展，有助于马克思主义与中国及其文化的结合，也有助于中国科学的建设和发展。我国著名科学家钱学森提出的科学体系把宇宙观（辩证唯物主义）摆在最高的位置，把大部门的科学如自然观、历史观等摆在第二个层次，把各门基础科学如各种自然科学、社会科学摆在第三层次，其下还有更小部门的科学，其中又包含边缘科学或交叉科学，这就充分体现了现代科学把综合与分析研究相结合的精神。有一种观点认为分析研究或专科研究已经过时了，现时代是综合研究的时代，这种观点是片面的。分析和专科研究永远不会过时，正如综合研究永远不会过时一样，分析与综合是相互依存与相互推动的。一个人，一个地区，一个时期可能在一种条件下以综合为重点，也可能在另一种条件下以分析为重点，但如片面强调一个方面而轻视另一个方面，科学的发展将受到损害。历史教训不能轻视。

三，从前面所提供的材料看来，在认识内容方面，中国传统文化确有重人文社会认识、轻自然知识和重内心反省体验、轻外部知识的特点，这是优点，也是缺点。重视人文社会知识的传统有助于马克思主义在中国的传播和发展，因为马克思主义的主要部分正是社会理论，即经邦济世的理论，马克思主义理论与中国传统文化在这一点上是一致的。但中国传统文化因重视人文社会知识而轻视自然知识，不能说不是一个缺点，这是中国生产长期停滞的反映，又长期阻碍了生产的发展。自从19世纪中国由于生产落后遭受生产和科学发达国家的侵略以来，特别是20世纪"新文化运动"以来，重文轻理的倾向有了根本性的转变，自然科学知识得到了广泛的重视，科学救国、教育救国的思想深入人心，甚至形成了重理轻文的社会心态，这当然是陷入了另一种片面性，但无论如何，几千年的重文轻理的传统是被纠正了。建国之后，由于马克思主义在中国革命中所起的重大作用，人文社会知识同样得到重视。当然，应该指出，由于意识形态的作用，人文社会知识的意识形态性被强调得过分，其科学性受到了一定的损害，滋长了教条主义的倾向。改革开放以来，我国的自然科学与人文社会科学都得到了长足的发展，而由于自然科学对现代化建设的作用更加明显，社会上再度滋长了重理轻文的倾向。重理是对的，轻文是不对的，应该努力加以克服。道理很简单，改造自然与改造社会是不可分割的，仅仅依靠自然科学或社会科学都解决不了社会主义现代化建设中的问题。

内省体验与外求探索是人类获得知识的两个途径，这两个途径很难分开，不能说哪一种认识过程只有内省体验，哪一种认识过程只有外求探索。一般说来，研究自我精神世界当然以内省体验为主，但这种研究也涉及自然、社会、他人或自己的过去而不得不借助于外求探索；研究自然、社会、他人当然以外求探索为主，但这种研究离不开研究者自我的精神状况，研究者必须时时反省体验自己的精神状态，以保证外求探索最大限度的客观性和准确度。就整个人类认识来说，外求探索无疑是主要的，但不能因此而否定内省体验的作用，哲学史上陷入这种片面性的就是机械唯物主义或直观唯物主义。夸大内省体验的作用并从而否定外求探索的在中外哲学史上也不少见，这就是形形色色的主观唯心主义。中国传统文化长于内省体验，这是其优点，短于外求探索，这是其缺点。在今天，要使传统文化在这个问题上有助于社会主义现代化建设，就要发扬其长处，克服其短处，把外求探索和内省体验正确地结合起来。过分强调一个方面而轻视另一个方面都是片面的。在我国哲学界，在改革开放以前一度出现过因重视外求探索而轻视内省体验的片面性，而在改革开放以后这种片面性得到了克服，然而也出现了因重视内省体验而轻视外求探索的片面性。在有的学者看来，哲学完全是内省体验之学，与科学知识无关。如果哲学离开科学，只从事内省体验，它将走进无声无色、空虚荒凉的死胡同。

中西文化的比较是一个内容十分多样丰富的大题目，包含许许多多子题目，要一个一个地研究，以上只是关于其中一个子题目的简略论述。通过这种比较，我们也许能较好地解决对中国传统文化的批判与继承问题。

中国传统文化中的道德主义析评[*]

中国传统文化具有非常浓厚的道德色彩。中国自古以来自称为礼仪之邦，中国古代思想家的思想与理论中充满了道德观点，道德甚至成了他们全部思想的焦点。儒家是中国传统文化中的主流派，儒学从其整体上说就是一个道德学说。尽管中国古代思想家观点各异，但重视道德却是共同的。儒家创始人孔子学说的主要内容有三大部分：道德学说、政治学说和教育学说，其中道德学说占据着主导地位。在孔子看来，社会关系的本质是人伦，即人与人的关系，就是人的道德关系。人类社会的政治现象不过是道德关系在政治领域的表现。而教育的主要内容也是教导学生如何进行道德修养，提高自己的道德水平，将来按照道德原则进行工作，即学习正心、诚意、修身、齐家、治国、平天下。我国学术界也有这种看法，例如张锡勤等主编的《中国伦理思想通史》就说："中华民族在4000年有文字可考的历史中形成了足可引以自豪的优秀文化传统。传统思想文化的重心，是伦理道德的学说。传统思想文化的突出特点和优点之一就是它的道德精神。故我国

---

[*] 本文发表于《保定师专学报》2000年第1期。

素以礼仪之邦著称于世。"① 几千年的漫长时间里把道德看作文化的核心，这在世界上是少有的，确实是中国传统文化的一个特点。我们把中国传统文化关于道德的地位的这种观点叫作道德主义。中国传统文化中的这种特殊现象我们应该怎么评价呢？这种特殊现象有什么现实意义呢，我们下面拟对这种观点作些介绍和评价。

道德现象或曰伦理关系是一种社会现象，属于社会的上层建筑。伦理关系是一种人际关系，但并非所有人际关系都是伦理关系，人际关系包括经济关系、政治关系、法律关系、党派关系、思想关系……伦理关系只是一个人与他人的交往中，其行为与思想是否符合一定范围内的普遍性原则或规范，这些原则、规范是在人们实践活动的基础上逐渐形成的，我们称之为道德规范或伦理原则。例如买主与卖主之间的关系本是经济关系，在买卖行为的基础上形成"信"的原则，信就是一个伦理原则。因此，道德规范或伦理原则都是一些价值标准，人们用它们来衡量人的行为，对人的行为与思想可以起制约作用，从而有利于人的行为的顺利进行。

根据大量事实材料和深入的分析综合，唯物史观认为道德规范是在血缘关系、经济关系、政治关系等社会关系的基础上在人类社会实践中逐渐形成的，是社会存在的反映，又反作用于社会存在。道德规范虽然表现为普遍形式，其存在决不是抽象的，它不仅具有时代性、地域性等特性，而且在阶级社会中还具有阶级性。因此，道德不是人类社会中最根本的东西，只有社会生产才是最根本的东西，道德归根到底是生产实践的产物，为生产实践所决定，服务于生产实践。道德现象不是与社会其他领域分立的，而是渗透于所有社会领域之中，这就给人一种假象，似乎道德是最根本的，从而夸大道德的作用，颠倒社会生产与道德的本末关系，于是就出现了道德主义观点。道德主义把道德看成人类社会的基础，用道德状况的变化发展来解释人类社会的变化发展，显然，这是一种唯心主义历史观。道德主义是中国传统

---

① 张锡林、孙实明、饶良伦：《中国伦理思想通史》，黑龙江教育出版社1992年版，第1页。

文化的明显的特点之一。

中国传统道德主义主要表现于传统文化关于义与利关系的理论中。中国传统道德主义的主要流派是儒家，我们现在就来分析一下儒家的义利观。

儒家创始人孔子关于义与利的名言是："君于喻于义，小人喻于利"[①]。用现代语言来说，就是：君子讲究的是义，小人讲究的是利。义指高尚的品格，利指物质利益。2000多年来的封建知识分子都把这话奉为天经地义，都耻于谈论物质利益，认为谈论道德是高尚的，谈论物质利益是低下的。这种观点不但是抽象的，而且是虚伪的，实际上任何君子都不能没有自己的物质利益。把孔子的全部言论联系起来看，他并不完全否定物质利益，但认为一个人取得物质利益一定要符合一定的道德原则，他说："见利思义，义然后取。"[②] 就是说要用道德原则来统率自己的行为，财富该取的才取。这里就包含了把义和利统一起来的思想。《礼记·大学》提出的"义本利末"的观点比《论语》更进一步阐述了儒家的义利观："道得众则得国，失众则失国。是故君子先慎乎德。有德此有人，有人此有土，有土此有财，有财此有用。德者本也，财者末也。外本内末，争民施夺。是故财聚则民散，财散则民聚。"《论语》讲"义然后取"与《大学》讲的"德本财末"是两个观点，前者讲个人对物质利益取之有道，抽象讲，这是正确的，对今天是适用的。当然这个"道"是有相对性的，不同时代、不同地域、不同阶级有不同的"道"；道不仅是道德原则，还有法律和种种规章制度，这种观点谈的是道德对物质利益的反作用；后者讲人类社会以道德为根本或基础，而物质利益是次要的，我们应重道德而轻物质利益，这种观点颠倒了人类社会中道德与物质利益的关系，是一种道德主义观点。当然，《大学》这段话也包含有"义然后取"，强调要以道德来指导物质利益分配的意思。

孟子把道德主义推向了极端。"孟子见梁惠王。王曰：叟不远千里

[①] 《论语·里仁》。
[②] 《论语·宪问》。

而来，亦将有以利吾国乎？孟子对曰：王何必曰利，亦有仁义而已矣。王曰：何以利吾国？大夫曰：何以利吾家？士、庶人曰：何以利吾身？上下交征利，而国危矣。万乘之国，弑其君者，必千乘之家；千乘之国，弑其君者，必百乘之家。万取千焉，千取百焉，不为不多矣。苟为后义而先利，不夺不厌。未有仁而遗其亲者也，未有义而后其君者也。王亦曰仁义而已矣，何必曰利？"① 孟子就这样把义与利绝对对立起来。他甚至说，为善就是圣人，为利就是恶人，说："鸡鸣而起，孳孳为善者，舜之徒也；鸡鸣而起，孳孳人利者，蹠之徒也。欲知舜与蹠之分，无他，利与善之间也。"② 按照他的说法，一个人只要修身养性就行了，勤奋劳动倒成了恶人。这可以说是极端道德主义。这种极端的思维方式当然是说不通的。孟子在许多地方都不能不承认物质利益的必要性，强调满足人民物质需要的重要性，并提出了许多谋求人民利益的具体建议，如他提出的关于建立井田制的理想就是一个解决人民穿衣吃饭问题的方案。这样，孟子就陷入了自相矛盾之中。儒家这种义本利末、义重利轻、义先利后的道德主义思想成了中国传统文化的主流思想，影响了中国历史，特别是思想史2000多年。后来董仲舒换了一个说法："正其谊，不谋其利；明其道，不计其功。"③ 宋代理学又把这种贵义轻利的传统推向灭绝人欲的极端。但是也应指出，中国历史上也不乏不同的观点。

法家著作《管子》是非常重视道德的，说："国有四维，一维绝则倾，二维绝则危，三维绝则覆，四维绝则灭。倾可正也，危可安也，覆可起也，灭不可复错也。何谓四维，一曰礼，二曰义，三曰廉，四曰耻。"（《管子·牧民》）但《管子》决不轻视利，相反，认为利是四维的物质基础，说："凡有地牧民者，务在四时，守在仓廪。国多财，则远者来；地群举，则民留处。仓廪实则知礼节，衣食足则知荣辱。"这并不是说人民富裕了，道德一定高尚，而是说生活富裕是道德

---

① 《孟子·梁惠王》。
② 《孟子·尽心上》。
③ 《汉书·艺文志》。

提高的物质条件,这种观点比道德主义更加接近真理。

墨子也主张把义与利结合起来。他说:"所谓贵良宝者,为其可以利也。""今用义为政于国家,人民必众,刑政必治,社稷必安,所为贵良宝者,可以利民也。而义可以利人,故曰:义,天下良宝也。""义,利也。"① 当然,这个"利"不是一人之私利,而是人民之公利。商鞅更加正确地提出:"吾所谓利者,义之本也。"② 这些观点当然不属于道德主义之列。

下面我们试对这种道德主义作些初步的评论。

第一,道德主义作为一种历史观,是唯心主义的,以它来指导我们的社会实践活动,当然是片面的。但它也具有一定的合理因素,一是它对道德及其作用的重视,一是它主张以一定道德原则来统率物质利益的取舍与分配。道德主义对我国社会发展也产生了两方面的作用,一方面它在社会需要稳定的时候,可以起到稳定社会秩序的作用,这对于生产的发展会起促进作用,但另一方面,道德主义会抑制人们追求物质利益的积极性,限制生产的发展。道德主义与唯物史观是对立的,我们今天以邓小平理论来指导中国的社会主义现代化建设,其中包括唯物史观的指导,当然不能以道德主义来指导。但是,中国传统文化中包含的重视道德的思想,主张以一定的道德原则来约束物质利益的取舍与分配的思想,对于今天的精神文明建设和社会主义市场经济的形成也是有价值的。例如人们今天普遍关注的公平与效率的关系问题,也就是义与利的关系问题。对于这个问题的解决,我国传统文化可以提供有益的参考。

第二,按照道德主义观点,政治的本质就是道德,政治是道德在政治生活中的体现。儒家的道德主义政治就是仁政、王道、德政,他们反对霸道。孔子说:"为政以德,譬如北辰,居其所而众星拱之。"③ 孟子也说:"以力假仁者霸,霸必有大国。以德行仁者王,王不待

---

① 《墨子·经上》。
② 《商君书·开塞》。
③ 《论语·为政》。

大——汤以七十里，文王以百里。以力服人者，非心服也，力不赡也；以德服人者，中心悦而诚服也，如七十子上服孔子也。"① 历代封建统治者推崇这种德政，都说自己行的是德政，但在阶级社会中，政治就是一个统治阶级对劳动人民的统治，就是统治者内部的争权夺利，所以孔孟的仁政当时没有实现，也不可能实现，实际上成了阶级统治的装饰，最多缓解一点阶级统治的残酷性。但是，当政权成了真正人民政权的时候，传统文化中的德政思想就具有更多的参考价值，可以发挥一定的积极作用。

第三，按照道德主义观点，法律的本质也是道德，法律是道德在法律生活中的体现。孔子主张德治而反对法治，他说："道之以政，齐之以刑，民免而无耻；道之以德，齐之以礼，有耻且格。"② 但是，在阶级社会中，道德是有阶级性的，法律也是有阶级性的，因此，在阶级社会中法律是统治阶级的道德原则法律化的结果，实际上是强加于被统治阶级，而决不是什么全社会共同原则的体现。因此，孔子所说的"道之以德，齐之以礼"，由于其中的"德"、"礼"体现的是统治阶级的利益，劳动人民未必"有耻且格"。因此，在封建社会，德治仍是一句空话。但是，在社会主义初级阶段，由于人民政权与人民群众根本利益的一致，儒家的德治思想就具有积极的参考价值，有利于使我们的法律的制订与执行更加符合公认的道德原则。

第四，道德主义削弱了宗教在人民中间的影响，有利于无神论的成长与发展。与许多外国不同，中国没有出现过某一宗教长期统治的历史，宗教气氛在广大的人民中远没有像许多外国那样浓厚，宗教生活远没有像许多外国那样普遍，中国人一般没有像外国人那样需要假设一个上帝来给予他终极的关怀，像外国人那样需要假设一个天国来充当最终的精神依托，尽管许多外国人（包括科学家）明明知道没有上帝和天国。为什么这样呢？这是因为外国有源远流长的宗教传统，一个人从孩童开始受宗教气氛的熏陶，而中国人则没有。孔子对"天"

---

① 《孟子·公孙丑上》。
② 《论语·为政》。

抱敬而远之的怀疑冷淡态度，祖宗崇拜实际上是伦理原则对死者的延伸（孔子："慎终追远，民德归厚矣。"）。后世儒家中还出现过许多彻底的无神论者，如王充、范缜、韩愈等，而他们的理论根据都是道德主义。在他们看来，道德已经足够，就不需要宗教了。

道德主义是中国传统文化的一大特色，其是非得失、历史意义与现实意义值得进行深入、系统地研究。

"圣者不神,神者不圣"给我们的启发[*]

汉代伟大的唯物主义哲学家王充是一个彻底的无神论者。他虽然生活在近2000年前,那时还没有现代科学,但他从素朴的唯物主义出发,坚决反对谶纬神学,认为天人感应、占卦算命,均是无稽之谈。他反对神化圣人和皇帝,有一句名言叫作"圣者不神,神者不圣",把圣者和神者严格区别开来,认为二者是不相容的。在今天科学昌明的条件下,仔细推敲、分析和研究这句话,我们可以从中得到许多有益的启发。

启发之一,是对待中国传统文化一定要持批判继承的态度,既不能全盘否定,也不可盲目崇拜。中国传统文化是世界上最悠久的文化之一,它是农业的封建主义文化,从整体上讲已为中国现代文化所取代,但它的大量因素已融入中国现代文化之中。"五四"新文化运动对中国传统文化采取了彻底批判的态度,这是难以避免的,后来毛泽东同志提出了对待传统文化要批判继承的方针。他在《新民主主义论》

---

[*] 本文发表于《思想理论教育导刊》1999年第8期。

中说:"中国现时的新政治新经济是从古代的旧政治旧经济发展而来的,中国现时的新文化也是从古代的旧文化发展而来的,因此,我们必须尊重自己的历史,决不能割断历史。"又说:"必须将古代封建统治阶级的一切腐朽的东西和古代优秀的人民文化即多少带有民主性和革命性的东西区别开来","剔除其封建性的糟粕,吸收其民主性的精华。"① 这就是说,既不能无批判地兼收并蓄,也不能无分析地全盘否定。这个正确的方针在新中国成立后由于"左"的思潮的干扰,未能认真贯彻执行,特别是在"文化大革命"期间"左"的思潮发展到极端,把一切传统的东西都作为"四旧"来清扫,这是完全错误的。党的十一届三中全会恢复了解放思想、实事求是的思想路线,从而也恢复了对待传统文化批判继承的方针。20年来,我国文化界认真贯彻了这个方针,做了大量的实事求是的批判继承的工作,成绩是非常显著的。当然批判继承的工作还有待扩大与深入,传统文化中还有许多合理的东西没有得到公正的评价,甚至还没有挖掘出来,但另一种倾向近年来却悄悄抬头,或者把明明是封建迷信的东西当成真实可靠的宝贵财富,或者把有些传统的东西不加区分地全盘接受,这不是对待传统文化的正确态度。怎么区分传统文化中的糟粕与精华,或者说,怎么把合理的因素从某种传统的东西中挑出来?我认为我们应该贯彻解放思想、实事求是的思想路线,以邓小平理论为指导,具体问题具体分析。简单说,就是采取科学的方法来分析传统文化问题。王充是一个封建思想家,同时又是一个唯物主义者、无神论者,他的思想既有其阶级局限和时代局限,也有很多有价值的合理的东西。当然,这决不是说,一个唯心主义思想家的思想就是完全错误的,没有任何合理的东西,要具体分析。在今天建设有中国特色社会主义文化的事业中,如何对待传统文化是一个无法回避的问题。我们的文化中已有很多传统的东西,我们对于传统的东西也在不自觉地进行选择,所以我们必须正确地对待传统文化,不要把糟粕当成精华吸收进来,也不要把精

---

① 《毛泽东选集》第2卷,人民出版社1991年版,第707、708页。

华当成糟粕抛弃掉。

启发之二,是国家事务的领导者、管理者不能搞迷信活动,即"圣者不神"。圣者或圣人是古代对最高统治者或精神领袖的美称,带有明显的封建性,今天已不再使用,但这并不妨碍王充的命题具有合理的内容。"圣者不神,神者不圣"包含着政教分离、国家领导者和思想家不能搞迷信活动的合理思想。西汉的大政治家和大思想家董仲舒大搞天人感应之说,后来有人又把被曲解了的《易经》中的河图、洛书附会上去,逐渐形成东汉的谶纬神学,并得到汉光武帝及其他皇帝的推崇,占卦算命,鬼神迷信,大为流行。"儒者论圣人,以为前知千岁,后知万世……故称圣则神矣。"① 王充对这种观点斩钉截铁地回答说:"此皆虚也。"② 他以大量事实材料为根据,驳斥了对圣人的神化。他认为神者是巫(巫婆神汉),"与圣异类矣。巫与圣异,则圣不能神矣。"③ 他还在《知实篇》中列举了16个历史事实证明圣人不能不学而知,最后说:"夫贤圣者,道德智能之号;神者,缈茫恍惚无形之实。圣神号不等,故谓圣者不神,神者不圣。"④ 他反复论述了圣者与神者的根本区别,反对把他们混为一谈。他没有着重论述神者不圣,但其中已包含了政治与宗教要分开的思想。中国历史上出现过几次政教合一的倾向,但从未真正实现过,这同王充这类思想家的理论活动是分不开的。王充所提倡的"圣者不神"中包含的合理思想,用现代话来讲,就是国家事务的各级领导者不要搞迷信活动。这是有现实意义的。今天在职的和离职的领导者中搞迷信活动的并不乏人。有些人在一段时间里还是李洪志及其"法轮大法"的信奉者、追随者,不能不令人深思。无论如何,王充的"圣者不神"的话不失为一面有益的镜子。

启发之三,是必须把科学与迷信严格地区别开来,不能把二者混

---

① 《论衡·实知篇》。
② 同上。
③ 同上。
④ 《论衡·知实篇》。

为一谈。王充所说的圣者与神者的区别本质上就是科学与迷信的区别。王充虽然生活在近2000年前，但他重视真凭实据、崇尚理性的精神与现代科学是一致的。我们上面提到的两篇文章一名"实知"，一名"知实"，从篇名就可看出他重视真实可靠的知识和清楚明白的道理。他的文章提供了大量历史事实和实际材料，对他的观点作了合情合理的论证，对迷信谬说作了有理有据的驳斥。他说："夫可知之事者，思虑所能见也；不可知之事，不学不问，不能知也。不学自知，不问自晓，古今行事，未之有也。"① 他并不完全否定预见，认为根据一定征兆预见事物发展的未来是可能的，但这种预见同神者的毫无根据的胡言乱语是根本不同的。他说："圣人据象兆，原物类，意而得之……孔子见窍睹微，思虑洞达，材智益倍，强力不倦，超逾伦等。"② 圣人的这种预见不同于神者"与天地谈，与鬼神言，知天上地下之事。"③ 可见王充承认有根据的事前推断，但反对把迷信与科学混同起来，这在那时是非常可贵的。奇怪的是，将近2000年过去了，现代科学出现了，而且有了长足的发展，但今天将科学与迷信混为一谈，更确切点说，给迷信戴上科学的时装的大有人在。"灵魂转世"明明是迷信，今天却戴上生命科学的桂冠。宗教神学所说的天堂、地狱、西方极乐世界明明是一种虚构，却被说成是外星人居住的星球，而神、鬼、天使则是外星人。外星人，即其他星球上生活的智能动物，其存在不是不可能的，但外星人的存在至今尚无任何真凭实据，即使找到了他们真实存在的证据，外星人与鬼神也不能混为一谈，正如天文学与神话不能混为一谈一样。卜卦算命在旧社会是地地道道的迷信，而今也堂而皇之走进了科学的殿堂，科学算命、电脑算命颇有迷惑作用。更有甚者，像李洪志这样的大骗子，大搞封建迷信，竟然也蒙蔽了许多人。因此，像王充所具有的那种只相信有真凭实据的东西，不盲从、不迷信的精神，即科学精神，是很有现实价值的。

---

① 《论衡·实知篇》。
② 《论衡·知实篇》。
③ 同上。

启发之四，是必须把唯心主义与唯物主义区别开来，切莫把唯心主义看成唯物主义，更不要相信唯心主义。科学与迷信的区别本质上是唯物主义与唯心主义的区别，两种世界观的区别。王充之所以对科学与迷信有这种正确的态度就是因为他是一个坚定的唯物主义者。王充虽然也推崇孔子，但对他影响最大的是荀子。他具有丰富的自然科学知识，坚持唯物主义自然观和无神论；重视正常感觉经验和事实材料，主张论不离事，事不离论，摆事实，讲道理；坚决反对和驳斥谶纬神学、天人感应、神仙方术和世俗迷信。当然，他仍是一个古代素朴的唯物主义者。他的思想中也有一些唯心主义因素和自相矛盾之处。但他坚定的唯物主义立场在今天也是值得效法的。

新中国成立以后，作为马克思主义哲学理论形态的辩证唯物主义和历史唯物主义逐渐得到了中国广大知识分子的信奉，其间也出现过一些失误，如把唯物主义绝对化，忽视人的主体性；把哲学史简单化为唯物主义与唯心主义的斗争史；对历史上唯心主义哲学体系过分强调批判，对其中可能包含的合理因素肯定不够等。改革开放以来，这些偏向逐渐得到纠正，但也出现了另一种偏向。即抹杀唯物主义与唯心主义的本质区别，甚至大肆攻击唯物主义，宣扬唯心主义。这种挑战来自两个方面，一是非哲学专业工作者，一是哲学专业工作者。

有些非哲学专业工作者直接否定物质与意识的区别，认为意识也是一种物质，意识活动不是某种特殊物质——人的大脑中的活动，而是物质本身的活动。因而唯物主义与唯心主义的区别就不必要了。有的人甚至认为意识或精神充塞宇宙，无所不在，它的作用不一定通过其他物质，单单意识就可以制造出种种奇迹。这些妙论往往也穿上科学的伪装。但事实上，这些现代科学毫无科学根据，连科学幻想也不够。

有些哲学专业工作者对唯物主义的挑战当然不会这样直截了当。这个问题说来话长，这里只谈一个论点，即他们认为肯定外部世界的客观存在以及对它的正确反映的唯物主义是 19 世纪的观点，现在已经过时了。在他们看来根据认识和实践的主体性，根据现代科学，我们只能认识人的世界，即离不开认识与实践的主体的世界，谈论不以人的意识为转移的客观世界是没有意义的。其实，唯物主义不仅是19世纪的观点，而且是很古老的观点，近2000年前的王充坚持的也是这个观点，唯物主义植根于人类自古以来的实践史和认识史，2000多年前已为哲学家所发现，后来一直为人类历史和科学史所反复检验和验证，也经受住了20世纪历史和科学的验证。它是永远也推不翻的，永远也不会过时的。我们只有在它的前提下才能作出新的科学的发明，任何否定它的新发明都不可能是科学的发明。把它否定了，整个人类的科学和认识就被否定了。不能否定唯物主义，也否定不了。

最近，《中共中央国务院关于深化教育改革全面推进素质教育的决定》指出："要加强辩证唯物主义和历史唯物主义教育，使学生树立科学的世界观和人生观。"这是非常正确的。加强马克思主义哲学教育有多种途径，充分挖掘和吸收中国传统哲学中的合理成分并加以宣传和发挥，对像李洪志及其"法轮大法"等形形色色的歪理邪说进行彻底的揭露批判，我想也是一条重要的途径。

谈谈哲学社会人文科学创新的几个问题[*]

《北京社会科学》开展了关于社会科学创新和研究体制改革的笔谈,邀请我参加,我有几点想法,提供出来,共同研究。

为了实现我国社会主义现代化,为了把我国建设成为富裕、文明、强大的社会主义国家,我国社会的一切领域都要创新,特别是知识创新、科学创新、技术创新、制度创新,这是人们的共识。正如江泽民同志所说:"面对世界科技飞速发展和挑战,我们必须把增强民族创新能力提到关系中华民族兴衰存亡的高度来认识。"社会科学自然不能例外,只有自然科学的创新,没有社会科学的创新,中华民族是不可能振兴的。社会科学创新的必要性,毋须多说。我想谈的是一些比较具体的问题。

一、社会科学创新的两个基本方面

一方面是基础研究的创新,一方面是应用和应用研究的创新。党

---

[*] 本文发表于《北京社会科学》2000年第1期。

政部门和企事业单位也有科研机构，它们的任务主要是应用研究，但专门的科研机构和高等院校则同时具有这两方面的任务。基础科学的研究是中国传统文化的一个重要缺点，2000多年来我国科学家很少对我们的宇宙进行分科研究，20世纪以来这种研究才逐渐开展起来，至今不过百年，基础远比西方薄弱。它在建国以来的发展虽然大大超过建国以前，也常常受到脱离实际、抽象教条等责难的干扰，形成了重工轻理、重理轻文的社会风气。在这种情况下，各级科学院和社会科学院、综合大学对于建设和发展基础科学责无旁贷。

基础科学研究问题甚多。就社会科学研究任务来讲，科学分类和各种科学的关系就是一个众说纷纭、莫衷一是的问题。一般谈到社会科学时，都包括哲学，说得完整一点，就叫哲学社会科学。社会科学院实际都包括哲学。从道理上讲，这是不很确切的。为什么没有把哲学包括在社会科学院之中呢？哲学的内容既有自然界，也有人类社会，是跨越自然科学与社会科学之上的科学，完全可以独立成院。它之所以同社会科学结合在一起，一是由于它的规模无法与社会科学和自然科学相比，二是由于习惯上它属于文科，同社会科学的关系远比同自然科学的关系密切。这又引出一个问题：什么是文科？哲学为什么属于文科？是否应属于文科？

过去的"文、理、法"是"文、史、哲"、"数、理、化"、"政、经、法"的简称，显然，"文"是文学，概括不了史学与哲学；"理"是物理学，概括不了数学；"法"是法学，概括不了政治学和经济学。后来比较规范的称呼是自然科学（包括天、地、生）和社会科学（包括过去的文、法和社会学），而由于哲学的性质与社会科学不完全相同，遂有"哲学社会科学"的称呼。近年来流行一种说新却不太新的称呼——"人文科学"并与社会科学并列，把哲学纳入其中，即文、史、哲，这样形成三足鼎立：自然科学、社会科学和人文科学。"人文科学"的概念是很含糊的，它研究的对象是什么？与社会科学有何区别？哲学只研究人文，不研究自然吗？已经有不少论著论述这个问题，但我感到至今这个问题还没有完全解决。如果人文科学研究人类社会，那么它就是社会科学，何必多此一词？如果它专门研究人的精神世界，用以指称文学还可以，用以指称哲学与史学就不确切了，因为哲学与史学的研究对象不限于精神世界。

除分类问题而外，各门科学内容都有许多问题没有解决。总之，基础科学研究可以创新之处甚多。

与基础研究同样重要的是哲学的应用和应用哲学研究。这对于哲学社会科学研究者来说是一个难题，特别是对哲学工作者更是难题。哲学的应用是最广泛的，人的生活和工作的一切领域都离不开哲学，人人都要应用哲学，不过有的人是自发地应用，有的人是自觉地应用。但哲学对于多项实际工作来讲，只是一个必要条件，不是充分条件，仅仅应用哲学而没有有关科学知识，哲学解决不了任何具体问题，它并无立竿见影之效，加以哲学道理谁都多少懂一点，这样一来，人人都需要哲学，又不特别需要哲学。哲学在现实生活中似乎成了可有可无的东西。现在的哲学应用研究也有这种情况。

近20年来应用哲学研究开展得非常广泛，各种应用哲学如雨后春笋一般大量涌现，从自然哲学、科学哲学、数学哲学、物理哲学、生命哲学到技术哲学、管理哲学、领导哲学，从社会哲学、经济哲学、政治哲学、法哲学到文化哲学、人的哲学、教育哲学、宗教哲学、艺术哲学、道德哲学，不胜枚举。应用哲学的兴起有助于哲学与具体科学的相互结合与相互促进，但泛化到如此地步，几乎只要有一门学科就有一门哲学，这就太泛了，而实际上仍未解决哲学的应用问题。有些应用哲学不一定是应用研究的优秀成果。怎样缩短哲学与现实生活的距离，怎样使哲学成为各行各业的知识分子和骨干（且不说广大人民群众）迫切需要的东西，还有一个有待创造性地解决的问题。

其他社会科学的应用和应用研究都在不同程度上比哲学强，但仍还有不少问题需要靠创新来解决。

二、社会科学创新的主观条件

创新是人的活动，当然是由社会科学工作者来从事社会科学的创新。我国的社会科学事业只有依靠大批创新人才才能出现崭新的面貌。我认为,社会科学的创新人才必须具备以下几个主观条件:第一,对于实现我国的社会主义现代化,特别是繁荣我国的学术事业,具有强烈的责任感和事业心。当然,日出而起孳孳为利者也可以作出某种创新,这种创新是为了名利,这种名利思想如能在合理合法范围内活动,对于繁荣经济和学术是有利的,但与学术事业活动在思想上仍是格格不入的。学术活动也可能是有利的,但如人人都把追名逐利作为学术事业的最终目的,学术事业就很难发展起来,或者只能畸形发展。第二,具有比较扎实深厚的专业功底,就是说,对人类文化有广泛的理解并在此基础上有坚实的专业训练。如果一个人对人类文化愚昧无知或一知半解,在社会科学领域侈谈创新,就可能创而不新或者新而不真。第三,具有敏锐的创新意识,对任何观点、理论都要问一个为什么,不盲从,不赶时髦,不崇拜权威,不囿于旧说。第四,具有强有力的创新能力,善于发现问题,搜集材料,分析问题,思想多面,想象力丰富,善于提出新观点、新论证。这后两种品质与第三个问题有关,我将在其中略作分析。

三、社会科学创新的正确途径

社会科学的创新是科学的创新,也就是说,所获成果不仅是新的,过去没有的,而且是科学的,即与客观对象及其规律一致的,因此,正确的创新途径就是贯彻解放思想、实事求是的思想路线。换言之,一方面要避免思想禁锢,墨守成规,唯书唯上,孔步亦步,孔趋亦趋,不敢越雷池一步;另一方面要防止以新为最后目标,怀疑一切,否定一切,为新而新,新就是真理,无根据地标新立异,甚至惊世骇俗,借以造成轰动效应。前一种偏向可以称为教条主义,后一种偏向可以称为相对主义,教条主义阻碍了创新之路,相对主义把创新引向邪路,破坏了创新。正确的创新之路,我认为是:第一,解放思想,提出问题。解放思想并不是怀疑一切,否定一切,而是善于根据实践和科学的发展发现新问题,提出新问题,不受旧观点、旧思想的束缚。提出真正的新问题而不是改头换面的老问题或异想天开的"新问题",是社会科学创新的起点。这个问题在哲学领域里比较严重。现在许多哲学基本观点都受到怀疑甚至否定,例如物质第一性、意识第二性这个观点也受到挑战,有的人认为意识也是一种物质,因而物质第一性、意识第二性原理过时了。这实际是旧问题新面孔,如此"创新"只能把哲学引向唯心主义邪路。然而意识如何从物质演变中产生出来,意识如何反映物质世界,确有许多问题今天还没有搞清楚,抓住了真问题才谈得上哲学的创新。真正新问题在社会科学中是很多的,抓住了那些在学科建设上或实际应用上具有重要意义的新问题,才有可能作出有价值的创新。

第二,从实际材料出发,经过深入细致的分析综合,提出新观点、新理论,回答所提出的新问题。这个过程本是一切科学创新与发展的正常途径,特别是经过我国几十年来马克思主义认识论的教育已成为常识,但在实际上并不完全如此。据我所知,各种具体的社会科学的情况好一点,哲学领域脱离实际材料、专搞思辨的大有人在。有的人认为实证科学才要从材料出发,而哲学按其本性就是思辨的,思辨就足够了。我认为这种看法是片面的。哲学是一种知识,一门科学,任何科学都既要实证材料,也要思辨,其创新一定要在客观世界中有其根据,才是真正的新,否则只是花样翻新而已。有人认为哲学问题涉及整个宇宙和事物的本质,既广且深,哲学家怎么可能获得这些材料?当然,要哲学家直接获得这些材料是不可能的,但哲学家也应该尽可能获得一些典型材料,绝大部分材料则靠自然科学和社会科学提供。此外,哲学同其他科学一样还得通过归纳与演绎、分析与综合、联想与想象、抽象思维与形象思维、思维与直觉等方法对材料进行加工,提出新的观点、新的理论。

第三,新的观点、理论还要接受实践的检验或新的科学发现的检验,还要与其他新观点、新理论相印证,这是一个反复的过程,在这个过程中,新的观点、理论可能不断有所改变,最后才能得到理论界的认同。当然,这种认同并非真正是最后的,只要出现了更新的情况、更新的问题，原来的观点、理论也可能被修改，甚至被推翻。科学创新的过程是没有止境的。由此可见，科学的创新归根到底不过就是新的发现。新观点、新理论是人创造的，但这个观点、理论都是对客观世界及其规律的某一方面、某一因素的正确的揭示、发现、反映，不是凭空的纯主观的制造。科学同个人信仰、某些艺术品不同。个人信仰是完全自由的，你需要一个上帝来给你终极关怀，你就相信上帝存在，上帝是否真正存在无关紧要。有些艺术品美就美在新，新就是美，越新越美，没有新就没有艺术。科学也可以成为信仰，也有美的属性，但科学的基础、本质是真，科学的首要特征是真，然后才是新以及其他。哲学很复杂，有的人认为哲学只是信仰，这种哲学当然可以怎么新怎么讲，但马克思主义哲学是科学，它的创新就必须以真为前提。创新可以说是马克思主义哲学的生命力，不创新它就不能反映时代的发展，不能适应时代的需要，它就会灭亡，但如果只要新，不管真不真，它也会灭亡。马克思主义哲学的创新也要接受实践的检验，接受其他科学发展的检验，才能完成自我创新的任务。

总起来看，科学创新的过程就是知识积累的过程，亦即科学发展的过程，其中新观点、新理论不断涌现，但并不就是取代旧观点、旧理论。有的旧观点、旧理论被新观点、新理论取代了，有的则只是被修正了、被限制了或被补充了。科学的创新过程并不是像证伪主义所说的那样只是新观点、新理论取代旧观点、旧理论的过程，科学史不是一片旧观点、旧理论的断壁残垣，而是一座日新月异的辉煌建筑。它就是人类永远不能最后掌握的绝对真理，其各个阶段或各个部分都是相对真理，但相对真理中都包含着不可能被推翻的绝对真理的颗粒。

哲学史是科学史的重要组成部分。哲学在形成为科学以前的历史是一个新观点、新理论取代旧观点、旧理论的过程，但作为科学的哲学一旦形成，取代的过程将为积累的过程所取代。马克思主义者认为作为科学的哲学，即马克思主义哲学已经出现了，但这并未取得全世界哲学界的认同，今天国内有一些马克思主义哲学工作者也不承认这一点。在他们看来，新哲学取代旧哲学是哲学发展的常规，而创立于

19世纪、形成比较完整体系于20世纪30年代的马克思主义哲学,即辩证唯物主义和历史唯物主义,应该为一种新哲学所取代,这才是哲学的创新。我认为这是混淆了非科学形态的哲学与科学形态的哲学,混淆了非马克思主义哲学与马克思主义哲学的界限。马克思主义哲学的创新是完全必要的,是迫切需要的,但这是科学的创新,是在原有基础上再上一个台阶,也就是用新观点、新理论、新体系来修正它、丰富它、发展它,而不是从根本上推翻它、用根本不同的哲学取代它。

中国传统文化与有中国特色社会主义文化建设[*]

文化问题是近年来的热门话题。80年代和90年代有过两次主要围绕着西方文化与中国文化关系的热烈讨论，其中，80年代主要关注文化建设与中国传统文化的关系。可以说，如何对待我国的传统文化直接关系到有中国特色社会主义的文化建设。

一、文化与传统文化

（一）文化的含义

要弄清什么是传统文化，必须先搞清楚什么是文化。

从词源上讲，在西方，文化（culture）的含义是从农作物的培育引申出来的，指人的品德和能力的培养。在中国，与文化相并列的是武功，文化即文治教化之意。

现在人们对文化的理解一般有广义与狭义之分，广义的文化现象等同于社会现象，狭义的文化现象则是精神现象，不包括客观现象或

---

[*] 本文发表于《红旗文稿》2000年第6期。

物质现象。应该指出，对文化作狭义的理解具有更广泛性的趋势，而且从文化理论和文化建设来讲，应该使用狭义的理解。狭义的文化是严格意义的文化，即人类的精神现象和精神产品。

把文化与经济、政治并列起来使用，已经成为一种相当普遍的趋势。在过去，广义的文化被更多地使用。而20世纪以来，经济、政治和文化就经常被并列起来使用了。例如英国著名历史哲学家汤因比的文明形态理论认为，人类社会表现为各种文明形态，而文明包括三个组成部分，即经济、政治和文化。又如，近年来在国际理论界引起很大争议的美国学者亨廷顿的文章《文明的冲突》也是把文化与经济、政治并列。

文化一词在马克思主义经典作家的著作中多次出现，但不是一个特定的术语，其含义是比较广泛的。他们没有把经济、政治和文化三者并列起来说明社会结构，他们用以说明社会结构的术语是社会存在与社会意识、生产力和生产关系、经济基础（社会生产关系总和）和上层建筑，上层建筑包括政治和意识形态。如果把文化与经济、政治并列起来，显然文化与意识形态不能相等，文化包括意识形态，但比意识形态更广。一些马克思主义哲学教科书创造了"意识形式"一词，用以称呼包括意识形态在内的全部意识，但也没有用"文化"一词。毛泽东在《新民主主义论》中提出了经济、政治和文化三者并列的社会结构理论，并规定了三者之间的关系。其他马克思主义者也常常采用社会结构三分理论来阐明问题，例如，江泽民同志在1991年庆祝中国共产党成立70周年大会上的讲话也把三者并列，强调有中国特色社会主义的经济、政治、文化，是有机统一、不可分割的整体。他在党的十五大报告中进一步把社会主义建设区分为这三个方面。不管人们如何理解三者的关系，只要把三者并列，就是承认文化不是经济、政治，而是经济、政治以外的东西，即精神活动及其产品。这就是前面提到的狭义的理解。有了这个共识，我们就可以进一步弄清它的内涵，即它的本质。概括而言，文化是人类的精神活动及其产品，是经济和政治的反映，归根到底是人类物质活动的反映。

弄清了文化的内涵，还必须弄清它的外延，否则我们对文化的理解仍是抽象的。我们可以把文化的外延表述为若干类文化现象。一是作为经济之直接反映的精神活动及其产品，也就是科学技术（这里指的主要是自然科学技术），它是一个社会的物质生产水平的直接反映并直接推动生产的发展。二是经济学思想和经济理论，它是经济制度的直接反映并直接推动和指导经济制度的变化。三是政治法律思想和理论。四是语言文字。五是道德伦理观念、善恶标准和道德伦理理论。六是宗教现象。七是文学艺术。八是哲学和社会学说。九是教育和教育思想。十是新闻出版事业。十一是公共文化设施及其活动，它是由政府或社会设立的面向社会大众的文化设施及其活动，例如图书馆、博物馆、文化宫、文化活动室等及其活动。十二是民间文化。

以上所谈十二个领域都是作为现实的经济、政治之反映的文化现象。除此之外，当然还包括从古代遗留下来的文化因素，即传统文化因素和从国外传播进来的文化因素，特别是西方文化因素。

（二）什么是中国传统文化？

有了对文化概念的界定，我们就能更好地把握什么是中国传统文化。中国传统文化不等于现在的中国文化，它主要指历史上形成的中国文化，即2000多年来逐渐形成的相对稳定的文化，从性质上来讲，它是一种农业封建文化。它的下限应是"五四"运动。

中国传统社会在历史上曾经有过非常辉煌灿烂的时期，但近三四百年来逐渐落后于西方，鸦片战争的失败是它的落后性的大暴露，从此中国成为强国欺凌侵略的对象。中国需要赶上西方国家，用后来的话讲，就是要现代化。中国的落后最明显地表现在经济方面，经济要现代化的内部阻力主要来自传统的政治和文化，而文化又是政治变革的主要阻力。在经济、政治和文化的这种错综复杂的相互作用之中，有识之士先后提出过实现中国现代化的种种主张，掀起了各种运动，如洋务运动、维新运动、民主革命运动。这些主张的提出是受西方文化的影响，也反映了中国社会现代化的需要，这就意味着中国传统文化在悄悄发生变化。

辛亥革命的胜利从政治上动摇了中国传统文化的根基，但中国传统文化第一次受到真正的冲击是"五四"运动前后的新文化运动。由于儒家思想是中国传统文化的精神支柱，新文化运动的矛头直接指向儒家思想，提出"打倒孔家店"的口号，从当时看这是无可厚非的，也是难以避免的。

中国传统文化之所以受到新文化运动的冲击而逐渐解体，其原因不在于传统文化本身，而在于它的经济政治基础在逐渐解体，新文化运动正是适应了中国经济政治基础中的变化才兴起的，才能如此波澜壮阔地高歌前进。当然，新文化运动的兴起、扩大与深入大大加速了中国传统文化的解体。可以说到"五四"时期，传统文化就终结了，但这并不是说中国文化传统也终结了。

中国传统文化是农业封建文化，它包含着糟粕，同时也包含着丰富的具有永恒价值的精华。

中国传统文化的内容十分丰富和复杂。现在似乎公认传统文化就是儒家文化，因为儒学是中国传统文化的精神支柱，即最主要的主导思想。这种观点一般说来是可以接受的，但还要作具体分析，尤其不能忽视其他文化因素。第一，不能轻视儒家以外各家思想在中国传统文化中的地位和作用，特别是道家、法家、佛家的思想。反孔的思想家历代都有，实际上儒家思想在其漫长的形成和发展过程中吸收了诸子百家以及反孔各派的大量思想。第二，应看到儒家本身也有许多门派，儒学并不是一个结构严谨、思想一贯的理论体系，其中不仅主观唯心主义与客观唯心主义并存，甚至唯心主义与唯物主义同在。第三，尤其不能忽视的是我国古代各族人民在改造自然的物质生产活动中积累的生产经验、作出的创造发明、提出的科学理论、写出的科学著作，以及同自然的斗争中培养出来的勤劳、勇敢、节约、自强不息等优良品德，正是这些智慧、才能与品德使中国各民族在这片土地上几千年来子孙繁衍，生生不息。但是，这些文化因素却被排斥于儒家的视野之外，轻视劳动和劳动人民成为儒家的一贯思想。第四，万万不能忽视的是，中国古代各族人民在反抗剥削压迫和外来侵略的斗争中所培养出来的不畏强暴、不怕牺牲、坚韧不拔的斗争精神和济困扶危、舍己为人、大公无私的高贵品质，正是这些精神因素使中国古代人民能够对己和、对敌狠，前仆后继去争取胜利而岿然独立于世。这些因素在儒家思想中有所反映，但由于儒家阶级性的局限，没有占据主要的地位。中国传统文化非常丰富而复杂，如果把它归结为儒家思想，又把儒家思想归结为天人合一、以人为本、和为贵等思想，就未免片面了。

二、近年来对待传统文化的三种态度

（一）80年代的彻底反传统

在80年代的文化热中，"彻底反传统"是颇为轰动的主张，这种主张认为中国传统文化是落后的，根本无法适应现代化的要求。"中国文化必须从总体上予以彻底否定"，"中华民族落伍的痛苦现实使我们必须从现在开始进行彻底的反传统"，"所谓'批判地继承'，也就并不只是在'过去已经存在'的东西中挑挑拣拣，而是要对它们的整体进行根本的改造，彻底的重建"。这些看法在当时都很有代表性。

电视专题片《河殇》曾轰动一时，它将中国文化归于衰落的"黄色文明"（或内陆文明），将西方文明归于先进的"蓝色文明"（或海洋文明）。宣扬按照内陆文化的统治模式来进行现代化建设，不能根本性地赋予整个民族以一种强大的文明活力。它急切地呼唤，只有当蔚蓝色的海风终于化为雨水，重新滋润这片干旱的黄土地，才有可能使巨大的黄土高原重新获得生机。还有一些人更明确地声称：中国文化的落后是全面的落后，"应当全方位开放或者叫全盘西化"。

（二）90年代的文化保守主义

与前一种观点相反，文化保守主义强调弘扬中国传统文化，复兴以孔子为代表的儒学，而且预言，21世纪是儒学的世纪，认为儒学将成为中国现代文化的主导思想。

一位大陆学者1989年在一份台湾省出版的杂志上发表文章提出："中国内地当前最大的问题是复兴儒学问题"，"马列主义不是西方的正统文化，而是具有破坏性的革命学说，这使马列主义不能同作为中华民族正统文化的儒学相比，不能代表中华民族的民族生命与宗教精神。因此，儒学在当今中国内地取代马列主义的'国教'地位，恢复其历史上曾有过的地位是理所当然、势所当然。"文章认为，只有儒学才能解决中国社会上存在的信仰问题、道德问题、民主政治问题、经济问题和教育问题。文化保守主义认为，中国文化要复兴就要复兴儒学，使儒学现代化，使中国传统文化现代化。有人指责"五四"运动前后的新文化运动使中国传统文化断裂了，现在要进行全面恢复。

（三）结合论

这种观点认为，只有把中国传统文化与马克思主义相结合，才能形成有中国特色社会主义的文化，而不提谁是主导，并且认为毛泽东思想、邓小平理论就是马克思主义与中国传统文化相结合的结果。

三、建设有中国特色社会主义文化的正确道路

应不应该彻底反传统？中国文化能不能完全西化？显然是不可能也是不应该的。因为中国传统文化是现代文化的历史根源，它不是字面上的东西，说扔就能扔掉的。虽说作为整体的传统文化已不复存在，但作为思想和一种因素，仍存在于现实生活中，可以说，传统文化已终结，但文化传统并未终结。之所以说彻底反传统不应该，是因为传统文化中有许多优秀的因素，这从前面对传统文化内容的分析中可以看出来，中国文明能在世界上绵延五千年而不断，不能不说中国文化中的优秀因素在其中起了重大的作用，扔掉它等于自毁长城。

那么，中国传统文化能不能现代化？答案是否定的，也是不应该的。因为自从"五四"新文化运动以来，传统文化作为整体已消失，现在又要从整体上把它恢复过来，是不可能的，它已成为历史陈迹。而且儒家文化是在农业封建主义的基础上产生的，它怎么能够适应工业文明，能够适应社会主义的需要？不可否认，传统文化中有许多精华，有许多重要思想，但从整体上来讲，它不能适应现代的需要。中国文化现代化并不等于中国传统文化现代化，儒家的思想不能改造成

社会主义现代化的思想。

中国存在中国文化的现代化问题，不存在中国传统文化的现代化问题，正如中国存在中国社会的现代化问题，不存在中国传统社会的现代化问题。中国传统社会和传统文化已经成为过去，不必要也不可能加以恢复并使之现代化。中国文化的现代化只能是中国现代文化的现代化。传统文化立足于传统社会之上，现代文化立足于现代社会之上，传统文化与现代文化之间存在着中断与继承的关系，不能只承认传统社会与现代社会之间的继承而否定其间的中断，也不能只承认传统文化与现代文化之间的中断而否定其间的继承。传统文化失落不等于中国文化失落，难道中国现代文化不是中国文化？用有些人认为的用中国传统文化，或者说用新儒学指导中国现代化是根本不可能成功的，且不说其他原因，理论上的致命的弱点，就足以导致它的失败。文化只有与经济、政治相适应，才能对经济、政治的发展起积极的推动作用。如果用儒家思想来指导现代的经济政治，尽管给其戴上现代的桂冠，但它毕竟是古代的东西，怎么能对远比古代复杂得多的现代经济、政治的发展起积极的推动作用呢？所以，把传统文化现代化是不可能，也是不应该的。因为尽管传统文化中有精华，但其中也有糟粕，这些糟粕是同我国的社会主义文化建设格格不入的，如特权思想、等级观念、官僚主义等，都具有封建私有制的根源。这些正是我们所要克服的。

至于前面的第三个观点，过于笼统。毛泽东思想是马克思主义与中国革命实践相结合的产物，而不是马克思主义与中国传统文化相结合的产物，也不能把邓小平理论说成是马克思主义与中国传统文化相结合的产物，有中国特色社会主义要包括一些有中国特色的东西，但决不能把所有有中国特色的东西都包括在内。对传统文化，我们只能吸收其精华，剔除其糟粕，而不能一股脑儿地兼收并蓄。马克思主义要与中国文化的优秀成分相结合，同时更要与中国革命和建设的实践相结合。探讨建设有中国特色社会主义的文化建设问题，只讲马克思主义与中国文化或者中国传统文化的结合，过于笼统，容易引起误解。

那么，究竟如何处理传统文化与建设有中国特色社会主义文化的关系呢？

毛泽东同志早在《新民主主义论》中就正确地提出了对待传统文化的态度。他指出中国的长期封建社会中，创造了灿烂的古代文化。但对于它，要"剔除其封建性的糟粕，吸收其民主性的精华"，并且认为："必须将古代封建统治阶级的一切腐朽的东西和古代优秀的人民文化即多少带有民主性和革命性的东西区别开来。"① 这些论述仍然适用于我们今天在建设社会主义新文化中正确对待传统文化的问题，这一对传统文化的批判地继承的方针仍然是正确的。尽管这一方针过去在实践中我们没有能够很好地执行，出现过偏差，但问题不是出在方针本身上。特别是在"文革"中，我们对传统文化不是实事求是地具体分析，而往往是简单扣帽子，一棍子打死，批判多于继承，甚至于全盘否定。此时对传统文化过"左"的倾向发展达到极端，对传统文化的冲击达到极端。这种片面性近20多年来逐渐得到了纠正，开始对传统文化采取了实事求是的态度。但也应看到，这些年来由于西方文化和西方生活方式的冲击，中国传统文化以及整个中国历史传统在许多人心目中日益淡薄，有的人甚至耻为中国人。有鉴于此，近年来党和政府加强了全民的爱国主义教育，号召和支持文化界整理和研究中国传统文化，弘扬中国优秀传统文化，这是完全正确的。但这决不是要把中国传统文化现代化，而是对传统文化采取实事求是的科学态度，取其精华，弃其糟粕，使传统文化的精华更充分地融入中国现代文化之中，这也是对批判地继承方针的真正贯彻。中国传统文化的精华不仅将有机地融入中国现代文化之中，而且将融入有中国特色社会主义的文化之中。

显然，在建设有中国特色社会主义的文化过程中，必须妥善地处理对待传统文化的态度问题，民族虚无主义与复古主义都是错误的。中国传统文化是中华民族在世世代代改造自然与改造社会的斗争中逐

---

① 《毛泽东选集》第2卷，人民出版社1991年版，第707—708页。

渐形成起来的，深深植根于中国的历史传统之中，其影响虽然有负面的，但也有许多正面的东西，于今天仍有重要意义，是不应抛弃的，而且也不可能抛弃。如果要一成不变地加以保留，或者要把它作为一个整体来取代现代文化，即所谓"中学为体，西学为用"（实际是完整地保留中国传统文化，但物质生活是西方的），不但是不应该的，而且是不可能的。批判地继承是对传统文化唯一正确的态度，也是建设有中国特色社会主义文化的基础和前提。

中国传统文化中的人权思想[*]

人权概念来源于西方 human rights 一词,20 世纪初才传入中国,是一种"舶来品"。它在西方也出现得比较晚,是资本主义在同封建主义战斗过程中的产物,在西方古代也是没有的。有人从此得出结论:中国传统文化中没有人权思想。我认为这个结论并不符合中国传统文化的实际。这里有一个对"人权"这个概念的理解问题。

什么是人权?我认为人权就是每个人所应有的基本权利,首先是生存权和发展权,其次是其他各种权利,比如受教育的权利、劳动的权利和各种政治社会权利,在这些权利中最重要的是平等的权利,就是每个人都是一个独立的个体,人与人之间在人格上是平等的。

人权理论的形成可以分为五个层次:第一是人权意识,即承认一个人从生下来那一刻开始,就是人,而不是一个物体,不能随意伤害或毁坏他,但这种想法只是头脑里的一种意识,并没有表达出来。第二是人权思想,思想比意识更自觉,即明确表示因为他是一个人,我们就应按一个人应该享受的待遇来对待他。第三是法律上的人权,就

---

[*] 本文为本书作者在 2002 年 10 月 29—30 日"东方文化与人权发展国际研讨会"上的发言。

是把人权的思想变为法律条文的形式规定下来。在西方，最早的法律规定是1188年利比亚半岛莱昂王国的议会得到国王阿方索九世批准的一组权利，包括被告要求正式审判的权利和生活、荣誉、家庭和财产不受侵犯的权利。但是，那时还没有人权的概念，只是在法律上作了某些规定。"human rights"这个人权概念最著名的文献是1776年美国的《独立宣言》和1789年法国的《人权与公民权利宣言》。第四是人权理论，人权的系统思想，最早主要是由西方十七八世纪启蒙思想家卢梭、洛克等人提出的，以后得到了进一步的发展。

中国古代有没有人权法律我不敢肯定，这应由法律专家来回答。但是，人权思想、人权意识不仅有，而且非常丰富。那么，人权思想具体表现在哪些方面呢？

概括地讲，人权思想主要有两种表现：首先，人权是相对于神权而言的。毛泽东曾说，在封建社会里，束缚中国人民的有四条绳索：政权、族权、神权、夫权。其次，人权是相对于政权而言的。在封建社会，政权首先是君权，从实质上说，是整个封建社会的等级制度：人分为地主阶级与人民，统治阶级和被统治阶级又各自分成几个等级，这是不平等的。在资本主义社会里，人与人表面上是平等的，但实际上也是有等级的。

但是，在中国传统文化中，仍然存在着人权思想，并在这两个方面都有具体的表现。

第一，作为神权的对立面的人权思想就是重视道德的思想。西方历史上曾经有过神权长期统治的中世纪，但中国封建社会历史中没有任何宗教获得长期统治的地位。因此，在今天的中国宗教气氛在广大人民中远没有别的一些国家那样浓厚，宗教生活并不普遍，中国人一般不像外国人那样需要假设一个上帝来给予他终极的关怀和精神寄托。那么，中国传统社会是依靠什么来维护社会安定呢？

许多从事历史研究的学者认为，在中国的传统文化中，道德主义的思想非常浓厚，中国传统社会主要不是靠宗教，而是靠道德来维护社会安定的。

中国传统文化中，儒家起了主导作用，它从整体上说就是一种道德学说。其他各家观点各异，但重视道德却是共同的。在孔子看来，社会关系的本质是人伦，即人与人的道德关系。人类社会的政治现象不过是道德关系在政治领域的表现。儒家对神保持敬而远之的态度。孔子并不否定神，但不愿谈神，不崇拜神。孔子还说，"祭神如神在"，"敬鬼神而远之"，"未知生焉知死"，这些都表明他对神采取回避、怀疑主义的态度。当然，孔子有祖先崇拜，但这实际上是伦理原则对死者的延伸，孔子也说："慎终追远，民德归厚矣。"在后世儒家中，还出现过许多彻底的无神论者，比如南北朝时期的范缜、唐朝的韩愈等。有一些人认为，儒家也是一种宗教。其实，儒家同宗教有本质区别，最多只能说是一种信仰。当然，在中国古代，神权也是统治老百姓的一种手段，但远不像西方那样厉害。总的来说，中国的传统文化重视人、重视现实生活、重视道德，轻视神、轻视天堂，从某种程度上说，这就是一种人权思想。

第二，作为等级制度的对立面的人权思想就是平等思想。中国2000多年来的封建制度是一种等级制度，而等级制度是承认人与人天生不平等的，但这并没有使平等思想在这个等级社会里完全绝迹。有许多思想家认为人与人是平等的，最突出的是墨家。墨家主张兼爱，反对爱有差等。他们甚至主张为了兼爱而不顾个人的利益，成了利他主义者和苦行主义者。墨子认为天下大乱，国与国、人与人互相倾轧，互相伤害，甚至互相残杀，其原因就在于不相爱，因此，只要大家都能做到"视人之国若视其国，视人之家若视其家，视人之身若视其身"，就可以天下大治了，这就是墨子的"兼相爱，交相利"的主张。他并不彻底否定等级，但认为不能像儒家那样不同等级有不同待遇，主张"不党父兄，不偏贵富"。他并不否定个人利益，但认为只有兼爱，才能实现每个人的利益，他说："夫爱人者，人必从而爱之；利人者，人必从而利之；恶人者，人必从而恶之；害人者，人必从而害之。"墨子不但坐而言，而且起而行，奔走呼号，到处宣传他的主张，希望统治者实行他的主张。墨家的这些言论表现了鲜明的平等思想，即人权思想。

儒家也有平等思想。在西方，亚里士多德曾说，"奴隶是会说话的工具"，这是一个很露骨的等级思想，不把人当人看，而中国的许多古代思想家虽然主张等级制度，却也提倡平等待人。比如孔子的仁说，"仁"是孔子思想的核心。他谈论仁的地方甚多，说法也各不一样，但一切说法中无不包含"爱人"的意思。可以说，仁说的核心就是"爱人"，其他说法，如："己欲立而立人，己欲达而达人"，"己所不欲，勿施于人"，无不是主张平等待人。孟子也说，"仁者爱人"。儒家赞美的周礼就是一种等级制度，但他们提倡"仁政"，就是按"仁"的原则来管理国家，不主张镇压老百姓。孟子强调民本思想，认为"民为贵，社稷次之，君为轻"。《尚书》中的《五子之歌》也讲，"民为邦本，本固邦宁"，这是中国历代统治者一贯的思想。唐朝的魏征也说，"水可以载舟，也可以覆舟"，老百姓就是水，君主就是船。"民本"思想从一定程度上体现了人权的思想。

孔子的一些生活表现也说明了这一点。《论语》中记载：有一次，孔子的马厩着火了，孔子问人而不问马，"厩焚。子退朝，曰：伤人乎？不问马。"表现了孔子重人、爱人的人道主义精神。另一个例子是，孔子曾谴责用人形物来殉葬的行为，他说，"始作俑者，其无后乎"，这里也折射出孔子的一种人权思想。

儒家经典《礼记·礼运》在描写理想社会时表现了更明显、更集中、更强烈的平等思想："大道之行也，天下为公，选贤与能，讲信修睦。故人不独亲其亲，不独子其子。使老有所终，壮有所用，幼有所长，鳏寡孤独废疾者，皆有所养。男有分，女有归。货恶其弃于地也，不必藏于己；力恶其不出于身也，不必为己。是故谋闭而不兴，盗窃乱贼而不作。故外户而不闭，是谓大同。"从这短短的107个字中，我们可以看出这个天下为公的大同世界有如下特点：其一，生产资料公有制，生活富裕；其二，没有等级制度，男人平等，但妇女地位低于男人；其三，没有君主，公务管理人员由选举产生；其四，人人安居乐业，生活困难的人受到特殊照顾；其五，人人互相友爱，互相帮助，道德高尚，生活节约；其六，社会秩序良好，民事纠纷和刑事犯罪活动极少发生。这些话充分体现了人与人平等的思想。

在以后的儒家中，宋代儒家张载说："民吾同胞，物吾与也。"2000多年来，大同思想一直受到多数思想家的赞美和推崇，直至近代具有资产阶级革命思想的政治活动家洪秀全、康有为、谭嗣同、孙中山等也都推崇大同思想。

当然，应该说，在中国传统社会里，更多的是反人权的思想和行为。其具体表现有：一是在实际的行动中更多的是反人道的行为，特别是在历次战争中，成千上万的人被非人道地杀害；二是封建专制下有明显的等级制度，君、臣、民的地位是截然不同的；三是存在家庭奴隶，在封建社会里买卖丫环等人口贩卖现象是合法的。

从总体上说，中国传统文化是主张等级制度的，但人权思想、人权意识也非常丰富，它是中国传统文化的优秀部分，是值得我们认真挖掘的。挖掘传统文化中的人权思想是有现实意义的。其意义不在于证明一下外国有的，中国也一定有，而在于证明人权思想植根于人类的社会实践之中，它是社会实践的产物，又大大有利于社会的发展与繁荣。人类社会实践是普遍存在的，人权思想也是普遍存在的。弘扬人权思想将大大推动我国的社会主义现代化事业。

站在人类先进文化发展的潮头[*]

江泽民同志一贯重视中国文化建设和马克思主义文化理论，特别是在2000年初以后的多次关于"三个代表"的讲话中提出了关于中国共产党"要始终代表中国先进文化的前进方向"的著名论断。江泽民同志的一系列关于文化建设的论述，不仅有着重要的实践意义，而且发展了马克思主义文化理论。为了深刻理解江泽民同志关于代表中国先进文化的前进方向思想的深刻内涵，同时考虑到我国理论界对文化问题的理解颇多分歧，本文拟从马克思主义文化理论谈起。

一、文化是人类社会思想上精神上的一面旗帜

文化是什么？江泽民同志在2001年"七一"讲话中指出："坚持什么样的文化方向，推动什么样的文化，是一个政党在思想上精神上

---

[*] 本文为《中国共产党新世纪宣言》的第四章（红旗出版社2002年9月出版）；发表于《北京林业大学学报》（社会科学版），2002年第1卷第4期。作为本文内容的组成部分之一，曾分别以《马克思主义文化理论在新时期的运用与发展》、《马克思主义与坚持先进文化的前进方向》为题，收录于：《与时俱进的理论探索》，北京大学出版社2002年6月出版；《光明日报》2002年4月9日；《文艺理论与批评》2003年2期。

的一面旗帜。"这话对整个人类社会和各个国家都是适用的,这话抓住了文化的内在本质。

(一) 马克思主义文化理论的历史与现状

马克思主义的历史观中包括文化理论,但由于马克思主义历史观的理论框架主要是由生产力和生产关系、经济基础和上层建筑构成的,而不是由经济、政治和文化构成的,因而马克思、恩格斯、列宁和其他马克思主义理论家虽然对经济、政治都有过系统的论述,也多次谈到文化问题,却缺乏系统的文化理论,甚至对文化这个概念,理解上也不一致。例如列宁在多数场合把文化理解为精神性的东西,有时也理解为物质性的东西。十月革命胜利后,俄国有些人认为"俄国生产力还没有发展到足以实现社会主义的水平"。列宁回答说:"既然建立社会主义需要有一定的文化水平……我们为什么不能首先用革命手段取得达到这个一定水平的前提,然后在工农政权和苏维埃制度的基础上赶上别国人民呢?"① 在这里,列宁把文化水平理解为生产力水平。很多时候,文化(culture)与文明(civilization)是不分的,既有精神文明、精神文化的概念,又有物质文明、物质文化的概念。

毛泽东第一个在《新民主主义论》中采取了经济、政治和文化的理论框架来考察中国社会,并对经济、政治与文化的关系和文化在人类社会中的地位,根据唯物史观原理作了明确的规定,对当时中国的经济、政治和文化的现状和前景作了分析,其中对中国文化问题作了较详细的论述。毛泽东指出:"一定的文化(当作观念形态的文化)是一定社会的政治和经济的反映,又给予伟大影响和作用于一定社会的政治和经济;而经济是基础,政治则是经济的集中的表现。这是我们对于文化和政治、经济的关系及政治和经济的关系的基本观点。"② 他接着用这个观点分析了中华民族的旧政治、旧经济和旧文化,又分节专门论证了中华民族应该具有的新政治、新经济和新文化是新民主

---

① 《列宁选集》第 4 卷,人民出版社 1995 年版,第 777 页。
② 《毛泽东选集》第 2 卷,人民出版社 1991 年版,第 663—664 页。

主义的政治、经济和文化。他特别分析了自"五四"运动以来中国文化在政治和经济的推动下从旧文化向新文化演变的过程，最后得出结论："民族的科学的大众的文化就是人民大众反帝反封建的文化，就是新民主主义文化，就是新民主主义的新文化。"[1] 应该说，《新民主主义论》是系统的马克思主义文化理论形成的标志。当然，作为系统的马克思主义文化理论，毛泽东的论述不够完整、不够严密，还需要加以完善、拓展。

由于建国以后不再用经济、政治和文化的理论框架来分析和设计我国社会建设问题，由于在文化问题上重点在革命而不在建设，我国理论界对于文化基本理论缺乏系统、全面和深入的研究，许多基本问题若明若暗，各有各的理解。改革开放后，文化问题，无论是作为理论问题还是现实问题受到广泛的关注，80年代出现了西方文化热，90年代出现了中国传统文化热。这时江泽民同志在建国后第一个在《在庆祝中国共产党成立七十周年大会上的讲话》中采取经济、政治和文化的理论框架来分析中国社会主义建设问题，他说："党的十三届七中全会在总结贯彻执行基本路线经验的基础上，又提出了建设有中国特色社会主义的十二条原则，标志着我们党对社会主义现代化建设规律的认识更加深刻了。党的基本路线和这十二条原则，总起来说，就是要通过社会主义制度的自我完善和发展，建设有中国特色社会主义的经济、政治、文化，以适应和促进社会生产力的不断发展和社会的全面进步，实现社会主义现代化。"然后他就分别对有中国特色社会主义经济建设、政治建设和文化建设作了具体说明。六年以后他在《在中国共产党第十五次全国代表大会上的报告》中明确地以经济、政治和文化的理论框架来诠释邓小平理论，分别详细地论述建设有中国特色的社会主义经济、政治和文化，对每项建设都作了更为具体和详尽的说明。2000年初他提出"三个代表"思想时，又把文化问题摆到了重要地位。2001年他在《在庆祝中国共产党成立八十周年大会上的讲

---

[1] 《毛泽东选集》第2卷，人民出版社1991年版，第708—709页。

话》中对"三个代表"思想作了详细的阐发,其中再次详细论述了社会主义文化建设问题。在我国马克思主义理论界,经济和政治的界定比较清楚,经济和政治的内容也比较明确,不像文化那样界定不清,内容复杂,因此,尽管关于经济理论和政治理论也存在着重大的分歧,但同文化理论比较起来,分歧的广度和深度都是较轻的。实践是真理的源泉,运用一种理论往往会发展一种理论,中国共产党领导人运用马克思主义文化理论的过程,也是发展它的过程,这种运用无疑会完善和丰富理论本身,也会使长期争论的问题得到一定程度的解决或澄清。江泽民同志虽然没有在以上这些论述中直接分析文化理论问题,但他在运用文化理论来论述我国社会主义文化建设中也就解决或澄清了若干理论问题,或给予我们以解决理论问题的启发,并丰富和发展了马克思主义文化理论的内容。

(二) 文化的内涵与外延

要弄清楚一个概念的含义必须从内涵与外延两方面着手。一个概念的内涵指它的定义,而定义必须揭示这个概念所指该类事物的本质。几乎各种论著都指出,文化的含义有广义与狭义之分,广义的文化现象等同于社会现象,狭义的文化现象就是精神现象,不包括客观现象或物质现象。《中国大百科全书》的哲学卷说:"广义的文化总括人类的物质生产和精神生产的能力、物质的精神的全部产品。狭义的文化指精神生产能力和精神产品,包括一切社会意识形式,有时又专指教育、科学、文学、艺术、卫生、体育等方面的知识和设施,以与世界观、政治思想、道德等意识形态相区别。"① 在这广狭两种定义中有没有一个为人们更多地使用呢?哲学卷没有提出和回答这个问题。我认为,应该指出,对文化作狭义的理解是具有更广泛性的趋势,而且从文化理论和文化建设来讲,应该使用狭义的理解。狭义的文化是严格意义的文化,即人类的精神现象和精神产品。为什么这样说呢?

把文化与经济、政治并列起来使用,已经成为一种相当普遍的趋

---

① 《中国大百科全书》(哲学卷),中国大百科全书出版社1987年版,第924页。

势。应该说，在过去广义的文化被更多地使用，而20世纪以来，经济、政治和文化就经常被并列起来使用了。例如英国著名历史哲学家汤因比的文明形态理论认为人类社会表现为各种文明形态，而文明包括三个组成部分，即经济、政治和文化。又如近年来在国际理论界引起很大争议的美国学者亨廷顿的文章《文明的冲突》也是把文化与经济、政治并列。

文化一词在马克思主义经典作家的著作中多次出现，这不是一个特定的术语，其含义是比较广泛的。他们没有把经济、政治和文化三者并列起来说明社会结构。他们用以说明社会结构的术语是社会存在与社会意识、生产力和生产关系、经济基础（生产关系总和）和上层建筑，上层建筑包括政治和意识形态。如果把文化与经济、政治并列起来，显然文化与意识形态不能相等，文化包括意识形态，比意识形态更广。一般马克思主义哲学教科书创造了"意识形式"一词用以称呼包括意识形态在内的全部意识，但也没有用"文化"一词。毛泽东在《新民主主义论》中提出了经济、政治和文化三者并列的社会结构理论，并规定了三者之间的关系。江泽民同志也把三者并列起来使用。不管人们如何理解三者的关系，只要把三者并列，就是承认文化不是经济、政治，而是经济、政治以外的东西，即精神活动及其产品。这就是前面的狭义的理解。

弄清楚了文化的内涵，还必须弄清楚它的外延，否则我们对文化的理解仍然是抽象的。文化的外延不是很容易弄清楚的。我们无法把文化所具有的具体的分子一一指陈出来，唯一的办法只能是根据其内涵来分门别类地列举其各个组成部分。这样做，有两个不可少的前提：（1）经济、政治和文化包括了人类社会全部现象，三者之外就是社会之外的自然界了；（2）经济、政治和文化三者尽管有互相渗透和互相包含的关系，但从概念上是不相容的，也就是说，有明确区别的。这样，我们就可以把文化的外延表述为若干类文化现象。

首先应该指出的是作为经济之直接反映的精神活动及其产品。经济活动可以分为两个方面，一是生产活动，一是生产交往，即生产关系。因此，第一类文化现象就是科学技术（这里指的主要是自然科学技术），这是一个社会的物质生产水平的直接反映并直接推动生产的发展。

第二类的文化现象是经济思想和经济理论，它是经济制度的直接反映并直接推动和指导经济制度的变化。

第三类文化现象是政治法律思想和理论，它诚然是一个社会的政治活动的反映，但首先却是社会经济制度的反映。

第四类文化现象是语言文字，语言文字是人类文化的重要组成部分，是人类生产劳动和全部社会实践的产物，服务于全部社会实践，贯穿于人类社会的一切领域。

第五类文化现象是道德伦理观念、善恶标准和道德伦理理论。道德伦理现象是文化的重要组成部分，也是观念上层建筑的重要组成部分。

第六类文化现象是宗教现象。宗教是唯心主义的，但它作为人类传统文化的重要组成部分已深深地生长在现代社会中，成为现代文化的重要组成部分。

第七类文化现象是文学艺术。文学艺术是具有最广泛群众性的文化现象，可能没有人不欣赏文学艺术，因而文学艺术对于人的观念、思想、情感具有最强大的感染作用。

第八类文化现象是哲学和社会学说。哲学和各种社会学说（包括前面所说的经济理论和政治法律理论）也是文化的重要组成部分，它们的性质比较复杂，一方面是知识，因而可以成为科学，一方面是意识形态，表现了一定的阶级利益。

第九类文化现象是教育和教育思想。以上八个文化领域彼此可以相对地分开，但作为文化的一个重要领域教育却无法与这些领域分开。教育活动本身诚然是一种特殊的文化活动（知识、技能的传授与学习、品德的陶冶与修养、身体的锻炼等），但教育的内容却离不开上述各个领域。因此，教育在文化中具有综合性、代表性，教育水平的高低能够代表一个国家的文化水平的高低，要提高文化水平，加强教育是唯一途径。

第十类文化现象是新闻出版事业。新闻出版事业是另一个具有综合性的文化因素。

第十一类文化现象是公共文化设施及其活动,它是由政府或社会设立的面向社会大众的文化设施及其活动,也是一种综合性的活动。

第十二类文化现象是民间文化。民间文化也是一个具有综合性的文化领域,即自发地流行于民间的通俗的朴素的文化,缺乏自觉性、理论性、系统性,然而为广大群众所喜闻乐见,对群众具有潜移默化的作用,有强大的影响力。

以上所谈十二个领域都是作为现实的经济、政治之反映的文化现象,除此之外,当然还包括从古代遗留下来的文化因素,即传统文化因素和从国外传播进来的文化因素。

另外至少还有两个领域没有涉及,一是卫生,一是体育。它们无疑是物质活动,因为它们都是改造人体的活动,而人体是一种物质。它们无疑包含着丰富的文化因素,即精神因素,如医药学、医疗道德、体育学、体育艺术等。也许把卫生、体育归属于文化现象更合适一些。

(三) 文化在人类社会中的地位和作用

文化在人类社会中的地位问题实际是人类社会的各个组成部分的关系问题,而由于经济、政治与文化是人类社会的三个主要组成部分,因此,这个问题就主要成为经济、政治和文化的关系问题,说得更具体一点,就是:经济、政治和文化三者中哪一个是最根本的,起最后决定作用的?是经济还是文化?这里存在着两种截然相反的论点:一种观点认为文化是人类社会的最根本的起最后决定作用的东西,是它最后决定了一个国家、一个民族、一个地区的基本面貌,是它的不同类型区别了不同的国家、不同的民族、不同的地区;另一种观点则认为是经济,而不是文化。这种分歧主要来自历史观的区别,前者以唯心史观为指导,后者以唯物史观为指导。以唯心史观为指导研究文化现象,往往提出文化史观。

英国现代历史学家汤因比在他的代表作《历史研究》中提出的宗

教史观即是一种文化史观。他认为人类社会的单位不是国家，而是文明，文明包括三个组成部分，即经济、政治和文化，其中文化是文明的核心和精髓，而文化中最根本的是宗教，"宗教是文明生机的源泉"，不同类型的宗教决定了不同类型的文明。因此，他根据不同类型的文化，确切点说，根据不同类型的宗教，把世界区分为20多个类型的文明，如基督教文明、东正教文明（俄罗斯和东亚的基督教）、伊斯兰文明、印度文明、远东文明（中国、朝鲜、日本等）。在他看来，人类社会史就是文化史或宗教史。

美国学者亨廷顿的文章《文明的冲突》提出了另一种文化史观。他认为"文明是一种文化的实体"，"文明是人们的最高文化凝聚物"，这同汤因比的观点是一致的；认为"以文化和文明划分这些国家集团远比以政治经济制度或经济发展水平来进行划分有意义"。在他看来，"文明间的差异不仅是现实的差异，而且还是基本的差异"，而文明间的差异主要是思想观念上的差异，因此人类社会的历史实质上就是文化史或思想观念史。他把世界划分为7种或8种文明，"它们包括西方文明、儒教文明、日本文明、伊斯兰文明、印度文明、斯拉夫—东正教文明、拉美文明以及可能的非洲文明。未来最大的冲突将沿着分隔这些文明的断裂带进行。"

从以上举例，我们可以概括出文化史观或文明形态历史观的几个特点：（1）划分世界不同地区的主要标准不是经济发展水平或经济政治制度，而是文明或作为文明的核心的文化；（2）文化与经济、政治并列，并共同组成人类社会，属于人类社会的精神领域；（3）文化在整个人类社会中起最后的决定作用，是人类社会中最根本的东西。

同文化史观相反，唯物史观认为人类社会的基础、根基是经济，政治是经济的产物，经济、政治和文化又通过直接和间接的、简单和复杂的相互作用形成一个有机的立体网络，文化的作用是巨大的重要的不可缺少的，但决定整个社会面貌的最后的根基、推动整个社会前进的最后的动力是经济，这是不能含糊的。所谓"经济"当然不仅是经济制度，它首先是一定水平的社会物质生活，即人类的经济生活，然后才是建立在物质生产上的经济制度。所谓"文化"当然不仅是意识形态或思想上层建筑，它首先是直接反映物质生产的精神因素如科学知识、语言等，然后才是反映经济制度、政治活动的思想上层建筑。马克思主义经典作家没有系统地论证过经济、政治和文化的关系，但这些思想已包含在他们关于社会基本矛盾，即生产力与生产关系、经济基础与上层建筑的矛盾的理论之中。毛泽东正是根据了唯物史观的基本观点在《新民主主义论》中系统地论证了经济、政治和文化的关系，确认了文化的重要地位。毛泽东还运用这个基本观点来分析中国文化的过去、现在与将来，认为中国的旧文化是封建文化，当时的文化是殖民地、半殖民地、半封建的文化，而中国要建立的新文化应该是新民主主义的文化，也就是人民大众反帝反封建的文化，是民族的科学的大众的文化。对毛泽东的文化理论有一个正确理解问题，它有可能使人误认为经济只包括经济制度，即唯物史观所说的经济基础，不包括生产及其他经济活动，文化就是意识形态（观念形态）或唯物史观所说的上层建筑，不包括那些非意识形态的东西如自然科学、语言等，这不是毛泽东的本意。毛泽东讲新民主主义文化是民族的科学的大众的，显然包括那些全民族的科学的东西，而不仅是占统治地位的意识形态或上层建筑。总起来看，唯物史观认为：（1）人类社会可以区分为经济、政治、文化三个组成部分，这一点是与文化史观一致的；（2）经济、政治、文化三者中最根本的或起最后决定作用的是经济，不是文化；（3）划分世界各个地区、国家的主要标准是经济（包括生产发展水平和经济制度），而不是文化。这后两点是与文化史观相反的。

江泽民同志在他的一系列论述中十分重视文化在人类社会中的重要地位，但他始终鲜明地坚持了唯物史观，没有丝毫模糊唯物史观与文化史观的界限。他在中国共产党十五大报告中说："有中国特色社会主义的文化，是凝聚和激励全国各族人民的重要力量，是综合国力的重要标志。它渊源于中华民族五千年文明史，又植根于有中国特色社会主义实践，具有鲜明的时代特点；它反映我国社会主义经济和政治的基本特征,又对经济和政治的发展起巨大促进作用。"这就科学地规定了经济、政治、文化三者的关系:经济和政治是文化的根基,文化是经济和政治的反映。他在《在庆祝中国共产党成立八十周年大会上的讲话》中说,中国先进文化要"立足于建设有中国特色社会主义的实践",这正是唯物史观在文化问题上的运用,因为建设有中国特色社会主义的实践主要是经济实践和政治实践,立足于实践也就是立足于经济和政治。很显然,这种观点是与文化史观有原则区别的。

根据辩证唯物史观来处理文化与政治、经济的关系问题,就能正确理解文化在人类社会中的作用。我们既不能像庸俗经济主义那样低估它的作用,也不能像文化史观那样夸大它的作用,这对认识文化在人类社会中的重大作用,对建设我国现代文化都是至关重要的。

二、中国现代文化是中国社会经济政治实践的产物

马克思主义文化理论是科学的文化理论,中国共产党要始终代表中国先进文化的前进方向,就要以科学的文化理论为指导认识中国文化、现状。为了弄清楚这个问题,我们有必要首先比较一下中西文化的异同和中国现代文化形成的历史过程。

(一) 文化的共性与个性

在文化问题的研究中,中西文化比较是一个讨论十分热烈的问题。文化比较研究就是研究文化的共性与个性,就中西文化而言就是研究中国文化与西方文化有什么共同之处和差别,即中西文化的共性和个性。除中西(或中外)比较而外,还有古今文化比较,如中国古代文化与现代文化比较,这种比较不大为人们重视,其实也是很重要的。

文化无疑是具体的历史的多姿多彩的,但它也有共性。文化的共性,或曰普遍性、一般性,又分为若干层次,否定共性是不对的,只承认地区文化的共性,否定人类文化的共性也是不对的。当然,共性是什么也是要进一步研究的。那么,人类文化的共性是什么呢?

人类社会的历史告诉我们,人和人类社会都是人的社会实践的产物,所谓历史归根到底不外是人的社会实践的总和。人类社会的文化,

作为与经济、政治并列的人类社会的三大组成部分之一，其根源也是人的社会实践。因此，文化的共性与个性是社会实践的共性与个性决定的。那么，社会实践的共性是什么呢？

实践的最根本的共性是实践的本质，即自觉地改造自然、改造社会和改造自我的活动。一是改造，二是自觉。文化既是以社会实践为其产生和发展的根源，它的共性就应该是社会成员的自觉改造的思想。这种自觉改造世界的思想是任何地区、任何时代的任何民族、任何国家、任何社会都必然具有，而且不能不有的，否则它就只有萎缩、凋零、消灭。

自觉改造世界的思想应该是世界上从古到今一切类型文化的根本的共性，也是中国文化与西方文化的根本的共性。有一种颇为流行的观点认为中国传统文化的精髓就是天人合一思想，这导致科学技术不发达，但天人（自然与人）关系和谐，而西方文化的精髓是主客二分思想，这导致科学技术发达，但天人关系紧张。这种观点是难以成立的。

"天人合一"在中国思想史上有多种含义，今人所说天人合一是指自然与社会的和谐，即人们所熟知的生态平衡，但所谓"和谐"、"平衡"都是从人的角度来说的，是以人类为中心的和谐与平衡，人类保护自然资源、保护动植物、治理环境污染、维持生态平衡，并不是因为自然界有什么权利，完全是为了人类自己。人与自然的和谐状态就是最宜于人类居住、生存和发展的状态。自然界本身是无所谓和谐不和谐的。因此，要达到人与自然的和谐，只能采取自觉地改造自然的办法，而不能抛弃科学技术、停止自觉地改造自然，让自然界回到人类出现时的原始状态。不存在是否要改造自然的问题，只存在怎样改造自然的问题：是把自然界改造得更宜于人类的生活，还是只顾局部利益与眼前利益而把自然界改造得越来越不宜于人类的生活，这才是问题的关键。如此理解的"天人合一"，不但与改造自然不冲突，而且正是人类自觉改造自然的积极结果。

"主客二分"当然也有一个理解问题。有的人把主客二分理解为主客对立，理解为作为主体的人对作为客体的自然贪得无厌、肆无忌惮地索取和掠夺，而且把生态平衡的破坏归罪于主客二分的思维方式，并把它说成是西方文化的共性，似乎它不是中国文化的共性，这完全是对主客二分的误解。合理地理解的主客二分，不过是指人在实践与认识的过程中把自己与客观世界相对地区别开来，这是人类生存与发展所必需的，是不可避免的。只要人类不毁灭，人类永远要把自己看成主体，而把世界看成客体。至于人如何处理主客关系，是第二个层次的问题，不能因为主客关系处理不好就根本否定主客关系，那不是因噎废食吗？

主客体的区分，人把自己从混沌的世界里区别出来，是在类人猿变成人的过程中发生的，是在劳动和实践的过程中发生的。这种区分从时间上讲将与人类相终始，从空间上讲是普遍的，不仅西方那里有主客二分，中国这里的主客二分一点也不少。人的活动只要是自觉的活动，人就是作为主体来活动。西方唯心主义哲学家把区分主客的唯物主义叫作二元论，那完全是一种歪曲和诬蔑。

主客二分并不排斥主客统一，主客统一也是首先在劳动和实践的过程中发生的，也就是改造世界的成功，是主体目的的实现。主客统一也存在于认识活动和评价活动中。上面讲的天人合一从一定意义讲也就是主客统一。因此，主客二分与天人合一，如果给以合理的解释，实际是人类实践活动的两个侧面，不仅是不冲突的，而且是相互依存的，互补的，谁也离不开谁。只有主客统一而无主客二分，那就没有人类及其活动；只有主客二分而无主客统一，那就会使人类无法生存和发展下去。西方人，东方人，北方人，南方人，概莫能外。主客二分与主客统一反映在文化上就是自觉改造世界的思想，它是文化的本质，没有主客二分的文化和没有主客统一的文化都是不可能的，不仅如此，偏重一个方面的文化也是不可能长期存在的。如果中华民族偏重主客统一，而不与天斗、与地斗、与人斗，它能绵延存在到今天而且日益兴旺发达吗？如果西方各国偏重主客二分，它们能创造出高度的现代文明吗？

那么，各民族、各地区、各国家的文化是否各自有其共同的特色呢？这当然是有的。人类文化的共性只能通过多种文化的特殊性、个性表现出来。这些特殊性、个性对于各自文化来讲，也是普遍性、共性。把"天人合一"看成中国文化的共同特性，把"主客二分"看成西方文化的共同特性，我认为是难以成立的。但是，这并不是说，各种文化没有任何共同的特性。中国理论界除了以主客统一与主客二分来区分中西文化之外，还提到另外一些中西方文化的区分，如中国文化强调把整体摆在第一位（整体主义），西方文化强调把个人摆在第一位（个人主义）；中国文化重视伦理道德，西方文化重视宗教；中国文化强调精神享受，西方文化强调物质享受；中国文化重视经世致用，西方文化重视系统研究，这些都是有道理的。

为了建设中国先进文化，为了各种文化互相取彼之长，补己之短，应该广泛而深入地研讨文化的共性与个性问题，但是无论如何不要忽视整个人类文化的共性——自觉地改造世界的思想。如果没有这个根本的共性，各种文化的互相学习和互相吸取将成为不可能。

（二）文化的类型及其相互影响

文化类型问题即对文化分类的问题。对文化分类首先有一个标准选择问题。文化可以按时代分为古代文化、近代文化、现代文化，也可以按地区分为亚洲文化、欧洲文化、非洲文化、美洲文化、澳洲文化，或东方文化、西方文化，也可按国别分为中国文化、印度文化、日本文化、埃及文化、俄国文化、英国文化、法国文化、德国文化、美国文化等，也可按宗教分为基督教文化、天主教文化、东正教文化、伊斯兰教文化、佛教文化、儒家文化（严格讲，儒家并不是宗教）等。当然我们还可以提出其他标准，对文化的类型进行其他划分。问题在于这些划分有什么意义？

仔细推敲，上面有的划分是很笼统的、空洞的，如果不加以具体化，很难说有多大意义。例如东方文化与西方文化，如果仅仅指地区的不同，东方文化就是亚洲文化，西方文化就是欧美文化，究竟这两种类型的文化有什么重要的区别并不清楚，所以人们都在努力寻求一种更有意义的区别，即各自不同的特色，特别是那种根本性的区别。前面提到过几种观点都是对于西方文化与东方文化或中国文化的根本区别的回答。但他们都是仅仅以某种精神性的东西为标准来区分不同类型的文化，并未找到区分文化类型的最根本的东西，这个问题的解决有赖于唯物史观的指导。

那么，根据唯物史观，应该怎样来区分文化的类型呢？

前面已谈到文化与经济、政治构成社会的整体，文化是由经济、政治决定的，既然如此，文化的类型应该是同社会的类型一致的，应该按照社会的类型来划分。唯物史观把人类社会的类型划分为五种，文化的类型也应该划分为五种，即原始公社文化、农业奴隶制文化、农业封建制文化、工业资本主义文化、工业社会主义文化，每一种类型的名称都包括了生产力水平和经济政治制度的内容。可以看出，生产力水平在第二、三类型是接近的，在第四、五类型也是接近的，但经济制度在这几种类型中的区别是比较明显的。

文化类型的这种区分不过是对文化本质的抽象把握，各种类型文化的实际存在是具体的，因而是十分复杂的、多种多样的、丰富多彩的。分析起来，其复杂情况大致有三种：一是每种类型均有其特殊的表现形式。二是各种类型的文化相互渗透，你中有我，我中有你。三是中间类型或混合类型的存在。除人类社会的五种正常的类型而外，还存在着由于多种原因而出现的多种中间的或混合的社会类型，例如从一种类型向另一种类型过渡的时期往往出现具有两种类型的基本特征的社会，或由于内外原因而出现混合型的社会，因而其文化也出现多种不正常的类型。19世纪中叶以来，中国社会逐渐沦为半封建半殖民地社会，这种社会就是一种混合型社会。有人认为半殖民地是一个政治概念，半封建和半殖民地无法结合在一起。其实，半殖民地或殖民地既是一个政治概念，也是一个经济概念。半殖民地本身的经济制度可能大部保持其原有形态，但从整体上说，它已纳入帝国资本主义的经济体系之中，并必然有外国资本主义进入其中，正如封建制不仅是一个经济概念（地主所有制），而且是一个政治概念（君主专制或军阀专制）一样。半殖民地不仅指政治上的部分独立性的丧失，而且指经济上的部分资本主义性的存在。半封建半殖民地实质上是封建主义和资本主义经济政治制度的混合。这种混合型的社会产生了混合型的文化，即半封建半殖民地文化。毛泽东在《新民主主义论》中说当时中国社会是半封建半殖民地社会，其文化是半封建半殖民地文化，即一种混合的文化，这种观点是科学的，符合当时的实际情况。当然，还应指出，当时的中国还有着原始公社的和奴隶制的文化因素，这些是中国历史长期发展所积累下来的。

不同类型的文化可以在同一地域或不同地域先后存在，也可以在不同地域同时存在，不管是哪种情况，多种文化都有运动变化和相互影响。文化的运动变化不外两种情况：一是在内部原因的推动下自身的进化运动，一是由于不同文化之间的相互影响而发生的变化，下面分别作些说明。

一种社会形态为另一种社会形态所取代，即五种社会形态中的前一种形态为后一种形态取代，是一种合乎规律的过程，与此相应，一种文化类型为另一种文化类型所取代，即五种基本文化类型中前一种类型为后一种类型所取代，也是合乎规律的过程。这种过程是一种进化，是循着从低级到高级、从简单到复杂、从单一到多样的前进运动，但是前进运动不限于这五种类型的循序前进，如果由于内外原因，发生了跳跃式或中断式的运动，也是一种前进或进步。例如中国封建社会由于外国势力的侵入而逐渐演变为半封建半殖民地社会，其文化从而也逐渐由封建文化演化为半封建半殖民地文化，尽管其间付出了丧权辱国、人民惨遭杀戮的代价，仍然包含了前进的意义。而且正由于中国半封建半殖民地性质，它才有可能过渡到社会主义社会，从而建立起社会主义文化，中国社会和文化的发展可以说是跨越了作为一种完整的社会形态的资本主义社会，也可说是通过半封建半殖民地社会（一种畸形的资本主义社会）从封建社会演变为社会主义社会，这也是历史的进步，在文化上也是如此。在今天的地球上，历史上曾经出现过的文化类型都同时存在，尽管资本主义文化占据着绝对的优势，因此，这些文化类型之间便产生了相互影响，不仅先进的文化影响着后进的文化，后进的文化也在多方面影响着先进的文化，使现代社会的文化呈现出丰富多样的姹紫嫣红的色彩。先进文化影响后进文化是易于理解的，似乎是理所当然的，后进文化何以也能影响先进文化呢？这是因为在人类文化中积累了许多永久性、普遍性的因素，这些因素对于任何时期和任何地域都是适用的，即或者是有益的或者是无害的。许多哲学思想、科学思想、价值观念都具有普遍性，例如按照自然规律而不是随意地贪婪地改造自然的思想、所有的人应友好相处的思想、勤劳节俭的品德、各种科学的观点和理论、积极向上的人生态度等都具有永恒的普遍的价值，任何类型文化都是应吸收的。自有人类以来，特别是今天各地区交往方便而频繁，各种文化之间的影响是很明显的，而且是无法阻止的。

这种相互影响无疑有负面的消极的作用，但从整体上看，从长远看，其作用是积极的正面的。这种作用不仅使各种文化更加丰富多彩，而且可以扩大与加深人类的智慧与才能，提高人们的品德与趣味，推动整个社会和文化的发展。因此，我们应该推动并正确引导文化之间的交流与相互影响，避免不利的影响，扩大与加深有利的影响。

（三）中国的传统文化的解体与现代文化的形成

如果按照历史学的一般划分，中国历史在鸦片战争（1840年）以前为古代，鸦片战争到"五四"运动（1919年）为近代，"五四"运动以后为现代，那么，就可按照年代的划分把中国文化史划分为古代文化、近代文化和现代文化。这样，就有一个为这三个时代的文化定性的问题。根据以上关于文化的一般观点，我们就可以把中国古代文化定性为农业封建文化（秦汉以前暂不考虑），近代文化为半封建半殖民地文化，现代文化为半封建半殖民地文化经过新民主主义文化向工业社会主义文化的过渡。中国文化史是一个复杂的问题，应该开展专门的研究。从近年来的讨论来看，大家最关注的是传统文化与现代文化的关系问题，下面就这个问题谈些看法。

如何给中国传统文化定性？如何给现代文化定性？我认为传统文

化指 2000 多年来逐渐形成的相对稳定的文化，即农业封建文化，亦即中国古代文化，它的下限是"五四"运动，此时它开始了急剧的变化，加速半封建半殖民地化的过程，也开始了向现代文化的过渡。中国现代文化十分复杂，包含着封建的资本主义的文化因素，但就其最后形成的相对稳定的文化类型而言，它应是工业社会主义文化。

2000 多年以来，中国的生产水平一直停留在手工农业的水平，而经济政治制度则是封建主义。封建主义的经济制度近百多年来由于暴露出它阻碍中国生产发展和综合国力的提高的消极作用，受到各种批判，成为一个纯粹的贬义词，但中华民族几千年灿烂文化正是在这种制度上创造出来的。农业封建主义文化既包含着糟粕，也包含着丰富的具有永恒价值的精华，它已成为人们的共识。当人们要消灭封建制度的时候，对封建文化采取了过激的态度，这是难于避免的。革命完成之后就应予以有分析的公正的评价。现在是在这样努力了，已经取得巨大的成果，这种努力还要大力进行下去，但这并不能改变它的农业封建主义的本质。

中国传统文化的内容十分丰富和复杂。现在似乎公认传统文化就是儒家文化，因为儒学是中国传统文化的精神支柱，即最主要的指导思想。这种观点一般说来是可以接受的，但不能忽视其他文化因素存在。第一，不能轻视儒家以外各家思想在中国文化中的地位和作用，特别是道家、法家、佛家的思想。第二，应看到儒家本身也有许多门派，儒学并不是一个结构严谨、思想一贯的理论体系。第三，尤其不能忽视的是我国古代各族人民在改造自然的物质生产活动中积累的生产经验、创造发明、科学理论，以及他们在同自然的斗争中培养出来的勤劳、勇敢、节约、自强不息等优良品德。第四，也是万万不能忽视的是中国古代各族人民在反抗剥削压迫和外来侵略的斗争中所培养出来的不畏强暴、不怕牺牲、坚韧不拔的斗争精神和济困扶危、舍己为人、大公无私的高贵品质，正是这些精神因素使中国古代人民能够对己和、对敌狠，前仆后继去争取胜利而岿然独立于世。这些因素在儒家思想中有所反映，但由于儒家阶级性的局限，没有占据主要的地位。

中国传统社会及其文化真正发生变化是从鸦片战争开始的。

中国传统社会在历史上曾经有过非常辉煌灿烂的时期，但近三四百年来逐渐大大落后于西方，鸦片战争的失败是它的落后性的大暴露，从此中国成为强国欺凌侵略的对象。中国需要赶上西方国家，用后来的话讲，就是要现代化。中国的落后最明显表现在经济方面，经济要现代化的内部阻力主要来自传统的政治和文化，而文化又是政治变革的主要阻力。在经济、政治和文化的这种错综复杂的相互作用之中，有识之士先后提出过实现中国现代化的种种主张，掀起了各种运动，如洋务运动、维新运动、民主革命运动。这些主张的提出是受西方文化的影响，也反映了中国社会现代化的需要，这就意味着中国传统文化在悄悄地发生变化。

辛亥革命的胜利从政治上动摇了中国传统文化的根基，但它第一次遭到的真正的冲击是"五四"运动前后的新文化运动。新文化是什么？具有不同观点的人有不同的回答，大体上有三种回答：全盘西化派主张的西方自由主义文化、新儒家主张的传统文化的现代化和共产党人主张的新民主主义文化，即毛泽东所说的作为新民主主义经济政治之反映的民族的科学的大众的文化。这三派都是在中国传统文化解体过程中产生的，都主张向西方学习，都属于新文化运动。这三派的区别在于对待西方文化的态度、对待中国传统文化的态度和对待马克思主义的态度。

从洋务运动到民主革命运动是一个进步过程。民主革命运动主张以西方的经济、政治、文化来改造中国传统社会，这就是西化。在民主革命运动影响下，陈独秀1915年创办《新青年》，掀起专门的文化运动——批判旧文化、创立新文化的新文化运动，它的核心就是后来得到广泛认同的"科学与民主"。俄国十月革命的胜利大大影响了中国新文化运动，使它发生了分化，陈独秀、李大钊等人从西化派转为马克思主义派，胡适成了西化派的主要代表。西化派与马克思主义派有许多共同之处，但它们之间存在着根本性的分歧。西化派想把西方工业资本主义文化全盘搬到中国来，反对马克思主义，而马克思主义派则反对资本主义，而赞成作为资本主义批判者的马克思主义。对西方文化，马克思主义派虽然也主张加以吸收，但赞成采取分析的态度。西化派对传统文化基本上抱虚无主义态度，而马克思主义派则主张加以批判地继承。现代新儒家的特色在于坚持以儒家思想为核心来形成现代中国文化，或者说，把中国传统文化现代化，借以实现中国社会现代化。从时间上讲，现代新儒家是在新文化运动中出现的，稍晚于西化派和马克思主义派。现代新儒家容易被误解为尊孔复古派，但实际上它是跟着西化派的现代化道路前进的，它也反对传统文化的经济政治基础，只是鉴于资本主义社会的各种弊端而主张以儒家思想来加以补救。

总之，中国传统文化之所以受到新文化运动的冲击而逐渐解体，其原因不在于传统文化本身，而在于它的经济政治基础在逐渐解体，新文化运动正是适应了中国经济政治基础中的变化才兴起的，才能如此波澜壮阔地凯歌前进的。

中国现代文化萌芽于"五四"运动，经过30年的演化而于1949年后形成，所谓"萌芽"，所谓"形成"，都带有很强的相对性、模糊性，实际上并没有准确的时间，只是大体上有一个阶段的划分而已。所谓"现代文化"也没有一个完成了的形态，而是一个过程，只是大体上有一定的确实的内容。也就是说，它的形成有一定的经济政治基础，而形成以后它有一定的确实的内容。

我认为它的经济政治基础形成于1949年至1956年之间。从生产力来说，中国仍然是一个农业国家，现代工业产值在整个国民经济中比重仍很小。在经济制度方面，中国经历了半封建半殖民地（半资本主义）和各种经济成分并存的新民主主义经济制度（社会主义、资本主义和个体经济），已过渡到社会主义。在政治制度方面，中国经历了中华民国的政治制度和新民主主义政治制度，已过渡到了人民代表大会和中国共产党领导下的多党合作和政治协商的人民民主专政。现代文化正是建立在这样的基础上，其内容是这样的基础的反映。由于这个基础1956年后仍处于不断变化的过程中，这个文化也在不断地变化，特别是改革开放以来，变化更大，但其根本性质并没有改变，仍然是社会主义的。那么，它有些什么实际内容呢？我认为其内容是十分复杂的。

第一，它的核心或指导思想无疑是马列主义、毛泽东思想、邓小平理论，这是社会主义经济政治制度的反映，又是为这个制度服务的。

第二，在这个文化中也保留了许多传统文化因素，其中包括革命传统因素。传统思想十分复杂，是长期积累而沉淀下来的，具有相对的独立存在，不易随着旧经济政治基础的消失而消失。

第三，在这个文化中也存在着许多外来的东西。外来的思想也十分复杂，是通过各种传媒或中外人士的直接间接接触而传过来的。特别是改革开放以来，由于市场经济的发展，外来思想，尤其是西方思想蜂拥而至，进入中国文化之中。

第四，中国新文化的主要部分是直接反映中国当前经济政治的精神因素。一是反映中国生产水平，即科学技术管理水平的思想和理论，其中有很现代化的，也有很落后的，甚至是很原始的。整个说来，它还不是现代化的，仍属于发展中国家的行列，没有达到发达国家的水平。二是直接反映中国当前经济政治制度的思想和理论，其内容也十分复杂。中国基本经济制度是以公有制为主体的多种经济成分共存的制度，经济体制正处于从计划经济向国家宏观调控下的市场经济转轨的过程之中。中国基本政治制度（国体）是人民代表大会制度和中国共产党领导的多党合作和政治协商制度。三是间接或直接反映这种经济政治基础的文化因素，具体讲就是语言、文学、艺术、宗教、道德、哲学、教育、体育、卫生、风俗习惯、社会风气、礼仪等。这些文化因素中既有社会主义的与工人阶级的，也有资本主义的与资产阶级的、小资产阶级的，还有中性的与各阶级共同的；既有积极的，也有消极的；既有精华，也有糟粕。

中国现代文化，作为一个整体，不仅是多因素的、多侧面的、多样性的、多层次的，而且是多元的，其多元性表现在它的多种来源、多民族性、以多种经济成分为基础、多阶级性，但是它的总的发展趋势不是多元化或多极化，相反，它的总的趋势从一定意义上讲是一元化，这就是说，它有一个统一的指导思想，这个指导思想一般说来就是马克思列宁主义，具体说来就是毛泽东思想和邓小平理论。马列主义就其原来形态说诚然是外来的东西，但由于它的普遍性适应中国国情，80年来经过中国共产党人的宣传、研究、运用、发展，它已深深植根于中国历史和中国社会，并形成了它的中国化的形态——毛泽东思想和邓小平理论，成为中国现代文化的核心，即指导思想。它之所以能成为中国文化的核心因素还由于它有着中国的经济政治作为它的坚实的基础，由于它实际地指导着中国经济、政治、文化的建设和发展。

以上所谈主要指中国内地而言，不包括台湾、香港和澳门，虽然中国内地、台湾、香港、澳门有大量文化因素是共同的，特别是在传统文化方面是共同的。

三、如何代表中国先进文化的前进方向？

江泽民同志提出的中国共产党"要始终代表中国先进文化的前进方向"的著名论断是"三个代表"重要思想的有机组成部分之一，是马克思主义文化理论在建设有中国特色社会主义伟大实践中的运用和发展。

（一）什么是中国先进文化的前进方向？

首先，如何理解先进文化？先进文化的存在逻辑地蕴涵落后文化的存在，因为没有落后文化，也就无所谓先进文化。那么，先进与落后的标准是什么呢？显然不能设定一个抽象的标准，例如高雅的健康的文化就是先进文化，庸俗的不健康的文化就是落后文化。江泽民同志在"七一"讲话中说："在当代中国，发展先进文化就是发展有中国特色社会主义的文化，就是建设社会主义精神文明。"显然，他是以时代的发展水平为标准来区分先进文化和落后文化的，主要是以社会制度为标准来划分的。这就是说，社会主义文化比资本主义文化先进，比封建文化更先进。但是一个国家的具体文化现象是复杂的，不是纯而又纯的。社会主义文化与社会主义社会文化不能等同。中国社会现代文化中除了反映社会主义经济、政治制度的先进文化，即社会主义文化，还有落后文化，即反映资本主义制度甚至封建主义制度的文化。中国文化之所以是先进文化，在于它的主流文化是社会主义文化，并不是说它是纯粹社会主义的。不仅如此，文化中还包含非意识形态的因素，发达的资本主义国家文化中的非意识形态因素（如科学技术、文化设施）则比发展中社会主义国家文化中的非意识形态因素为先进。中国文化中的科学技术就远不如发达资本主义国家的科学技术为先进。而且，即使就意识形态因素而言，社会主义文化只是就整体上讲比资本主义文化先进，而在局部上则未必，例如在哲学、社会理论、文学艺术等方面都有这种情况。中国的先进文化是有中国特色的社会主义文化，"有中国特色"就准确地表明了这种复杂性：这是由中国社会主义尚处于初级阶段造成的。

其次，如何理解先进文化的前进方向？在"七一"讲话中，江泽民同志对什么是先进文化的前进方向作了明确的回答，那就是"面向现代化、面向世界、面向未来的，民族的科学的大众的社会主义文化"，这就是说，这是中国现代文化所指向的前景，并不完全是现实。这个前进方向是由中国的先进经济和政治决定的。具体分析起来，这个方向具有三个特点：一是社会主义性质比今天更加宏大，这是首要的基本之点。先进的经济包括先进的生产力和政治决定了中国先进文化的前进方向是社会主义的。尽管中国文化中包含的非意识形态因素不一定比发达的资本主义文化中的非意识形态因素先进，如科学技术；社会主义社会的文化中包含的非社会主义文化因素也不一定比发达的资本主义文化先进，如仍然存在的封建主义文化因素、不发达的资本主义文化因素，但是，由于先进生产力的不断发展，由于社会主义市场经济不断健全，由于以社会主义公有制为主体的基本经济制度不断成熟，由于社会主义政治制度不断完善，中国先进文化的主旋律，即社会主义旋律无疑也将日益壮大。二是"三个面向"，我们可以用现代化来概括，也就是现代化方向。中国现代文化不等于现代化文化，而是在向现代化文化前进之中。可以说,"五四"运动以来中国文化就开始了从传统文化向现代化文化过渡的过程,但直至建国以后才取得了真正向现代化文化前进的条件,改革开放以后才加快了建设现代化文化的步伐,现在不能说这个过程已经基本结束了。三是民族性、科学性、大众性,但"三性"的内容是不断发展的,中国先进文化的前进方向是更加突出、更加鲜明的民族性、科学性、大众性。笼统点说,先进文化的前进方向也就是有中国特色的社会主义文化的兴旺发达和繁荣,也就是有中国特色社会主义文化建设不断前进。

(二) 如何实现中国先进文化的前进方向?

江泽民同志根据建国以后文化建设的经验和教训,针对改革开放以来理论界的研究,提出实现中国先进文化的前进方向,也就是繁荣有中国特色社会主义文化,必须处理好的几个关系:

1. 文化的源与流的关系。文化的源头是各式各样的社会实践,是改造自然的实践、改造社会的实践、人的自我改造的实践,是广大人民群众在实践活动中的创造,而各式各样的文化,包括中外古今的文化都是流,都是社会实践的产物,因此,正如江泽民同志在"七一"讲话中所说,繁荣社会主义文化要"立足于建设有中国特色社会主义的实践,必须结合新的实践和时代的要求,结合人民群众精神文化生活的需要,积极进行文化创新,努力繁荣先进文化,把亿万人民紧紧吸引在有中国特色社会主义文化的伟大旗帜下"。总之,一定要使文化适应社会主义建设的需要,为社会主义建设服务。如果忘记了这点,只是在文化范围之内谈文化建设,只是研究各种文化的关系,只关注不同文化的交流与交融,就会迷失文化建设的根本方向。文化之流是很重要的,但更根本的是文化之源,必须正确地处理好源与流的关系。

2. 马克思主义与中国传统文化、西方文化的关系。马、中、西的关系问题一直是文化建设中有争议的问题。我认为马克思主义是一种理论体系,只是中国社会主义文化的一个因素,即指导思想,并不等同于中国社会主义文化,中国社会主义文化包含非常丰富的内容。现在的问题是中国现代文化建设能否排斥马克思主义指导。或者说,文化建设以马克思主义为指导,还是以资本主义思想为指导,还是以儒家思想为指导?保守主义文化理论认为只有中国传统文化才是中国文化,中国现代文化应该是中国传统文化的现代化,或者说是儒家文化的现代化,这就排斥了马克思主义的指导。这种观点忘记了中国传统文化是中国传统社会的一部分,而中国现代社会是经过民主革命、社会主义改造和建设、社会主义改革开放形成的,中国传统文化固然是现代文化的历史来源,但传统文化毕竟是农业封建主义文化,如何能与中国现代的经济和政治相适应呢?全盘西化理论则认为只有西方文化才能成为中国现代文化,中国应该按照西方模式创建自己的文化,这也是排斥马克思主义的思想指导的。现代西方文化就是资本主义文化,当然不可能适应中国社会主义经济和政治发展的需要。离开马克思主义思想指导的文化显然不能成为中国先进文化,即有中国特色社会主义文化。因此,江泽民同志在"七一"讲话中明确指出建设中国文化,必须"坚持以马克思列宁主义、毛泽东思想、邓小平理论为指导"。显然,建设先进文化不仅不能以西方思想或儒家思想的指导来取代马克思主义的指导,也不能以这三种思想来共同指导,不能以多元化指导来取代马克思主义的一元化指导。但是,我们强调马克思主义的一元化指导决不是盲目排斥西方文化和中国传统文化。中国传统文化与西方文化都是繁荣中国先进文化不可缺少的,都是应该借鉴的,但借鉴不是照抄照搬,而是把它们看作文化建设的思想资料,并在马克思主义指导下,立足社会主义实践,对它们进行鉴别、分析和吸收。所以,在发展中国先进文化的过程中,社会主义实践是基础,马克思主义是思想指导,中国传统文化与西方文化都是有分析地吸收的对象。这就是马、中、西的正确关系。对此,江泽民同志在"七一"讲话中也有明确的论述:"发展社会主义文化,必须继承和发扬一切优秀的文化,必须充分体现时代精神,必须具有时代眼光,增强感召力。中华民族的优秀文化传统,党和人民从"五四"运动以来形成的革命文化传统,人类社会创造的一切先进文明成果,我们都继承和发扬。"

3. 正确处理指导思想的一元化与文化内容多样化的关系,认真贯彻"百花齐放，百家争鸣"的方针。中国社会的经济成分是多元的，政治观点是多元的，文化也不可能不是多元的，其具体表现就是社会主义文化、资本主义文化和封建主义文化同时存在。但每种文化都有一种指导思想，即其根本原则或核心思想，这种文化由于有一个指导思想而形成为一个整体。社会主义文化只能以马克思主义为指导，不能搞指导思想的多元化，多元思想指导的文化不可能是社会主义文化。不仅如此，由于中国社会是社会主义社会，尽管多元文化是一个事实，但马克思主义也不能不对其他文化因素发挥一定的指导作用，如果搞指导思想多元化，那就会损害马克思主义的指导地位。指导思想的一元化与多元化是互相排斥的，但文化的多样化与文化指导思想的一元化则不是互相排斥的而是互补的。任何事物都是共性与个性、整体与部分、一元性与多样性的统一。任何一个统一的整体都是由多种多样、丰富多彩的内容构成的，愈加多种多样，就愈加丰富多彩。社会主义文化不能只有马克思主义的指导思想而没有具体的生动的万紫千红的内容，社会主义文化要求有比资本主义文化更加多姿多彩的内容。要做到这点，就离不开认真贯彻"双百方针"。没有百花齐放、百家争鸣的局面，就会声音单调、色彩灰暗、观念僵化、思想停滞，这样的"社会主义文化"决不是社会主义建设所需要的，决不是广大人民群众所欢迎的。

（三）中国共产党如何始终代表中国先进文化的前进方向？

江泽民同志"七一"讲话中专门论述了中国共产党如何做到"三个始终代表"，其关键都在于大力加强党对整个社会主义建设的领导，这里专门谈谈关于如何始终代表先进文化的前进方向的几点体会。

1. 党要大力加强对社会主义文化建设的领导，使之适应社会主义经济和政治的发展而全面地繁荣起来。文化的内容远比经济和政治为复杂，部门众多，大致有科学技术、语言文字、道德、宗教、文学艺术、教育、哲学、社会科学、新闻出版、民间文化、大众文化、体育、卫生等，有的部门较受人们重视，有的部门则否，例如，重科学技术、轻哲学社会科学就是一种比较普遍的偏向，对此，江泽民同志在2001

年 8 月 7 日会见部分专家代表时专门论述了哲学社会科学与自然科学同样重要。道德建设在社会上也不像法制建设那样受重视，尽管法制建设的问题也很多，这也是一种偏向，对此江泽民同志把以德治国提到与依法治国同等重要的高度，最近党中央又颁布了《公民道德建设实施纲要》。总之，文化建设中的一些偏向的纠正都有赖于党中央的领导。

2. 党要大力加强对文化建设的领导，使社会主义文化的主旋律以及科学的健康的积极的高尚的思想、感情、风格得到弘扬，而那些落后的腐朽的文化因素受到防止和抵制。中国传统文化和西方文化都具有积极的和消极的两个方面，国际国内的经济政治形势反映到文化上也有积极的和消极的两个方面，这都需要党的领导指明航向来弘扬积极的方面，排斥消极的方面。正如江泽民同志在 2001 年"七一"讲话中所说："要在全社会倡导爱国主义、集体主义、社会主义思想，反对和抵制拜金主义、享乐主义、极端个人主义等腐朽思想。"

3. 党要大力加强对文化建设的领导，使文化建设落实到人的建设，落实到人的优良品质的全面提高，落实到人的全面发展。人是社会的细胞，文化建设如没有落实到人，这种建设的效果是不会牢固的。因此，江泽民同志在 2001 年"七一"讲话中指出："发展社会主义文化的根本任务，是培养一代又一代有理想、有道德、有文化、有纪律的公民。要坚持以科学的理论武装人，以正确的舆论引导人，以高尚的精神塑造人，以优秀的作品鼓舞人。"如果没有大量的"四有"公民，许多人都是口是心非、人前一套、人后另一套的人，由这些人的精神状态构成的文化是经不起愚昧落后、腐朽败坏的文化的侵蚀的。

4. 党要始终代表先进文化的前进方向，还必须加强党自身的建设，特别是每个党员的自身建设。如果党员都达不到"四有"公民，怎么能要求非党人员成为"四有"公民呢？如果党员都没有先进文化的思想，党怎能代表先进文化的前进方向呢？党的十五届六中全会的决定正是针对这个问题，对全体党员提出了"八个坚持，八个反对"的要求，只有每个党员都自觉地实践"三个代表"的思想，党也才能实现"三个代表"的目标。

总之,江泽民同志近年来对有中国特色社会主义文化建设,提出了一系列新思想、新论断,丰富和发展了马克思主义理论,我们应该进一步加以研究、阐发和实践。

人类中心主义在不同领域中的是非

一、人类中心主义与反人类中心主义之争

随着生态环境由于现代工业的发达而日益恶化，哲学领域内人类中心主义与反人类中心主义的争论也日益尖锐。人们把那种努力提高科学技能水平、大力发展物质生产、不断提高人类生活水平的思想称作人类中心主义，因为这种思想把世界一分为二，一是人类，一是环境，而把人类看成中心，环境应为人类服务，人类的活动就是改造自然界，让自然界向人类提供人类所需要的物资、能量和信息。在反人类中心主义者看来，正是这种思想造成了自然界资源枯竭、环境污染、生态平衡被破坏的严重恶果。出路何在呢？唯一的出路就是破除这种错误思想，树立反人类中心主义思想，即把自然界中的生物和无生物看成和人类一样具有生存和发展的权利，万物都是平等的。中国传统文化中所说的天人合一、天人一体、民胞物与（"民吾同胞，物吾与也"）思想也被看成反人类中心主义。当然，不能说环境问题的出现与

---

* 本文发表于《北京林业大学学报》2004年第3期。

这种思想无关，但如果以反人类中心主义取代人类中心主义，就会出现另一方面的问题，即人类的生存和发展问题。因此，人类中心主义者经常这样反驳这种观点：人类要生存和发展就得消耗动物、植物和无机物，就得吃果实、蔬菜、猪牛羊鸡鸭鱼，如果它们都有平等的权利，人类只好饿死了。反人类中心主义者对这种反驳，据我所知有三种辩解：（1）万物是平等的，都具有生存和发展的权利，这是就物种来说的，不是就个体来说的，人类消耗的是个体而不是物种，因此，人类对自然万物的消耗并不违背自然物的平等权利。（2）人类与万物的平等是从总体上讲的，这并不排斥万物内部的差别，这些差别有大有小，包括动物与食肉者的差别。有的吃肉，有的被吃，这是它们的性质和地位造成的，与它们之间的平等是不矛盾的。（3）人类利用自然物只是一种浅层关系，人类与万物平等是一种深层关系，不能以浅层关系抹杀深层关系。究竟谁是谁非呢？如何科学地解决这种争论呢？如何解决生态环境的问题呢？

我认为反人类中心主义与人类中心主义在不同领域内有不同的是非，不能一概而论。

二、人类中心主义作为世界观是错误的

世界观是对宇宙的整体研究，作为世界观，人类中心主义毫无根据，因为人类并不是宇宙的中心，宇宙的中心就是宇宙本身。托勒密的地球中心论是人类中心主义的形式之一，早已被历史所否定。当今的各式各样唯心主义世界观，包括主观唯心主义和客观唯心主义，都可以说是各式各样的人类中心主义，因为唯心主义者都认为人类的或客观的精神、意识是现实世界的基础，规定现实面貌、结构和规律，即归根到底以人类为中心。例如康德并不是很典型的唯心主义者，但他认为现象世界的秩序和规律是由人的理性来规定的，这也是一种人类中心主义，其他唯心主义者就更不用说了。但这是违背事实的。事实恰恰相反，人类是由宇宙来规定的，反人类中心主义的世界观，即辩证唯物主义世界观是科学的世界观。这个世界观关于人类与宇宙的

关系大致有以下一些观点：

1．宇宙从来就存在，人类是宇宙长期发展的产物。

2．宇宙是整体，人类是宇宙的一部分。

3．人类要永远依赖物质世界或自然界，从之获得必要的物质资料，人类不可能超越物质或超越自然界。

4．人类能改造自然界，但其范围很小，至今限于地球，人类对地球的改造也是有限的。

5．如果地球要毁灭的话，人类至今还没有找到可以避免人类随地球的毁灭而毁灭这一命运的途径。

总之，人类在这个宇宙中是微乎其微的，从空间上讲，不过是沧海之一粟；从时间上讲，不过是千年之一瞬。人类如果自认为是宇宙的中心，未免太狂妄了。但是，人类也不要妄自菲薄，人类毕竟是宇宙进化的最高产物，是万事万物中最优秀最卓越的部分，在一定范围内堪称为中心或接近中心。

三、作为实践论人类中心主义是必须坚持的

实践是对客观世界的改造，改造的目的在于满足人类的需要，以人类为中心是无法避免的。作为实践论，人类中心主义包含以下含义：

1．实践活动是人类最主要的活动，是人和人类社会的本质，没有人类就没有什么实践活动，没有实践活动也就没有人类。

2．在实践活动范围之内，人类是主体，物质世界是客体，人类是主动方，物质世界是被动方。

3．实践是有目的的活动，而目的是以人类的需要为尺度来衡量的，起主导作用的是主体，客体不能起主导的作用。

4．在实践活动中，主体成为衡量一切活动和一切客体的价值的参考系，有无价值，有多少价值，由人类的需要来决定。

建立在主客二分基础上的这种人类中心主义遭到了强烈的反对，这已经成为时髦，但在实践中怎么可能回避主客二分，不以人类为中心呢？过去是这样，今天和将来也不能不这样。西方是这样，强调天

人合一的中国也不能不这样。

一分为二的人类中心主义给人类所作的贡献，我们不能视而不见。今天的地球与洪荒时代的地球相比已经面目全非，不管它在生态上有多大问题，总比那个时代更宜于人类的居住。这是人类几十万年来按人类的需要，即以人类为中心加以改造的结果。今天我们谈论生态不平衡问题，但什么叫平衡，什么叫不平衡，生态是谁的生态，这都是以人类为中心来考虑的。因此，我认为作为实践论，人类中心主义是必须坚持的。反人类中心主义者的辩解是难以成立的。人类保护动物归根到底还是为了人类的利益，特别是濒危动植物为了生物链的完整更要大力加以保护，这并不是因为动物个体或物种有什么平等权利，而是为了人类的生存和发展。如果某种动物或植物生长太快，危害了人类的生存与发展，那也应加以抑制，甚至消灭。至于一面承认人类可以动物为食，一面还要坚持说人与动物是平等的，显然是强词夺理。

当然，这决不是说，在实践论领域，人类中心主义是没有局限性的至高无上的原则。科学的世界观是人类中心主义的大前提，它把人类中心主义限制在一定范围之内。全部实践活动都离不开物质载体，实践活动的成功都离不开主体对客观规律的掌握和运用，离不开科学世界观的指导。

实践活动是一个系统，除改造世界的活动而外，还至少包括两种人类活动，即认识活动和评价活动，我们有必要考察一下人类中心主义在认识论和价值论中的地位和作用。

四、人类中心主义认识论和价值论中具有部分真理

人或人类在认识领域中是主体，其他一切事物包括他人、自己都是客体，是认识的对象，这是认识活动中无法避免的关系，就这种关系言，不能否认人即主体的中心地位，因此，西方有位哲学家把主体称作中心项，把客体、对象称作对立项。主体之所以是中心是因为认识这种现象之所以出现首先是由于有认识主体，有认识的能力和需要，在这种关系中，主体是比较稳定的，而客体是经常变换的，主体在认

识活动中起主动、主导的作用。就此而言，人类中心主义的原则在认识论领域内是正确的。但是，这种认识论中的人类中心主义不能漫无边际地扩大。

第一，认识必须以科学的世界观为前提，即承认物质世界的客观存在，承认人类及其精神活动，包括认识活动，是自然界漫长发展的产物，是离不开物质世界的，认识是人脑对物质世界的反映，归根到底，是物质认识物质。第二，认识的内容是物质世界在人脑中的反映，而不是主体主观地创造的，因此，在认识内容上，主体应以客体为转移，客体是什么就是什么，有多少就是多少，而不能以主体为转移。第三，认识的发展诚然与主体的发展有关，但更主要的原因是由于客体本身的发展。人类中心主义在这三点上都是不正确的，都会引向唯心主义。因此，人类中心主义在认识论中只有部分的真理性，其局限性是很明显的。

人类中心主义在评价活动中也有部分真理性。价值产生于主体与客体的关系之中，主体的需要和客体的性质结合起来才能有价值。单单客体而无主体（人）说不上价值，当然，如果客体没有能满足人的需要的某种性质，它也没有价值。例如食品，是有价值的，但只对主体而言，如无主体的需要，它就不是食品；同样，如果它没有提供能量的性质，也没有价值。因此，人类中心主义在价值论中同在认识论中一样具有部分真理性，也有一定局限性。人类的尺度在价值评定中起中心作用，但这个尺度是人类需要，不是人的主观随意性，而人类的需要是有其客观基础的。而且客体的价值诚然离不开主体的需要，也离不开客体本身的性质。

可以说人类中心主义在实践领域、认识领域和评价领域中都是有局限的，这些局限归根到底都是由于在世界观内人类不是中心，人类依赖于物质世界。因此，当我们谈论人类中心主义在实践论中必须坚持时，我们不能忘记这个局限性，不能忘记辩证唯物主义世界观这个大前提。人类在以自己为中心改造世界时正是由于忘记了这个大前提，出现了许多流弊甚至灾难，这就是我们常谈的生态平衡的破坏。但这不是因为人类中心主义根本错了，而是因为没有正确地贯彻人类中心主义，或者说是夸大了人类中心主义，人可以为所欲为，可以无限地向自然界索取，可以随意地得到自己所需要的东西；或者把人类中心缩小或歪曲成自我中心、局部地区中心、当前利益中心，错误处理个人利益与人类利益、局部利益与整体利益、近期利益与长远利益的关系。我们不能因噎废食。现在的许多提法是符合正确思路的：既要考虑经济效益，又要考虑社会效益和生态效益；反对先生产、后治理；生产力不仅是生产的能力，而且包含生态效应。这个思路不是不要科学技术，而是要求正确地运用科学技术。人类要求可持续发展，而不是生态日益恶化的"发展"，也不是根本不要发展。反人类中心主义带有浓烈的感情色彩，富于诗意，颇有宗教意味，对维持生态平衡可以产生一定的积极效应，但它决不是科学的理论。滥用科学造成的问题，应该用科学来解决，也只有科学才能解决。我们不能用带有浪漫主义色彩的思想来作为国家建设的指导思想，至于个人要怎么信仰都是可以的。

谈谈中华民族精神的同与异[*]

一谈到民族精神,大家强调的都是民族精神的特殊性。这是很自然的,无可厚非,但因此而忽视它的普遍性,就可能使我们陷入片面性,这对于弘扬我们的民族精神,克服民族历史传统中的缺点,是不利的。应该坚持全面性,既抓住民族精神的异,也抓住民族精神的同。民族精神的同与异,大有文章可做。

江泽民同志对中华民族精神有一个非常简明扼要而又深入准确的概括。他说:"在五千多年的发展中,中华民族形成了以爱国主义为核心的团结统一、爱好和平、勤劳勇敢、自强不息的伟大民族精神。"[①]就世界各国来讲,这是民族精神之同还是民族精神之异呢?按照一般思维方式来讲,这既然是中华民族精神,它当然是中华民族所特有的,但在我看来,它恰恰是一切民族所共有的,而且是一切民族的根本,一个民族如果缺少了这些精神,将不能生存下去。当然,这些精神在不同民族身上会有其特殊表现,虽然江泽民同志没有把这些特殊性表述出来。可见,江泽民同志强调的是民族精神之同,只有这样,才能

---

[*] 本文收录于《社会发展与民族精神》,北京大学出版社2006年10月出版。
[①] 《江泽民文选》第3卷,人民出版社2006年版,第559页。

抓住民族精神的根本。抓住了根本共同之处，然后辨明其特殊所在，我们对民族精神就可有一个比较完整的理解了。

下面谈谈与中华民族精神的同与异有关的三个问题。

一、主客合一与主客二分

上世纪90年代，认为"天人合一"是中华民族特有思维方式的观点一度十分流行，这种观点还认为西方特有的思维方式是"天人相分"，"天人合一"导致科学技术不发达，但天人关系和谐协调；"天人相分"导致科学技术发达，但生态平衡被破坏。天人合一有多重含义，这里只讨论其中最主要的含义——主客合一，能说中国的思维方式是主客合一，西方的思维方式是主客二分吗？或者退一步说，能说中国强调主客合一，西方强调主客二分吗？这里涉及的问题就是中西思维方式的同异问题，能如此看待中西思维方式的差异吗？

我认为中西思维方式并无这种差异，毋宁说，中西思维方式从根本上说是相同的，即主客合一与主客二分的统一。一个民族如果肯定一方面否定另一方面，或长期强调一方面忽视另一方面，他们的生产和生活都是不可能世世代代绵延下去的。为什么呢？

人类自诞生以来，就作为改造世界的主体和认识世界的主体而把自己与世界（对象或客体）区别开来，即所谓主客二分，不管东方西方，南方北方，概莫能外。不仅如此，人类作为主体，还必须与客体合一，即所谓主客合一，这主要不是指人离不开自然界，而是指实践上与认识上的成功，亦即获得了预期的效果和正确的认识。如果没有主客二分，就没有实践，也没有认识；如果没有主客合一，就没有实践上的成功，也没有认识上的成功。实践与认识都是主客二分与主客合一的辩证统一过程，这个辩证过程从低级向高级的绵延不断的循环构成了人类社会的历史。

一般认为儒家的孔子是天人合一思想的主要代表，这完全是一种误解。在中国传统文化中，崇尚自然的老子、庄子强调人是自然界的一部分，有较强天人合一思想。孔子则着重把人与天区别开来，对天采取回避的态度，重视人的问题。孔子虽然轻视体力劳动，却并不轻视生产，相反，他主张发展生产，使人民丰衣足食。"子贡问政。子曰：'足食、足兵、民信之矣。'"① "子适卫，冉有仆。子曰：'庶矣哉！'冉有曰：'既庶矣，又何加焉？'子曰：'富之。'曰：'既富矣，又何加焉？'曰：'教之。'"② 教什么呢？孔子教育的内容不外三类，一是知识，二是技能，三是德行。他们涉及的是认识的主体与客体、实践的主体与客体、评价的主体与客体的关系，不外乎主客二分与主客合一。显然，孔子虽然没有发明主体、客体这些概念，在其思想中是包含这些概念的。他虽然没有明确讲出来，在其思想中是包含着主客相分和主客合一的统一的。

一般认为荀子是主张天人相分的哲学家，但荀子的天人合一思想并不逊色。他说："天行有常，不为尧存，不为桀亡。应之以治则吉，应之以乱则凶。强本而节用，则天不能贫；养备而动时，则天不能病；修道而不贰，则天不能祸……故明于天人之分，则可谓至人矣。"③ 又说："大天而思之，孰与物畜而制之？从天而颂之，孰与制天命而用之？望时而待之，孰与应时而使之？"④ 这里他虽然没有明确使用天人合一的表述方式，但天人合一的思想还是很明显的。用现代语言来说，他实际是认为：自然界有其不以人的意识为转移的客观规律，与其把它作为偶像来崇拜，不如根据其规律按照人的需要改造之，这样，就可以实现天下太平、生活富裕了。不仅如此，他对于善待自然界也有明确的表述。他说："不利而利之，不如利而后利之之利也。不爱而用之，不如爱而后用之之功也。利而后利之，不如利而后利之之利也。爱而后用之，不如爱而不用者之功也。"⑤ 这里荀子用思辨的语言表述了善待自然界的两层思想，一是反对只利用不爱护，主张先爱护后利

---

① 《论语·颜渊》。
② 《论语·子路》。
③ 《论语·天论》。
④ 同上。
⑤ 《荀子·富国》。

用，这同孟子所说的"不违农时，谷不可胜食也；数罟不入洿（wu）池，鱼鳖不可胜食也；斧斤以时入山林，林木不可胜用也"① 是一致的。荀子还有更深一层思想，就是主张在一定范围内只是长期保护培育自然环境，不利用它，这对于人又会有更大的好处。这有点类似于今天的自然保护区。这种大范围长时期的可持续发展的思想在今天也是难能可贵的。怎能说荀子只知主客相分，没有主客合一的思想呢？

在我看来，主客二分与主客合一的结合是具有普遍性、世界性的实践方式和思维方式，是各个民族文化传统的共同之处，而不是它们的不同之处。不能设想有什么民族是只靠天人合一，或只靠天人二分生存和发展的，甚至也不能设想有什么民族长期以天人合一为重点，或长期由于天人二分为重点而能够生存与发展的。主客二分与主客合一实际是一对矛盾的两个互相依存的方面，一切民族的生存和发展都离不开主客二分与主客合一的结合，各民族的区别不在这里而在于主客二分与主客合一的统一的具体方式。下面试谈一下。

二、实践和认识

实践和认识是主客二分与主客合一的统一的两种形式，我国理论界有一种看法，认为中国文化重视实践和实用知识，强调学以致用；而西方文化强调对外部世界的分门别类的系统研究，不一定要求科学研究具有立竿见影的实际效果。我认为这一看法是可以成立的，我们从中可以获得一些有益的启发。

当然不能说西方传统文化轻视实践，但他们对实践在整个文化中的地位缺乏深入的认识，他们的认识论往往离开实践谈认识，缺乏实践观点。马克思批评费尔巴哈不了解实践对今天地球面貌形成的决定性作用、不了解实践是认识的基础和检验的标准，提出了辩证唯物主义的实践观点，引起了西方哲学中的革命变革。但西方文化对外部世界的分门别类的研究形成了系统的基础知识，为今天的高水平的科学

---

① 《孟子·梁惠王上》。

技术奠定了深厚的基础,这是西方文化的特殊贡献。西方人对外部世界的系统研究并不始于近代,在古希腊已经开始了。古希腊不仅出现了分析研究的专家,如以数学研究著称的毕达哥拉斯学派、几何学家欧几里得、力学家阿基米德,而且出现了对世界进行系统的分科研究的百科全书式学者亚里士多德,他的全集就是由这些分科的专著和教材构成的。苗力田教授主编的《亚里士多德全集》中译本第 1 卷是方法论和逻辑学,第 2 至第 6 卷是自然科学(物理学、天文学、生物学、心理学、人体学等),第 7 卷是形而上学(宇宙观或本体论),第 8、9 卷是社会科学(伦理学、政治学、宗教学、经济学和文艺理论——修辞学、诗学),第 10 卷是其他内容。这是一种纯学术性的基础科学研究,这种传统对近代实证科学的发达与繁荣显然产生了巨大影响。

中国传统文化具有大不相同的特色。中国古代的诸子百家极少这种纯学术性的系统研究,他们的著作都是为了解决实际问题而写作的,涉及的领域虽然很广,但多是修身齐家经邦济世之作。这同中国传统文化重实践轻认识有关。传统哲学过分强调知行合一、学以致用,使实践吞并、淹没了认识。孔子思想的一个显著特点就是言行一致,"言必行,行必果"。他也进行分科教育,《六经》是六种经典——《诗》、《书》、《易》、《礼》、《乐》、《春秋》;《六艺》是六种技能——《礼》(行礼)、《乐》(演奏)、《射》、《御》、《书》(书法)、《数》(计算)。学生也分科学习,《论语》记载有四种:德行、言语、政事、文学。[①] 这四科大致相当今天的伦理学、语言学、政治学、文学。又说"子以四教:文、行、中、信。"[②] 孔子对学生的要求是身体力行。"弟子入则孝,出则弟,谨而信,泛爱众而亲仁,行有余力,则以学文。"[③] 由孔子开其端的重实践轻认识的传统绵延不绝,明朝的王阳明以知行合一说对它作了哲学上的总括,把这一传统推上了极端,达到了否定认识从而也否定实践的地步。他的知行合一说的本体论根据是

---

① 《论语·先进》。

② 《论语·学而》。

③ 同上。

心物合一说,即主观唯心主义。他说:"外心以求理,此知行之所以二也;求理于吾心,此圣门知行合一之教。"① 既然吾心就是天理,吾心一动便把天地改变了,因此,"一念发动处,即便是行了"②。且不说其本体论根据,知行合一说强调知行不可分,有其合理的一面;但他否定或忽视知行的区分则是片面的。

实践活动,即人改造世界的活动,无疑是人的最根本的活动,人类社会的一切都来自实践,没有实践就没有人类社会、没有人、没有人类社会的历史。所以,马克思说:"全部社会生活在本质上是实践的。"③ 但人的实践不完全是盲目的,总有一定认识的指导,指导实践的认识愈多愈深入愈系统,实践的自觉性愈多,盲目性愈少,愈能获得更多更好的积极的效果。因此,首先是认识依赖于实践,其次是实践依赖于认识。因此,决不可以重视实践而轻视认识或忽视认识,也不可以因认识归根到底来自实践而忽视认识的相对独立性,不可以因强调二者的统一而否定或忽视二者的区分。实践决不是怎么估价也不会过高。中国传统文化强调实践是一个特点,也是一个优点,但因此而轻视认识就成了一个缺点。这可能是历史上中国基础学科不发达的重要原因之一。

中国古代的科学技术水平与同时代的西方国家相比毫不逊色,可以说有过之而无不及。但在基础学科研究方面,其系统性则明显落后于西方,这不仅指近代西方实证科学大发展以来,就是在古代也有这个问题。中国古代不仅没有亚里士多德这种分门别类系统研究外部世界的百科全书式学者,即使那些最基本的基础学科如几何学、静力学、逻辑学等,没有一种是中国人创立的。这种轻视基础学科研究的状况直到 20 世纪建立现代教育制度以后才有根本性的改变。但重实践而轻认识的传统有时也会冲击基础学科的系统学习和研究,"文化大革命"中曾发展到废除系统教育,需要什么学什么,急用先学,立竿见影的

---

① 《传习录》中。
② 《传习录》下。
③ 《马克思恩格斯选集》第 1 卷,人民出版社 1995 年版,第 56 页。

地步。以压低认识来抬高实践,决不是对实践的真正的尊重,直到真理标准大讨论,才把实践摆到了合适的地位,真正树立了实践的权威。历史的教训值得深思。必须正确处理实践与认识的关系,强调一方而否定或忽视另一方,都会导致片面性,产生消极的后果。

三、自然知识与社会知识

从上面已可以看出,中国传统文化在认识内容上有一个特点,就是重社会人文知识轻自然知识。在春秋战国时代,中国对自然知识还是很重视的。中国古代的阴阳说、五行说、道论、气论等朴素唯物主义相当发达,尽管其中夹杂一定的神权成分。但以孔子为代表的儒家忽视自然知识,"子不语怪、力、乱、神"[1],子贡说:"夫子之文章,可得而闻也,夫子之言性与天道,不可得而闻也。"[2] 整部《论语》主要是三部分思想:政治思想、伦理思想、教育思想。儒家后来的两大派孟子与荀子谈到自然的当然比孔子多,但他们专门谈自然本身的还是不多,涉及自然时多是谈自然与人的关系。例如孟子说:"昔者,尧荐舜于天,而天受之;暴之于民,而民受之。故曰:天不言,以行与事示之而已矣。"[3] 荀子有些言论直接谈论自然本身,例如他说:"水火有气而无生,草木有生而无知,禽兽有知而无义,人有气有生有知且有义,故最为天下贵也。"[4] 这番话区别了无生物、植物、动物和人,但其目的还是为了证明人的尊贵。这种情况使中国传统文化中文学、历史、政治、伦理等社会人文典籍占绝大部分。表现在哲学上,中国的本体论、形而上学、自然科学不发达,中国哲学著作多为社会哲学、人学、政治哲学、伦理学、文艺理论、教育哲学、心智哲学等应用哲学。这种重文轻理的倾向不仅限制了自然知识的发展,反过来也限制了社会人文知识的系统化与提高。中国传统文化重社会人文知

---

[1] 《论语·述而》。
[2] 《论语·公冶长》。
[3] 《荀子·王制》。
[4] 《孟子·万章上》。

识而轻自然知识这种倾向正是中国生产长期停滞的表现之一，也是中国生产长期停滞的原因之一。

自从19世纪中国由于生产力落后遭受生产力与科学发达的国家的侵略以来，特别是20世纪新文化运动以来，重文轻理的现象才有了根本性的转变，自然科学得到了广泛的重视，科学救国的思想深入人心，甚至形成了重理轻文的社会心态，这又陷入了另一种片面性。这种片面性在全国解放后，由于马克思主义理论在革命过程中发挥的巨大作用，曾一度得到纠正，社会人文知识与自然科学知识受到同样重视。但是，应该指出，由于教条主义和"左"倾思想的影响，哲学社会科学研究的意识形态性被夸大了，其科学性受到一定程度的损害。"文革"结束后，特别是真理标准大讨论以后，"双百方针"被真正贯彻了，哲学社会科学逐步走上了科学研究的轨道，得到了长足的进步。这时由于自然科学对我国社会主义现代化的作用更加明显，社会上再度滋长了重理轻文的偏向，或者说重工轻理、重理轻文的偏向。如果从更深层次去分析，这种倾向还是历史上重实践轻认识、重应用学科轻基础学科的文化传统的表现。重实践是对的，但不能因此轻认识；重应用科学是对的，但不能因此轻基础科学。

中华民族精神是一个具体的体系，与世界其他民族相比有其共同性，也有其特殊性。深入分析中华民族精神的共同性与特殊性是一篇大文章，只有把这篇文章作好了，充分吸取它的经验与教训，中华民族的社会主义现代化才能收事半功倍之效。

构建社会主义和谐社会与唯物辩证法[*]

一、马克思主义哲学是构建社会主义和谐社会的哲学基础

构建社会主义和谐社会是党中央从中国特色社会主义事业总体布局和全面建设小康社会全局出发提出的重大战略任务。2005年2月19日胡锦涛总书记在中央举办省部级主要领导干部专题研讨班上作了关于这个问题的专题报告,从理论上和实践上全面系统深刻地阐明了这个问题。这个任务的提出引起了理论界的极大关注,其哲学基础尤为哲学界关注,不少学者提出了自己的看法。和谐哲学或曰和合哲学、和谐思维、和谐马克思主义,这是近年来出现的几种答案。

大家知道,中国特色社会主义理论的哲学基础是马克思主义哲学,即辩证唯物主义和历史唯物主义。构建社会主义和谐社会理论既然是建设中国特色社会主义理论的组成部分,它当然不会有别的哲学基础,因此,如果说和谐哲学、和谐思维、和谐马克思主义指的是马克思主

---

[*] 本文发表于:《学习与研究》,2007年第1期;求是杂志社《编务参考》,2007年第4期;收录于《北大学者思想实录》(人文卷),北京大学出版社2008年4月出版。

义哲学的和谐思想或马克思主义关于和谐的哲学，我想，它也就是马克思主义哲学的组成部分，不能取代马克思主义哲学；如果说和谐哲学、和谐思维、和谐马克思主义是异于辩证唯物主义和历史唯物主义的另外一种哲学，以它来取代马克思主义哲学，那就错了。在我看来，构建社会主义和谐社会的哲学基础只能是辩证唯物主义和历史唯物主义，我们必须、只能以辩证唯物主义和历史唯物主义为指导来构建中国社会主义和谐社会。怎么以马克思主义哲学来指导构建呢？这是一个大问题，马克思主义哲学的每一个原理都具有指导意义，在这里我只想谈谈唯物辩证法在构建社会主义和谐社会中的指导意义。

胡锦涛总书记在报告中把构建社会主义和谐社会与物质文明建设、政治文明建设、精神文明建设并列，形成小康社会全面建设的四位一体。为什么把它与三个文明建设并列呢？当然不是说四者是可以截然分开的，四者实际上是互相渗透的，但他们是可以区分开的。我理解构建社会主义和谐社会是努力设法把人与人之间的关系协调起来。

和谐是一种人与人互相补充、互相适应、相利而不相害的关系，关系必有关系者，关系者至少是两个。人是个人，也是人群或集体，集体有大有小，小到一个家庭，大到一个城市、一个地区、一个国家，乃至全人类。和谐包括个人与个人、个人与集体、集体与集体、集体与人类、大集体与小集体……之间的和谐。人们也谈自然界与人的和谐，这是另一类特殊的和谐。人与自然界的和谐，即人类社会与自然的和谐，表面上看来是人与非人互相和谐，但实际上这种和谐指的只是自然界对人的和谐，当然，人也应当对自然界和谐，但这种和谐归根到底来讲还是对人的和谐，即对他人或后世子孙的和谐。因此，人与自然界的和谐说到底还是人与人的和谐，是这部分人与那部分人、今天的人与后来的人的和谐。和谐总是人与人的关系。和谐社会应当指这样一种社会，其中各式各样的人的关系都是和谐的，或者说，基本上是和谐的。

但是，人与人之间的关系并不是天生就和谐的，即不是自发地和谐。毋宁说人与人之间的关系往往是自发地不和谐的。这是因为人与人之间总有许多差异，差异并不就是矛盾，并不就是对立或冲突，但差异往往会导致矛盾、对立，乃至冲突，特别是在阶级社会中阶级之间的差异天生是不和谐的、矛盾的，更易导致对立和冲突。在社会主义初级阶段的社会中，虽然不存在完整的资产阶级，但剥削关系是存在的，这种关系往往导致不和谐。其他不和谐因素也不少。因此，和谐关系必须构建。但怎样构建？这就有赖于辩证法。同与异的辩证法是首先应该运用的。

二、同与异的辩证法对构建社会主义和谐社会的意义

同与异是一对重要的辩证法范畴，同与异说的是关系，是至少两个事物之间的关系，同指它们之间有共同之处，异指他们之间有殊异之处。同与异当然是对立的，同是不异，异是不同，但它们也是相互依存的，没有同就无所谓异，没有异也无所谓同。离开异的同和离开同的异都是没有意义的。

我国哲学家在2000多年前就研究过同一问题。《庄子·天下篇》转述了惠施的话："大同而与小同异，此之谓小同异。万物毕同毕异，此之谓大同异。"这就是著名的"合同异"论，被认为是惠施的诡辩之一。如果把"大同异"理解为"万物是相同的，万物也是相异的，相同就是相异"，诚然是诡辩，但如理解为"万物都有相同之处，也都有相异之处"，则不是诡辩，而是事实。其实惠施所说的小同异是指高层次的同与低层次的同是不同的，低层次的异与高层次的异也是不同的，这就是相对的同异，即最高层次的同与最低层次的异之间的同异；而大同异是指就最高层次而言，万物都是相同的，就最低层次而言，万物都是不同的，这就是绝对的同异，最高层次的同和最低层次的异的同异，即最高的共性和个体的异。什么是万物最高的共性？至今没有定论，在黑格尔《逻辑学》中，存在（Sein 亦译"是"或"有"）是第一个范畴，按黑格尔构建其哲学体系的思路，也就是万物的最高层次的共性，他说："绝对的第一界说，即'绝对就是有'。"至于最低层次的异就是个体的异，在哲学史上是得到认同的。相传莱布尼兹

提出"凡物莫不相异"的主张，王宫的卫士们和宫女们为了反驳这一观点到御花园中去寻找两片完全相同的树叶，都未能成功。事实上，不仅在自然界，即使人工用统一模具铸就的物品，也不会有两件是完全相同的。反过来也一样，人们如果要寻求两件物品完全不同，毫无共同之处，也是不可能的。这就是同与异的辩证关系：同不是异，异不是同；但同依存于异，异依存于同；同中有异，异中有同；同在一定条件下转化为异，异在一定条件下转化为同；任何两个事物在一定层次上是同，在另一定层次上就是异。我们应该正确运用同与异的辩证法来构建人与人之间的和谐关系。

同不等于和谐，但也不等于不和谐；异不等于不和谐，但也不等于和谐。但是，找到了两个人之间的共同之处则易于导致和谐；找到了两个人之间的相异之处，则易于理解两个人不和谐的根源，再加以协调，就可以达到和谐。求同调异，这就是运用辩证法以达到和谐的主要方法。今天构建社会主义和谐社会也应如此。

建国之初，周恩来采用求同存异的方针，达到了亚非国家之间的和平共处关系。和平共处还不是和谐共处，要和谐不能把差异仅仅保留起来，还要加以调整，使差异成为互补而不是互伤，相生而不相克，两利而不两害。如何才能做到呢？以中国社会内部人际关系而言，首先是求同，要求得共同基础，这就是中国社会发展的共同需要和中国人民的共同愿望，即社会主义现代化。一个半世纪以前鸦片战争使越来越多的中国人意识到中国社会发展大大落后于西方，中国现代化渐渐成为中国人的普遍愿望。中国人最初希望通过封建主义的形式实现现代化，失败了；后来希望通过资本主义的形式实现现代化，也失败了；最后尝试通过社会主义的形式，获得了巨大的成功，虽然走了十分曲折的道路。今天，社会主义现代化已成为中国人的共识，这就是中国人能够构建和谐关系的共同基础。但是，中国人之间也有许多差异，这些差异不会由于有了共同基础而消失，仅仅加以保留，差异发展了就可以导致对立和冲突，因此，达到和谐的第二步就是调异，要协调中国人之间的千差万别的差异。党中央提出来的"五个统筹"，其实质就是协调中国人中间存在的五种巨大差异，构建他们之间的和谐关系。例如东部与西部，无疑都是要实现社会主义现代化的，但它们之间的差异并不因此而消失。改革开放以来，它们都大大发展了，但它们之间的差异不是缩小了，而是加大了，这种发达与不发达的差异将成为导致不和谐的根源。这就需要统筹，也就是分析差异和协调差异，使有些差异互相适应、互相补充，使有些差异逐渐缩小，达到东部与西部的和谐关系，即双利双赢的关系。东部地区与西部地区不仅有发达程度上的差异，而且有自然环境、资源、人口、民族、科技水平、资金、文化、历史等等方面的差异，其中许多差异如协调适当，是可以互补双赢的。东部在科技、资金、文教卫生上优于西部，而西部在自然资源、国土资源、劳动力数量等方面具有相当大的优势，而且由于西部发达程度低，具有比东部更大的发展可能性，如能优势互补，东西部在发达程度上的差异便可以缩小，东西部之间的和谐关系便构建起来了。

说到这里，我想对孔子的名言"君子和而不同"谈点与众不同的看法。

中国有崇尚和谐的传统。孔子被看作倡导和谐的代表。他的一些尚和的话脍炙人口，例如"和为贵"。但是应该指出他的另一个同样脍炙人口的话"君子和而不同"在表达方式上却是不确切的。根据上面我们对和谐与同异关系的论述，不要同是达不到和谐的。准确的表达应该是："君子不仅要同，还要和"，而不是"君子要和不要同"。因此，历代注疏家都不按照字面来解释"君子和而不同"，而是加以纠正，把它解释成"君子要和而不仅要同"。因此，我认为对于孔圣人的话也有个正确理解的问题，不能简单引用。

三、统一与斗争的辩证法对于构建社会主义和谐社会的意义

唯物辩证法的矛盾规律，又称对立统一规律，其主要内容是认为任何事物都是矛盾的，都包含着自己的对立面，这两个对立面具有统一和斗争的关系，正是这种关系推动了事物的变化和发展。列宁认为

这个规律是辩证法的实质和核心。在我国新民主主义革命时期和社会主义改造时期，这个规律被看成指导革命实践的主要规律之一，是得到广泛认同的，但在社会主义建设时期，哲学界出现了另一种意见，认为它只是指导革命的规律，而不是指导建设的规律，它是斗争哲学，而现在需要的是建设哲学。特别是在党中央提出构建社会主义和谐社会的任务以来，意见更加分歧，在有些学者看来，矛盾学说同构建社会主义和谐社会简直是背道而驰的。我认为对立统一规律在不同时期当然会有不同的表现，这是不应忽视的，但决不会丧失其普遍意义。

我们决不能把唯物辩证法的矛盾学说说成是斗争哲学。毛泽东虽然承认过这一称呼，但那是在一定特殊意义上说的，决不是辩证唯物主义的科学的称呼。毛泽东一生无疑是强调矛盾的斗争性的，曾说："资产阶级的政治家说，共产党的哲学就是斗争的哲学。一点也不错。"[①] 他有时强调得过分，特别是在晚年。但是，毛泽东从来没有因为强调斗争性而否定过统一性。1937年他写作《矛盾论》时全面阐明了矛盾的统一性和斗争性。1938年斯大林的《论辩证唯物主义和历史唯物主义》只讲对立面的斗争，不讲对立面的统一；只引用列宁讲的"发展是对立面的斗争"[②]，不引用列宁讲的"发展是对立面的统一"[③]。但毛泽东在1951年重新发表《矛盾论》时仍完全保留了对统一性的论述。马克思主义哲学的正式的科学称谓只能是唯物辩证法（或辩证唯物论），它是全面的哲学，既不是斗争哲学，也不是统一哲学，不管是在马克思、恩格斯、列宁，还是毛泽东；不管是在革命时期，还是在建设时期，都是如此。

唯物辩证法之所以被看作斗争哲学还有一个理论上的理由，那就是它主张对立面的斗争是绝对的，统一是相对的。这是列宁根据恩格斯的论断"运动是绝对的，静止是相对的"提出来的[④]，毛泽东也是

---

① 《毛泽东著作专题摘编》上卷，中央文献出版社2003年版，第104页。
② 《列宁选集》第2卷，人民出版社1995年版，第557页。
③ 同上。
④ 同上。

赞同的。这个主张能否成立当然是可以讨论的，即使肯定这一主张也不能以之作为根据而把唯物辩证法叫作斗争哲学。在我看来，根据唯物辩证法的精神，这个主张并未否定在一定条件下斗争也是相对的，统一也是绝对的，因为绝对与相对的区分，像任何其他辩证法范畴一样也是相对的，不是绝对的。列宁只是在比较斗争与统一时说一个是绝对的，一个是相对的，正如恩格斯在比较运动与静止时说一个是绝对的，一个是相对的。其实还有一些别的辩证法范畴也是这样，如把一般与个别、普遍与特殊、整体与局部相比较，一般、普遍、整体是绝对的，个别、特殊、局部是相对的。但这样说并未否定斗争也是相对的，如在不同条件下斗争形式是不同的；也未否定统一是绝对的，如不计较统一体之不同，统一也是贯彻始终的。其他具有类似情况的范畴也可如此考虑。正如列宁所说："在（客观）辩证法中，相对和绝对的差别也是相对的。对于客观辩证法说来，相对中有绝对。"① 总而言之，在我看来，坚持斗争的绝对性和统一的相对性不应引出斗争哲学的结论。

就构建社会主义和谐社会而言，关键的问题在于弄清楚斗争与和谐的关系。显然，统一与和谐是比较一致的，可以说，和谐就是一种统一，或者说，是统一的一种状态。矛盾、对立中当然包含不和谐，矛盾的解决、对立的消解会达到和谐。那么，斗争是不是与和谐绝对对立呢？斗争与和谐诚然是对立的，但并不是完全不相容的，有时和谐状态中就包含着斗争，有时和谐的实现要通过斗争。和谐论决不是无矛盾论。十六届六中全会通过的《中共中央关于构建社会主义和谐社会若干重大问题的决定》中有一段关于和谐与矛盾的关系的话说得好："任何社会都不可能没有矛盾，人类社会总是在矛盾运动中发展进步的。构建社会主义和谐社会是一个不断化解社会矛盾的持续过程。"构建社会主义和谐社会的过程就是发现矛盾、解决矛盾、化解矛盾的过程，就是减少不和谐因素、增加和谐因素的过程。

---

① 《列宁选集》第2卷，人民出版社1995年版，第557页。

我们不能把和谐关系或和谐状态抽象化绝对化，设想纯粹的和谐，和谐与不和谐总是互相渗透的，实际的、具体的和谐关系或状态总是从整体上说的，其中难免包含不和谐、对立和斗争。因此，我们不能要求百分之百的和谐，不能要求没有丝毫斗争的和谐。在社会主义阶段，旧的残余要存在相当长时间，不同性质的所有制还要存在相当长时间，利益上的差异、对立和斗争难以避免，我们应要求尽可能地和谐，百分之百的纯和谐是不现实的。

不仅如此，还应指出，斗争也是达致和谐的必要手段之一。两个主体构建和谐关系有多种手段或多种途径，最主要的手段应该是协调两个主体之间的差异，使其互相补充，互相适应，双赢两利，这在前面已经谈到。另外一个途径应是调和、妥协。调和、妥协在过去曾被完全否定，调和、妥协都是贬义词，但事实上调和、妥协广泛使用于处理社会关系的实践之中。看来既不能完全否定，也不能完全肯定调和、妥协，而应具体分析，如果不违背原则而又有必要，调和、妥协是应该允许的；如果违背原则，或并无必要，则应采取其他途径来协调关系。列宁在《共产主义运动中的"左派"幼稚病》一书中专门用一节来讨论妥协问题，他把妥协分为两种，"一种是为客观条件所迫"的妥协，"另一种是叛徒的妥协"。[①] 他谈的是革命运动中的问题，我认为这对于处理社会主义社会内部关系也有借鉴意义。第三条路径是斗争。有分歧，有对立，就有斗争。斗争的形式是多样的，有你死我活的斗争，也有心平气和的论辩；解决对抗性矛盾要斗争，解决非对抗性矛盾也要斗争；判刑是斗争，批评也是斗争。在社会主义初级阶段，摆事实讲道理的论辩、与人为善的批评是大量存在的，也是十分需要的，甚至对抗性的斗争也不是完全不需要的。总之，不能把和谐与斗争绝对地对立起来，认为和谐就排斥斗争，事实上，斗争是实现和谐的必要手段之一。当然，从总体上说，我们主要还是依靠协调差异的途径来实现和谐。

[①] 《列宁选集》第4卷，人民出版社1995年版，第177页。

四、全局与局部的辩证法对于构建社会主义和谐社会的意义

全局与局部，或曰整体与部分，也是一对重要的辩证法范畴。全局与局部是互相依存，不能分离的，全局蕴含着局部的存在，局部蕴含着全局的存在，离开全局无所谓局部，离开局部无所谓全局。这对范畴有普遍性，因为任何一个事物都是一个全局，也都有它的局部；任何一个事物都是一个局部，都属于它的全局。全局与局部是相对的，任何一个事物相对于它的局部而言是全局，相对于它的全局而言是局部。

全局与局部有以下辩证关系，我们在实践中必须恰当地运用这些关系，才能取得实践的成功：

第一，任何一个事物或一件工作都是一个整体，它必然包含它的局部，因此，我们的行动必须从局部着手，不可能一蹴而就。第二，任何一个事物或一件工作也都是一个局部，它必然有其全局，它不仅是全局的一个代表，具有全局的基本因素，而且在全局中占有一定的地位，甚至占有举足轻重的关键性的地位，因此，我们在行动中必须具有全局观点，即平常所说的顾大局、识大体的态度或"全国一盘棋"的思想。这两点合起来我们可以得出实践中必须遵循的一个指导思想：从全局着眼，从局部着手。第三，全局是局部的总和，这个总和可能是局部单纯数量的相加，但更多是有机的构成，有机构成的全局，其功能、力量或作用就会大于机械构成的全局的功能、力量或作用。既然如此，我们在实践中就必须找到优化的构建方式，使全局大于局部的总和。

构建中国的社会主义和谐社会是一个由党中央领导全国人民实施的有计划有步骤的伟大系统工程，是一个自觉的行动，必须由每一个部门、每一个人从现在做起，从自己做起，无论从时间上讲还是从空间上讲都是先构建它的一个个局部，然后才能构建成功我们要求的社会主义和谐社会的整体。在这个过程中，巧妙地运用全局与局部的辩证关系，无疑将大大促进社会主义和谐社会的构建。

构建社会主义和谐社会这个整体包括哪些局部呢？我们可以从时间上或空间上把这个整体区分为若干局部，也可以从任务上或目标上把这个整体分为若干局部。《中共中央关于构建社会主义和谐社会若干重大问题的决定》就是一个把构建社会主义和谐社会这一总目标分为若干局部来加以说明的文件，它把从现在到2020年构建社会社会主义和谐社会的主要目标区分为八个方面，它们是政治法律方面、经济生活方面、就业和社会保障方面、公共服务与管理方面、思想文化方面、创新能力方面、社会公共秩序方面和生态环境方面。这个《决定》的整个结构就是区分不同标准或不同层次的构建工作，全文分为八章，除第一、二章带有总结性质而外，其余六章就是构建工作的六大部门，每一部门又区分为低一层次的若干部分，例如第三章"坚持协调发展，加强社会事业建设"又区分为七个部分，即城乡协调、区域协调、劳动关系协调、促进教育公平、加强医疗卫生服务、满足人民文化需要和促进生态和谐。实现社会主义和谐社会的构建，有待于所有这一切大大小小的部分内部的和谐关系的构建。可见，这种构建决不仅是一个个部分工作的完成，而且是各个部分形成为有机整体的实现。例如，我们不仅要构建一个个和谐城市，而且要构建各个城市间的和谐关系；不仅要构建城市的和谐关系与农村的和谐关系，而且要构建城市与农村的和谐关系。具体说，就是要贯彻工业反哺农业、城市支持农业的方针，加快建立有利于改变城乡二元结构的体制机制，推进农村综合改革，促进农业不断增收、农村加快发展、农民持续增收，等等。《决定》要求全党和全国人民"立足当前，着眼长远，量力而行，尽力而为，有重点分步骤地持续推进"，这正是全局与局部辩证法的充分体现。总之，在构建社会主义和谐社会的工作中，我们要巧妙地运用全局与局部的辩证法，树立全国一盘棋的全局观点，从全局着眼，从局部着手，从自己做起，从现在做起，这样就能收到又好又快的事半功倍的效果。

论社会主义和谐文化的建设*

一、建设中国社会主义和谐文化是构建社会主义和谐社会理论的题中应有之义

"建设和谐文化"的思想是2006年党的十六届六中全会通过的《中共中央关于构建社会主义和谐社会若干重大问题的决定》中提出来的,为了说明这个思想的重要意义,有必要先说明一下构建中国社会主义和谐社会的思想。

江泽民同志曾在2002年党的十六届代表大会报告中论述在本世纪头20年全面建设小康社会要达到的六大目标时说:"集中力量,全面建设惠及十几亿人口的更高水平的小康社会,使经济更加发展、民主更加健全、科教更加进步、文化更加繁荣、社会更加和谐、人民生活更加殷实。"① 即把社会和谐与经济、政治、文化等因素并列起来考虑。2003年党的十六届三中全会提出的科学发展观也包含了社会和谐的内容,以人为本,全面、协调、可持续发展以及"五个统筹"都具

---

* 本文发表于《人文杂志》2007年第4期。
① 《江泽民文选》第3卷,人民出版社2006年版,第543页。

有社会和谐的内涵。2004年党的十六届四中全会第一次明确提出"社会主义和谐社会"的概念。2005年胡锦涛同志在中共中央举办的省部级主要领导干部专题研讨班上对构建社会主义和谐社会理论作了详尽的分析和论证,指出在党的十六届四中全会上"我们党明确提出构建社会主义和谐社会的重大任务,就是要求全党同志在建设中国特色社会主义的伟大实践中更加自觉地加强社会主义和谐社会建设全面发展。这表明,随着我国经济不断发展,中国特色的社会主义事业的总体布局,更加明确地由社会主义经济建设、政治建设、文化建设三位一体发展为社会主义经济建设、政治建设、文化建设、社会建设四位一体"[1]。这是以胡锦涛同志为总书记的党中央继科学发展观之后对中国特色社会主义理论的又一次发展,是马克思主义中国化的最新成果,这不仅表现在创造性地提出构建社会主义和谐社会的目标,还表现在社会主义建设总体布局从三位一体发展为四位一体。三位一体布局的客观根据是社会现象不外乎经济、政治、文化三大类现象,此外并无第四类社会现象。现在提出四位一体布局,是不是意味着把社会现象分为三类不周延,新发现了第四类现象呢?现在理论界有两种看法,一种看法认为"在理论上,用经济、政治、文化三分法来规定'社会'的外延,具有不周延性"[2]。我持另一种看法,即认为四位一体的布局的提出并不是因为经济、政治、文化不周延,而是由于经济、政治、文化三大类社会现象具有一种共同因素,这种因素有必要区分出来与三大类并列起来进行建设,这样便成了四位一体的布局。那么,这一因素是什么呢?对此又有两种观点。

一种观点认为社会指由非政府组织、社区、社会群众举办和从事的活动及其关系,如社区活动、社会保障、社会救济、慈善事业等。这些活动与经济、政治、文化是交叉的,但也可以与它们相区别而自成一类。这种观点当然不能说错,但似乎过于狭窄。按照我的理解,

---

[1] 《人民日报》2005年2月19日。
[2] 毛惠彬、孟杰:《建设更加和谐的社会主义社会》,载《中国井冈山干部学院学报》2006年第1期。

社会建设就是社会关系建设。构建和谐社会实际就是通过调整、协调使社会关系和谐，和谐本来就是关系的定语，只有关系才有和谐不和谐的问题。从胡锦涛同志所指称的和谐社会的具体内容也可以明显看出，和谐指的就是社会关系："我们所要建设的社会主义和谐社会，应该是民主法治、诚信友爱、充满活力、安定有序、人与自然和谐相处的社会。"[①] 其中包含的都是关系，不外乎个人与个人、个人与人群、人群与人群的关系，还有自己与自己的关系，当然还有人与制度、制度与制度的关系，这些都可以说是社会关系。其中还有人和自然的关系，这好像不是社会关系，而是社会与自然的关系，但这种关系实质上仍然是社会关系，即这部分人和那部分人、部分人和全人类、今天的人和子孙后代的关系，因为所谓"和谐"、"生态平衡"都是以人为参考系，而自然本身始终处于大演化过程之中，无所谓平衡不平衡。可以说，经济建设、政治建设、文化建设中都包含协调各种社会关系的内容，由于全面建设小康社会的需要，把三大建设中都具有的社会关系的建设，即构建和谐社会关系，区别出来与三大建设并列，这就是构建社会主义和谐社会，从而形成四位一体的总体布局。如此理解，并不意味着过去所说三大建设不周延。这样进行布局是实际工作中的一种常见的现象，例如现在经过改革的高中思想政治课程的总体布局是经济生活、政治生活、文化生活和生活与哲学，并不意味作为思想政治课程，前三者不周延，而是由于教育的需要，把哲学从三者中抽出来与前三者并列成为四位一体，如有必要，我们也可把伦理道德从文化中抽出来，或把法律从政治中抽出来，形成五位一体或六位一体。由此可见，建设和谐经济、和谐政治、和谐文化是构建社会主义和谐社会的题中应有之义。还可以看出建设和谐文化尤其重要，因为和谐归根到底是人与人之间的关系，这种关系直接受人的精神状态支配，首先在人的思想情感中表现出来，而文化不外乎是人的精神状态及其产品。中央明确提出和谐文化建设不是偶然的。

---

① 《人民日报》2005年2月19日。

二、关于建设和谐文化的几个理论问题

党的十六届六中全会的《决定》在说明建设和谐文化时首先指出："建设和谐文化，是构建社会主义和谐社会的重要任务。社会主义核心价值体系是建设和谐文化的根本。"[1] 紧接着便说明了这一任务的六项具体内容，那就是：（1）坚持马克思主义在意识形态领域的指导地位；（2）牢牢把握社会主义先进文化的前进方向；（3）弘扬民族优秀文化传统；（4）借鉴人类有益文明成果；（5）倡导和谐理念，培养和谐精神；（6）进一步形成全社会的理想信念和道德规范，打牢全党全国各族人民团结奋斗的思想道德基础。《决定》把这些任务分为四个方面作了阐明。为了深入理解建设和谐文化的任务，我想就以下几个理论问题谈谈我的看法。

第一，和谐文化性质问题。关于和谐社会的性质问题，理论界曾经有过讨论。主要问题在于：它是一种社会形态还是一种社会状态？社会形态是社会的类型，不同社会形态之间的区别比较深刻、比较长久，如封建社会、资本主义社会、社会主义社会，其区别源于经济政治制度，一旦形成有较长时间的稳定性；社会状态是社会的状况、情况，如治世与乱世、战争与和平，其间的区别比较表面，稳定性也比较低。当然中国现阶段的和谐有着中国特色社会主义制度的根源，正如《决定》所说，"和谐社会是中国特色社会主义的本质属性"，但和谐社会状态与社会主义社会形态仍然有着明显的区别，社会和谐不是中国特色社会主义的唯一本质属性，也不是社会主义社会独有的属性，社会主义社会还有人权普及、社会民主、分配公平等属性，非社会主义社会也有一定程度的社会和谐。弄清楚了和谐社会的性质，和谐文化的性质也就清楚了。

和谐文化也是文化的一种状态，即文化内部各个成分之间或社会内各个类型文化之间形成了和谐关系，而不是一种文化形态。文化形

---

[1]《中共中央关于构建社会主义和谐社会若干重大问题的决定》，载《求是》，2006年第20期（以下《决定》均引自此文）。

态的产生有着复杂的原因,但归根到底是由社会形态决定的。资本主义社会产生资本主义文化,社会主义社会产生社会主义文化,西方社会产生西方文化,东方社会产生东方文化。文化形态与文化状况的区别应该是与社会形态与社会状况的区别一致的。从语言表述的习惯来看,呈现和谐状况的文化亦称和谐文化,也可以说是一种文化,即文化的一个类型,但从实质上看,我们所要建设的不是某种特殊的文化,而是文化的一种状况,即文化的各种成分之间和各种文化之间存在的和谐关系。

第二,和谐文化与社会主义先进文化的关系问题。《决定》把"牢牢把握社会主义先进文化的前进方向"作为建设和谐文化的指导思想之一,这就原则地说明了和谐文化与社会主义先进文化的关系。我们要建设的和谐文化是中国社会主义社会的和谐文化,其中的主流文化无疑属于社会主义先进文化的范畴,但中国特色社会主义文化是中国社会主义社会的文化,还包括一些非社会主义文化,它们是历史上遗留下来的,或者是外来的,当然也有当代非社会主义经济政治的反映和一些非意识形态的东西。因此,和谐文化与先进文化不相等,先进文化是和谐文化中先进的主流文化。

先进文化与和谐文化之间有互动关系。和谐文化的建设或文化中的和谐关系的形成当然会大大利于文化之间的交融与互相学习,以彼之长补己之短,推动各种文化的发展,其中包括先进文化的发展,而先进文化作为主流文化对整个和谐文化发挥着指引我国文化发展的前进方向的作用。

第三,建设社会主义和谐文化的方法问题。如何建设和谐文化才能收到事半功倍之效就是方法问题。而首先应指出的最主要的方法就是坚持最根本的指导思想,那就是马克思主义、列宁主义、毛泽东思想、邓小平理论和"三个代表"重要思想的指导,亦即社会主义核心价值体系的指导,这个问题后面将作较详细的论述。

其次应指出其具体实现和谐关系的方法。中国社会主义文化不仅是多样的,多种类型的,而且是多元的,多元不仅源于多个来源、多个民族，而且源于多种制度、多个阶级或阶层，这样不仅一个文化的各个组成部分之间存在着各式各样的差异，而且各种文化之间存在着更多更大的差异。差异不一定是矛盾，但差异如不予以适当的协调就会导致矛盾，而且不少差异本身就是矛盾，甚至导致冲突。因而协调差异，构建其间的和谐关系就成为十分必要的了。那么，如何协调呢？协调文化中或文化间的差异的首要前提就是百花齐放、百家争鸣，即使其间的差异以及共同之点、真理与谬误、各自优点和缺点能充分显露出来，彼此以共同之点为出发点使差异缓和、化解、解决，各得其所，使真理、优点为双方所接受，谬误为双方所摒弃，缺点为双方所纠正，这样就可以营造出文化上的和谐状况，导致文化繁荣，整个建设事业兴旺发达。

再次还应对腐朽文化及其因素采取正确的方法来对待。在一个具体社会中会有一些消极的、无法协调的东西，这就是腐朽文化。正如和谐社会中会有少量的反国家反社会分子必须绳之以法一样，一个具体社会的文化中也会有一定数量的无法协调的文化因素，即腐朽文化因素，如邪教、封建迷信、色情文化、反国家反社会反人类文化等，也必须尽可能限制之、铲除之。只要我们能及时正确处理腐朽文化，它就不会蔓延开来，阻碍和谐文化的建设，破坏整体上的文化和谐状态。

三、社会主义核心价值体系是建设和谐文化的根本

社会主义核心价值体系是马克思主义在中国当代的具体化，是建设中国和谐文化的根本指导思想，也是中国社会主义现代化建设的根本指导思想，有必要对其内涵和作用作一些专门的阐发。

何为核心价值？我认为它就是根本的或最高的价值标准。人们的实践活动都在一定程度上是自觉的，虽然也都有一定的盲目性。自觉性表现在有一定的正确的认识和价值标准作为指导。认识和价值标准是很多的，多数是通过前人的实践产生并传给自己的，少数是自己在实践中获得的。其中最根本的认识和价值标准就是核心价值，也就是

我们平常所说的世界观、价值观、人生观。核心的认识和价值标准构成的体系就是核心价值体系。一般说来,认识与价值标准是不同的,认识是人们对外部事物的反映,而价值标准是人们具有的衡量实践活动意义的尺度。认识提供实践的方法,价值标准规定实践的目的。传统的核心价值体系就是"真、善、美","真"是科学、是认识,不是价值标准,但习惯上人们都把三者看作价值标准,追求"真、善、美",就是追求最高的三种价值。因此,《决定》把根本的最高的认识和价值标准概括为核心价值是符合这一传统习惯的。但"真、善、美"作为传统的核心价值体系是一般的抽象的表述方式,在不同的社会是有不同的具体内容的,封建社会有封建主义的真善美,资本主义社会有资本主义的真善美,社会主义社会有社会主义的真善美,即《决定》所概括的社会主义核心价值体系:"马克思主义指导思想,中国特色社会主义共同理想,以爱国主义为核心的民族精神和以改革创新为核心的时代精神,社会主义荣辱观,构成社会主义核心价值体系的基本内容。"一共包括四个内容:(1)马克思主义(包括哲学、政治经济学、科学社会主义三个主要组成部分);(2)中国特色社会主义;(3)中华民族精神与当代时代精神;(4)道德标准。如果一一加以分析,不难看出,主要是两类内容,一是科学观点,一是价值标准。这四项按照从一般到个别、从抽象到具体的逻辑顺序,构成一个体系。

可见,社会主义核心价值体系的内容都是人们所熟悉的,但中央如此加以概括,却是一次理论创新,这将使大家易于掌握和运用,从而大大有利于发挥马克思主义的最高指导作用,大大推动整个社会主义现代化建设的发展。中央在《决定》中特别强调核心价值体系对建设和谐文化的意义,指出它是"建设和谐文化的根本",这无疑是十分必要的。

社会主义核心价值体系本身就是一种文化因素,是中国特色社会主义文化的根本因素。对中国现代文化中的主流文化,即社会主义先进文化而言,核心价值体系是精髓,是精华,是最高指导思想。对非社会主义文化因素而言,它也具有指导、引导、规范、鉴别的作用。

它能否发挥这种作用可以说是能否建设社会主义和谐文化的关键。中国特色社会主义社会的重要特色之一就是其中包含的非社会主义经济、政治因素，同时也能对社会主义建设发挥积极的作用，正如其中的非共产党员、非马克思主义者也能成为社会主义建设者一样，文化亦然。尽管中国社会文化从总体上说是社会主义性质的，但其中存在多元文化因素，如果这些多元文化因素各为其经济、政治基础服务，一个和谐文化是难以建立的。但在我国，我们有一个共同目标，那就是社会主义现代化建设，它充当了建设和谐文化的客观基础。正是在这个基础上，中央提出社会主义核心价值体系作为建设和谐文化的根本。有了社会主义核心价值体系，再加上全国人民的共同努力，妥善协调各种文化之间的差异，正确化解、解决各种文化之间的矛盾，改造落后文化，抵制、铲除腐朽文化，我国社会主义和谐文化是可以顺利建设成功的。

关于科学发展观和构建社会主义和谐社会理论的哲学思考*

以胡锦涛同志为总书记的党中央近年来提出的科学发展观和构建社会主义和谐社会理论是当代中国马克思主义,是毛泽东思想、邓小平理论、"三个代表"重要思想在 21 世纪的继承和发展。发表以来便引起我国理论界的极大关注,已有大量论著对其内容和意义作了多方面的解释和阐发,也引起了一些讨论。我在学习中也对其中若干哲学问题形成了一些看法,写下来求教于同志们。

一、科学发展观在马克思主义理论体系中的位置

理论界讨论过的一个问题是科学发展观与构建社会主义和谐社会理论的关系问题,我认为只要弄清楚了它们各自在马克思主义理论体系中的位置,它们之间的关系就自然清楚了。我们先研究一下科学发展观。

过去在马克思主义理论体系中并没有一个相对独立的组成部分叫发展观,因此,"发展观"这个概念对一般读者来说是比较陌生的。其

---

* 本文发表于:《北京大学学报》(哲学社会科学版) 2007 年第 5 期;收录于《科学发展与社会和谐》,北京大学出版社 2008 年 4 月出版。

实，马克思主义世界观中就有发展观，即唯物主义辩证法。恩格斯说："辩证法不过是关于自然、人类社会和思维的运动和发展的普遍规律的科学。"① 列宁也说过，"有两种基本的（或两种可能的？或两种在历史上常见的？）发展（进化）观点"②，即我们常说的形而上学和辩证法。毛泽东也说过，"在人类认识史中，从来就有关于宇宙发展法则的两种见解，一种是形而上学的见解，一种是辩证法的见解，形成了互相对立的两种宇宙观"③。显然，科学发展观就是辩证唯物主义世界观的组成部分。

然而党中央提出的科学发展观并不是世界观的组成部分，因为它的重要内容之一是以人为本思想，这一思想显然不能用于人类外的自然界，自然界的存在与演化是不以人的意识为转移的，是与人无关的，不会以人为本，尽管人能按人的需要（以人为本）改造自然界，但这只涉及自然界的微乎其微的一部分，对整个自然界人是无能为力的。除非患了自大狂，人是不会认为自然界的存在与发展是以人为本。因此，我认为科学发展观实质就是科学的社会发展观，也就是历史辩证法，特别是社会主义社会发展观，或辩证法。改革开放以来，我国理论界曾召开过多次社会发展理论或社会主义社会辩证法研讨会，其内容同我们今天谈的科学发展观是一致的。但今天谈的科学发展观针对我国社会主义社会发展中的问题，提出坚持以人为本、全面协调可持续发展的思想是过去社会发展理论的重大发展。按照这种理解，可以说，科学发展观是辩证唯物主义历史观的主要组成部分之一，是马克思主义世界观和方法论（辩证唯物主义和历史唯物主义）的集中体现。

二、科学发展观的基本内容以及以人为本思想在其中的位置

科学发展观包括哪些基本内容，我认为理论界研究得还不够。在我看来，根据前面的论述，科学发展观这一概念至少有三个层次的理

---

① 《马克思恩格斯选集》第3卷，人民出版社1995年版，第484页。
② 《列宁选集》第2卷，人民出版社1995年版，第557页。
③ 《毛泽东选集》第1卷，人民出版社1991年版，第300页。

解：宇宙发展观、社会发展观和中国社会主义社会发展观。宇宙发展观的基本内容应该是唯物主义辩证法。社会发展观的基本内容应该是社会发展及其规律的理论，也就是我们有时也谈到的历史辩证法，但历史辩证法在过去一直没有一个相对独立的思想体系，像唯物主义辩证法那样，因为社会结构理论（社会静态分析）和社会发展规律（社会动态分析）从来都是一起论述的，虽然二者在思想上是可以分开的，却没有形成两个组成部分。至于中国社会主义社会发展观，即中国社会主义社会辩证法，尽管过去讨论很多，出版了大量论著，也没有形成得到理论界多数人认同的思想体系。今天我们谈论的坚持以人为本、全面协调可持续的科学发展观，究竟包括哪些基本内容也是一个尚未明确起来的问题，但：（1）发展要以人为本；（2）全面发展；（3）协调发展；（4）可持续发展。这几点是确凿无疑的。这几点在科学发展观中都具有恒久的价值，然而在今天具有特别重要的意义，有极强的针对性。以人为本针对社会主义建设中忽视人的需要与要求的片面性，全面发展针对忽视政治、文化建设的片面性，协调发展针对忽视贫富差异、城乡差异、东西部差异等方面的片面性，可持续发展针对忽视生态平衡的片面性。看来，科学发展观的基本内容是一个有待进一步研究的问题。理论界讨论较多的是以人为本思想在科学发展观中的位置问题，其中也出现一些针锋相对的争论。主要的分歧是如何规定"以人为本"在科学发展观的位置，它是科学发展观的最根本的最高的原则呢，还只是它的主要原则之一？能说科学发展观就是以人为本发展观吗？我认为要回答这个问题，必须先回答下面三个问题。下面我们就谈谈这些问题。

首先是以人为本与人本主义的关系问题。对此主要有两种看法，一种看法认为二者只是形似，但本质上是不同的，以人为本是马克思主义观点，而人本主义源于西方人道主义传统，是非马克思主义。我持另一种看法，认为二者同出于人道主义传统，是同一思想的不同表述方式，从字义来讲，人本主义就是以人为本的主义，无法说清楚二者有什么本质区别。正如抽象的人道主义经过马克思主义的改造出现马克思主义的人道主义一样,人本主义与以人为本经过马克思主义改造而出现马克思主义的人本主义和马克思主义的以人为本。以人为本的提法是中国境内的几个跨国公司上世纪90年代提出来的,它最初是一个企业管理原则,这些公司提出这个原则是为了纠正企业管理中重视机器设备,轻视员工的偏向。这个原则后来逐渐为各行业所采用。我们总不能说这些跨国公司的管理原则是马克思主义的。

其次是对以人为本中的"人"应如何理解。中国古代如何理解,我们这里暂且不谈。今天主要有两种观点,一种观点认为这里的人就是人民,以人为本就是以人民为本。我持另一种观点,认为人与人民不能等同,人是所有的人,是人人,而人民是人的主体,人民主要由劳动者(包括体力劳动者与脑力劳动者)构成,其范围随时代的发展而有所变化。这两种观点与上面谈的两种观点是相应的:如果以人为本就是以人民为本,则以人为本是马克思主义命题;如果以人为本是以所有的人为本,则以人为本是人本主义命题。但正如马克思不是简单对待人道主义一样,马克思主义对以人为本也是采取分析的态度,即不但不排斥以人民为本,而且是在坚持以人民为本的基础上容纳以人为本。党中央过去一贯强调为人民服务,从不抽象地讲为人服务、为人人服务,从来都是把人民的根本利益摆在第一位。随着国内外形势的发展,涉及所有的人的事情越来越多,如生态平衡问题、交通问题、战争与和平问题,一句话,发展问题都涉及所有的人,而不仅仅是人民,于是把人民扩大为人人,采纳社会上已颇为通行的以人为本,同时也坚持以人民为本的核心,这是因为人民与人的区别还没有完全消失。因此,在我看来,以人为本中的人是人人、所有的人,而人民是人的主体。以人来排斥人民、取代人民,那是西方资产阶级的观点。

第三,以人为本思想的性质问题。以人为本是一种价值观,这是理论界认同的。价值观指的是社会发展的价值取向。社会发展以以人为本作为价值观,就是社会发展最后要服务于人的根本利益,其成果归人享用。因此,社会发展的目的是由以人为本思想规定的。意见分歧发生在以人为本是否还是历史观,一种观点认为它既是价值观,又是历史观,而另一种观点认为它只是价值观,我赞成这种观点。这个问题涉及 1983 年那一场关于人道主义的争论。那次争论的一项成果可以说是世界人道主义史上的一次理论上的突破,即区分人道主义的两个方面:历史观与价值观,否定其历史观而肯定其价值观。空想社会主义以人道主义历史观为其理论基础,认为资本主义是违背人道主义的,社会主义是符合人道主义的,所以社会主义应该取代资本主义。马克思和恩格斯正是由于抛弃了人道主义历史观而创立了唯物主义历史观,才从空想社会主义转变为科学社会主义,但他们并未否定人道主义价值观,而是从科学社会主义立场改造了、吸收了人道主义,形成了马克思主义的人道主义价值观。但是,他们并没有明确地提出这些观点,因而在马克思主义理论领域内我们只看见人道主义与反人道主义的鲜明对立,看不见对人道主义的具体分析。这种分析于 1983 年才在中国理论界出现。如果不作这种分析而完全恢复人道主义,其结论必然是人道的社会主义而不再是科学的社会主义。

现在我们可以来考察以人为本在科学发展观中的位置了。

从我们关于以上三个问题的观点已经可以逻辑地推出这个结论:以人为本是科学发展观的重要原理之一,但不是它的最高的根本原理。那么,它的根本原理是什么呢?在我看来,科学的社会发展观的根本原理就是唯物主义历史观的根本原理,这就是人们熟悉的社会存在决定社会意识的原理,具体一点说,就是社会存在与社会意识相互作用的原理,即社会存在决定社会意识,社会意识能动地反作用于社会存在的原理,简称历史观,它是辩证唯物主义世界观的组成部分。1983 年的讨论把人道主义价值观同历史观区别开来,主张从马克思主义立场继承人道主义价值观,即社会主义人道主义。但那时并未提出历史观与价值观的关系问题。历史观与价值观的关系决定价值观在科学发展观中的位置。我认为价值观从属于历史观,但不是历史观的根本原理。简单说,当我们制定改造社会、推动社会发展的战略时,首先要考虑的是时代的发展形势,掌握它的发展趋势、规律,其中就包括所有的人,特别是人民的利益和愿望,当然还有其他因素。人和人民的利益和愿望无疑是十分重要的，是我们实践活动的最终目的，此外没有别的目的，但这个目的的实现不是无正确思想指导的盲目的实践所能达到的，马克思主义社会主义之所以为科学社会主义而不称为人道的社会主义，马克思主义发展观之所以称为科学发展观，而不称为以人为本发展观，道理就在这里。

三、构建社会主义和谐社会理论的性质

和谐社会理论是什么理论，属于哪一学科部门，这是理论界一直在讨论的问题，这就是它的性质问题。我认为这个问题涉及以下几个具体问题。

第一，和谐社会是一种社会状态还是一种社会形态？多数学者认为它是一种社会状态，不是一种社会形态。按照一般的用语习惯，社会形态是社会类型，不同形态的社会之间的区别比较深刻，比较稳定，如封建社会、资本主义社会、社会主义社会；社会状态是社会内部关系、结构的外部呈现，变动性较大，如治世与乱世、战争与和平、贫穷与富裕等。2002年江泽民同志在党的十六大报告中说："集中力量，全面建设惠及十几亿人口的更高水平的小康社会，使经济更加发展、民主更加健全、科学更加进步、文化更加繁荣、社会更加和谐、人民生活更加殷实。"[①] 谈的是更高水平的小康社会所应呈现出来的六种状态，社会更加和谐是其中状态之一。胡锦涛同志对于社会主义和谐社会所呈现的状态曾作过一个简明扼要的概括："我们所要建设的社会主义和谐社会，应该是民主法治、公平正义、诚信友爱、充满活力、安定有序、人与自然和谐相处的社会。"[②]

第二，如何理解社会主义建设的四位一体？胡锦涛同志在上述讲话中还指出，在党的十六届四中全会上"我们党明确提出构建社会主义和谐社会重大任务，就是要求全党同志在建设中国特色社会主义的伟大实践中更加自觉地加强社会主义和谐社会建设全面发展。这表明，

[①] 《江泽民文选》第3卷，人民出版社2006年版，第543页。
[②] 胡锦涛：《关于构建社会主义和谐社会的讲话》，载《人民日报》2005年2月19日。

随着我国经济不断发展，中国特色的社会主义事业的总体布局，更加明确地由社会主义经济建设、政治建设、文化建设三位一体发展为社会主义经济建设、政治建设、文化建设、社会建设四位一体"①。

大家知道，三位一体总体布局的根据是人类社会现象不外乎经济现象、政治现象、文化现象三大类，此外并没有第四类社会现象，现提和谐社会建设是不是说三分不周延呢？理论界只有两种观点，一种观点认为"在理论上，用经济、政治、文化三分法来规定'社会'的外延，具有不周延性"②。对此我有不同的看法。我认为四位一体总体布局的提出不是因为三分法不周延，又新发现了另一类社会现象，而是由于形势的发展，经济、政治、文化三类现象共同具有的一种因素日益突出，有必要把它概括出来加以专门建设，因而形成了社会主义建设的四位一体。那么，这个共同因素是什么呢？它就是社会关系，建设和谐社会也就是通过人们的主观努力使不和谐或不够和谐的社会关系协调起来或更加协调。

和谐本来就是关系的定语，只有关系才有和谐不和谐的问题。上面所引胡锦涛同志对和谐社会的描写"民主法治、公平正义、诚信友爱、充满活力、安定有序、人与自然和谐相处"，讲的都是社会关系，包括个人与个人、个人与人群、人群与人群、人与制度、制度与制度的关系；"充满活力"也可以说是一种关系，即人自己与自己的关系；人与自然的关系从实质上说也是社会关系，即这部分人与那部分人、这部分人与全人类、今天的人与子孙后代的关系，因为生态和谐或曰生态平衡的坐标系都是人类社会而不是自然界本身。人类社会中无处不存在社会关系，经济现象、政治现象、文化现象中也普遍存在社会关系，反过来社会关系也只能存在于人类社会的经济现象、政治现象、文化现象之中。社会关系不是第四种现象，而是经济、政治、文化的共同因素。可以说，构建社会主义和谐社会就是通过调整、协调使社

---

① 胡锦涛：《关于构建社会主义和谐社会的讲话》，载《人民日报》2005年2月19日。
② 毛惠彬、孟杰：《建设和谐的社会主义社会》，载《中国井冈山干部学院学报》2006年第1期。

会关系和谐。

有一种观点认为社会建设中的"社会"指由非政府组织、社区、社会群众举办和从事的活动,如社会救助、慈善活动、公益活动、民间活动等。这些活动与经济、政治、文化活动是交叉的,也可以与它们区别开来而自成一类。这种观点当然不能说错,但似乎有点过窄,因为经济关系、政治关系、文化关系也是非常需要和谐的。

第三,如何理解和谐是社会主义的本质属性?前面谈到和谐社会是一种社会状态,不是社会形态,那么,它同社会形态的关系如何呢?《中共中央关于构建社会主义和谐社会若干重大问题的决定》中的一句话"社会和谐是中国特色社会主义的本质属性"[1],看来就是对这个问题的回答。所谓本质属性就是由社会主义本质决定的一些属性,这些属性应该是很多的,如经济发达、政治民主、文化繁荣、共同富裕、道德高尚、关系和谐、秩序良好、公平正义、人人平等,这些属性都是具有很高程度的抽象性、普遍性,不仅社会主义社会可以具有这些属性,其他社会形态如资本主义社会也可以在不同程度上具有这些属性。这里涉及一个重要的理论问题即和谐社会或社会和谐与社会基本经济制度的关系问题。社会和谐是否只存在于社会主义社会中,不可能存在于非社会主义社会中呢?这个问题应进行深入的研究。

我认为人类社会中的关系是非常多样、非常复杂的,而且是多变的,要做到一切关系和谐显然是很难的,甚至是不可能的,和谐只能是一定程度的。在社会主义社会中由于消灭了阶级对立,消灭了两极分化,由于人们在根本利益上是一致的,社会主义社会比较资本主义社会应该更容易构建和谐社会,因为在根本利益一致的基础上,差异更容易协调,矛盾更容易解决,因而可以达到更高程度的和谐。但是,搞不好,矛盾也会激化,社会也会像"文化大革命"那样动乱、那样不和谐。而在资本主义社会中,由于阶级对立和阶级剥削,由于贫富差别的扩大,由于人们根本利益的对立,资本主义社会更难实现社会的和谐,

---

[1] 《求是》,2006 年第 20 期。

但开明的统治者只要善于找到恰当的协调差异、缓解矛盾的办法，也可以达到一定程度的和谐。可见，和谐与否，能否形成和谐关系，与社会经济制度之间并无固定的关系，尽管不同社会经济制度能够提供不同的构建和谐关系的前提，这些前提会对和谐的程度产生不同的影响。

我国现阶段还处于社会主义初级阶段，它在基本经济制度上的特点是以公有制为主体，与包括私有制在内的各种所有制同时存在和发展，它的社会关系比单纯的社会主义社会或资本主义社会都复杂。其经济体制的主要特点是社会主义市场经济，其中的社会关系比资本主义市场经济或社会主义计划经济也都要复杂。在社会主义初级阶段构建和谐关系，进而构建社会主义和谐社会，同其他社会形态比较起来既有有利的条件，也有不利的条件，但总起来看是更重要，更复杂，更困难，更有赖于科学的指导和理念的创新。党中央提出"构建社会主义和谐社会"，就是说尽管一般说社会主义社会的和谐关系是与社会主义制度一致的，也要加以有意的构建，否则也不会出现作为整体的和谐社会。

这里涉及一个根本利益上有分歧的两个阶级如资产阶级和无产阶级能否构建和谐关系的问题。这两个阶级在根本利益上是对立的，即不和谐的，但在资本主义制度继续存在的情况下，为了正常社会生活的延续，这两个阶级需要也能保持一定程度的和谐关系。在我国虽然不能说存在一个完整的资产阶级，在民营企业内部仍然存在着在根本利益上互相对立的阶级关系，这种对立可以通过调整、协调、协商、互相让步来缓解，进而达到两利。如果这种阶级关系根本不可能达到和谐，在我国构建和谐社会就是不可能的。

四、构建社会主义和谐社会的指导思想和方法

《决定》对构建社会主义社会的指导思想、目标任务和途径作了非常具体详细的规定，我想就方法论问题谈些想法。我想谈三个问题。

第一，构建社会主义和谐社会的哲学基础。构建社会主义和谐社会的指导思想，简单说，就是马克思主义，对此理论界是没有分歧的。马克思主义包括马克思主义哲学，因此，构建社会主义和谐社会的哲

学基础就是马克思主义哲学,即辩证唯物主义和历史唯物主义,也应该是没有分歧的,但事实上有着明显的意见分歧。

几年前就有同志提出过中国传统哲学中占主导地位的应该是和合哲学。党中央提出构建社会主义和谐社会的目标以后,有同志认为其哲学基础就是和谐哲学或称和谐思维。还有同志认为它的理论基础就是和谐马克思主义。我感觉这里有一个问题不太明确,和谐哲学究竟是什么?是关于和谐的一套哲学理论还是异于马克思主义哲学、以和谐作为核心的哲学?大家知道,构建社会主义和谐社会的目标是对现阶段建设中国特色社会主义总目标的具体化,而建设中国特色社会主义的哲学基础是马克思主义哲学,那么,构建社会主义和谐社会的哲学基础当然是马克思主义哲学,不应该也不可能是任何其他哲学。但是过去马克思主义哲学在其理论体系中虽说不排斥和谐(和谐是对立面的统一原理中的内容之一),毕竟没有具体论述过这个问题,更没有把构建社会主义和谐社会作为一个目标,因此,今天我们应具体研究这个问题,在马克思主义的辩证唯物主义和历史唯物主义的基本原理指导下构建一个和谐理论,并称之为和谐哲学,我想这不但是可以的,而且是应该的,这正是哲学工作者应该承担的任务。然而,如果把和谐哲学和马克思主义分离开来,甚至对立起来,并以和谐哲学取代马克思主义哲学,那就错了。不敢说有人明确这样立论,但这种倾向是存在的。

有一种观点似乎有此倾向。这种观点认为马克思主义哲学是斗争哲学,是革命时期的哲学,而现在是建设时期,应该以和谐哲学取代斗争哲学。在我看来,我国历史发展确实是从革命时期转变到了改革与建设时期,革命时期确实强调斗争,但马克思主义哲学不管在什么时期都有指导意义,都是全面的哲学或辩证的哲学,不是片面的哲学或形而上学哲学;都是对立面的统一和斗争的哲学,不是斗争哲学或统一哲学。毛泽东曾说过:"资产阶级政治家说,共产党的哲学就是斗争的哲学。一点也不错。"这决不能被看成是毛泽东对共产党的哲学的正式的称呼。他一生无疑是强调斗争的,但决没有忽视统一。他对斗争性与统一性的辩证关系的论述在他所有的哲学论文中是一贯的。他曾批评过斯大林的《论辩证唯物主义与历史唯物主义》只讲斗争，不讲统一。当他谈到马克思主义哲学时多次使用的称呼是辩证唯物论、唯物辩证法和唯物史观，也完整地称呼过辩证唯物论和历史唯物论，如《新民主主义论》中就这样叫过。

有的同志认为马克思主义哲学之所以是斗争哲学，有一个理论根据，就是因为它主张斗争是绝对的、统一是相对的。大家知道，这个原理是列宁根据恩格斯提出的运动是绝对的、静止是相对的提出来的，毛泽东也是坚持的。许多人认为这个观点难以成立，因为斗争也是相对的，毛泽东也谈到过"斗争形式依时代不同而有所不同"的相对性。这里有两个问题：第一，斗争的绝对性和统一的相对性能否成立？我认为是可以成立的。在辩证范畴中，一方绝对一方相对的范畴是很多的，除运动与静止、斗争与统一而外，还有整体与局部、共性与个性、普遍性与特殊性、本质与现象等。当我们把矛盾双方对比，说一方是绝对的、另一方是相对的时，并没有否认在一定条件下绝对的一方可以是相对的，相对的一方也可以是绝对的，列宁也说过绝对与相对的区别也是相对的，我们不能因此否认斗争的绝对性和统一的相对性。第二，承认斗争的绝对性和相对性，是否就是承认斗争哲学？我认为不能，因为这个原理没有否定统一，相对绝对只标明地位或特点的不同，并不是说绝对高于相对，绝对是重要的，相对是无关紧要的。

总之，构建社会主义和谐社会的哲学基础就是，而且只能是辩证唯物主义，这就是马克思主义思想路线，其中国当代形态就是解放思想、实事求是、与时俱进。它只能被新的科学的哲学原理或从其他哲学引进的哲学原理所丰富和发展，而绝不能被推翻或被其他哲学所取代。哲学基础或思想路线也就是总的思想方法或者说最根本的改造世界的方法，此外，当然还有很多其他方法。对于构建社会主义和谐社会来讲，我认为有两个方法是至关重要的，一是构建和谐关系的方法，一是构建和谐社会的方法，下面分别谈一谈。

第二，求同调异是构建和谐关系的有效方法。大家知道，建国之初中国政府就主张通过求同存异的方式来达到同亚非国家和平共处的关系，提出了和平共处五项原则。这五项原则最早是 1953 年由周恩来向印度提出的，得到印度政府的赞赏。1954 年五项原则被写入中印、中缅《联合声明》之中，1955 年在印度尼西亚万隆会议上得到更多国家的认同，后来随着冷战时代的结束，和平共处五项原则几乎得到了全世界的认同。和谐共处与和平共处有明显的差别，和平只是不打仗，而和谐则是互相协调、互相合作、互利双赢，因而从和平共处发展为和谐共处便使国际关系进入一个新的阶段，但二者的联系也是不可忽视的。和平共处可以说是和谐共处的初级阶段，而和谐共处是和平共处的高级阶段。首先必须和平共处，才谈得上和谐共处，和谐共处符合和平共处的前进趋势。实际上和平共处五项原则中也有和谐共处的因素。五项原则最初是：互相尊重领土主权、互不侵犯、互不干涉内政、平等互惠与和平共处。其中"平等互惠"就是和谐共处的因素。1955 年万隆会议通过的《关于促进世界和平和合作宣言》，就把"合作"，也就是"和谐"，在宣言的标题中明确提出来。今天胡锦涛总书记明确提出构建和谐世界的建议，正是中国建国以来一贯的和平共处方针向和谐共处方针的顺理成章的必然的发展。

我认为以求同存异来达到和平共处和以求同调异来达到和谐共处的区别和联系，不仅适用于国与国之间的关系，也适用于人与人之间的关系。当然，国际关系与人际关系不能混为一谈，但道理是一致的。

我们一般谈到求同存异时指的都是国际关系，不把求同存异看作处理人际关系的原则。我认为这个原则对于处理人际关系也是有意义的。一定条件下，人们之间的分歧当然可以通过争论来解决，但在不同情况下求同存异也许更合适，这就是我们经常谈的宽容。但宽容毕竟还不是和谐，为了达到和谐，有必要协调差异，即求同调异。

和谐社会应当指这样一种社会，其中各式各样的人的关系都是和谐的，或者说，基本上是和谐的。但是，人与人之间的关系并不是天生就和谐的，即不是自发地和谐。毋宁说人与人之间的关系往往是自发地不和谐的。这是因为人与人之间总有许多差异，差异并不就是矛盾，并不就是对立或冲突，但差异往往会导致矛盾、对立，乃至冲突，特别是在阶级社会中阶级之间的差异天生是不和谐的、矛盾的，更易导致对立和冲突。在社会主义初级阶段的社会中，虽然不存在完整的资产阶级，但剥削关系是存在的，这种关系往往导致不和谐。其他不和谐因素也不少。因此，和谐关系必须构建。但怎样构建？第一步是求同，第二步是调异。同不等于和谐，但也不等于不和谐；异不等于不和谐，但也不等于和谐。但是，找到了两个人之间的共同之处则易于导致和谐；找到了两个人之间的相异之处，则易于理解两个人不和谐的根源，再加以协调，就可以达到和谐。

因此，如果我们仅仅把差异保留起来，还达不到和谐，必须加以调整，使差异成为互补而不是互伤，相生而不相克，两利而不两害，才谈得上和谐。如何才能做到呢？以中国社会内部人际关系而言，首先是求同，要求得共同基础，这就是中国社会发展的共同需要和中国人民的共同愿望，即社会主义现代化。一个半世纪以前鸦片战争使越来越多的中国人意识到中国社会发展大大落后于西方，中国现代化渐渐成为中国人的普遍愿望。中国人最初希望通过封建主义的形式实现现代化，失败了；后来希望通过资本主义的形式实现现代化，也失败了；最后尝试通过社会主义的形式，获得了巨大的成功，虽然走了十分曲折的道路。今天，社会主义现代化已成为中国人的共识，这就是中国人能够构建和谐关系的共同基础。但是，中国人之间也有许多差异，这些差异不会由于有了共同基础而消失，仅仅加以保留，差异发展了就可以导致对立和冲突，因此，达到和谐的第二步就是调异，要协调中国人之间的千差万别的差异。

两个主体构建和谐关系有多种手段或多种途径，最主要的手段当然是协调两个主体之间的差异，而协调差异是一个非常复杂的过程。一方面是思想的协调，这就需要对话、交流、理解、解释；另一方面是利益的协调，这就需要改革、创新、调整、新的安排，总之，想方设法使双方互补、互利。有时还需要调和、妥协，调和、妥协在过去曾被完全否定，调和、妥协都是贬义词，但事实上调和、妥协广泛使用于处理社会关系的实践之中。看来既不能完全否定，也不能完全肯定调和、妥协，而应具体分析，如果不违背原则而又有必要，调和、妥协是应该允许的；如果违背原则，或并无必要，则应采取其他途径来协调关系。列宁在《共产主义运动中的"左派"幼稚病》一书中专门用一节来讨论妥协问题，他把妥协分为两种，"一种是为客观条件所迫"的妥协，"另一种是叛徒的妥协"。① 他谈的是革命运动中的问题，我认为这对于处理社会主义社会内部关系也有借鉴意义。有时也需要斗争。有分歧，有对立，就有斗争。斗争的形式是多样的，有你死我活的斗争，也有心平气和的论辩；解决对抗性矛盾要斗争，解决非对抗性矛盾也要斗争；判刑是斗争，批评也是斗争。在社会主义初级阶段，摆事实讲道理的论辩、与人为善的批评是大量存在的，也是十分需要的，甚至对抗性的斗争也不是完全不需要的。总之，不能把和谐与斗争绝对地对立起来，认为和谐就排斥斗争，事实上，斗争是实现和谐的必要手段之一。当然，从总体上说，我们主要还是依靠协调差异的途径来实现和谐。我想用十六个字来概括这种方法：分析同异，从同出发，协调差异，构建和谐。

说到这里，我想对孔子的名言"君子和而不同"谈点与众不同的看法。

中国有崇尚和谐的传统。孔子被看作倡导和谐的代表。他的一些尚和的话脍炙人口，例如"和为贵"。但是应该指出，他的另一个同样脍炙人口的话"君子和而不同"在表达方式上却是不确切的。根据上面我们的论述，不要同是达不到和谐的。准确的表达应该是："君子不仅要同，还要和"，而不是"君子要和不要同"。因此，历代注疏家都不按照字面来解释"君子和而不同"，而是加以纠正，把它解释成"君子要和而不仅要同"。因此，我认为对于孔圣人的话也有个正确理解的问题，不能简单引用。

第三，全局着眼，局部着手是构建和谐社会的有效方法。中国社会是一个复杂的系统，是由无数局部构成的有机的全局，它的局部就

---

① 《列宁选集》第 4 卷，人民出版社 1995 年版，第 177 页。

是各式各样的因素,有空间(地域)各个部分,也有高高低低的层次,还有经济、政治、文化的各个方面,还有每一个人及其家庭。要由这些因素形成一个中国和谐社会,不但要各个因素构建起它们各自的和谐关系,而且要构建起各个局部之间的和谐关系,其复杂性和艰巨性可想而知,不可能一蹴而就。为了有效地建构社会主义和谐社会,我们必须树立全国一盘棋的全局观点,全局着眼,局部着手,从现在做起,从自己做起。

《中共中央关于构建社会主义和谐社会若干重大问题的决定》就是一个把构建社会主义和谐社会这一总目标分为若干局部来加以说明的文件,它把从现在到2020年构建社会主义和谐社会的主要目标区分为八个方面,它们是政治法律方面、经济生活方面、就业和社会保障方面、公共服务与管理方面、思想文化方面、创新能力方面、社会公共秩序方面和生态环境方面。这个《决定》的整个结构就是论述不同方面或不同层次的构建工作,全文分为八章,除第一、二章带有总结性质而外,其余六章就是构建工作的六大部门,每一部门又区分为低一层次的若干部分,例如第三章"坚持协调发展,加强社会事业建设"又区分为七个部分,即城乡协调、区域协调、劳动关系协调、促进教育公平、加强医疗卫生服务、满足人民文化需要和促进生态和谐。实现社会主义和谐社会的构建,有待于所有这一切大大小小的部分内部的和谐关系的构建。可见,这种构建决不仅是一个个部分工作的完成,而且是各个部分形成为有机整体的实现。例如,我们不仅要构建一个个和谐城市,而且要构建各个城市间的和谐关系;不仅要构建城市的和谐关系与农村的和谐关系,而且要构建城市与农村的和谐关系。具体说,就是要贯彻工业反哺农业、城市支持农业的方针,加快建立有利于改变城乡二元结构的体制机制,推进农村综合改革,促进农业不断增收、农村加快发展、农民持续增收,等等。

协调工作是非常复杂和艰巨的,两个庞大事物之间的协调,比两个人、两个单位之间的协调要难得多。例如东部与西部,无疑都是要实现社会主义现代化的,但它们之间的差异并不因此而消失。改革开放以来，它们都大大发展了，但它们之间的差异不是缩小了，而是加大了，这种发达与不发达的差异将成为导致不和谐的根源。这就需要统筹，也就是分析差异和协调差异，使有些差异互相适应、互相补充，使有些差异逐渐缩小，达到东部与西部的和谐关系，即双利双赢的关系。东部地区与西部地区不仅有发达程度上的差异，而且有自然环境、资源、人口、民族、科技水平、资金、文化、历史等方面的差异，其中许多差异如协调适当，是可以互补双赢的。东部在科技、资金、文教卫生上优于西部，而西部在自然资源、国土资源、劳动力数量等方面具有相当大的优势，而且由于西部发达程度低，具有比东部更大的发展可能性，如能优势互补，东西部在发达程度上的差异便可以缩小，东西部之间的和谐关系便可以构建起来了。

《决定》要求全党和全国人民"立足当前，着眼长远，量力而行，尽力而为，有重点分步骤地持续推进"，这正是全局与局部的辩证法的充分体现。

科学发展观与构建社会主义和谐社会理论都是马克思主义、毛泽东思想、邓小平理论和"三个代表"重要思想的继承和发展，马克思主义中国化的最新成果，它们之间的关系怎样，也是近年来理论界关注的问题。经过上面的论述，特别是明确了它们各自在马克思主义理论体系中的位置，关系问题就清楚了。按学科分类，马克思主义理论体系主要包括三门学科，即哲学、政治经济学和社会主义理论，哲学是社会主义理论的最高理论前提，社会主义理论是无产阶级以哲学为思想武器改造和建设现代社会的理论，它们是互相包含的。科学发展观属于社会主义理论范畴，它们也是互相包含的。它们是有区别的，然而关系是非常紧密的，它们将互相作用，互相推动，共同发展。二者的紧密关系体现了科学发展与和谐社会建设的紧密关系，我国社会的科学发展将大大推动和谐社会建设；和谐社会建设也将大大促进我国社会的科学发展。

马克思主义文化理论与中国社会主义文化建设[*]

一、以马克思主义为指导研究文化的理论与实践问题

文化现象是人类社会现象的重要组成部分，文化建设是我国社会主义建设的重要组成部分，文化生活是每一个人的日常生活的重要组成部分，因此，每一个我国的社会主义建设者，特别是青年学子，都应该对文化问题有正确的认识，都应该积极地自觉地参与文化建设，都应该合理地过好自己的文化生活。一般说来，这也是设置高中《文化生活》课的目的所在。为了帮助教师教好这门课，我们这个报告将

---

[*] 本文收录于黄枬森自选集《哲学的科学化》，北京市社会科学出版社2008年6月出版。

在上世纪90年代我国理论界的文化热过程中，作者曾就文化理论和中国文化建设问题写过几篇文章，后来在这些文章的基础上写成《文化的基本问题与中国社会主义文化建设》一文，刊载于《世界经济文化年鉴》（1997—1998），2005年收入《黄枬森自选集》（学习出版社）。2007年作者为了给普通高中思想政治课——《文化生活》提供一篇导论，特将此文补充修改为《马克思主义文化理论与中国文化建设》（载于《普通高中思想政治课程导论》，人民教育出版社2007年版）。本文在收入《哲学的科学化》时又有所修改。

给教师提供一个关于文化的理论与实践的基本问题的介绍作为参考。

为了保证对文化问题有一个科学的理解，首要的前提就是要有一个正确的指导思想，这就是马克思主义，更确切点说，就是唯物史观或称辩证唯物主义历史观。文化是一种社会现象，唯物史观是关于人类社会的普遍观点，以唯物史观为指导来研究文化现象，显然是顺理成章的。那么，怎样以唯物史观的基本观点为指导来研究文化呢？

辩证唯物史观的基本观点很多，首先是社会及其规律的客观性的观点，用这个观点来指导研究文化就是要寻找文化现象的客观性和规律性。其次是社会存在决定社会意识、社会意识反作用于社会存在的观点，用这个观点来研究文化现象，就要寻求文化现象的客观根源和它对社会存在的作用。第三是社会发展基本规律的观点，即生产力与生产关系、经济基础与上层建筑的矛盾发展规律的观点，用这个观点研究文化现象就要研究文化怎样表现了社会发展基本规律的作用，文化与生产力、生产关系、经济基础、上层建筑的关系。第四是阶级和阶级斗争的观点，即原始公社瓦解以来人类社会分裂为阶级、主要阶级的斗争推动社会发展的观点，用这个观点研究文化就要研究文化与阶级的关系、文化的阶级性与非阶级性。第五是实践观点，即社会实践是人类社会的本质和基础，一切社会现象均有其实践的根源的观点，用这个观点研究文化就是要弄清楚文化与实践的关系，寻求一切文化现象的实践根源。辩证唯物史观的所有观点对于研究文化都具有指导作用，因为辩证唯物史观是关于人类社会的一般理论，而文化是一种社会现象。人们研究文化不可能没有任何思想指导，区别只在于自觉还是不自觉。不自觉地用科学的历史观，即辩证唯物史观来指导，就可能用其他历史观来指导，而其他历史观就其整体说都是非科学的。非科学的历史观主要有自然主义历史观和唯心主义历史观，前者把人类社会的一切因素归结为人的自然基础，即认为人的一切因素都是作为有血有肉的动物的人与生俱来的，然后由人的因素形成社会的因素；后者把人类社会的一切因素归结为人的与生俱来的理性、智力、思想，然后由人的因素形成社会的因素。可以明显看得出来，这两种历史观是相通的，都主张人的因素是与生俱来的，不同之处在于前者强调人的自然性或动物性，而后者强调人的精神性。用这些观点自觉地或不自觉地来指导文化研究，是不可能对文化问题作出科学结论的。

应该进一步指出，即使自觉地应用辩证唯物史观来指导文化研究，也只解决了一般方法问题，并不能保证结论的科学性。应用科学方法来研究任何问题，都有一个会用不会用、正确应用与错误应用的问题。最容易出现的错误应用是把一般观点强加于具体现象，并通过逻辑演绎引出结论而不管具体现象的特点。正确的应用只是以一般观点为指导具体分析具体现象，再从中得出与具体现象一致的结论。用辩证唯物史观指导文化研究也是如此，切忌单凭一些一般观点逻辑地引申出若干结论，这样做不是得出空洞的抽象的结论，就是得出错误的结论。

二、文化的内涵与外延

要研究马克思主义文化理论无疑首先要弄清楚文化这个概念。要弄清楚一个概念的含义必须从内涵与外延两个方面着手。一个概念的内涵主要是通过它的定义来明确的，而定义必须揭示这个概念所指该类事物的本质。文化是一类社会现象，那么，它是哪一类社会现象呢？不管人们对文化的定义有多少，若只问它是哪一类社会现象，人们的看法还是比较一致的。几乎各种论著都指出，文化的含义有广义与狭义之分，广义的文化现象等同于社会现象，狭义的文化现象就是精神现象，不包括客观现象或物质现象。这里我们只举《中国大百科全书》的社会学卷和哲学卷来说明这点。社会学卷说："广义的文化是指人类创造的一切物质产品和精神产品的总和。狭义的文化专指语言、文学、艺术及一切意识形态在内的精神产品。"[①] 哲学卷说："广义的文化总括人类的物质生产和精神生产的能力、物质的和精神的全部产品。狭义的文化指精神生产能力和精神产品，包括一切社会意识形式，有时又专指教育、科学、文学、艺术、卫生、体育等方面的知识和设施，

---

① 《中国大百科全书》（社会学卷），中国大百科全书出版社1991年版，第409页。

以与世界观、政治思想、道德等意识形态相区别。"① 这两个定义基本上是一致的，不同的只是后一个定义把精神产品又分为两类，一类是意识形态，一类是非意识形态，认为更狭义的文化指非意识形态的精神产品。那么，在这广狭两种定义中有没有一个为人们更多地使用呢？这两卷都没有提出和回答这个问题，但社会学卷曾指出，从词源上讲，在西方，文化（culture）的含义是从农作物的培育引申出来的，指人的品德和能力的培养；在中国，与文化相并列的是武功，文化即文治教化之意，并说："文化一词的中西两个来源，殊途同归，今人都用来指称人类社会的精神现象"，但是"历史学、人类学和社会学通常在广义上使用文化概念"②。我认为，应该指出，对文化作狭义的理解是具有更广泛性的趋势，而且从文化理论和文化建设来讲，应该使用狭义的理解。狭义的文化是严格意义的文化，即人类的精神现象和精神产品。为什么这样说呢？

把文化与经济、政治并列起来使用，已经成为一种相当普遍的趋势。应该说，在过去广义的文化被更多地使用。而20世纪以来，经济、政治和文化就经常被并列起来使用了。例如英国著名历史哲学家汤因比的文明形态理论认为，人类社会表现为各种文明形态，而文明包括三个组成部分，即经济、政治和文化。又如近年来在国际理论界引起很大争议的美国学者亨廷顿的文章《文明的冲突》也是把文化与经济、政治并列。还应指出，在日常用语中，文化一词常常有更狭义的使用，如文化工作指文学艺术、新闻出版、博物馆、图书馆、文化馆等项工作，文化程度指教育程度，文化水平指知识水平等。

文化一词在马克思主义经典作家的著作中多次出现，但不是一个特定的术语，其含义是比较广泛的。他们没有把经济、政治和文化三者并列起来说明社会结构。他们用以说明社会结构的术语是社会存在与社会意识、生产力和生产关系、经济基础（生产关系总和）和上层建筑，上层建筑包括政治和意识形态。如果把文化与经济、政治并列

---

① 《中国大百科全书》（哲学卷），中国大百科全书出版社1987年版，第924页。
② 同上。

起来，显然文化与意识形态不能相等，文化包括意识形态，比意识形态更广。一般马克思主义哲学教科书创造了"意识形式"一词用以称呼包括意识形态在内的全部意识，但也没有用"文化"一词。毛泽东在《新民主主义论》中提出了经济、政治和文化三者并列的社会结构理论，并规定了三者之间的关系。其他马克思主义者也常常采用社会结构三分理论来阐明一些问题，例如江泽民同志也把三者并列说："有中国特色社会主义的经济、政治、文化，是有机统一、不可分割的整体。"[①] 他在中国共产党第十五次全国代表大会报告中又进一步把社会主义建设区分为这三个方面。不管人们如何理解三者的关系，只要把三者并列，就是承认文化不是经济、政治，而是经济、政治以外的东西，即精神活动及其产品。这就是前面提到的狭义的理解。有了这个共识，我们就可以进一步弄清它的内涵，即它的本质。

在这个问题上，唯物史观和文化史观的观点是根本对立的。唯物史观认为，文化作为精神活动及其产品是经济、政治的反映，经济是物质活动及其产品，政治不是物质活动，但也是改造社会的客观活动，由于它是经济的集中表现，因而在经济与文化之间起着中介作用，因此，文化是经济与政治的反映，而归根到底是经济的反映。但是，文化还具有相对独立性，因而能给予伟大反作用于经济和政治，其本身也具有传承性和稳定性，是人类社会结构不可缺少的一部分。文化水平的高低也是衡量一个社会文明程度的标准之一。文化史观夸大文化的地位和作用，亦即夸大精神活动的地位和作用，认为文化不是来自人类的物质活动，而是人生来就具有的精神活动的能力及其产品；认为人的一切活动都由人的精神来支配，因而它是人类活动中最根本的活动，决定着人类社会的一切，决定着人类社会的经济和政治。这两种观点的对立和争论实际是唯物主义与唯心主义的对立和争论，这里暂不讨论这个古老而又常新的问题。本文所遵循的是唯物史观关于文化内涵的观点，因此，本文对文化内涵的回答就是：文化是人类的精

---

① 《十三大以来重要文献选编》下，人民出版社1993年版，第1646页。

神活动及其产品,是经济和政治的反映,归根到底是人类物质活动的反映。这也就是文化的本质。

弄清楚了文化的内涵,还必须弄清楚它的外延,否则我们对文化的理解仍然是抽象的。文化的外延不是很容易弄清楚的。我们无法把文化所具有的具体的分子一一指陈出来,唯一的办法只能是根据其内涵来分门别类地列举其各个组成部分。这样做,有两个不可少的前提:(1)经济、政治和文化包括了人类社会全部现象,三者之外就是社会之外的自然界了;(2)经济、政治和文化三者尽管有互相渗透和互相包含的关系,但从概念上是不相容的,也就是说,有明确区别的。这样,我们就可以把文化的外延表述为若干类文化现象。

首先应该指出的是作为经济之直接反映的精神活动及其产品。经济活动可以分为两个方面,一是生产活动,一是生产交往,即生产关系。因此,第一类文化现象就是科学技术(这里指的主要是自然科学技术),它是一个社会的物质生产水平的直接反映并直接推动生产的发展。

第二类的文化现象是经济思想和经济理论,它是经济制度的直接反映并直接推动和指导经济制度的变化。

第三类文化现象是政治法律思想和理论,它诚然是一个社会的政治活动的反映,但首先却是社会经济制度的反映。

第四类文化现象是语言文字,语言文字是人类文化的重要组成部分,是人类生产劳动和全部社会实践的产物,服务于全部社会实践,贯穿于人类社会的一切领域。

第五类文化现象是道德伦理观念、善恶标准和道德伦理理论。道德伦理现象是文化的重要组成部分,也是观念上层建筑的重要组成部分。

第六类文化现象是宗教现象。从理论上讲,宗教与马克思主义唯物主义是不相容的,但它作为人类传统文化的重要组成部分已深深地生长在现代社会中,成为现代文化的重要组成部分。

第七类文化现象是文学艺术。文学艺术是具有最广泛群众性的文化现象，可能没有人不欣赏文学艺术，因而文学艺术对于人的观念、思想、情感具有最强大的感染作用。

第八类文化现象是哲学和社会学说。哲学和各种社会学说（包括前面所说的经济理论和政治法律理论）也是文化的重要组成部分，它们的性质比较复杂，一方面是知识，因而可以成为科学，一方面是意识形态，表现了一定的阶级利益。因此，在这个领域，一方面有百家争鸣问题，一方面存在着意识形态斗争。

第九类文化现象是教育和教育思想。以上八个文化领域彼此可以相对地分开，但作为文化的一个重要领域的教育却无法与这些领域分开。教育行动本身诚然是一种特殊的文化活动（知识、技能的传授与学习、品德的陶冶与修养、身体的锻炼等），但教育的内容却离不开上述各个领域。因此，教育在文化中具有综合性、代表性，教育水平的高低能够代表一个国家的文化水平的高低，要提高文化水平，加强教育是根本途径。

第十类文化现象是新闻出版事业。新闻出版事业是另一个具有综合性的文化因素。新闻工作以报道各种当前发生的重要事件为主，实际上无所不包，出版工作当然更加如此。新闻出版运用语言、文字、图像、广播、电视、电脑各种传播工具反映和沟通整个世界，影响及于每一个人，在文化领域处于十分重要的地位。

第十一类文化现象是公共文化设施及其活动，它是由政府或社会设立的面向社会大众的文化设施及其活动，例如图书馆、博物馆、文化宫、文化活动室等及其活动。这也是一种综合性的活动，是不可缺少的文化活动。

第十二类文化现象是民间文化。民间文化也是一个具有综合性的文化领域，即自发地流行于民间的通俗的素朴的文化，缺乏自觉性、理论性、系统性，然而为广大群众所喜闻乐见，对群众具有潜移默化的作用，有强大的影响力。其具体内容甚为复杂，难以尽述，例如民间文艺活动、节日活动、旅游活动、娱乐活动、风俗习惯、时尚、流行音乐等。

以上所谈 12 个领域都是作为现实的经济、政治之反映的文化现象，除此之外，当然还包括从古代遗留下来的文化因素，即传统文化因素和从国外传播进来的文化因素，特别是西方文化因素。

那么，以上 12 个领域是否包括了经济、政治以外的全部社会现象呢？当然没有。至少还有两个领域没有涉及，一是卫生，一是体育。它们无疑是物质活动，因为它们都是改造人体的活动，而人体是一种物质。它们无疑包含着丰富的文化因素，即精神因素，如医药学、医疗道德、体育学、体育艺术等。也许把卫生、体育归属于文化现象更合适一些。文化的外延问题是一个需要进一步研究的问题，以上意见只是一孔之见，提供讨论而已。

三、文化在人类社会中的地位和作用

文化在人类社会中的地位问题实际是人类社会的各个组成部分的关系问题，而由于经济、政治与文化是人类社会的三个主要组成部分，因此，这个问题就主要成为经济、政治和文化的关系问题，说得更具体一点，就是：经济、政治和文化三者中哪一个是最根本的，起最后决定作用的？是经济还是文化？这里存在着两种截然相反的论点：文化史观认为文化是人类社会的最根本的起最后决定作用的东西，是它最后决定了一个国家、一个民族、一个地区的基本面貌，是它的不同类型区别了不同的国家、不同的民族、不同的地区；而唯物史观认为是经济，而不是文化。下面举几个例子来说明。

梁漱溟在《东西文化及其哲学》中提出了一种颇为典型的文化史观。他认为世界上有三种基本文化，即西方文化、中国文化和印度文化，三种文化决定了三种社会。西方文化的核心是科学技术，中国文化的核心是伦理道德，印度文化的核心是宗教。在他看来，科学技术社会是人类社会发展的低级阶段，伦理道德社会是它的高级阶段，宗教社会是它的最高阶段。中国社会和印度社会并未经过科学技术社会阶段，处于早熟状态，因此国力孱弱，备受欺凌，而西方社会尚处于低级阶段，虽国力强大，但人们生活弊端甚多。他从这种观点出发提

出了中国现代化的道路就是要把三者结合起来,即以儒家思想为本,吸收西方文化成分,复兴中国文化,真正达到人类社会发展的高级阶段,进一步再过渡到宗教社会阶段,即人类社会发展的成熟的最高阶段。显然可见,梁漱溟把文化看成是一种精神性的东西,它是决定人类社会发展的根本力量,是区别不同社会类型的根本标准。这种观点是与唯物史观根本不同的文化史观。

英国现代历史学家汤因比在他的代表作《历史研究》中提出了另一种文化史观,即宗教史观。他认为人类社会的单位不是国家,而是文明,文明包括三个组成部分,即经济、政治和文化,其中文化是文明的核心和精髓,而文化中最根本的是宗教,"宗教是文明生机的源泉",不同类型的宗教决定了不同类型的文明。因此,他根据不同类型的文化,确切点说,根据不同类型的宗教,把世界区分为二十多个类型的文明,如基督教文明、东正教文明(俄罗斯和东亚的基督教)、伊斯兰文明、印度文明、远东文明(中国、朝鲜、日本等)。在他看来,人类社会史就是文化史或宗教史。

美国学者亨廷顿的文章《文明的冲突》对世界的现状和前景提出了许多观点,引起了很大的反响,我国学者也发表了不少评论文章。我这里只想评论一下它的理论基础——一种文化史观。他认为"文明是一种文化的实体","文明是人们的最高文化凝聚物",这同汤因比的观点是一致的;认为"以文化和文明划分这些国家集团远比以政治经济制度或经济发展水平来进行划分有意义"。在他看来,"文明间的差异不仅是现实的差异,而且还是基本的差异",而文明间的差异主要是思想观念上的差异,"不同文明的人们既在权利和义务、自由和权威、平等和等级的关系何者更重要有分歧,也在神人关系、个人与集体关系、市民与国家关系、双亲和孩子关系、夫妇关系等方面持不同看法。这些差异作为历史的积累非短期所能消除,它们比政治意识形态和政治权利间的差异更为根本"。因此,人类社会的历史实质上就是文化史或思想观念史。他把世界划分为7种或8种文明,"它们包括西方文明、儒教文明、日本文明、伊斯兰文明、印度文明、斯拉夫－东正教文明、拉美文明以及可能的非洲文明。未来最大的冲突将沿着分隔这些文明的断裂带进行"[①]。

从以上举例，我们可以概括出文化史观或文明形态历史观的几个特点：（1）划分世界不同地区的主要标准不是经济发展水平或经济政治制度，而是文明或作为文明的核心的文化；（2）文化与经济、政治共同组成人类社会，属于人类社会的精神领域；（3）文化在整个人类社会中起最后的决定作用，是人类社会中最根本的东西。

同文化史观相反，唯物史观认为人类社会的基础、根基是经济，政治是经济的产物；经济和政治又是文化的基础、根基，文化是经济和政治的产物，而经济、政治和文化又通过直接和间接的、简单和复杂的相互作用形成一个有机的立体网络，文化的作用是巨大的重要的不可缺少的，但决定整个社会面貌的最后的根基、推动整个社会前进的最后的动力是经济，这是不能含糊的。所谓"经济"当然不仅是经济制度，它首先是一定水平的社会物质生活，即人类的经济生活，然后才是建立在物质生产上的经济制度。所谓"文化"当然不仅是意识形态或思想上层建筑，它首先是直接反映物质生产的精神因素如科学知识、语言等，然后才是反映经济制度、政治活动的思想上层建筑。马克思主义经典作家没有系统地论证过经济、政治和文化的关系，但这些思想已包含在他们关于社会基本矛盾，即生产力与生产关系、经济基础与上层建筑的矛盾的理论之中。毛泽东正是根据唯物史观的基本观点在《新民主主义论》中系统地论证了经济、政治和文化的关系，确认了文化的重要地位。他说："一定的文化（当作观念形态的文化）是一定社会的政治和经济的反映，又给予伟大影响和作用于一定社会的政治和经济；而经济是基础，政治是经济的集中的表现。这是我们对于文化和政治、经济的关系及政治和经济的关系的基本观点。"接着他就引证了马克思的话来说明他的观点的理论根据就是马克思主义，并指出："我们讨论中国文化问题不能忘记这个基本观点。"毛泽东运

[①] 以上引文均见《现代外国哲学社会科学文摘》1994年第8期。

用这个基本观点来分析中国文化的过去、现在与将来，认为中国的旧文化是封建文化，当时的文化是殖民地、半殖民地、半封建的文化，而中国要建立的新文化应该是新民主主义的文化，也就是人民大众反帝反封建的文化，是民族的科学的大众的文化。对毛泽东的文化理论有一个正确理解问题，它有可能使人误认为经济只包括经济制度，即唯物史观所说的经济基础，不包括生产及其他经济活动；文化就是意识形态（观念形态）或唯物史观所说的上层建筑，不包括那些非意识形态的东西如自然科学、语言等，这不是毛泽东的本意。毛泽东讲新民主主义文化是民族的科学的大众的，显然包括那些全民族的科学的东西，而不仅是占统治地位的意识形态或上层建筑。总起来看，唯物史观认为：（1）人类社会可以区分为经济、政治、文化三个组成部分，这一点是与文化史观一致的；（2）经济、政治、文化三者中最根本的或起最后决定作用的是经济，不是文化；（3）划分世界各个地区、国家的主要标准是经济（包括生产发展水平和经济制度），而不是文化。这后两点是与文化史观相反的。

文化史观把文化看成是人类社会的最后决定的最根本的东西，而文化或文化的核心是精神、观念、思想，所以文化史观是一种唯心史观。文化无疑是人类社会的一个重要组成部分，在人类社会中具有不可缺少的巨大的作用，在某些条件下发挥了决定性作用，也是不同国家、不同民族、不同地区相区别的重要标志之一，而且不同地区的文化上的差异是经过长期社会生活和历史的积累而形成的，具有相对的独立性和稳定性，对于一个国家、一个民族是一种强大的凝聚力，是决不可忽视的。文化史观强调文化的重要地位和巨大作用，具有一定的合理性，因而它对文化问题的分析和论证往往具有重要的启发作用；但它毕竟是一种唯心史观，是片面的，从整体上说是不科学的。

根据辩证唯物史观来处理文化与政治、经济的关系问题，就能正确理解文化在人类社会中的作用。我们既不能像庸俗经济主义那样低估它的作用，也不能像文化史观那样夸大它的作用，这对认识文化在人类社会中的重大作用，对于建设我国现代文化都是至关重要的。

四、文化的分类与类型

前已谈到对文化外延的理解有赖于如何分析文化的类型，而文化类型是多种多样的，所以这里首先有一个分类标准的选择问题。可以选择任何标准来分类，但有些标准并不是本质的东西，按照它们来分类只能有某些方面的意义，没有根本的意义。例如人，可以按照性别分为男人和女人，或按照年龄来分为婴儿、儿童、少年、青年、中年和老年，或按肤色分为黄种人、白种人和黑种人，或按地区分为亚洲人、欧洲人、非洲人、美洲人和澳洲人，或按国别分为中国人、俄国人、英国人、法国人、德国人、美国人、日本人等，或按职业分为哲学家、科学家、文学家、艺术家、画家、政治家、军人、公务员、律师、医生、演员等，或按阶级关系分为工人、雇员、资本家、农民、地主、个体劳动者等。这些分类的意义显然是不同的。

对文化分类也有一个选择标准问题。文化可以按时代分为古代文化、近代文化、现代文化，也可以按地区分为亚洲文化、欧洲文化、非洲文化、美洲文化、澳洲文化，或东方文化、西方文化，也可按国别分为中国文化、印度文化、日本文化、埃及文化、俄国文化、英国文化、法国文化、德国文化、美国文化等，也可按宗教分为基督教文化、天主教文化、东正教文化、伊斯兰教文化、佛教文化、儒家文化（严格讲，儒家并不是宗教）等。当然我们还可以提出其他标准，对文化的类型进行其他划分。问题在于这些划分有什么意义？我们采取某种划分有什么意义？

仔细推敲，上面有的划分是很笼统的、空洞的，如果不加以具体化，很难说有多大意义。例如东方文化与西方文化，如果仅仅指地区的不同，东方文化就是亚洲文化，西方文化就是欧美文化，究竟这两种类型的文化有什么重要的区别并不清楚，所以人们都在努力寻求一种更有意义的区别，即各自不同的特色，特别是那种根本性的区别。前面提到过几种观点都是对于西方文化与东方文化或中国文化的根本区别的回答。梁漱溟认为区别在于西方文化的核心是科学技术，印度文化的核心是宗教，中国文化的核心是伦理道德。但是，汤因比和亨廷顿却把宗教看成一切文化的共性而不仅是印度文化的特色，并以不同的宗教来区分不同的文化。而中国的一些学者，包括一些外籍华人学者，则以不同的哲学思想，即天人合一与天人对立，来区分中国文化与西方文化。这些学者还未像梁漱溟、汤因比、亨廷顿那样明确提出文化类型问题，没有说人类文化有两大类型。但既然如此规定中国文化与西方文化的特色，实际上就是以关于天人关系的哲学思想为标准来区分文化类型。有的学者还预言东方文化将在世界历史舞台上再度辉煌，并取代西方文化近代以来所占有的支配地位。但我认为以上几种观点并未找到区分文化类型的最根本的东西，这个问题的解决有赖于唯物史观的指导。

那么，根据唯物史观，应该怎样来区分文化的类型呢？

前面已谈到文化与经济、政治构成社会的整体，文化是由经济、政治决定的，既然如此，文化的类型应该是同社会的类型一致的，即应该按照社会的类型来划分。唯物史观把人类社会的主要类型划分为五种，文化的主要类型也应该划分为五种，即原始公社文化、农业奴隶制文化、农业封建制文化、工业资本主义文化和工业社会主义文化，每一种类型的名称都包括了生产力水平和经济政治制度的内容。可以看出，生产力水平在第二、三类型是接近的，在第四、五类型也是接近的，但经济制度在这几种类型中的区别是比较明显的。

文化类型的这种区分不过是对文化本质的抽象把握，各种类型文化的实际存在是具体的，因而是十分复杂的、多种多样的、丰富多彩的。分析起来，其复杂情况大致有三种：一是每种类型均有其特殊的表现形式，如美国文化和西欧文化同是工业资本主义文化，即在本质上属于同一类型，但其具体表现各有不同特色，例如英美哲学偏重于经验主义，西欧大陆哲学偏重于理性主义，等等。二是各种类型文化的相互渗透，你中有我，我中有你，例如中国文化与美国文化按其基本性质来讲，属于不同类型，一是工业社会主义文化，一是工业资本主义文化，但这两种类型文化之间相互影响是很多的。工业资本主义文化即一般所说西方文化，大量涌进中国社会，影响十分明显，而现代资本主义国家也吸收了很多社会主义文化因素，如对自由市场进行适当的国家调控的思想、缓和贫富对立的尖锐性的思想、适当提高人民群众的福利的思想等。至于现代资本主义文化中还存在着古代封建制度文化的因素，甚至奴隶制文化的因素，也是很常见的。三是中间类型或混合类型的存在。人类社会的类型除五种常规的类型而外，还存在着由于多种原因而出现的多种中间的或混合的社会类型，例如从一种类型向另一种类型过渡的时期往往出现具有两种类型的基本特征的社会，或者由于内外原因而出现混合类型的社会，因而其文化也出现多种非常规的类型。这两种情况在中国历史上都出现过。春秋战国时代的中国社会制度一般认为是从奴隶制到封建制的过渡时期，但这个时期很长，长达800年，两种社会制度的交错导致两种类型文化的交错，奴隶制的思想与封建制的思想不仅在社会上同时存在，甚至在一个流派或一个人的思想中存在，例如儒家的思想就很复杂，包含了这两种文化的因素。不仅如此，由于文化的积累作用，有许多原始社会文化的因素，也在儒家的思想中存在。19世纪中叶以来，中国社会逐渐沦为半殖民地半封建社会，这种社会就是一种混合类型的社会。有人认为半殖民地是一个政治概念，半封建和半殖民地无法结合在一起。其实，半殖民地或殖民地是一个政治概念，半殖民地本身的经济制度可能大部保持其原有形态，但从整体上说，它已纳入资本主义或帝国主义的经济体系之中，并必然有外国资本主义进入其中，正如封建制不仅是一个经济概念（地主所有制），而且是一个政治概念（君主专制或军阀专制）一样。半殖民地不仅指政治上的部分独立性的丧失，而且指经济上的部分资本主义性的存在。半殖民地半封建实质上是封建主义和资本主义经济政治制度的混合。这种混合类型的社会产生了混合型的文化，即半殖民地半封建文化。毛泽东在《新民主主义论》中说当时中国社会是殖民地半殖民地半封建社会，其文化是殖民地半殖民地半封建文化，即一种混合的文化，这种观点是科学的，符合当时的实际情况。当然，还应指出，当时的中国还有着原始公社的和奴隶制的文化因素，这些是中国历史长期发展所积累下来的。

五、不同类型文化的个性与共性

同任何其他事物一样，任何文化均有其共性与个性，文化的类型正是由文化的共性造成的，同类型的文化具有一定的共性。研究文化的共性与个性的最主要的方法就是比较不同类型文化的共性与个性。在文化类型问题的研究中，中西文化比较是一个讨论十分热烈的问题。中西文化比较研究就是研究中国文化与西方文化有什么共同之处和差别，即中西文化的共性和个性。除中西（或中外）比较而外，还有古今文化比较，如中国古代文化与现代文化比较，这种比较不大为人们重视，其实也是很重要的。

文化无疑是具体的历史的多姿多彩的，但它也有共性。文化的共性，或曰普遍性、一般性，又分为若干层次，否定共性是不对的，只承认地区文化的共性，否定人类文化的共性也是不对的。当然，共性是什么也是要进一步研究的。那么，人类文化的共性是什么呢？

要回答这个问题，可以有多种方式，最一般的方式就是从各地区、各时代的文化现象中寻求其共同点，但这样找到的共同点不一定是最根本的，因为文化现象十分复杂，极其多样化，很难归纳。另一种方式是从其根源去寻求，也就是以唯物史观为指导，把文化看成在经济、政治的基础上产生的社会现象，不能离开社会实践，就文化谈文化。

人类社会的历史告诉我们，人和人类社会都是人的社会实践的产物，所谓历史归根到底不外是人的社会实践的总和。人类社会的文化，作为与经济、政治并列的人类社会的三大组成部分之一，其根源也是人的社会实践。因此，文化的共性与个性是由社会实践的共性与个性决定的。那么，社会实践的共性是什么呢？

实践的最根本的共性是实践的本质，即自觉地改造自然、改造社会和改造自我的活动。一是改造，二是自觉。所谓自觉不仅是有意图、有目的，而且是有思想指导，即多多少少的规律性认识的指导。有自觉而无改造，即无实际行动，谈不上实践；有改造而无自觉，则是动物式的活动，也谈不上人的实践。一个民族、一个国家、一个社会的生存和发展，都是以它的成员的自觉改造活动为基础。不管哪个地区的社会，不管哪个时代的社会，都是如此，无一例外。文化既是以社会实践为其产生和发展的根源，它的共性就应该是社会成员的自觉改造的思想。这种自觉改造世界的思想是任何地区、任何时代的任何民族、任何国家、任何社会都必然具有，而且不能不有的，否则它就只有萎缩、凋零、消灭。

诚然，在人类历史上，思想家们真正科学地认识到自觉改造世界活动在社会中的地位和历史上的作用是很晚的事情，即在马克思和恩格斯大约150年前创建马克思主义的时候。由于体力劳动和脑力劳动的分离，历史上思想家们绝大多数都是轻视劳动的，从而也是轻视实践的。但是，既然实践活动是人类社会生死存亡所系的活动，怎么可能没有思想家对它有所认识呢？而且，一个人即使对实践活动的意义毫无认识，在实际行动中也不能不对世界进行自觉的改造。试想，人类在进行采集、渔猎、畜牧、农业、工业生产活动的漫长过程中怎么可能不按照一定的规律性认识来指导自己的改造活动呢？这种活动怎么可能不反映到自己的头脑里并影响自己的文化活动呢？回答是肯定的。我们可以从历代各国的文献中摘引大量言论来印证这种推断。

按照这种观点，自觉改造世界的思想应该是世界上从古到今一切类型文化的根本的共性，也是中国文化与西方文化的根本的共性。有一种颇为流行的观点认为中国传统文化的精髓就是天人合一思想，这导致科学技术不发达，但天人（自然与人）关系和谐，而西方文化的精髓是主客二分思想，这导致科学技术发达，但天人关系紧张。这种观点是难以成立的。

"天人合一"在中国思想史上有多种含义，其中包含的神秘的封建的含义暂时不予考虑，这里只谈其中包含的合理思想。（1）天人合一是指人与自然是一体，人不能存在于自然之外，人自始至终是自然的一部分。这当然是对的，也是有意义的，可以防止我们去做超越自然的蠢事。（2）天人合一是指自然与社会的和谐，即人们所熟知的生态平衡，但所谓"和谐"、"平衡"都是从人的角度来说的，是以人类为中心的和谐与平衡，人类保护自然资源、保护动植物、治理环境污染、维持生态平衡，并不是因为自然界有什么权利，完全是为了人类自己。人与自然的和谐状态就是最宜于人类居住、生存和发展的状态。自然界本身是无所谓和谐不和谐的。因此，要达到人与自然的和谐，只能采取自觉地改造自然的办法，而决不能抛弃科学技术、停止自觉地改造自然，让自然界回到人类出现时的原始状态。不存在是否要改造自然的问题，只存在怎样改造自然的问题：是把自然界改造得更宜于人类的生活，还是只顾局部利益与眼前利益而把自然界改造得越来越不宜于人类的生活，这才是问题的关键。如此理解的"天人合一"，不但与改造自然不冲突，而且正是人类自觉改造自然的积极结果。

"主客二分"当然也有一个理解问题。有的人把主客二分理解为主客对立，理解为作为主体的人对作为客体的自然贪得无厌、肆无忌惮地索取和掠夺，而且把生态平衡的破坏归罪于主客二分的思维方式，并把它说成是西方文化的共性，似乎它不是中国文化的共性。这完全是对主客二分的误解。合理地理解的主客二分，不过是指人在实践与认识的过程中把自己与客观世界相对地区别开来，这是人类生存与发展所必需的，是不可避免的。只要人类不毁灭，人类永远要把自己看成主体，而把世界看成客体。至于人如何处理主客关系，是第二个层次的问题，不能因为主客关系处理不好就根本否定主客关系，那不是因噎废食吗？

主客体的区分，人把自己从混沌的世界里区别出来，是在类人猿变成人的过程中发生的，是在劳动和实践的过程中发生的。从逻辑上说，首先是实践的主体与客体的区分，然后是认识的主体与客体的区分，还有评价的主体与客体的区分，这种区分将与人类相终始。主客二分从空间上讲是普遍的，不仅西方那里有主客二分，中国这里的主客二分一点也不少。人的活动只要是自觉的活动，人就是作为主体来活动。西方唯心主义哲学家把区分主客的唯物主义叫作二元论，那完全是一种歪曲和诬蔑。

主客二分并不排斥主客统一，主客统一也是首先在劳动和实践的过程中发生的，也就是改造世界的成功，是主体目的的实现。主客统一在认识活动和评价活动中也时时出现。上面讲的天人合一从一定意义讲也就是主客统一。因此，主客二分与天人合一，如果给以合理的解释，实际是人类实践活动的两个侧面，不仅是不冲突的，而且是相互依存的，互补的，谁也离不开谁。只有主客统一而无主客二分，那就没有人类及其活动；只有主客二分而无主客统一，那就会使人类无法生存和发展下去。西方人，东方人，北方人，南方人，概莫能外。主客二分与主客统一反映在文化上就是自觉改造世界的思想，它是文化的本质，没有主客二分的文化和没有主客统一的文化都是不可能的，不仅如此，偏重一个方面的文化也是不可能长期存在的。如果中华民族偏重主客统一，而不与天斗、与地斗、与人斗，它能绵延存在到今天而且日益兴旺发达吗？如果西方各国偏重主客二分，它们能创造出高度的现代文明吗？

　　那么，各民族、各地区、各国家的文化是否各自有其共同的特色呢？这当然是有的。人类文化的共性只能通过多种文化的特殊性、个性表现出来。这些特殊性、个性对于各自文化来讲，也是普遍性、共性。把"天人合一"看成中国文化的共同特性，把"主客二分"看成西方文化的共同特性，我认为是难以成立的；即使说中国文化偏重于主客统一，西方文化偏重于主客二分，也是难以成立的。你可以在中国思想家中找出许多强调主客统一的话，我也可以在中国思想家中找出同样多的强调主客二分的话；你可以在西方思想家中找出许多强调主客二分的话，我也可以在西方思想家中找出同样多的强调主客统一的话。但是，这并不是说，各种文化没有任何共同的特性。中国理论界除了以主客统一与主客二分来区分中西文化之外，还提到另外一些中西方文化的区分，如中国文化强调把整体摆在第一位（整体主义），西方文化强调把个人摆在第一位（个人主义）；中国文化重视伦理道德，西方文化重视宗教；中国文化强调精神享受，西方文化强调物质享受；中国文化重视经世致用，西方文化重视系统研究，这些都是有道理的。但是有些说法不见得能成立，除了上面提到的主客统一与主客二分而外，有人认为中国哲学以"和为贵"、"仇必和而解"，而西方哲学，特别是被他们认为包括在西方范围内的马克思主义则主张斗，"仇则仇到底"，这是不符合实际的。无论中西，思想家们都是讲和多，强调斗的毕竟是少数。西方文化当然讲斗，但中国文化中斗的纪录决不次于西方。有人讲过二十四史就是一部相砍书，几千年不但斗争不断，而且战争频繁，这是符合历史事实的。马克思主义在革命年代当然强调斗争，但在从革命过渡到建设时，和即统一，就成了主旋律。毛泽东讲斗也讲和，邓小平强调和平与发展是当代世界的两大主题，但也没有忘记斗争，这些是大家都很熟悉的。

人类文化的共性与个性、普遍性与特殊性，各民族、各地区、各国家的文化的差别与比较是一个大题目。为了创建21世纪的文化，为了各种文化互相取彼之长，补己之短，应该广泛而深入地研讨文化的共性与个性问题，但是无论如何不要忽视整个人类文化的共性——自觉地改造世界的思想。如果没有这个根本的共性，各种文化的互相学习和互相吸取将成为不可能。我们经常听到世界各种文化要融合，特别是中国文化与西方文化要融合的主张，如果人类文化没有共性，这种融合也是不可能的。不仅如此，21世纪的文化将是在人类历史新阶段，亦即人类社会实践新阶段的基础上来建立的，它更加离不开人类文化的根本共性——自觉地改造世界的思想。

六、文化的进化与不同类型文化的互相影响

不同类型的文化可以在同一地域或不同地域先后存在，也可以在不同地域同时存在，不管是哪种情况，多种文化都有运动变化和相互影响。文化的运动变化不外两种情况：一是在内外原因的推动下自身的进化运动，一是由于不同文化之间的相互影响而发生的变化，下面分别作些说明。

一种社会形态为另一种社会形态所取代，即五种社会形态中的前一种形态为后一种形态所取代，是一种合乎规律的过程，与此相应，

一种文化类型为另一种文化类型所取代，即五种基本文化类型中前一种类型为后一种类型所取代，也是合乎规律的过程。这种过程是一种进化，是循着从低级到高级、从简单到复杂、从单一到多样的前进运动，但是前进运动不限于这五种类型的循序前进，如果由于内外原因，发生了跳跃式或中断式的运动，也是一种前进或进步。例如中国封建社会由于外国势力的侵入而逐渐演变为半殖民地半封建社会，其文化从而也逐渐由封建文化演化为半殖民地半封建文化，尽管其间付出了丧权辱国、人民惨遭杀戮的代价，仍然包含了前进的意义。而且正由于中国的半殖民地半封建性质，它才有可能过渡到社会主义社会，从而建立起社会主义文化，中国社会和文化的发展可以说是跨越了作为一种完整的社会形态的资本主义社会，也可以说是通过半殖民地半封建社会（一种畸形的资本主义社会）从封建社会演变为社会主义社会，这也是历史的进步，在文化上也是如此。又如西藏社会，本是一个农奴制社会，由于社会主义制度在全国范围内的建立，便经过和平民主改革直接从农奴制过渡到社会主义，其文化也如此，这也是历史的进步。

在今天的地球上，历史上曾经出现过的文化类型都或多或少同时存在，尽管资本主义文化占据着绝对的优势，因此，这些文化类型之间便产生了相互影响，不仅先进的文化影响着后进的文化，后进的文化也在多方面影响着先进的文化，使现代社会的文化呈现出丰富多样的姹紫嫣红的色彩。先进文化影响后进文化是易于理解的，似乎是理所当然的，后进文化何以也能影响先进文化呢？这是因为在人类文化中积累了许多永久性、普遍性的因素，这些因素对于任何时期和任何地域都是适用的，即或者是有益的或者是无害的。许多哲学思想、科学思想、价值观念都具有普遍性，例如按照自然规律而不是随意地贪婪地改造自然的思想、所有的人应友好相处的思想、勤劳节俭的品德、各种科学的观点和理论、积极向上的人生态度等等都具有永恒的普遍的价值，任何类型文化都是应吸收的。针刺治疗是中国古老的医疗技术，在现代医学空前发展的今天仍然具有重要的价值，在美国已得到政府和医学界的承认，在全世界得到广泛的赞赏。自有人类以来，特别是今天各地区交往方便而频繁，各种文化之间的影响是很明显的，而且是无法阻止的。

这种相互影响无疑有负面的消极的作用，但从整体上看，从长远看，其作用是积极的正面的。这种作用不仅使各种文化更加丰富多彩，而且可以扩大与加深人类的智慧与才能，提高人们的品德与趣味，推动整个社会和文化的发展。因此，我们应该推动并正确引导文化之间的交流与相互影响，避免不利的影响，扩大与加深有利的影响。

七、中国传统文化的逐渐变化与现代文化的逐渐形成

如果按照历史学的一般划分，中国历史在鸦片战争（1840年）以前为古代，鸦片战争至中华人民共和国的建立（1949年）为近代，建国以后为现代，那么，就可按照年代的划分把中国文化史划分为古代文化、近代文化和现代文化。这样，就有一个为这三个时代的文化定性的问题。根据以上关于文化的一般观点，我们就可以把中国古代文化定性为封建主义文化（秦汉以前暂不考虑），其生产力基础是农业；近代文化为半殖民地半封建文化，同时也有部分殖民地文化，其生产力基础基本上是农业；现代文化基本上是社会主义文化，其初期也有部分新民主主义文化及其他文化。中国文化史是一个复杂的问题，应该开展专门的研究。从近年来的讨论来看，大家最关注的是传统文化与现代文化的关系问题，下面就这个问题谈些看法。

我认为传统文化指2000多年来逐渐形成的相对稳定的文化，即封建文化，亦即中国古代文化，在鸦片战争后开始变化，在"五四"运动后，开始急剧地变化，也随着反帝反封建革命形势的发展开始了向现代文化的过渡。中国现代文化十分复杂，各种文化因素均处于变化发展之中，但就其最后形成的相对稳定的文化类型而言，它应是社会主义文化，其生产力基础基本上是工业。

2000多年以来，中国的生产水平一直停留在手工农业的水平，而经济政治制度则是封建主义。封建主义的经济制度近100多年来由于

暴露出它阻碍中国生产发展和综合国力的提高的严重弱点，受到各种批判，成为一个纯粹的贬义词。但中华几千年灿烂文化正是在这种制度上创造出来的。农业封建主义文化包含着糟粕，也包含着丰富的具有永恒价值的精华，它已成为人们的共识。当人们要消灭封建制度的时候，对封建文化采取了过激的态度，这是难于避免的。革命完成之后就应予以有分析的公正的评价。现在是在这样努力了，已经取得巨大的成果，这种努力还要大力进行下去，但这并不是否定它的农业封建主义的本质。

中国传统文化的内容十分丰富和复杂。现在有一种流行观点，认为传统文化就是儒家文化，这是不很确切的，儒学诚然是中国传统文化的精神支柱，即最主要的指导思想，但绝不能以此来抹杀其他文化因素在传统文化中的重要作用。首先不能轻视诸子百家思想在中国文化中的地位，特别是道家、法家、佛家的思想。反孔的思想家历代都有，实际上儒家思想在其漫长的形成和发展的过程中吸收了诸子百家以及反孔各派的大量思想。其次应看到儒家本身也有许多门派，儒学并不是一个结构严谨、思想一贯的理论体系，其中不仅主观唯心主义与客观唯心主义并存，甚至唯心主义与唯物主义同在。第三，尤其不能忽视的是我国古代各族人民在改造自然的物质生产活动中积累的生产经验、作出的创造发明、提出的科学理论、写出的科学著作，以及他们在同自然的斗争中培养出来的勤劳、勇敢、节约、自强不息等优良品德，正是这些智慧、才能与品德使中华诸民族在这片自然条件不很好而又多灾多难的土地上几千年子孙繁衍，生生不息。但是，这些文化因素却被排斥于儒家的视野之外，轻视劳动和劳动人民成为儒家的一贯思想。第四，也是万万不能忽视的是中国古代各族人民在反抗剥削压迫和外来侵略的斗争中所培养出来的不畏强暴、不怕牺牲、坚忍不拔的斗争精神，热爱和平、团结统一、宽容大度的广阔胸怀和济困扶危、舍己为人、大公无私的高贵品质，正是这些精神因素使中国古代人民能够对己和、对敌狠，前仆后继去争取胜利而岿然独立于世。这些因素在儒家思想中有所反映，但由于儒家阶级性的局限，没有占据主要的地位。中国传统文化非常丰富而复杂，如果把它归结为儒家思想，又把儒家思想归结为天人合一、以人为本、和为贵等思想，就未免片面了。

中国传统社会及其文化真正发生变化是从鸦片战争开始的。

中国传统社会在历史上曾经有过非常辉煌灿烂的时期，但近三四百年来逐渐大大落后于西方，鸦片战争的失败是它的落后性的大暴露，从此中国成为强国欺凌侵略的对象。中国需要赶上西方国家，用后来的话讲，就是要现代化。中国的落后最明显表现在经济方面，经济要现代化的内部阻力主要来自传统的政治和文化，而文化又是政治变革的主要阻力。在经济、政治和文化的这种错综复杂的相互作用之中，有识之士先后提出过实现中国现代化的种种主张，掀起了各种运动，如洋务运动、维新运动、民主革命运动。这些主张的提出是受西方文化的影响，也反映了中国社会现代化的需要，这就意味着中国传统文化在悄悄地发生变化。

辛亥革命的胜利从政治上动摇了中国传统文化的根基，但它第一次遭到的真正的冲击是"五四"运动前后的新文化运动。由于儒家思想是中国传统文化的精神支柱，新文化运动的矛头直接指向儒家思想，提出"打倒孔家店"的口号，从当时看这是无可厚非的，也是难以避免的。当然，应该看到，新文化运动对孔子及其学派的思想的批判有许多过激之处，今天必须加以纠正。当时更重要的问题是：新文化是什么？具有不同观点的人有不同的回答，大体上有三种回答：全盘西化派主张的西方自由主义文化、新儒家主张的传统文化的现代化和共产党人主张的新民主主义文化，即毛泽东所说的作为新民主主义经济政治之反映的民族的科学的大众的文化。这三派都是在中国传统文化演变过程中产生的，都主张向西方学习，都属于新文化运动。现代新儒家并不是复古派。这三派的区别在于以什么思想为指导：西方自由主义、儒家思想还是马克思主义？

中国封建统治阶级在文化问题上对资本主义侵略的反应，最初就是要在继续保持传统文化的条件下，发展现代工业，用坚船利炮武装自己，这就是主张中学为体、西学为用的洋务运动。洋务运动之后兴起的改良主义的维新运动对中国传统文化采取了一定的批判态度。民主革命运动则进一步主张以西方的经济、政治、文化来取代中国传统社会，在民主革命运动影响下陈独秀1915年创办《新青年》，掀起专门的文化运动——批判旧文化、创立新文化的新文化运动，它的核心就是后来得到广泛认同的"科学与民主"。俄国十月革命的胜利大大影响了中国新文化运动，使它发生了分化，陈独秀、李大钊等人转为马克思主义派，胡适等人转为西化派。西化派与马克思主义派有许多共同之处，它们都主张向西方学习，都主张科学与民主，都对传统文化持批判态度。但它们之间存在着根本性的分歧。首先一个分歧是对马克思主义的态度，西化派想把西方工业资本主义文化全盘搬到中国来，反对马克思主义，而马克思主义派则反对资本主义，而赞成作为资本主义批判者的马克思主义。对西方文化，马克思主义派虽然也主张加以吸收，但赞成采取分析的态度，从工人阶级和社会主义的立场出发加以取舍，或加以重新理解。例如科学与民主的旗帜，马克思主义者也是主张高举的，认为科学是应该充分吸收的，而民主则不应该是少数人的民主，而应该是真正的彻底的民主，是包括工人阶级在内的人民的民主。西化派对传统文化基本上抱虚无主义态度，而马克思主义派则主张加以批判地继承，例如抨击当时的尊孔复古思潮最力的李大钊主张以今日的标准对孔子思想进行取舍，说："孔子之道有几分合于此真理者，我则取之；否者，斥之。"现代新儒家不是尊孔复古的顽固派，而是一些具有现代西方文化素养、赞成科学与民主的学者。以梁漱溟来说，他原本是赞成西化的，由于看见西方资本主义社会的各种弊端，才转向佛学，又转向儒家，于1917年进入北大讲学时第一次明确发表了后来被称作现代新儒学的这一思路。现代新儒家的特色在于坚持以儒家思想为核心来形成现代中国文化，或者说，把中国传统文化现代化，借以实现中国社会现代化。从时间上讲，尊孔复古的顽固派早于新文化运动，而现代新儒家是在新文化运动中出现的，稍晚于西化派，差不多和马克思主义派同时出现。现代新儒家容易被误解为尊孔复古派，但实际上它是跟着西化派的现代化道路前进的，决不想保持封建文化。相反，它也反对这个传统文化的经济政治基础，只是鉴于资本主义社会的各种弊端而主张以儒家思想来加以补救。因此，从实质上讲，它所设想的文化是自认能够克服资本主义弊端的资本主义现代文化。

总之，中国传统文化之所以受到新文化运动的冲击而逐渐演变，其原因不在于传统文化本身，而在于它的经济政治基础在逐渐演变，新文化运动正是适应了中国经济政治基础中的变化才兴起的，才能如此波澜壮阔地凯歌前进的。当然，新文化运动的兴起、扩大与深入大大加速了中国传统文化的演变，对此，新文化运动中的三个基本派别都是发挥了积极作用的，其中马克思主义派起了突出的领导的作用。新文化运动的倡导者和主要代表最初都属于西化派，但后来转变成为马克思主义派的是其中起主导作用的一些人物，如陈独秀、李大钊等，而这些人在新文化运动中最活跃、最坚决、影响最大。

中国传统文化的演变过程中包含了现代文化因素的不断增加。中国现代文化的形成过程很难定出一个完成的时间，当它有一定的经济政治基础、有一定的确实的内容的时候，就可以说形成了。

我认为它的经济政治基础形成于1949年至1956年之间。从生产力来说，中国仍然是一个农业国家，现代工业产值在整个国民经济中比重仍很小。在经济制度方面，中国经历了各种经济成分并存的新民主主义经济制度（社会主义、资本主义和个体经济），已过渡到社会主义。在政治制度方面，中国经历了新民主主义政治制度，已过渡到了人民代表大会和多党合作的人民民主专政。现代文化的主体正是建立在这样的基础上，其内容是这样的基础的反映。由于这个基础1956年后仍处于不断变化的过程中，这个文化也在不断地变化，特别是改革开放以来，变化更大，但其主体，即主流文化的性质并没有改变，仍然是社会主义的。但是中国现代社会的文化的内容是十分复杂的，其非主流文化的性质是非社会主义的。

首先，主流文化的核心或指导思想无疑是马列主义、毛泽东思想、邓小平理论，这是社会主义经济政治制度及其发展要求的反映，又是为这个制度服务的。

其次，在这个文化中也保留了许多传统文化因素和革命传统因素。传统思想十分复杂，是长期积累而沉淀下来的，具有相对的独立存在，不易随着旧经济政治基础的消失而消失。这些传统思想包括封建时期的思想，也包括民主革命时期的思想；既包括传统文化的精华，也包括传统文化的糟粕；既包括用文字传下来的，也包括口头相传或潜藏在人们头脑中而在人们的实际活动中起作用的思想，即所谓"无意识"或"潜意识"。这些传统文化因素的来源都不是社会主义经济政治，但其中有一部分与社会主义制度是相容的，已融入社会主义主流文化之中，因此具有社会主义性质。

第三，在这个文化中也存在着许多外来的东西。外来的思想也十分复杂，是通过各种传媒或中外人士的直接间接接触而传过来的。特别是改革开放以来，由于市场经济的发展，外来思想，尤其是西方思想蜂拥而至，进入中国文化之中。其中不少科学的东西，如高精尖的科学技术思想、科学的管理思想、积极进取创新的思想、文学艺术哲学中的合理思想等。也有许多消极的东西，如极端个人主义、金钱至上思想、极端享乐主义、非理性主义等。经济全球化趋势的出现又进一步促进西方文化对中国文化的渗透。外来文化因素一部分本来具有社会主义性质，一部分可以融入社会主义主流文化之中，因而具有社会主义性质。

第四，中国现代主流文化的主要部分是直接反映中国当前经济政治的精神因素。一是反映中国现代生产水平，即科学技术管理水平的思想和理论，其中有很现代化的，也有比较落后的。二是直接反映中国当前经济政治制度的思想和理论。中国基本经济制度是以公有制为主体的多种经济成分共存的制度，经济体制正处于从计划经济向社会主义市场经济体制转变的过程之中。中国基本政治制度（国体）是工人阶级领导下的人民民主专政，政治体制（政体）是人民代表大会制度和中国共产党领导的多党合作和政治协商制度，这种制度既不同于西方的多党制，也不同于苏联的一党制，而是在长期政治实践中逐渐形成的适应中国国情的特殊的民主制度，这种政治体制目前正处于不断完善和发展之中。直接反映这种经济政治制度的经济思想和政治思想是中国现代文化的重要组成部分。三是间接或直接反映这种经济政治基础的文化因素，具体讲就是语言、文学、艺术、宗教、道德、哲学、教育、体育、卫生、风俗习惯、社会风气、礼仪等等中融入社会主义文化的那一部分。就整个社会而言，这些文化因素中既有社会主义的，也有资本主义的，还有中性的或可融入社会主义文化的；既有积极的，也有消极的；既有精华，也有糟粕。

中国现代社会中的文化，作为一个整体，不仅是多因素的、多侧面的、多样性的、多层次的，而且是多元的；其多元性表现在它的多种来源、多民族性、以多种经济成分为基础、多阶级性，但是，主流文化是一元的，它是我国社会主义经济建设、政治建设的主要推动力量，不仅如此，那些非社会主义性质的文化因素，有些也可以在主流文化引导下对社会主义经济建设、政治建设和文化建设发挥积极的推动作用。这就是说，中国现代社会的文化有一个统一的指导思想，这个指导思想一般说来就是马克思主义、列宁主义、毛泽东思想、邓小平理论和"三个代表"重要思想。此外，科学发展观也对文化建设起统领作用。

八、中国社会主义文化建设

在中国经过近一个世纪成千上万人民前仆后继、英勇顽强的艰苦奋斗，已经基本建立起工业社会主义社会及其文化，它是现代人类社会的一部分，而由于它原来的历史基础十分落后及其达到现时状态的曲折道路，它在许多方面都还没有达到现代社会的先进水平，即没有实现现代化，因而它还有现代化的任务。所谓社会主义建设，就中国而言，其具体内容就是通过社会主义实现中国的现代化。毛泽东及其战友提出的四个现代化的任务就是为了实现中国社会的现代化。邓小平理论就是一个建设现代化中国的理论。江泽民在党的十五大报告中指出："最大的实际就是中国现在处于并将长期处于社会主义的初级阶段"，"社会主义初级阶段，是逐步摆脱不发达状态，基本实现社会主义现代化的阶段"，其具体内容包括我国社会的一切方面。报告指出："全党要毫不动摇地坚持党在社会主义初级阶段的基本路线，把以经济建设为中心同四项基本原则、改革开放这两个基本点统一于建设有中国特色社会主义的伟大实践……根据这个理论和基本路线，围绕建设富强民主文明的社会主义现代化国家的目标，进一步明确什么是社会主义初级阶段有中国特色社会主义的经济、政治和文化，怎样建设这样的经济、政治和文化，是必要的。"报告就这三方面的建设作了详细的规定。对于文化建设的任务，报告说："建设有中国特色社会主义的文化就是以马克思主义为指导，以培育有理想、有道德、有文化、有纪律的公民为目标，发展面向现代化、面向世界、面向未来的，民族的科学的大众的社会主义文化。"为了实现这个任务，我认为应该正确处理以下一些问题：

（一）中国社会主义文化建设的指导思想

中国文化建设的指导思想应该是什么，自"五四"运动以来，一直是一个争论激烈的问题。

争论中主要有三个思想体系，即马克思主义、儒家思想和西方自由主义思想。究竟应该以哪种思想作为建设中国未来文化的指导思想呢？

现代新儒家认为是儒家思想，其理由主要有二：第一，儒家思想是中国本土思想，土生土长，源远流长，2000多年来成为中国文化的根本，最适应中国社会生存与发展的需要。第二，儒家的若干基本思想诚然是古代的东西，但加以现代化就可能成为中国现代文化的核心，用于指导实现中国社会的现代化。人们谈得较多的儒家思想有：天人合一思想（人与自然应保持协调与和谐的关系）、人文精神（从人的需要，按人的标准来考虑一切问题、从事一切活动）、整体利益原则（把一个集团的整体利益摆到个人利益的前面，个人利益应服从整体利益）、中庸哲学（不趋极端，不为已甚，力求适中）等。

我认为儒家思想要成为中国未来文化的指导思想是不可能的，有三个主要理由：第一，中国传统文化已经解体，儒家思想体系已为历史所否定，其根本原因是由于其经济政治基础已经崩溃，除非恢复传统社会和传统文化，儒家思想的权威是不可能恢复的。第二，现代社会远比古代社会为复杂，儒家思想作为一个思想体系无法适用于现代社会，80年前新文化运动的领袖已作过这种评价，时至今日就更加如此了。第三，儒家思想中有许多合理因素，这些因素在今天是有价值的，例如上面所说的那些思想，此外还有很多别的思想今天都是有价值的，但是，且不说这些思想是不是中国传统文化所独有的，这些思想也只能起一定的积极的作用，而不能起根本的指导作用，而且即使这种一定的积极的作用，也不是儒家思想作为一个体系来发挥的。

西化派认为西方自由主义应是中国未来文化的指导思想，把传播这种思想视作"新启蒙"运动。这种观点的理由有三：第一，西方发达国家从整体上说是现代社会发展的最高水平，现代化实际就是西方化，自由主义思想是现代西方社会和西方文化的指导思想，理应成为中国社会和文化的现代化的指导思想。第二，中国正处于从计划经济向市场经济的转变过程之中，市场经济与私有制是不可分的，市场经济发展下去，终将走向资本主义，自由主义是资本主义的产物和资本主义文化的核心。第三，中国奉行开放政策，向西方学习，西方生活方式和西方文化大量涌入，渗透进从科学技术、经济思想、政治思想到文化娱乐、文学艺术、宗教、哲学等各个领域，实际上发生了全盘西化的过程，自由主义正是这个过程的指导思想。

这种观点无疑有一定事实根据，但是它所预言的后果是违背中国人民根本利益的，是不可能实现的。第一，现代化不等于西化，更不等于全盘西化。中国社会在各个方面都要吸收西方的合理的东西，但绝不是照搬。在科学技术方面学得很多，但在经济制度和政治制度方面只吸收从社会主义角度看来可以吸收的东西，文化方面更是如此。在此情况下，自由主义根本不能发挥指导作用。第二，在中国有的人不相信社会主义可以同市场经济相结合，有的人希望社会主义通过市场经济而转化为资本主义，但从改革开放20多年的经验来看，建立正常而有效运转的社会主义市场经济是完全可能的，因为近20多年来中国经济体制实际上已处于转变之中，市场经济的发展既推动了中国经济的高速发展，又保证了公有制的主体地位。实践证明，只要改革的措施正确，执行得力，公有制企业完全可以成为市场活动中强有力的主导力量，保证市场经济的社会主义性质。第三，只要社会主义公有制的主体地位能够确保，自由主义在中国文化中就将完全丧失其用武之地，起不到任何指导作用。西方文化中那些健康的积极的合理的因素将为中国文化所吸收，而成为马克思主义指导下的中国文化的有机组成部分。

唯一可能而且实际对中国文化建设起指导作用的只有马克思主义。文化建设的指导思想问题实质上是整个国家和全体人民的实践活动的指导思想问题。马克思列宁主义能否成为指导中国社会发展的根本思想是一个老问题，即马克思列宁主义是否适合中国国情的问题。马克思列宁主义刚传入中国时争论过这个问题，近一个世纪过去了还有争论。在有些人看来，马克思列宁主义不是本土的东西，而是舶来品，它的传播导致民族文化传统的失落和断裂。中国现代文化的核心只能是本土的东西，即儒家思想和其他本土的思想。这就否定了源于西方的马克思主义与中国传统文化有任何共同之处或相通之处，然而近一个世纪的实践证明，马克思主义的理论体系总体上是对于东西方有普遍意义的东西，只要能找到它们在中国的具体作用形式，它们就是与中国国情相适应的。毛泽东思想、邓小平理论与"三个代表"重要思想就是这种形式，即中国的马克思主义，它们是马克思主义的普遍原理与中国社会实践相结合的产物，来自中国实践又成功地指导了中国实践，这就证明了马克思主义的普遍原理是适应中国国情的，是唯一科学的中国社会革命和建设的指导思想，唯一科学的中国文化建设的指导思想。毛泽东思想、邓小平理论与"三个代表"重要思想又是中国特有的思想体系，它们深深植根于中国土壤之中，是中国优秀文化传统的继承与发展，是中国现代文化的精髓，正如儒家思想曾是中国封建文化的精髓一样。它们是地地道道的国产，而不是舶来品。不仅如此，中国现代文化是一个庞大的复杂的精神系统，其主要部分（主体）当然是本土的，外来的因素只能是局部，起指导作用的马克思主义也只是局部。马克思主义是文化因素，不是中国现代文化的整体。作为指导思想，马克思主义不是以其纯粹原有的形态起作用，而是通过其中国化的形态即毛泽东思想、邓小平理论与"三个代表"重要思想起作用。中国文化仍然是中国文化，它没有变成德国文化，也没有变成苏联文化或俄国文化。它仍然是中国传统文化的继续和发展。由于中国历史发展的复杂性和曲折性，今天当然存在着对中国传统文化的重新认识和评价问题，重新分析和吸取问题，但这也离不开马克思列宁主义的指导，离不开毛泽东思想、邓小平理论与"三个代表"重要思想的指导，根本不存在由于马克思列宁主义的传入而出现的中国民族文化传统的断裂问题，有的只是中国封建文化的断裂，或说中国殖民地、半殖民地、半封建文化的断裂，这是不可避免的，也是不可逆转的；今日中国存在着对儒家思想的重新认识和重新评价，根本不存在，也不可能存在恢复儒家思想的权威地位问题。

从正面说，马克思主义之所以能成为中国现代文化建设的根本指导思想有以下原因：（1）马克思主义本身的科学性和实践性。马克思主义包含着科学的宇宙观和历史观，是人们自觉改造自然与社会的普遍指导思想，对于人类任何自觉的认识活动和实践活动都是必要的和有效的，中国建设社会主义文化当然不能例外。正如前面谈到文化研究的方法时所说，唯物史观具有更加直接和重要的意义，文化建设如无唯物史观的指导必将事倍功半，甚至走到相反的道路上去。（2）中国已经在马克思主义指导下进行了长期的革命和建设，其中包括文化上的争论、斗争和建设，尽管发生过重大的偏差和错误，如"文化大革命"，但总的说来，马克思列宁主义的指导还是成功的，特别当它正确地同中国国情创造性地结合起来，形成适应中国社会发展需要的理论，其指导作用尤其显著。中国今天正在这些理论指导下阔步前进，有什么理由抛弃它的根本理论基础——马克思主义的指导呢？（3）文化的基础是经济政治,中国在工业上已经达到相当高的水平,经济制度坚持了公有制为主体,正在建立社会主义市场经济体制,政治制度坚持了人民民主专政的国体和人民代表大会、共产党领导的多党合作和政治协商的民主制度,在这样的基础上建立的文化只能是社会主义的,亦即只能是以马克思主义为指导的文化。(4) 如果马克思主义的指导在"文化大革命"中曾被歪曲,实际上是被糟蹋的话,那么,建国以来的长时期中,特别是在改革开放以后,马克思主义的指导对于文化建设所起的积极作用则是有目共睹的。邓小平及其他领导人努力在文化建设中贯彻马克思主义的指导,党中央两次制定关于精神文明建设的方针政策,这些方针政策的贯彻执行都卓有成效,这就在实践上证明了马克思主义指导的必要性和合理性。

(二) 正确处理中国传统文化与文化建设的关系

"五四"运动以来,"孔家店"是被打倒了,中国传统文化是否被消灭了呢?应该说,由于马克思列宁主义的传入和西方文化的冲击,特别是由于经济政治的变革,从整体上讲,中国传统文化已不复存在,但它的各种因素,包括积极的和消极的,精华和糟粕,还大量存在,在个别地方甚至占有优势。这些因素短时间内不可能消逝。其精华还将永远保留下去,造福于中华民族的子孙万代。

有一种观点认为,"五四"运动以来,中国文化失落了,这对于弘扬爱国主义、树立民族自信心和增强民族凝聚力是不利的,应该加以恢复,但也不是简单地恢复,而是加以现代化。我认为这是把中国传统文化与中国文化混为一谈了。中国传统社会和传统文化已经成为过去,不必要也不可能加以恢复。传统文化立足于传统社会之上,现代文化立足于现代社会之上,传统文化与现代文化之间存在着中断与继承的关系,不能只承认传统社会与现代社会之间的中断而否定其间的继承,也不能只承认传统文化与现代文化之间的继承而否定其间的中断。传统文化失落不等于中国文化失落,难道中国现代文化不是中国文化?

应该指出,"文革"结束以前虽然毛泽东和中国共产党对传统文化一直采取了批判与继承的正确的方针,但实际上在理论工作中重视批判而忽视继承，甚至在"文革"中发展到对孔子和儒家思想的全盘否定。这种片面性近10多年来逐渐得到了纠正，开始对传统文化采取了实事求是的态度，但由于西方文化和西方生活方式的冲击，中国传统文化以及整个中国历史传统在许多人心目中日益淡薄，有的人甚至耻为中国人，有鉴于此，近年来党和政府加强了全民的爱国主义教育，号召和支持文化界整理和研究中国传统文化，弘扬中国优秀文化传统，这是完全正确的，这个工作正在开始，还需继续加强。但这绝不是要把中国传统文化完整地恢复起来，而是对传统文化采取实事求是的科学态度，取其精华，弃其糟粕，使传统文化的精华更充分地融入中国现代文化之中，这也就是批判与继承的方针的真正贯彻。中国传统文化的精华将有机地融入中国现代文化之中。

显然，在建设我国现代文化的过程中，必须妥善地处理对待传统文化的态度问题，民族虚无主义与复古主义都是错误的。中国传统文化是中华各民族在世世代代的改造自然与改造社会的斗争中逐渐形成起来的，深深植根于中国的历史传统之中，其影响虽然也有负面的，但也有许多正面的东西，于今天仍有重要意义，是不应抛弃的，而且也不可能抛弃。但是，如果要一成不变地加以保留，或者要把它作为一个整体来取代现代文化，即所谓"中学为体，西学为用"（实际是完整地保留中国传统文化，但物质生活是西方的），既是不应该的，也是不可能的。批判与继承是对传统文化唯一正确的态度。

（三）正确处理西方文化与中国文化建设的关系

西方文化主要指西方发达国家的文化，即资本主义文化，对中国影响最大的当然是西方现代文化。中国近几百年来落后了，其具体含义就是中国的经济政治文化落后于西方。西方已经步入现代，而我国还在许多方面停留在近代，甚至中世纪的水平。前面我们已经谈到，俄国十月革命以前，在一般人看来，中国要现代化也就是要在经济政治文化上赶上西方，现代化实际上就是西方化。这是以前的情况。那时主张现代化的人主要分成两派，一派是中学为体、西学为用的改良派，即主张保持中国传统文化，但在经济上学习西方；另一派是全盘西化派，即主张经济政治文化全面学习西方的自由派，这两派都失败了。十月革命后出现的马克思主义派主张向俄国革命学习。改良派演化为后来的现代新儒家，它同自由派实际上都主张中国走资本主义道路，马克思主义派主张中国走社会主义道路。由于国际国内、历史现实、主观客观的种种原因，社会主义道路走通了。有的人把中国共产党领导的中国革命的道路称为"俄化"，这是很不确切的。中国现代革命诚然是大量吸取了俄国革命的理论和经验，但中国革命的根本指导思想是马克思主义、列宁主义，而具体指导中国革命的则是马列主义与中国革命实践相结合的毛泽东思想。而所谓"俄化"则是脱离中国实际照搬俄国经验，这曾经发生过，并给中国革命造成了重大损失，中国革命的胜利正是抵制了这种错误倾向并创造性地贯彻了马列主义指导的结果。

现代新儒家没有使中国实现现代化，且不说其他原因，理论上的致命的弱点，就足以导致它的失败，这就是颠倒了文化与经济政治的关系。文化只有与经济政治相适应，才能对经济政治的发展起积极的推动作用，用新儒家思想来指导则是要用古代的文化来指导现代的经济政治，尽管戴上现代的桂冠，但毕竟是古代的东西，怎么能对远比古代为复杂的现代经济政治的发展起积极的推动作用呢？

比较起来，倒是全盘西化派没有这个毛病，但他们完全否定中国传统，特别是不管中国国情，主张照搬西方经济政治文化，其失败也是不足为奇的。

我们既不应全盘否定传统文化，也不应全盘否定西方文化，中国文化建设与西方文化之间有着密切而复杂的关系。中国社会和中国文化建设离不开西方文化。不仅西方高度发达的科学技术管理的思想和理论是必须吸取的而且已经大量吸取了，经济政治的思想和理论也有许多值得学习和借鉴之处，实际上已对中国建设产生了巨大的影响。社会主义经济政治思想也是西方社会的产物，资本主义与社会主义的关系是十分复杂的，中国过去对社会主义认识不清楚，与对资本主义认识不清楚有关，西方文学、艺术、道德、教育、宗教、哲学中当然都有许多值得借鉴之处。西方文化同中国传统文化一样有精华,有糟粕;有积极因素,也有消极因素。总之,我们对西方文化也应采取分析的态度,取其精华,弃其糟粕,以我为主,洋为中用。当然吸取西方文化的精华也要与中国实际相结合,而不能生搬硬套。

(四)中国的现代文化就是有中国特色的社会主义文化

我们要建设的现代的中国文化是怎样的呢?按照以上对文化在人类社会中的地位的理解和对中国现代社会的认识,现代的中国文化应该是现代化的中国社会的一部分,而现代化的中国社会就是邓小平所指明的有中国特色的社会主义社会,因此,现代的中国文化就是有中国特色的社会主义文化。它将随着中国现代化建设的发展而逐步形成,成为有中国特色的社会主义社会的一个重要组成部分。具体说,我认为它有以下几个特点:现代的中国文化的现实基础是中国特色的社会主义经济政治。它首先包括高度发达的生产水平和科技水平,其次是与生产水平相适应的以公有制为主体的基本经济制度和充分发达的社会主义市场经济体制,第三是与这种经济制度相适应的具有中国特色的完善的社会主义民主制度,即人民代表大会制度和中国共产党领导的多党合作和政治协商制度的进一步完善化,它就是中国的人民民主专政。与西方那种表面上热热闹闹,实际上为少数人所控制的资产阶级民主制度相比较,这种民主制度将是人类历史上出现过的最真实最广泛最有效的民主,是中国人民对人类政治制度史的独特贡献。这样的经济政治是中国现代经济政治之进一步发展和完善,要经过长期的艰苦努力才能充分建立起来。

现代的中国文化的思想来源除其指导思想——马克思主义而外,还有中国传统文化以及西方文化、东方文化和苏联的社会主义文化。关于它与中国传统文化、西方文化的关系前面已经谈到,这里谈谈它与苏联和东欧文化、东方文化的关系。苏联和东欧各国的社会主义虽然都失败了,但它们都创造了灿烂辉煌的社会主义文化,其中有许多因素对于建设中国现代文化是有很大的参考价值的,它们失败的教训也是一种有价值的文化因素。东方各国文化虽然在整体上也落后于西方发达国家，但近年来若干国家和地区的文化在一定程度上已赶上西方，而且由于同属东方，它们与中国有更多的共同之处，过去也有过更多的交流，因此，它们的文化中可借鉴的东西也是不少的。当然对于它们，如同对西方文化那样，我们也应采取分析的态度。

社会主义文化因素在整个现代中国文化中占主导地位。中国经济政治中存在多种成分，这决定了中国文化中存在多种成分，这种状况在实现了社会现代化之后也不会消逝，但与经济政治中社会主义因素占主导地位相适应，文化中也必然是社会主义因素占主导。因此，中国现代文化必然是为人民服务的、为社会主义服务的文化。无论在文学、艺术中，还是在教育、伦理中都应该是如此。例如在人们的价值取向中，由于私有制还存在，个人主义是不会消逝的，但社会主义集体主义又不能不占主导，如果让个人主义占了主导，这样的文化将不再是社会主义文化，经济政治上的社会主义就难以坚持下去了。

现代中国文化是实践的具体的活生生的文化，它必然体现在现实的人身上，否则它就只是空洞的理论，有理想、有道德、有文化、有纪律的社会主义"四有"新人的大量涌现是中国社会的现代化的必然体现，也是中国现代文化建设的集中体现。

马列主义、毛泽东思想、邓小平理论与"三个代表"重要思想是现代的中国文化建设的指导思想。全盘西化派、现代新儒家和马克思主义派在中国文化建设问题上的分歧实际上是指导思想上的分歧，即用资本主义思想，还是儒家思想，还是马克思主义来指导？既然现代中国文化就是有中国特色的社会主义文化，它的指导思想当然只能是马克思主义。以资本主义思想来指导，只能建立资本主义文化，从而只能为资本主义的经济政治开辟道路。以儒家思想来指导，即使它是"现代化"了的，也只能通过改良道路来建立资本主义文化，从而也只能为资本主义开辟道路。它们实际上走的是自由化的道路，而绝不是社会主义现代化的道路，而自由化，历史已经证明，是不可能在中国实现社会的现代化的。马克思主义的指导并不排斥文化上的多样化，相反，中国现代文化必然贯彻"百花齐放、百家争鸣"的方针，多种文学艺术形式，多个学术流派，只要是有益于社会主义的文化因素都可以得到存在和发展，共同促进中国现代文化的繁荣。江泽民同志在十五大报告中不仅把经济、政治、文化建设作为中国整个社会主义现代化建设的三个不可分割的任务提出来，而且对这三项任务作了具体的规定。他对文化建设的任务作了一个精炼而全面的概括。他说："有中国特色社会主义文化，是凝聚和激励全国人民的重要力量，是综合国力的重要标志。它渊源于中华民族五千年文明史，又植根于有中国特色社会主义的实践，具有鲜明的时代特点；它反映我国社会主义经济和政治的基本特征，又对经济和政治的发展起巨大的促进作用。建设有中国特色社会主义，必须着力提高全民族的思想道德素质和科学文化素质，为经济发展和社会全面进步提供强大的精神动力和智力支持，培育适应社会主义现代化要求的一代又一代有理想、有道德、有文化、有纪律的公民。这是我国文化建设长期而艰巨的任务。"[①] 为了完成这个任务，全国人民都要进行艰苦的奋斗，尤其是从事文化工作的知识分子更具有不可推卸的责任。这个任务，我相信是可以同整个社会主义现代化事业一起完成的。

九、坚持中国先进文化的前进方向

21世纪我国进入全面建设小康社会、加快推进社会主义现代化的新阶段。在新阶段，随着经济建设、政治建设的前进步伐，我国社会主义文化建设在理论上和实践上又有了新的发展，这就是坚持中国先进文化的前进方向和构建社会主义和谐文化。下面分别谈谈我对这两个发展的理解。

"三个代表"重要思想是当代中国马克思主义，是马列主义、毛泽东思想和邓小平理论的继承和发展，中国共产党"始终代表中国先进文化的前进方向"是这一重要思想的重要组成部分。前面我们曾提

[①] 《江泽民文选》第2卷，人民出版社2006年版，第33页。

到江泽民同志对社会主义文化建设理论独特贡献，坚持先进文化的前进方向是他提出的又一文化建设理论重要成果。这里有几个理论问题需要阐明：

（一）如何理解先进文化和它的前进方向？

先进文化的存在逻辑地蕴涵了落后文化的存在，因为没有落后文化，也就无所谓先进文化。那么，先进与落后的标准是什么呢？江泽民同志在"七一"讲话中说："在当代中国，发展先进文化，就是发展有中国特色社会主义的文化，就是建设社会主义精神文明。"显然，他是以时代的发展水平为标准来区分先进文化和落后文化的，而时代发展水平又主要是以社会制度为标准来划分的。这就是说，社会主义文化比资本主义文化先进，比封建文化更先进。但是一个国家的具体文化现象是复杂的，而不是纯而又纯的。社会主义文化与社会主义社会文化不能等同。现代中国社会文化除了有反映社会主义经济、政治制度的先进文化，即社会主义文化，还有落后文化，即反映资本主义制度甚至封建主义制度的文化。中国文化之所以是先进文化，在于它的主流文化是社会主义文化，并不是说它是纯粹社会主义的。不仅如此，文化中还包含非意识形态的因素，发达资本主义国家文化中的非意识形态因素（如科学技术、文化设施）则比发展中社会主义国家文化中的非意识形态因素更为先进。中国文化中的科学技术就远不如发达资本主义国家的科学技术先进。而且，即使就意识形态因素而言，社会主义文化只是就整体上讲比资本主义文化先进，而在局部上则未必如此，例如在文化管理技术上。中国的先进文化是中国特色的社会主义文化，"中国特色"就准确地表明了这种复杂性。这是由中国社会主义尚处于初级阶段造成的。

在2001年"七一"讲话中，江泽民同志对什么是先进文化的前进方向作了明确的回答，那就是"面向现代化、面向世界、面向未来的，民族的科学的大众的社会主义文化"，这就是说，这是中国现代文化所指向的前景，并不完全是现实。这个前进方向是由中国的先进的经济和政治决定的。具体分析起来，这个方向具有三个特点：一是社会主义性质和因素将得到不断增强,这是首要的基本之点。先进的经济包括先进的生产力和社会主义的经济关系,先进的政治包括社会主义的国体和政体,就是这样的经济和政治决定了中国先进文化的前进方向是社会主义成分的不断加强,而不是停滞不动甚至不断削弱。尽管中国文化中包含的非意识形态因素不一定比发达的资本主义文化中的非意识形态因素先进,如科学技术;社会主义社会的文化中包含的非社会主义文化因素也不一定比发达的资本主义文化先进,如仍然存在的封建主义文化因素、不发达的资本主义文化因素,但是,由于先进生产力的不断发展,由于社会主义市场经济的不断健全,由于以社会主义公有制为主体的基本经济制度的不断成熟,由于社会主义政治制度的不断完善,中国先进文化的主旋律,即社会主义旋律无疑也将日益壮大。二是"三个面向"。未来的世界是一个现代化的世界,未来的中国更是一个现代化的中国,中国先进文化必须同这个未来的现代化的世界相适应。三是民族性、科学性、大众性。但"三性"的内容是不断发展的,中国先进文化的前进方向具有更加突出、更加鲜明的民族性、科学性、大众性。笼统点说,先进文化的前进方向也就是中国特色的社会主义文化的兴旺发达和繁荣昌盛,也就是中国特色社会主义文化建设的不断前进。

(二)如何实现中国先进文化的前进方向?

根据江泽民同志关于建国以后文化建设的经验和教训的论述,根据改革开放以来理论界的研究,我认为处理好以下几个关系是我们实现先进文化的前进方向的必由之路。

1. 文化的源与流的关系。文化的源头是各式各样的社会实践,是改造自然的实践、改造社会的实践、人的自我改造的实践,是广大人民群众在实践活动中的创造。而各式各样的文化,包括中外古今的文化都是流,都是社会实践的产物。因此,正如江泽民同志在"七一"讲话中所说,繁荣社会主义文化要立足于建设有中国特色社会主义的实践,"同时必须结合新的实践和时代的要求,结合人民群众精神文化生活的需要,积极进行文化创新,努力繁荣先进文化,把亿万人民紧紧吸引在有中国特色社会主义文化的伟大旗帜下"①。总之,一定要使文化适应社会主义建设的需要,为社会主义服务。如果忘记了这点,只是在文化范围之内谈文化建设,只是研究各种文化的关系,只关注不同文化的交流与交融,就会迷失文化建设的根本方向。文化之流是很重要的,但更根本的是文化之源,必须正确地处理源与流的关系。

2. 马克思主义与中国传统文化、西方文化的关系。"马"、"中"、"西"的关系问题一直是文化建设中有争议的问题。对这个问题我们在前面已作过详细的分析,这里不再细述。简单说,中国现代社会是经过民主革命、社会主义改造和建设、社会主义改革开放形成的。中国传统文化固然是现代文化的历史来源之一,但传统文化毕竟是农业社会封建主义文化,如何能与中国现代的经济和政治相适应呢?现代西方文化就是资本主义文化,也不可能适应中国社会主义经济和政治发展的需要。离开马克思主义思想指导的文化不能成为中国先进文化,即社会主义文化。因此,江泽民同志在"七一"讲话中明确指出建设中国先进文化,必须"坚持以马克思列宁主义、毛泽东思想、邓小平理论为指导"。② 就是说,不仅不能以西方思想或儒家思想的指导来取代马克思主义的指导,也不能以这三种思想来共同指导,不能以多元化指导来取代马克思主义的一元化指导。但是,我们强调马克思主义的一元化指导决不是盲目排斥西方文化和中国传统文化。中国传统文化与西方文化都是繁荣中国先进文化不可缺少的,都是应该借鉴的,但借鉴不是照抄照搬,而是把它们看作文化建设的思想资料,并在马克思主义指导下,立足社会主义实践,对它们进行鉴别、分析和吸收。所以,在发展中国先进文化的过程中,社会主义实践是基础,马克思主义是思想指导,中国传统文化与西方文化都是有分析地吸收的对象。这就是"马"、"中"、"西"的正确关系。对此,江泽民同志在"七一"讲话中也有明确的论述:"发展社会主义文化,必须继承和发扬一切优秀的文化,必须充分体现时代精神和创新精神,必须具有世界眼

---

① 《江泽民文选》第3卷,人民出版社2006年版,第278—279页。
② 同上书,第276页。

光，增强感召力。中华民族的优秀文化传统，党和人民从'五四'运动以来形成的革命文化传统，人类社会创造的一切先进文明成果，我们都要积极继承和发扬。"

3. 正确处理指导思想的一元化与文化内容多样化的关系，认真贯彻"百花齐放，百家争鸣"的方针。中国社会的经济成分中有非公有制成分，政治观点中有非马克思主义观点，文化中也有非社会主义成分，其具体表现就是社会主义文化、资本主义文化因素和封建主义文化因素同时存在。由于中国社会是社会主义社会，尽管非社会主义文化因素的存在是一个事实，但马克思主义不能不发挥指导作用，如果搞指导思想多元化，那就会损害马克思主义的指导地位。指导思想的一元化与多元化是互相排斥的，但文化的多样化与文化指导思想的一元化则不是互相排斥的而是互补的。任何事物都是共性与个性、整体与部分、一元性与多样性的统一。任何一个统一的整体都是由多种多样、丰富多彩的内容构成的，愈加多种多样就愈加丰富多彩。社会主义文化不能只有马克思主义的指导思想而没有具体的生动的万紫千红的内容，社会主义文化要求有比资本主义更加多姿多彩的内容。要做到这点，就离不开认真贯彻"双百方针"。没有"百花齐放、百家争鸣"的局面，就会声音单调、色彩灰暗、观念僵化、思想停滞，这样的"社会主义文化"决不是社会主义建设所需要的，决不是广大人民群众所欢迎的。

（三）中国共产党如何始终代表中国先进文化的前进方向

江泽民同志"七一"讲话中专门论述了中国共产党如何始终代表先进文化的前进方向，这里我谈几点体会。

1. 党要大力加强对社会主义文化建设的领导，使之适应社会主义经济和政治的发展而全面地繁荣起来。文化的内容远比经济和政治复杂，部门众多，细分起来，大致有科学技术、语言文字、道德、宗教、文学艺术、教育、哲学、社会科学、新闻出版、民间文化、大众文化、体育、卫生等。现实中，有的部门较受人们重视，有的部门则受人们忽视，例如，重科学技术、轻哲学社会科学就是现在一种比较普遍的偏向。对此，江泽民同志在 2001 年 8 月 7 日会见部分专家代表时专门论述了哲学社会科学与自然科学同样重要。又如，道德建设在社会上也不像法制建设那样受重视，尽管法制建设的问题也很多，这也是一种偏向。对此，江泽民同志把以德治国提到与依法治国同等重要的高度，后来党中央又颁布了《公民道德建设实施纲要》。总之，文化建设中的一些偏向的纠正都有赖于党的领导。

2. 党要大力加强对文化建设的领导，使社会主义文化的主旋律以及科学的健康的积极的高尚的思想、情操、风格得到弘扬，使那些落后的腐朽的文化因素受到抵制。中国传统文化和西方文化都具有积极的和消极的两个方面，国际国内的经济政治形势反映到文化上也有积极的和消极的两个方面，这都需要通过党的领导指明航向来弘扬积极的方面，排斥消极的方面。正如江泽民同志在"七一"讲话中所说："要在全社会倡导爱国主义、集体主义、社会主义思想，反对和抵制拜金主义、享乐主义、极端个人主义等腐朽思想。"①

3. 党要大力加强对文化建设的领导，使文化建设落实到人的建设，落实到人的优良品质的全面提高，落实到人的全面发展。人是社会的细胞，文化建设如没有落实到人，这种建设的效果是不会牢固的。因此，江泽民同志在"七一"讲话中指出："发展社会主义文化的根本任务，是培养一代又一代有理想、有道德、有文化、有纪律的公民。要坚持以科学的理论武装人，以正确的舆论引导人，以高尚的精神塑造人，以优秀的作品鼓舞人。"② 如果没有大量的"四有"公民，许多人都是口是心非，人前一套，人后一套，由这些人的精神状态构成的文化是经不起愚昧落后、腐朽败坏的文化的侵蚀的。

4. 党要始终代表先进文化的前进方向，还必须加强党自身的建设，特别是每个党员自身文化素质的提高。如果党员都达不到"四有"公民的要求，怎么能要求非党人员成为"四有"公民呢？如果党员都没有代表先进文化前进方向的思想，党怎能代表先进文化的前进方向

---

① 《江泽民文选》第 3 卷，人民出版社 2006 年版，第 278 页。
② 同上书，第 277 页。

呢？党的十五届六中全会的决定提出了"八个坚持，八个反对"的要求，这将极大地提高广大党员的素质包括文化素质，全面推进和加强党的自身建设，自觉实践"三个代表"重要思想，真正把"三个代表"思想落到实处。

十、建设中国社会主义和谐文化

（一）建设中国社会主义和谐文化是构建社会主义和谐社会理论题中应有之义

"建设和谐文化"的思想是2006年党的十六届六中全会通过的《中共中央关于构建社会主义和谐社会若干重大问题的决定》中提出来的，为了说明这个思想的重要意义，有必要先说明一下构建中国社会主义和谐社会的思想。

江泽民同志曾在2002年党的十六届代表大会报告中论述在本世纪头20年全面建设小康社会要达到的六大目标时说："集中力量，全面建设惠及十几亿人口的更高水平的小康社会，使经济更加发展、民主更加健全、科教更加进步、文化更加繁荣、社会更加和谐、人民生活更加殷实。"① 即把社会和谐与经济、政治、文化等因素并列起来考虑。2003年党的十六届三中全会提出的科学发展观也包含了社会和谐的内容，以人为本、全面、协调、可持续发展以及"五个统筹"都具有社会和谐的内涵。2004年党的十六届四中全会第一次明确提出"社会主义和谐社会"的概念。2005年胡锦涛同志在中共中央举办的省部级主要领导干部专题研讨班上对构建社会主义和谐社会理论作了详尽的分析和论证，指出在党的十六届四中全会上"我们党明确提出构建社会主义和谐社会的重大任务，就是要求全党同志在建设中国特色社会主义的伟大实践中更加自觉地加强社会主义和谐社会建设全面发展。这表明，随着我国经济不断发展，中国特色的社会主义事业的总体布局，更加明确地由社会主义经济建设、政治建设、文化建设三位一体

---

① 《江泽民文选》第3卷，人民出版社2006年版，第543页。

发展为社会主义经济建设、政治建设、文化建设、社会建设四位一体"①。这是以胡锦涛同志为总书记的党中央继科学发展观之后对中国特色社会主义理论的又一次发展，是马克思主义中国化的最新成果，这不仅表现在创造性地提出构建社会主义和谐社会的目标，还表现在社会主义建设总体布局从三位一体发展为四位一体。三位一体布局的客观根据是社会现象不外乎经济、政治、文化三大类现象，此外并无第四类社会现象。现在提出四位一体布局，是不是意味着把社会现象分为三类不周延，新发现了第四类现象呢？现在理论界有两种看法，一种看法认为："在理论上，用经济、政治、文化三分法来规定'社会'的外延，具有不周延性"②。我持另一种看法，即认为四位一体的布局的提出并不是因为经济、政治、文化不周延，而是由于经济、政治、文化三大类社会现象具有一种共同因素，这种因素有必要区分出来与三大类并列起来进行建设，这样便成了四位一体的布局。那么，这一因素是什么呢？对此又有两种观点。

一种观点认为社会指由非政府组织、社区、社会群众举办和从事的活动及其关系，如社区活动、社会保障、社会救济、慈善事业等。这些活动与经济、政治、文化是交叉的，但也可以与它们相区别而自成一类。这种观点当然不能说错，但似乎过于狭窄。按照我的理解，社会建设就是社会关系建设。构建和谐社会实际就是通过调整、协调使社会关系和谐，和谐本来就是关系的定语，只有关系才有和谐不和谐的问题。从胡锦涛同志所指称的和谐社会的具体内容也可以明显看出，和谐指的就是社会关系："我们所要建设的社会主义和谐社会，应该是民主法治、诚信友爱、充满活力、安定有序、人与自然和谐相处的社会。"③ 其中包含的都是关系，不外乎个人与个人、个人与人群、人群与人群的关系，还有自己与自己的关系，当然还有人与制度、制

---

① 《人民日报》2005 年 2 月 19 日。
② 毛惠彬、孟杰：《建设更加和谐的社会主义社会》，载《中国井冈山干部学院学报》2006 年第 1 期。
③ 《人民日报》2005 年 2 月 19 日。

度与制度的关系，这些都可以说是社会关系。其中还有人和自然的关系，这好像不是社会关系，而是社会与自然的关系，但这种关系实质上仍然是社会关系，即这部分人和那部分人、部分人和全人类、今天的人和子孙后代的关系，因为所谓"和谐"、"生态平衡"都是以人为参考系，而自然本身始终处于大演化过程之中，无所谓平衡不平衡。可以说，经济建设、政治建设、文化建设中都包含协调各种社会关系的内容，由于全面建设小康社会的需要，把三大建设中都具有的社会关系的建设，即构建和谐社会关系，区别出来与三大建设并列，这就是构建社会主义和谐社会，从而形成四位一体的总体布局。如此理解，并不意味着过去所说三大建设不周延。这样进行布局是实际工作中的一种常见的现象，例如现在经过改革的高中思想政治课程的总体布局是经济生活、政治生活、文化生活和生活与哲学，并不意味作为思想政治课程，前三者不周延，而是由于教育的需要，把哲学从三者中抽出来与前三者并列成为四位一体，如有必要，我们也可把伦理道德从文化中抽出来，或把法律从政治中抽出来，形成五位一体或六位一体。由此可见，建设和谐经济、和谐政治、和谐文化是构建社会主义和谐社会的题中应有之义。还可以看出建设和谐文化尤其重要，因为和谐归根到底是人与人之间的关系，这种关系直接受人的精神状态支配，首先在人的思想情感中表现出来，而文化不外乎是人的精神状态及其产品。中央明确提出和谐文化建设不是偶然的。

（二）关于建设和谐文化的几个理论问题

党的十六届六中全会的《决定》在说明建设和谐文化时首先指出："建设和谐文化，是构建社会主义和谐社会的重要任务。社会主义核心价值体系是建设和谐文化的根本。"[①] 紧接着便说明了这一任务的六项具体内容，那就是：（1）坚持马克思主义在意识形态领域的指导地位；（2）牢牢把握社会主义先进文化的前进方向；（3）弘扬民族优秀

---

① 《中共中央关于构建社会主义和谐社会若干重大问题的决定》，载《求是》，2006年第20期（以下《决定》均引自此文）。

文化传统；（4）借鉴人类有益文明成果；（5）倡导和谐理念，培养和谐精神；（6）进一步形成全社会的理想信念和道德规范，打牢全党全国各族人民团结奋斗的思想道德基础。《决定》把这些任务分为四个方面作了阐明。为了深入理解建设和谐文化的任务，我想就以下几个理论问题谈谈我的看法。

第一，和谐文化性质问题。关于和谐社会的性质问题，理论界曾经有过讨论。主要问题在于：它是一种社会形态还是一种社会状态？社会形态是社会的类型，不同社会形态之间的区别比较深刻、比较长久，如封建社会、资本主义社会、社会主义社会，其区别源于经济政治制度，一旦形成有较长时间的稳定性；社会状态是社会的状况、情况，如治世与乱世、战争与和平，其间的区别比较表面，稳定性也比较低。当然中国现阶段的和谐有着中国特色社会主义制度的根源，正如《决定》所说："和谐社会是中国特色社会主义的本质属性"，但和谐社会状态与社会主义社会形态仍然有着明显的区别，社会和谐不是中国特色社会主义的唯一本质属性，也不是社会主义社会独有的属性，社会主义社会还有人权普及、社会民主、分配公平等属性，非社会主义社会也有一定程度的社会和谐。弄清楚了和谐社会的性质，和谐文化的性质也就清楚了。

和谐文化也是文化的一种状态，即文化内部各个成分之间或社会内各个类型文化之间形成了和谐关系，而不是一种文化形态。文化形态的产生有着复杂的原因，但归根到底是由社会形态决定的。资本主义社会产生资本主义文化，社会主义社会产生社会主义文化，西方社会产生西方文化，东方社会产生东方文化。文化形态与文化状况的区别应该是与社会形态与社会状况的区别一致的。从语言表述的习惯来看，呈现和谐状况的文化亦称和谐文化，也可以说是一种文化，即文化的一个类型，但从实质上看，我们所要建设的不是某种特殊的文化，而是文化的一种状况，即文化的各种成分之间和各种文化之间存在的和谐关系。

第二，和谐文化与社会主义先进文化的关系问题。《决定》把

"牢牢把握社会主义先进文化的前进方向"作为建设和谐文化的指导思想之一，这就原则地说明了和谐文化与社会主义先进文化的关系。我们要建设的和谐文化是中国社会主义社会的和谐文化，其中的主流文化无疑属于社会主义先进文化的范畴，但中国特色社会主义文化是中国社会主义社会的文化，还包括一些非社会主义文化，它们是历史上遗留下来的，或者是外来的，当然也有当代非社会主义经济政治的反映和一些非意识形态的东西。因此，和谐文化与先进文化不相等，先进文化是和谐文化中先进的主流文化。

先进文化与和谐文化之间有互动关系。和谐文化的建设或文化中的和谐关系的形成当然会大大利于文化之间的交融与互相学习，以彼之长补己之短，推动各种文化的发展，其中包括先进文化的发展，而先进文化作为主流文化对整个和谐文化发挥着指引我国文化发展的前进方向的作用。

第三，建设社会主义和谐文化的方法问题。如何建设和谐文化才能收到事半功倍之效就是方法问题。而首先应指出的最主要的方法就是坚持最根本的指导思想，那就是马克思主义、列宁主义、毛泽东思想、邓小平理论和"三个代表"重要思想的指导，亦即社会主义核心价值体系的指导，这个问题后面将作较详细的论述。

其次应指出其具体实现和谐关系的方法。中国社会主义文化不仅是多样的，多种类型的，而且是多元的，多元不仅源于多个来源、多个民族，而且源于多种制度、多个阶级或阶层，这样不仅一个文化的各个组成部分之间存在着各式各样的差异，而且各种文化之间存在着更多更大的差异。差异不一定是矛盾，但差异如不予以适当的协调就会导致矛盾，而且不少差异本身就是矛盾，甚至导致冲突。因而协调差异，构建其间的和谐关系就成为十分必要的了。那么，如何协调呢？协调文化中或文化间的差异的首要前提就是百花齐放、百家争鸣，即使其间的差异以及共同之点、真理与谬误、各自优点和缺点能充分显露出来，彼此以共同之点为出发点使差异缓和、化解、解决，各得其所，使真理、优点为双方所接受，谬误为双方所摒弃，缺点为双方所纠正，这样就可以营造出文化上的和谐状况，导致文化繁荣，整个建设事业兴旺发达。

再次还应对腐朽文化及其因素采取正确的方法来对待。在一个具体社会中会有一些消极的、无法协调的东西，这就是腐朽文化。正如和谐社会中会有少量的反国家反社会分子必须绳之以法一样，一个具体社会的文化中也会有一定数量的无法协调的文化因素，即腐朽文化因素，如邪教、封建迷信、色情文化、反国家反社会反人类文化等，也必须尽可能限制之、铲除之。只要我们能及时正确处理腐朽文化，它就不会蔓延开来，阻碍和谐文化的建设，破坏整体上的文化和谐状态。

（三）社会主义核心价值体系是建设和谐文化的根本

社会主义核心价值体系是马克思主义在中国当代的具体化，是建设中国和谐文化的根本指导思想，也是中国社会主义现代化建设的根本指导思想，有必要对其内涵和作用作一些专门的阐发。

何为核心价值？我认为它就是根本的或最高的价值标准。人们的实践活动都在一定程度上是自觉的，虽然也都有一定的盲目性。自觉性表现在有一定的正确的认识和价值标准作为指导。认识和价值标准是很多的，多数是通过前人的实践产生并传给自己的，少数是自己在实践中获得的。其中最根本的认识和价值标准就是核心价值，也就是我们平常所说的世界观、价值观、人生观。核心的认识和价值标准构成的体系就是核心价值体系。一般说来，认识与价值标准是不同的，认识是人们对外部事物的反映，而价值标准是人们具有的衡量实践活动意义的尺度。认识提供实践的方法，价值标准规定实践的目的。传统的核心价值体系就是"真、善、美"，"真"是科学、是认识，不是价值标准，但习惯上人们都把三者看作价值标准，追求"真、善、美"，就是追求最高的三种价值。因此，《决定》把根本的最高的认识和价值标准概括为核心价值是符合这一传统习惯的。但"真、善、美"作为传统的核心价值体系是一般的抽象的表述方式，在不同的社会是有不同的具体内容的，封建社会有封建主义的真善美，资本主义社会有资本主义的真善美，社会主义社会有社会主义的真善美，即《决定》

所概括的社会主义核心价值体系:"马克思主义指导思想,中国特色社会主义共同理想,以爱国主义为核心的民族精神和以改革创新为核心的时代精神,社会主义荣辱观,构成社会主义核心价值体系的基本内容。"一共包括四个内容:(1)马克思主义(包括哲学、政治经济学、科学社会主义三个主要组成部分);(2)中国特色社会主义;(3)中华民族精神与当代时代精神;(4)道德标准。如果一一加以分析,不难看出,主要是两类内容,一是科学观点,一是价值标准。这四项按照从一般到个别、从抽象到具体的逻辑顺序,构成一个体系。

可见,社会主义核心价值体系的内容都是人们所熟悉的,但中央如此加以概括,却是一次理论创新,这将使大家易于掌握和运用,从而大大有利于发挥马克思主义的最高指导作用,大大推动整个社会主义现代化建设的发展。中央在《决定》中特别强调核心价值体系对建设和谐文化的意义,指出它是"建设和谐文化的根本",这无疑是十分必要的。

社会主义核心价值体系本身就是一种文化因素,是中国特色社会主义文化的根本因素。对中国现代文化中的主流文化,即社会主义先进文化而言,核心价值体系是精髓,是精华,是最高指导思想。对非社会主义文化因素而言,它也具有指导、引导、规范、鉴别的作用。它能否发挥这种作用可以说是能否建设社会主义和谐文化的关键。中国特色社会主义社会的重要特色之一就是其中包含的非社会主义经济、政治因素同时也能对社会主义建设发挥积极的作用,正如其中的非共产党员、非马克思主义者也能成为社会主义建设者一样,文化亦然。尽管中国社会文化从总体上说是社会主义性质的,但其中存在多元文化因素,如果这些多元文化因素各为其经济、政治基础服务,一个和谐文化是难以建立的。但在我国,我们有一个共同目标,那就是社会主义现代化建设,它充当了建设和谐文化的客观基础。正是在这个基础上,中央提出社会主义核心价值体系作为建设和谐文化的根本。有了社会主义核心价值体系,再加上全国人民的共同努力,妥善协调各种文化之间的差异,正确化解、解决各种文化之间的矛盾,改造落后文化,抵制、铲除腐朽文化,我国社会主义和谐文化是可以顺利建设成功的。

试论毛泽东的全面教育思想[*]

毛泽东的全面教育思想根源于马克思主义创始人关于人的全面发展的学说。在新的历史条件下，毛泽东结合中国的具体实际，提出并多次论述全面教育问题。他认为，教育要面向全体人民，要做德、智、体全面发展的人，教育必须与生产劳动相结合。当前，我们要提高认识，正确理解全面教育思想，要切实减轻中小学生过重的课业负担，建设适合我国国情的更有成效的教学模式，以便促进学生主动学习或自主学习，培养学生的创新精神和实践能力。

一、毛泽东全面教育思想的历史背景

全面教育思想源远流长。在我国古代，著名教育家孔子提出了"六艺"主张，即进行"礼、乐、射、御、书、数"的教育，这是我国倡导全面教育的最早实施形式；古希腊思想家也提倡人的身心都得到全面、和谐的发展；马克思更是倡导人的自由全面发展，反对人的片面发展或畸形发展。

---

* 本文为陈金芳、黄枬森合写，收录于《纪念〈教育史研究〉创刊二十周年论文集》(2)；载《中国教育思想史与人物研究》，2009年第9期。

毛泽东的全面教育思想直接根源于马克思主义创始人关于人的全面发展的学说。马克思主义认为，人的全面发展是指每一个社会成员都能完全自由地发展和发挥他的全部才能和力量，是指人的劳动能力即人的体力和智力在生产过程中得到多方面的充分的和自由的发展。每个人自由而全面的发展，只有在物质财富极大丰富、人民精神境界极大提高的共产主义社会，才能得到完全的实现，但又认为人的全面发展是个逐步提高、不断发展的过程。也就是说，人的全面发展既是一个崇高理想，也是一个历史的、具体的过程。人的全面发展离不开社会的全面进步，二者互为前提和基础。

新中国的成立，意味着我国的历史翻开了新的一页，意味着我国社会的发展产生了质的飞跃，同时也意味着，人的全面发展在我国具备了现实的基础。新中国需要全面发展的建设人才，新中国的人们也需要使自己的素质得到提升，能力得到发展。因而，促进人的全面发展便成为新社会社会生活的重要内容。促进人的全面发展不仅是新社会向前发展的必然要求，也是符合人的本质和人的发展规律的根本要求。人的特殊本质——实践，决定了人们不可能像一般动物那样被动地适应环境，相反，人们只有通过连续不断地在改变客观世界的同时不断地改变和发展自己，才能获得持久的和更好的生存条件。

青年毛泽东就已意识到全面教育的重要性，他不仅自己身体力行，还发表文章宣传他的全面教育思想。革命战争年代，毛泽东也以"德、智、体"全面发展作为培养人的根本原则。建国初期，国际国内形势十分复杂，毛泽东进一步看到了人的全面发展的重要性，亲自制定了党的教育方针，党的教育方针是他的全面教育思想的集中体现。

毛泽东的全面教育思想与他关于人的全面发展的思想是一致的。人要全面发展，就必须实行全面教育。他指出：社会主义制度的建立给我们开辟了一条到达理想境界的道路，而理想境界的实现还要靠我们的辛勤劳动。所以，培养德、智、体全面发展的有社会主义觉悟有文化的劳动者至关重要。

建国后毛泽东之所以十分关注全面教育，那是因为在新的历史条件下，毛泽东进一步看到了全面教育对于推进社会主义建设和促进人的全面发展的极端重要性。社会主义建设与人的全面发展也相辅相成、相互促进。

在社会主义条件下，全面教育是促进人的全面发展的根本途径，这主要是由全面教育的本质特征和人的全面发展的内涵所决定的。全面教育的本质特征就在于：它面向全体受教育者，不是只有利于少数人而去破坏或损害多数人的前途；它着眼于培养受教育者的全面素质而不是片面素质；它主张让学生自主学习、主动发展，而不是让学生成为教育活动中的奴隶、因循守旧的书呆子。

全面教育之所以是社会主义社会促进人的全面发展的根本途径，还因为，第一，我国已处于社会主义初级阶段，以公有制为主体的社会主义制度已基本确立，具有片面性和强迫性的旧式分工已逐步消失，因而，人的全面发展已不存在来自社会制度方面的阻力；第二，生产力要素中决定性的要素是人或称主体生产力，我国生产力落后的突出表现就在于劳动力素质和科技创新能力不高，这已经成为制约我国经济发展和国际竞争能力增强的一个主要因素，而全面教育的主要任务正是在于不断提高主体生产力的综合素质和生产能力；第三，人类的实践活动包括三种基本形式：生产实践、处理人际关系的实践和科学实验。全面教育不能归属于任何一种实践活动的基本形式，但它渗透于、先导于任何一种实践活动的基本形式，它不仅是其他实践活动变革与发展的推动力量，而且与其他实践活动相比，它已日益成为促进人的全面发展的最重要的推动力量。

二、毛泽东全面教育思想的主要内容

毛泽东全面教育思想主要包括以下几个方面内容。

（一）教育要面向全体人民

这是毛泽东全面教育思想的一个重要内容。早在1945年4月，毛泽东在中国共产党第七次全国代表大会上的政治报告《论联合政府》中就提出，建立民族的、科学的、人民大众的新文化和新教育，指出中国国民文化和国民教育首先要面向广大的工人、农民、士兵及大批工作干部，对于旧文化工作者和旧教育工作者要采取适当的方法教育他们，使他们获得新观点、新方法，为人民服务。他说："一切知识分子，只要是在为人民服务的工作中著有成绩的，应受到尊重，把他们看作国家和社会的宝贵财富。"① 建国初期，毛泽东把恢复和发展人民教育当作当时的重要任务之一。在他的倡导之下，党和各级政府制定了一系列政策和措施来推动教育事业的发展。由于半殖民地半封建社会的长期统治，解放初期我国的文盲人口达到80%。所以，当时的教育属普及教育范畴，不仅针对青少年学生，还包括大规模的扫盲运动及对旧教育的改革运动。

毛泽东认为，教育要面向全体人民，人民享有同等受教育的权利。他特别重视农民教育问题，指出要组织和支持农民学文化，并亲自为农民学文化制定了学习方案和目标。他很重视少数民族地区的教育，指出少数民族地区要搞建设，就要培养自己的干部和科学家。他指出在教育上对资本家子女要一视同仁，"至于入学、助学金、入团和戴红领巾这些问题，要一视同仁，只看条件如何，不要看家庭出身"②。对于干部子弟，毛泽东认为不能搞特权，主张废除当时存在的干部子弟学校，指出干部子弟应与人民子弟合一，即与人民子弟享受同等教育待遇。

毛泽东关于教育要面向全体人民的思想体现了社会主义教育的根本宗旨，这对于建设"一个具有高度文化的民族"、对于广泛提高全体人民的思想道德素质和科学文化素质具有深远的历史意义和十分重要的现实意义。

（二）做德、智、体全面发展的人

这一思想贯穿于毛泽东的一生。集中体现在建国后他亲自制定的教育方针上。早在青年时代，毛泽东就已意识到德智体全面发展的重

---

① 《毛泽东邓小平江泽民论教育》，中央文献出版社2002年版。
② 同上。

要性，提出了"从天下国家万事万物而学之"，及德智体三育并重的思想。他自己的青少年时代就因既有远大的志向和高尚的品德，又有刻苦学习的精神和渊博的知识，再加上勇猛的体格锻炼和强健的身体素质，成为德、智、体俱佳的优秀人才，受到老师、同学的一致颂扬。在革命战争年代，毛泽东仍然以"德、智、体"全面发展作为培养人的根本原则，如他在土地革命时期提出的苏区教育方针、抗日战争与解放战争时期他为革命根据地制定的教育方针，无不贯穿着德智体全面发展的精神实质。在当时中国共产党管辖的各级各类学校内，呈现出一派生机勃勃的景象，学生们不仅学习文化课、思想政治课，还开设一定比例的体育课与军事训练课。建国以后，随着国内主要矛盾和党与国家工作中心的转变，毛泽东从中国的基本国情出发，适时地创造性地提出了符合教育规律的社会主义教育方针。1957年，他首先提出："我们的教育方针，应该使受教育者在德育、智力、体育几方面都得到发展，成为有社会主义觉悟、有文化的劳动者。"[①] 1958年他在一次讲话中又提出："教育必须为无产阶级政治服务，必须同生产劳动相结合。"

20世纪50年代，毛泽东针对我国知识分子和青年学生如何处理政治与业务的关系问题，发出了"又红又专"的号召。所谓"红"，是指正确的政治方向、立场、观点；"专"，指为人民服务的专业知识、专业技能。"又红又专"体现了正确的政治观点和为人民服务的专业知识、专业技能的统一，二者不可偏废。毛泽东指出："无论是知识分子，还是青年学生，都应该努力学习。除了学习专业之外，在思想上要有所进步，政治上也要有所进步。这就需要学习马克思主义，学习时事政治，没有正确的政治观点，就等于没有灵魂。"[②] "政治家要懂些业务，懂得太多有困难，懂得太少也不行，一定要懂得一些。不懂得实际的是假红，是空头政治家。"[③] "又红又专"的提法是毛泽东

[①] 《毛泽东邓小平江泽民论教育》，中央文献出版社2002年版。
[②] 《毛泽东著作选读》下册，人民出版社1985年版。
[③] 同上。

在特定的历史时期针对特定人群对人的全面发展问题的一种特殊表述。

在毛泽东看来,德、智、体三者或德、智、体"三育"对一个人来说都很重要。人的身体素质是人们从事一切活动的物质前提,人的思想道德素质把握着人们从事活动的方向,人的智力素质则构成人们从事一切活动的阶梯与基础。由于特殊的历史条件和政治背景,毛泽东对德育、对人的思想政治素质特别重视。为此,他提出要把坚定正确的政治方向放在首位,把全心全意为人民服务看作思想道德的核心。

(三) 教育与生产劳动相结合

马克思主义认为,生产劳动是人类最基本的实践活动,社会生产劳动对人的全面发展起着重大作用。马克思曾在《资本论》里谈到,教育与生产劳动的结合是"造就全面发展的人"的唯一方法。① 毛泽东直接继承了马克思的这一思想,把"教育必须同生产劳动相结合"作为社会主义教育的根本方针之一。因为社会主义社会的根本任务是解放和发展生产力,并最大限度地提高人们的物质和文化生活水平,因而,教育必然要面向广大劳动者,并要求做到最大限度地为生产劳动和社会生活服务。社会主义教育的目的是培养"劳动者",而且是培养与现代科学技术发展的需要相适应的"劳动者"。

毛泽东指出:"无产阶级和革命人民改造世界的斗争,包括实现下述的任务:改造客观世界,也改造自己的主观世界——改造自己的认识能力,改造主观世界同客观世界的关系。"② 其中,毛泽东认为人的世界观的转变是一个根本的转变。那么,如何改造自己的主观世界及如何转变自己的世界观呢?对于干部、知识分子和青年学生而言,那就是要积极参加生产劳动,走与工农相结合的道路,在生产劳动过程中把书本知识与生产实际结合起来,接受活生生的再教育,这样就可以做到知识分子劳动化,劳动人民知识化,逐步缩小脑力劳动与体力劳动的本质区别。

---

① 《马克思恩格斯论教育》,人民教育出版社1985年版。
② 《毛泽东选集》第1卷,人民出版社1991年版,第296页。

毛泽东多次强调教育离不开劳动,不但学生,而且教师都应经常接受劳动锻炼。为什么呢?因为我们的教育是全面教育。毛泽东说:"儿童时期需要发展身体,这种发展要是健全的。儿童时期需要发展共产主义的情操、风格和集体英雄主义的气概,就是我们时代的德育。这二者同智育是连接在一起的。二者都同从事劳动有关,所以教育与劳动结合的原则是不可移易的。"① 这就是说,体力劳动对身体发育有利,在劳动中学生易于体会劳动人民的思想感情,劳动对体育和德育都是有益的。

三、毛泽东全面教育思想对当今教育的启示

我国自20世纪80年代中期以来倡导的素质教育与毛泽东的全面教育思想一脉相承。毛泽东的全面教育思想对我们当今的教育改革与教育活动仍然有指导作用,是值得研究的。

(一)提高认识,正确理解全面教育思想

思想是行动的先导,认识上不清楚,就会导致实践上的偏差。正确理解毛泽东的全面教育思想能帮助我们正确理解素质教育。众所周知,毛泽东的全面教育思想在运用过程中曾出现过一些偏差,并造成一些不良后果,原因是多方面的,其中认识上的不到位是重要原因之一。譬如,人们对德智体三者及其关系的认识、对生产劳动的认识就曾流于简单与偏颇,"文革"期间的教育极端重政治轻智育,"应试"教育极端重考试等现象是其具体表现。可以说,素质教育正是毛泽东全面教育思想的延伸与发展,对素质教育我们同样有一个正确认识与理解的问题。首先,我们应高度重视全面教育,避免片面教育。无论对于教育研究工作者、教育行政管理工作者还是校长、教师和家长,在思想观念上充分认识到全面教育的重要性和片面教育的危害性是十分重要的。其次,教育工作者有必要认真研究有关全面教育和有关人的全面发展的一些理论问题,以便树立正确的教育价值观与教育目标

---

① 《毛泽东邓小平江泽民论教育》,中央文献出版社2002年版。

观。第三，应结合时代发展主题认识全面教育问题。毛泽东时代处于建立和巩固新政权阶段，其全面教育思想必然打上时代的烙印。今天，来自社会制度方面的问题基本上得到解决，促进人的全面发展成为社会全面进步的头等大事。所以，当今全面教育的宗旨就在于不断提高全体国民的综合素质和创新能力。

（二）中小学生负担太重会妨碍全面教育

1957年毛泽东在一次教育工作会议上说："课程要减少，分量要减轻，减少门类，为的是全面发展。"在他看来，决不是课程越多越齐，学生就越能全面发展。实际上课程都是传授知识的课程，属于智育的范围，课程越多，教育变成了片面的智育，而不再是德智体全面教育。在为"应试"而教、为"应试"而学的氛围下，有多少青少年为了过重的课业负担累弯了腰（脊椎弯曲）、累坏了眼（近视）、心情整日如箭在弦（焦虑），也有人因不堪重负而厌学、恐学、弃学，甚至自杀，还有心理扭曲至杀人索命者。学生负担太重显然会妨碍全面教育，而只有全面教育才有可能培养学生健全的人格，并赋予少年儿童一个自由而快乐的童年。

实际上，我国中小学的减负工作由来已久，课业负担的十字架为什么屡减不下？甚至出现愈减愈烈、明减暗增的现象呢？这是值得我们深思的。我们应当从政策和制度的角度去思考。首先，加快高考制度的改革。"高考指挥棒"的作用非同小可，它对中小学各项教育教学工作起直接导向作用。目前，在我国取消高考制度是不现实的，那将造成更大的混乱。但对于"考什么"和"如何考"的问题则大有文章可做，应以全面育人的思想、以培养学生创新精神和实践能力为重点作为高考的行动指南。第二，加快教育立交桥和终身教育制度的建立。"一次性教育"与挤"独木桥"式的教育早已远离时代的需要，应协调发展各种教育，即基础教育、高等教育、职业教育、成人教育等不存在孰轻孰重的问题，关键在于彼此衔接、协调发展。教育立交桥也是终身教育制度的桥梁，没有教育立交桥，终身教育制度必将流于空谈。第三，加强师资队伍建设，建设一支具有专家型和创新型特点的教师队伍，对于提高教育教学效率和质量至关重要。第四，采取措施、诉诸制度，使中小学生学习负担上移。中小学生正处于身心发育的关键时期，课业负担太重，必然违背其成长规律。相反，我国大学生虽已具备相当的身心承受能力，课业负担却相对较轻。所以，我们有必要在给中小学生松绑的同时，给大学生适当增加学习强度与压力。

（三）全面教育必须与主动学习结合起来

在毛泽东看来，全面发展决不是面面俱到、平均发展的被动学习，这种学习缺乏主动性，没有自己的选择，没有自己的个性。他在1964年有这样一个批语："现在学校课程太多，对学生压力太大，讲授又不甚得法。考试方法以学生为敌人，举行突然袭击。这三项都是不利于培养青年们在德、智、体诸方面生动活泼地得到发展。"当前，我国的教学模式基本上还是"老师讲，学生录"，是一种以老师为中心的教育。新世纪呼唤新教育，我们必须建设新世纪的新教育，培养适应新世纪要求的新国民。世界银行在《中国与知识经济：把握21世纪》的报告中指出："上千年的儒家传统，几十年的计划经济体制，以及对死记硬背而不是创造性思维的强调，造就了中国的教学理念与教学方法。"[①] 这么说并非是指中国过去的教育一无是处，而是强调变化着的国际国内环境对教育的要求的确比过去有了很大的不同。世界银行在上述报告中还指出："在新经济中，学生们需要掌握的远远不止简单的读写、计算等基本技能，他们还需要掌握行为技能，例如批判性地思考、有效地交流以及在团队之内开展工作等方面的能力。创新、敢于承担风险、企业家精神以及电脑技能也将变得非常重要。其中，最为重要的则是将知识灵活地运用到新的非同寻常的问题中去。"[②] 虽然我国教育工作者已开始认识到这种被动学习的局限性，但这种状态并没有从根本上得到扭转。美国从20世纪20年代就已开始改革这种教学

---

① 《中国与知识经济：把握21世纪》，北京大学出版社2001年版。

② 同上。

模式，并取得了显著成效。可以说，触及教学观念与教学模式的改革，我国比美国至少晚了60年。我们有必要建设适合我国国情的更有成效的教学模式，以便促进学生主动学习或自主学习，这样才能真正培养学生的创新精神和实践能力。

生态文明建设的哲学基础[*]

"生态的"（ecological）一词来自"生态学"（ecology），其中的"eco"来自希腊文，意为"住所"，这个词是德国科学家海克尔于1866年在其《生物体普通形态学》中首先提出的。这个词被译成"生态"，意为"生存状态"是很贴切的。最初这个词指的是生物群落的生存状态，包括一个生物群落与其他生物群落的关系，以及与其生存环境的关系，完全是一个生物学名词，直到20世纪20年代才出现人类生态学的概念。到60年代以后，由于人类的自然环境问题愈来愈明显和严重，人类生态学就愈来愈受到关注，研究的人也愈来愈多，但在称呼上仍简称生态学或生态问题，极少称人类生态学或人类生态问题。

我国自改革开放以来就一直关注经济建设与生态的关系。2002年党的十六大报告把改善生态环境作为全面建设小康社会的目标之一，2007年党的十七大报告将建设生态文明作为全面建设小康社会的新要求，明确提出建设资源节约型、环境友好型社会。

---

* 本文收录于《生态文明·全球化·人的发展》，海南出版社2009年出版；《鄱阳湖学刊》2010年第1期；《生态环境与保护》2010年第9期；《新华文摘》2010年第10期。

党中央的倡导得到我国理论界的热烈响应，近年来各个理论领域都开展了对建设生态文明问题的深入研究和讨论，发表了大量的论文和专著，研究了建设生态文明问题的各个方面，尤其是建设生态文明的哲学基础问题。人们从正反两方面思考这个问题：过去在努力实现中国社会现代化时为什么会严重破坏生态平衡？在思维方式上、哲学上出了什么问题？今天建设生态文明应该以怎样的思维方式、什么哲学思想为指导？人们给出了许多答案：有的认为过去指导现代化的哲学思想是机械论哲学，现在应该以有机论哲学来指导生态文明建设；过去是实体哲学，现在应该是过程哲学；过去是线性思维，现在应该是非线性思维；过去是简单化思维，现在应该是复杂化思维；过去是天人对立或主客二分哲学，现在应该是天人合一或主客统一哲学；过去是斗争哲学，现在应该是和谐哲学；过去是人类中心主义，现在应该是非人类中心主义；过去是机械主义，现在应该是系统论；过去是现代思维方式，现在应该是后现代思维方式；也有人认为过去犯了一些形而上学或唯心主义的错误，现在我们应该认真地、正确地贯彻辩证唯物主义的指导。我是赞成最后一种答案的，其他答案都有一定道理，但并不全面，甚至有不正确之处。本文不准备一一研究和评论这些答案，只准备对最后一种答案作一系统而简短的阐述。

辩证唯物主义作为中国社会主义现代化建设的哲学基础，在改革开放以前曾遭到歪曲；但自从改革开放之初树立了解放思想、实事求是的马克思主义思想路线以来就明确恢复了。在实践的过程中，由于种种原因，我们也犯过不少主观主义和简单化、片面化的错误，但其哲学基础始终是辩证唯物主义。生态文明建设是中国社会主义现代化的重要组成部分，其哲学基础无疑仍然是辩证唯物主义。

辩证唯物主义如何成为建设生态文明的哲学基础呢？辩证唯物主义的原理非常丰富，可以说，它的每一个原理对于建设生态文明都具有指导意义，一篇短短的文章难以一一论述，我认为以下五项原理足以代表辩证唯物主义对建设生态文明的基础作用。

一、物质世界及其一般规律是客观存在的

物质世界就是广义的自然界,亦即整个宇宙,它的一般规律就是辩证规律,存在于它的一切领域。我们从事生态文明建设,必须以承认这个世界及其辩证规律不以人的意识为转移的客观存在作为第一个前提。在许多人看来,这个前提完全是老生常谈,不用说在现代化建设中,就是在日常生活中有谁不以世界的客观存在为前提呢?至于规律,可能有的人不知道辩证规律,但规律意识总是有的。这个前提确实是老生常谈,然而当人们检讨我们在从事现代化建设中为什么会忘记生态问题,会破坏生态平衡时,往往会忽视这个前提的作用,不了解许多破坏生态平衡的恶果正是由于忽视了这个前提,特别是由于不懂辩证规律的缘故。看来,有些老生常谈是必需的。

这个原理其实就是辩证唯物主义世界观的首要观点,它在实践中的运用就是我们常说的马克思主义思想路线,简称思维方式或思想方法,实际上是最根本的思维方式或思想方法。如果我们在现代化建设中,全国各地、上上下下都足够重视并遵循这个原理,许多严重的乱挖乱采、乱砍滥伐、破坏生态、污染环境的恶果原本是可以避免或减缓的。然而长期以来,这个原理虽然还存在于书本中和口头上,实际上却是被忽视的,甚至是被否定的,理论界尤其如此。

在西方现代历史中,自19世纪中叶以来,在辩证唯物主义出现的同时也出现了一股实证主义思潮,怀疑甚至否定外部世界及其规律的客观存在。到20世纪,这股思潮在西方哲学界逐渐占据了主导地位,认为那些具有普遍性的世界观命题无真假可言,特别是反对唯物主义世界观;而由于辩证唯物主义体现了马克思主义的意识形态性质,更遭到猛烈的攻击。辩证唯物主义在中国的命运与此截然不同,特别是新中国成立以来在中国哲学界占据了主导地位。辩证唯物主义在中国新民主主义革命和新中国成立初期发挥了极好的作用。虽然它后来备受尊崇,但也遭遇了"左"倾思潮的夸大和歪曲,甚至被唯心主义和形而上学所掩盖,其积极作用无法发挥。真理标准的讨论恢复了实践

标准的权威，使之成为改革开放的哲学先导，这也意味着恢复了辩证唯物主义的思想路线的地位。人们公认的"解放思想，实事求是"的提法实际上就是辩证唯物主义作为思维方式的表述形式。但是，这并不是说辩证唯物主义已充分贯彻到中国社会主义现代化建设中的一切领域，已充分贯彻到生态文明的建设之中；恰恰相反，在现代化建设中的若干生态方面的失误，正是违背辩证唯物主义的结果。下面，我将以2009年2月下旬发生在江苏盐城的饮水污染事故为例来分析这个问题（资料来自当时多种媒体，不一一标明）。

2009年2月20日上午，江苏盐城饮水被标新化工有限公司废水污染，不能饮用，水厂停水，停止供水人口20万人，经过调查治理，才于23日开始供水，其原因大致可以分为深浅三个层次：首先是水厂工作环节上有疏漏，未及时发现水源已被污染，让其引入水厂，导致饮水被污染；其次是当地环境部门疏于防范，未及时发现有关化工厂偷偷把污水放入水源中；更深层次的原因还是"先发展，后治理"的经济发展模式作祟。江南经济较发达地区的一些污染较严重工厂外迁，给经济比较落后的盐城地区的经济发展带来了机遇，但如盲目接纳这些工厂，就要以生态环境的严重破坏为代价。当地政府在考虑接纳这些工厂时，虽然文字上和规划上都明确表示要防止走"先发展，后治理"的老路，但实际上缺乏防止污染的有效措施，实践中做不到经济发展与生态环保的有机结合。盐城地区政府当初划出一片土地来接纳外地迁来工厂时就给它取名"生态科技园区"，章程中还明确否定了"先发展，后治理"的观点；可是这个生态园区偏偏位于盐城水源的上游，这就说明他们在思维方式上仍然是主观主义的、片面的，而不是唯物主义的、全面的，仍然是经济先发展起来再说的"先发展，后治理"的老路。离开辩证唯物主义指导的经济发展只能是非科学的发展，这种发展无法不导致生态事故的不断出现和生态环境的严重破坏。

前面已经谈到一些学者对导致物质生产中出现生态问题的思维方式的片面性的分析，这些分析都有道理；但是他们只看见此方是片面的，看不见彼方也是片面的，如只看见还原论是片面的，看不见整体论也是片面的。我们不能从还原论的极端走向整体论的极端，而必须把两者统一起来，才是真正科学的。这就是辩证唯物主义的思维方式，我们应该把这种思维方式贯彻于人类实践活动的一切方面，贯彻于社会主义现代化建设的一切方面。下面我们将分别论述这种思维方式在几个重要领域的表现。

二、人类社会是从自然界中分化出来的，但又离不开自然界

这个原理指明了人类社会与自然界的关系：一方面是分，另一方面是合；只抓住其中任何一个方面都是片面的。这就是我们经常说的人与自然界的关系。

科学已经证明人类社会不是从来就有的，也不是上帝创造的，而是远古的类人猿在环境的变化中，经过劳动的磨炼，逐渐演化而来的。人类区别于其他动物的首要特征是改造环境使之满足自己生存与发展的需要，而其他动物只能适应环境以求得生存与发展。当类人猿逐渐获得这种改造世界的特征时，就把自己从自然界中分化出来。人类最初并不认识这种分化，不认识自我，因此人类对自我的认识，对自己不同于其他动物的认识就成为人类认识史上的一大突破。但是，人类社会并不是完全脱离自然界而成为与自然界并列的东西，他的存在离不开自然界（有血有肉的自然人、土地、河流、城郭、居室、用具均来自自然界），他的生存与发展离不开自然界（自然界是他的唯一资源），他实在仍是自然界的一部分。而且所谓改造世界，实际上是使世界满足自己的需要，是使世界与自己一致起来，就是说达到自然界与人类的统一。人类社会的生产史就是人类不断与自然界分化开来，对立起来，又一致起来，统一起来。人类在生产中与自然界不断地又分又合，缺任何一方面都是不可思议的。这无论在古代，在今天，在东方，在西方，都不能例外，不如此，必然导致人类文明的衰落或毁灭。

人类自出现以来，生活、繁衍至今至少几十万年而绵延不绝，这说明人类基本上正确处理好了人类社会与自然界之间分与合的关系。但由于今天的中国正处在现代化建设时期，人们急于求成，往往犯

"先发展,后治理",甚至犯"只发展,不治理"的错误,造成了许多生态问题。这种情况引起了理论界的关注,导致上世纪90年代对中国古代"天人合一"思想的深刻反思。

有一些学者认为,生态问题之所以随着经济发展而日益严重,其思想根源在于主客二分的思维方式。在他们看来,西方科学技术和生产水平之所以高于东方,就在于西方人自古以来把自己同自然界区分和对立起来:人是主体,是征服者,而自然界是对象,是被征服者,人类贪得无厌地剥夺自然界,把自然界看作奴隶,导致资源枯竭,环境恶化。而东方人的思维方式则相反,他们主张主客合一,视自然界为人类的朋友,因此东方的经济发展水平和科学技术虽然不及西方发达,但生态环境保持得比较好,生态问题不严重。在中国古代,主客二分的思维方式叫作天人相分,主客合一的思维方式叫作天人合一。20世纪以来,中国向西方学习,天人相分的思维方式日趋主导,特别是改革开放以来,现代化经济建设突飞猛进,导致环境问题日趋严重。因此,这些学者认为天人合一的思维方式可以补救天人相分思维方式所造成的恶果,应以天人合一取代天人相分的思维方式。

这种观点有一定道理,但以天人合一取代天人相分就未免以一种片面性取代了另一种片面性。正如前面所分析过的,如果没有人类社会从自然界(天)中分化出来,何来天人合一?而人从天分化出来之后,又必须统一起来,也就是说,人的认识必须与对象一致,人的实践必须与目标一致,才有正确的认识和成功的实践。中国文明史之所以绵延五千年而不断,不能仅仅归功于天人合一的思维方式,没有天人相分的思维方式,这也是不可能的。人们一般认为孟子是天人合一思想的主要代表之一,但他也有许多正确处理天人相分关系的论述,例如,他说:"不违农时,谷不可胜食也;数罟不入洿池,鱼鳖不可胜食也;斧斤以时入山林,林木不可胜用也。"荀子是中国古代主张天人相分的著名代表,认为自然界有其客观规律,我们应根据其规律改造之以满足人的需要,反对把自然界作为偶像来崇拜而在它面前无所作为。但荀子也主张保护自然,他说:"不利而利之,不如利而后利之利也；不爱而用之，不如爱而后用之之功也。"这就是说，要先保护自然界，再利用自然界。他还进一步说："利而后利之，不如利而不利者之利也；爱而后用之，不如爱而不用者之功也。"这近似于现代在某些地方建立自然保护区的思想，在他看来，不利用自然界对人类可能是最有利的。这些材料说明，中国古代思想家充分认识到天人相分与天人合一是不可分的，两者的结合是人类生存与社会发展所必需的。

三、社会是由一个个具体的人构成的，但人之所以成为人是社会的产物

这是关于个人与社会，即人与人之关系的基本原理，对于正确处理生态问题至关重要；因为某些生态问题表面上是人与自然界的关系问题，实际上是人与社会的关系问题。

人类社会，无论是一个国家或一个地区的社会，还是全人类社会，都是由一个个的个人构成，没有具体的个人就没有社会。那么，是不是先有一个个离开社会的个人，再由他们构成社会，像成立一个社会团体那样由个人自由参加而成的呢？否。科学告诉我们，最初的人类社会不是先有非社会的个人，然后再由他们构成社会，而是由类人猿的社会演变而成的。个人与社会从人类社会出现之初就是互相依存、无法分离的。人类的繁衍也是如此。婴儿呱呱坠地之后还是一个纯粹的自然人，他只具有人的生理器官和本能，还不是真正的人，他之所以成为人完全是在人类社会中作为社会的一分子，由社会培育的结果，始终没有离开社会。如果不是在人类社会中成长，他可能具有人的血肉之躯，但不具有人的本质和各种人性，就是说，是一个高等动物，而不是人。因此，从时间上讲，就整个人类社会而言，我们无法说个人与社会谁在前，谁在后；就人类社会出现以后而言，任何个人的出现总是在社会之后，个人总是出生和成长于社会之中。总之，没有赤裸裸的自然人，人总是社会人。

人一生除了总是要处理人与自然界的关系之外，还要不断处理人际关系，即社会关系。人际关系多种多样，有生产关系、家庭和姻亲关系、工作关系、组织关系、朋友关系等等；还有个人之间的关系、

个人与集体的关系、集体与集体之间的关系，其中又有行业关系、城乡关系、地区关系、国际关系等等，难以尽数。我们应该怎样处理各种人际关系呢？

根据以上分析，显然，社会是整体，个人是构成社会的最小"细胞"；个人从属于社会，虽然社会离不开所有的个人；社会在前，个人在后。因此，社会的利益是整体性的、全局性的、根本的，个人的利益应该受到充分尊重，但它毕竟是局部的、非根本的。在一般情况下，这两种利益都应得到完全的实现；但当两者不能兼顾时，应该把社会利益摆在首位，我们把承认并坚持这种态度的思想称作社会本位主义，简称集体主义；而把承认并坚持把个人利益摆在首位的思想叫作个人本位主义，简称个人主义。在一国之内，各种集体呈现出层次的不同，全国是最大的社会，其中是大小地区的社会，最小的是自然村（乡村）或社区（城市）的社会。大小地区的关系是全局与局部的关系，如何处理这种关系有两种观点，可以名之为全局本位主义和局部本位主义，这两种观点相当于集体主义和个人主义。

新中国成立后，由于社会主义公有制的建立，集体主义在社会道德伦理中逐渐成为主导性的原则，被认为是正确的，而个人主义被认为是错误的。一般说来，这种看法并不错，但集体主义并不意味着轻视个人利益，恰恰相反，集体主义应该同样重视个人利益，因为集体利益最终是由全部个人利益构成的，只是当个人利益与集体利益冲突时，应该把集体利益摆在首位。由于"左"的思想的影响，集体利益被夸大到与个人利益对立的地步，只要重视个人利益就被看成个人主义，这就过分了。这种情况直到改革开放以后才得到改变，个人利益得到了应有的重视。由于市场经济的发展，这时又出现了另一种偏向，认为我们应该坚持个人主义，而抛弃集体主义，这又过分了。按照马克思主义的观点，我们应该继续坚持集体主义，但也应重视个人利益，力求把两者结合起来。

这里还有一个理论问题应该得到正确的处理：集体主义能否扩大到国家范围以外，甚至扩大到全人类？我们认为，这在今天是不应该的，也是不可能做到的。今天，世界被划分为200多个主权国家，各国除主权而外没有更高权威，其经济发展水平也很不平衡，全人类社会只是各国社会的总和，不是由具有平等地位的成员结合起来的全局、整体，关于个人与社会、局部与全局的关系的原理不适用于国际关系。当然，这不是说全人类利益纯粹是一个抽象概念，如温室效应这类涉及全球各地的问题是真实存在的，但至今没有一个权威机构来有效处理这类问题，国际问题只能由两国或多国协商处理。

我们这里讨论正确的人际关系原则问题，是为了正确处理生态问题背后的人际关系问题。有些问题表现为生态问题，但实际上是人际关系问题，必须有人际关系原则的指导才能正确解决，这类问题往往涉及两个地区之间的关系，或地区全局与局部的关系，或当前利益与长远利益的关系，或当代人与后代子孙的关系，这类问题作为纯粹生态问题是难以正确处理的。

前面谈到的盐城饮水被污染事件所涉及的就是局部利益（化工厂利益）和全局利益（盐城地区的利益）的矛盾。许多化工厂往往不是当地的而是从发达地区迁来的，这对不发达地区的经济无疑是有利的，但化工厂的废弃物一般都会严重污染环境，这种情况就涉及两个地区的利益关系问题。化工厂污染环境，侵犯了当地人民的利益，其实这不仅损害了他人，也损害了自己，因为他们自己也要饮水。当前利益与长远利益冲突，当代与后代利益冲突，这些是在经济建设中经常出现的问题。人们更多考虑的是当前的利益，而比较忽视长远利益和后代利益，有时是无暇顾及，有时是当时还未发现。实际上，除了那些纯粹由于自然变故如地震、火山爆发、小行星撞击等造成的环境破坏之外，生态问题都是或部分是由人为因素造成的，都涉及人际关系。因此，前面谈到的这些正确处理人际关系的原则，对于正确处理生态问题，都是有重要意义的。当然，应用这些原则都要具体分析各种情况，妥善处理，而不应生搬硬套，简单行事。

四、实践是认识的基础，认识是实践的指导

这是关于实践与认识的关系的原理，对正确解决生态问题至关重

要，因为人类生态问题中，实践与认识是一个永恒的主题。

自古以来，人们普遍认为人乃万物之灵，也就是说，人之所以为人是因为他有认识能力，能思想，即有理性，用西方哲学家的话来讲，人的本质是理性。人们不大去追究理性是从哪里来的，如果硬要问，最方便的回答是：理性是天生的，与生俱来的，自然生成的。马克思是人类认识史上提出实践是人的本质的第一人，认为人与动物最根本的差别是人的实践活动，而实践总是社会的。实践的最确切含义是对世界的改造。动物的生存与发展依赖适应环境，而人则改造环境以满足自身需要。人的一切主观活动——思维、评价、好恶、喜怒哀乐均可以从实践活动中找到根源。这一观点后来逐渐为科学所证明，恩格斯在世时尽可能用当时的科学成就来论证这一观点。这些情况今天已为理论界所熟悉。

我们现在谈到的生态，实际是人类的生态，而不是动植物的纯自然的生态。人类的生态与动植物的生态有一个本质性的区别，那就是，人类的生态中实践是一个重要的动力因素。在人类出现的初期，实践对生态的作用还不很明显，随着社会的进步和生产力的提高，实践对生态的作用就愈来愈大，生态环境的变化也愈来愈快，愈来愈大。实践对生态的影响，从整体上说，是良性的。在人类刚出现的"洪荒"时代，这个地球的生态对人类是严峻的，是人类的智慧和双手把它变得愈来愈适宜于人类居住和生活，使人类得以休养生息、世代繁衍，绵延至今。在人类改造环境的过程中，也多次出现过对生态环境的破坏，不利于自身生存和发展。这类事例中外都有很多。美索不达米亚、埃及、小亚细亚在古代都曾经是森林茂密、水草丰美的农牧业发达地区，后来由于不合理的开垦和砍伐，逐渐变成了干旱贫瘠之地。中国黄河流域也是如此，它曾经是土地肥沃、山清水秀的鱼米之乡，西汉和东汉时期的大规模开垦、乱砍滥伐，虽曾使农业盛极一时，生态却遭到严重的破坏，黄河成为一条水土严重流失、永远浑浊的黄沙之河。但由于那时科技不发达，人类改造环境的力量有限，有些环境污染不太严重，已为自然界的自净能力解决；有的虽然比较严重，但人类仍然有办法加以弥补，从而继续生存和发展下去，或者干脆迁移到生态环境较好的地方去。但是历史发展到了 20 世纪，生态问题在经济发达国家空前严重起来，环境污染的范围越来越大，甚至出现了全球性问题。1952 年 12 月，英国伦敦出现了一次严重烟雾事件，4 天之内死亡人数比常年同期多出了 4000 人之巨。日本、美国及其他工业国家发生了多起由于工业生产而导致的严重公害事件。20 世纪以来，许多发展中国家也加入工业大发展行列。近年来国际上谈得很多的大气污染及其后果——温室效应、冰层融化、冰川后退、海平面升高，就是一个全球性问题；又如雨林不断消失、沙漠化扩大、沙尘暴也是人类造成的国际性生态问题。总之，20 世纪由人类生存和发展造成的生态问题，其范围和严重程度远远超过了 19 世纪及其以前，其恶果反过来威胁着人类的生存和发展。

20 世纪以后，生态环境的整体恶化及其可能的前景引起了许多人士的注意，一些科学家尤其关注。少数科学家甚至认为人类的活动如不改弦更张，长此下去，生态环境将遭到毁灭性的破坏，最终导致人类文明的灭亡。1962 年，美国生物学家 R. 卡逊出版《寂静的春天》，详细描述了滥用化学农药造成生态环境被破坏的恶果，引起许多国家的强烈反响。1968 年成立、拥有几十名各国科学家和政治家的罗马俱乐部，以"现在和未来的人类困境"为主题进行了多方面研究和讨论，写成多篇报告。其中，由美国科学家 D. H. 梅多斯主持，1972 年发表的报告《增长的极限》，根据一些数据作了论证，认为全球范围内的增长极限将在 100 年之内到来。为了避免由于增长极限的到来而产生的"崩溃"结局，人口应稳定在 1975 年，工业资本的增长应停止在 1990 年，否则"崩溃"无论如何不会推迟到 2100 年。这个报告产生了极大的反响，一些赞成者甚至主张彻底否定现代科学技术，实现技术负增长，回到中世纪和古代田园时代中去。多数科学家反对这种悲观主义的观点，认为科学技术惹的祸还得由科学技术来解决，实践中发生的问题还得在实践中解决。两种观点展开了世界范围的争论，至今不止。

悲观主义观点虽然不是毫无道理，但显然是过分了，盲目乐观主义观点也不能真正克服人类的生态危机，关键在于正确地、辩证地把实践与认识结合起来，而悲观主义与盲目乐观主义都把认识与实践分开了，对立了。悲观主义夸大认识指导的错误，主张完全抛弃认识的指导；盲目乐观主义则忽视认识指导的错误，崇拜实践的自发性，否定了认识正确指导实践的必要性和重要意义。所有生态问题的出现都是由于认识上有了错误，例如对森林乱砍滥伐，对矿山乱挖乱采，或者由于只看见眼前的利益，看不见将来的危害；或者是出于某种私心，只顾眼前利益，不管长远利益。因此，要克服这种由于认识上的错误而产生的生态问题，正确的做法不是根本不要认识的指导，否定科学技术的作用，而是千方百计加强认识的正确的、科学的指导，正确运用现代科学技术来解决生态问题；正确的做法不是把认识与实践分离开来，而是使两者辩证地结合起来。

国际上的有识之士和有远见的国际组织、国际会议、国家机构采取的就是这种认识和实践密切结合的态度，力求深入研究和认识生态问题，以科学的结论为指导，借助已有的经济、政治、科学、社会的力量来解决这些问题。这里有两种并行而又互相推动的力量，一种是科学家们的研究，一种是各种政府的和民间的、国内的和国际的、学术的和行动的、多国的和全世界的组织和会议的活动。在这两种力量的推动下，随着各国经济的发展，人们的认识愈来愈深入，生态意识在全球愈来愈普及，愈加证明：生态问题的根本解决，只能依靠实践与认识、科学的结合，两者的分离是一条死路。联合国自建立以来，也为解决生态环境问题做了许多工作，先后组织和召开了许多全球性会议，通过了若干号召共同努力改善人类生态环境的文件，提出了可持续发展、循环经济等理念，这些都发挥了明显的积极作用。中国鉴于环境问题的增多，除尽力配合各种国际活动外，也想方设法宣传和研究解决生态问题的理论，制定各种法规来保护生态环境。21世纪初党中央提出的科学发展观理论包含了关于发展的科学性思想，这种思想的主要内容之一就是：我们改造自然界的进一步发展必须以不破坏生态环境为前提，走可持续发展之路，也就是说以科学为指导。2007

年党的十七大报告中则进一步明确提出建设生态文明的任务，使科学指导改造自然界作为科学发展的主要内容之一得到了国家规划的保证。认识、科学与实践相结合的原则在现代经济建设中的指导作用已得到世界性的广泛共识，全球性生态问题是可以逐步得到解决的。

五、人不是宇宙的中心，但人是评价的中心

在生态问题的研究中，人类中心主义遭到了激烈的反对，论者认为生态问题之所以日益严重就是由于人类中心主义作祟；人类中心主义把人类视作主人，把自然界视作奴隶，人类像奴隶主役使奴隶那样敲骨吸髓似的剥夺自然界，摧残自然界，使生态环境遭到严重的破坏；为了保护自然界，我们应抛弃人类中心主义，把自然界视作朋友，不要把它视作价值对象，人类与自然界是平等的，这就是人类非中心主义。其实，人类中心主义自古已有，唯心主义就是一种人类中心主义，它和人类中心主义一起遭到唯物主义的反对与驳斥。

在我看来，人类中心主义的是非不能一概而论。人类中心主义作为世界观，毫无疑问是很荒谬的，但作为价值观或者说在人类实践范围之内，则是不能回避的，甚至是必须坚持的。人是实践的主体，实践是人的自觉的活动，总是有目的的，即离不开对目的的评价。评价当然要围绕人来进行，即以人或人的需要为中心来进行。这里的人泛指人类社会，说到底就是全人类，并不等于个人；因此以人为中心不能被理解为以个人、自我好恶利害为转移，并不意味个人可以为所欲为、肆无忌惮地满足自己的贪欲。评价应以人类社会的利益为标准，这是不能含糊的。

发展经济是人类实践的主要活动，其中生态问题的评价标准也只能是人类社会的利益，不能否定人类中心主义的指导作用。为什么呢？生态环境是否完整的评价标准只能以人为中心，以是否有利于人的生存和发展为标准，而动物与植物的生存与发展应以是否有利于人为转移。前面曾指出，我们现在讨论的问题不是自然界中生物的生存状态问题，而是人的生态问题，其中人是价值主体，其他生物是价值客体。

所谓"生态平衡"是指最适宜于人的生存与发展的状态;所谓"生态环境被破坏"是指生态环境的变动产生了一定程度的不利于人的生存和发展的影响。在人的生态环境中,某种动物或植物并不具有独立的生存和发展的权利,其生存与发展依赖于是否有利于人的生存与发展:如某种动物或植物的减少对人不利,则应保护之,使其得以生存和繁殖;如某种动物或植物的增加对人不利,则应限制其发展,甚至消灭之。人的生态环境的平衡没有固定的模式,没有人类与各类物种平等相处的绝对的模式,它永远是动态的、相对的,是以人的利益为中心,用实践的手段经常加以调整而达到的相对的平衡。

"以人为本"原则是科学发展观的实质和核心,在我看来,这就是人类中心主义在中国社会发展中的具体体现。我们所说的科学发展观中的以人为本原则,按照大家的理解,就是指我们的科学发展是为了人民、依靠人民、归人民共享,就是说科学发展的目的、主体和目标是人民。简单讲,这就是科学发展观的价值观,而人民是就其最广泛意义讲的,小是全部中国人,大则是全世界的人。如此理解,以人为本不是人类中心主义能是什么呢?还应指出,人类中心主义丝毫无损于发展的科学性,其中包括对生态环境的保护;不仅如此,认真贯彻了人类中心主义的精神只能是对环境保护的保证。

党的十七大报告中提出建设生态文明的任务也体现了人类中心主义的精神。报告要求形成节约能源资源和保护生态环境的产业结构、增长方式、消费模式,其目标就是全人类的整体利益和长远利益,不是一地一时的局部利益和短暂利益;其结果将是全人类的生态环境日趋完善,不是全球生态的日益破坏和衰败。人类中心主义肯定了人类的权利,但是合理的权利,不是无限的权利;不仅如此,人类中心主义也意味着责任,不断建设人类生态环境使之日趋完善的责任。

中国整个社会主义现代化的哲学基础是马克思主义哲学,建设生态文明的哲学基础无疑也是马克思主义哲学,这个哲学的主要组成部分,按传统的说法,就是辩证唯物主义和历史唯物主义,若加以更细的划分,则是辩证唯物论世界观和方法论、辩证唯物主义历史观、辩证唯物主义人学、辩证唯物主义认识论、辩证唯物主义价值论等五个主要组成部分。这五个主要组成部分的内容是异常丰富的，短短一篇文章当然不可能一一论述这些原理对建设生态文明的重要指导意义，本文只是简略地谈谈每一主要组成部分的首要原理对建设生态文明的重要指导意义。我相信，如果科学的哲学理论能够正确地运用于我国的经济建设，帮助我们深入地分析其中的生态问题，我国生态文明建设定会取得越来越大的成就。

如何划清社会主义思想文化同封建主义、资本主义腐朽思想文化的界限?

党的十七届四中全会通过的《中共中央加强改进新形势下党建若干重大问题的决定》指出:"加强党的意识形态工作和思想政治工作,引导党员、干部增强政治敏锐性和政治鉴别力,筑牢思想防线,自觉划清马克思主义同反马克思主义的界限,社会主义公有制为主体、多种所有制共同发展的基本经济制度同私有化和单一公有制的界限,中国特色社会主义民主同西方资本主义民主的界限,社会主义思想文化同封建主义、资本主义腐朽思想文化的界限,坚决抵制各种错误思想影响,始终保持立场坚定、头脑清醒。"这"四个划清"构成一个完整体系,第一条是总纲,其余三条完整地反映了中国现代社会的经济、政治和文化这三大领域的主要问题,我们应该完整地学习和领会。我想专门就划清文化问题的界限谈谈我的理解和体会。

文化不仅是一个理论问题,而且是一个现实问题。自人类诞生以

---

* 本文发表于《中直党建》2010年第5期。

来就是人类社会的一个不可少的组成部分。每一个人呱呱坠地以来,都有自己的文化生活,终其一生。然而,人们对文化的理解和态度却是各不相同的。历史发展到现代,文化现象越来越复杂,人们之间的意见分歧也越来越大。为了正确落实中央关于划清文化上的界限的思想,我认为有必要弄清楚以下几个问题。

第一,"四个划清"中的文化是狭义的文化,不是广义的文化。文化这一概念所指最初是非常广泛的,与文明这一概念同义,指人的一切社会性活动及其产品,包括人的生产活动及其产品和人的精神活动及其产品。但在现代的学术研究中逐渐出现对文化的狭义的理解,即把它仅仅视作文明的精神部分——精神活动及其产品,指思想、理论、科学、技术、伦理、文学、艺术、教育等活动及其产品报刊、书籍、互联网、诗歌、小说、音乐、电影、绘画、学校等。这样,人类社会就区分为三大主要组成部分——经济、政治和文化,从而把文化看成文明的一部分。例如,英国历史哲学家汤因比提出的文明形态论认为人类文明区分为各种不同的文明形态,而文明包括经济、政治和文化。其中文化处于核心地位,文化决定经济和政治。近年在国际学术界引起很大争议的美国学者亨廷顿的文明冲突论也是把经济、政治、文化并列。马克思主义的唯物史观用社会存在和社会意识、生产力和生产关系、经济基础和上层建筑的理论框架来构建人类社会的基本结构。毛泽东在上世纪40年代用经济、政治和文化来作为分析新民主主义社会的基本结构,就完全是按照唯物史观的基本原理来处理经济、政治和文化之间的关系。20世纪下半叶,经济、政治和文化的社会结构逐渐成为具有不同意识形态人士之间的共同语言,这对理解社会问题,交流思想带来了不少便利。1997年江泽民同志在党的十五大报告中也以经济、政治和文化作为基本理论框架全面论述建设有中国特色的社会主义现代化事业。"四个划清"的思想也是把经济、政治和文化三者并列起来,那就是说,尽管三者是相互渗透的,但文化是精神活动及其产品,而不是经济和政治,经济是物质活动及其产品,政治是社会活动及其产品。"四个划清"中提"思想文化",我想就是为了区别于广义的文化。在日常语言中，广义的文化被广泛使用，许多文章、谈话把物质产品称作文化，例如说北京鸭是一种食文化，茅台酒是一种酒文化，龙井茶是一种茶文化，等等。但是广义的文化之所以是文化，不在于它的物质性，而在于它的精神性，即食品、酒、茶等中包含的人的知识、技术、艺术、评价、爱好等精神因素。因此，广义的文化的核心仍然是精神活动及其产品。

第二，文化是社会存在的反映和产物，换言之，经济、政治是文化的基础，但文化一旦形成也具有一定程度的稳定性和延续性，成为影响社会发展的重要力量。前面已经提到，由于指导思想的差异，人们对文化在社会中的地位，文化与经济、政治的关系的观点存在着本质上的差异。西方思想家一般都认为文化才是决定一个社会的经济与政治的因素。汤因比认为文明形态的区分是由文化决定的，而文化的核心是宗教。亨廷顿认为现代战争都是不同形态的文明之间的冲突，都是由于宗教信仰的不同引起的。这是他们以唯心史观来观察文化现象的结果。马克思主义者以唯物史观为指导来研究文化问题，毛泽东在《新民主主义论》中彻底贯彻了唯物史观的思想。他指出："一定的文化（当作观念形态的文化）是一定社会的政治和经济的反映，又给予伟大影响和作用于一定社会的政治和经济，而经济是基础，政治是经济的集中的表现。"对经济、政治和文化关系的不同回答表现了两种根本不同的文化观，前者是唯心史观的文化观，后者是唯物史观的文化观；前者是不科学的，后者是科学的；前者是违背历史事实的，后者是符合历史事实的。所谓"文明的冲突"，双方宗教信仰之不同，只是一种表面现象，其内部藏着经济的政治的深刻根源。半个世纪以来的许多战争和许多尚未演变成战争的冲突，有的双方属于同一"文明"，依然发生了冲突；有的双方虽然属于不同宗教，但其冲突明显与宗教无关。"四个划清"中第二、三、四项顺序的排列，我认为是体现了经济、政治和文化的这种关系。

第三，文化是多元的，但主导的文化是一元的，不能搞多元指导或无指导。中国社会的文化现象不仅是多种多样的，而且是多元的，只允许一种文化存在和发展，排斥多种文化，不仅不应该，也是不可能做到的，其结果必然是损人又害己，导致田园荒芜，山穷水尽。党的发展文化的政策始终是百花齐放，百鸟争鸣，绝不是一花独放，一鸟哀鸣。文化的多元性是非常复杂的。所谓"多元"是指各种文化现象的源头、基础各不相同，包括地区性差异、民族性差异、阶级性差异等等。我想专门谈一下阶级性问题。

从文化的源头来看，有的文化因素来自生产实践，是没有阶级性的，如语言、文字、科学、技术等；有的来自社会关系，是有阶级性的，如世界观、历史观、价值观、人生观、经济观点、政治观点、政治观点等。前者只是社会意识，后者还是意识形态。意识形态也是多元的。目前谈得较多的是封建社会或地主阶级意识形态、资本主义社会或资产阶级意识形态、社会主义社会或无产阶级意识形态，小资产阶级意识形态从属而又区别于资产阶级意识形态。在现阶段的中国社会中不仅存在着区域性、民族性、无阶级性的多元文化，也存在着阶级性的多元文化，因为封建制度几十年前才消灭，资本主义因素今天在我国不但存在，而且有所发展，这在社会主义初级阶段不仅是必然的，而且使中国文化更加丰富、更加繁荣。但如此看待中国文化的多元性，决不是一任多种文化的自发发展。党中央一贯强调以社会主义文化为文化发展的主导力量，引导多种文化发展来促进我国社会主义现代化建设。尽管在社会主义初级阶段，社会主义文化正处于发育成长之中，羽毛未丰，但它是最先进的最有发展前途的文化，只有它能承担统率整个社会主义文化发展的任务。为了划清社会主义思想文化同封建主义、资本主义腐朽思想文化的界限，我们首先要正确理解和坚持文化的多元性与社会主义文化的主导地位的关系。

第四，封建主义文化和资本主义文化，与社会主义文化相比，是落后的，但决不能重犯过去全盘否定的错误，其具体内容的性质和作用须通过具体分析来理清，从而决定取舍。封建主义作为一种社会形态在人类史中延续了几百年，甚至几千年，其间人类文明得到了长足的进展，其文化对历史进步作出了重大的贡献，今天从整体说虽然过时了,其中仍有着大量有价值的东西,不能一概加以否定。资本主义作为一种社会形态比封建主义对社会文明进步作出了更大更突出的贡献,而且它至今仍然存在于世界上多数国家中,甚至作为一种所有制因素存在于中国社会主义社会中,其文化可以借鉴和吸收之处甚多,自然更加不能全盘否定。大致说来,封建主义、资本主义文化可以区分为以下成分:经过分析显露出来的可以超越社会制度而具有长期积极作用的成分,如"忠"中包含的忠于职守的思想,"孝"中包含的善待和尊重父母的思想等等;源于社会制度但尚未过时的成分,如与私有制相适应的许多思想;已经落后于时代的或腐朽堕落的思想,如极端个人主义、挥霍浪费的思想、权钱交易的思想、极端享受主义人生观等等。还应指出,在任何时代任何社会中还存在一些具有永恒价值的文化因素,那就是源于人民的生产实践和改造社会的实践的文化因素,如勤劳勇敢、艰苦奋斗、热爱人民、积极向上、实事求是、追求真理等优秀品德和思想。由于文化因素的这种复杂性,仅仅划清社会主义思想文化与封建主义、资本主义思想文化的界限显然是不够的,我们不能以这种界限来决定取舍,而必须划清社会主义思想文化与封建主义、资本主义腐朽思想文化的界限。那么,划清这一界限的准绳、尺度是什么呢?

第五,只有以中国社会主义核心价值体系为尺度,才能划清社会主义思想文化与封建主义、资本主义腐朽思想文化的界限。显然首先要以社会经济制度为尺度来划分,但这是不够的,因为这不仅是要把不同的社会经济制度的思想划分开,而且要把社会主义思想文化与封建主义、资本主义腐朽思想文化划分开,这就有待把其中健全的部分与腐朽的部分区别开来。这样,问题变成:划清封建主义、资本主义思想文化中健全部分和腐朽部分的尺度是什么?我认为最根本的尺度应该是中国化的马克思主义——中国特色社会主义理论体系,这个体系作为价值尺度,其表述方式就是中国社会主义核心价值体系。胡锦涛同志在党的十七大上所作的报告中谈到如何推动社会主义文化大发展大繁荣时,第一条就是建设社会主义核心价值体系,我认为以此作为划清文化问题上的界限的尺度是最恰当的。他在报告中把这个价值体系细化为四点：中国特色社会主义、爱国主义、改革创新思想和社会主义荣辱观。用这些价值尺度来衡量一切文化活动、文化思想、文化理论和文化产品，就足以全面地彻底地划清社会主义思想文化同封建主义、资本主义腐朽思想文化的界限了。例如反对社会主义制度，鼓吹私有化、自由化的思想，危害祖国、背离人民的思想，反对改革创新、主张因循守旧的思想，违法乱纪、骄奢淫逸的思想，都是封建主义、资本主义腐朽思想文化。应该指出，以社会主义核心价值体系为尺度，决不是以它为标签简单地贴到某些思想文化因素上面。腐朽思想文化因素也是十分复杂的，其腐朽性有轻有重，有浓有淡，多种多样，千姿百态。我认为正确的方法是以社会主义核心价值体系作为指导思想来具体分析具体的思想文化因素，然后作出具体的结论，采取正确的态度。如果多数党员、干部都能采取这种自觉的科学的态度来处理文化生活、文化思想和文化理论中的问题，那么，广大党员、干部的政治敏锐性和政治鉴别力必将大为提高。

关于本体论和文艺本体论的若干问题[*]

本体论和文艺本体论长期以来一直是争论不休的问题,20世纪80年代起我多次参加关于这个问题的讨论,现在就其中争论较多的几个问题谈谈我的看法,以求教于关注这个问题的同志们。

一、什么是本体论?

一般认为本体论是哲学的组成部分之一,或者说是一门哲学学科。任何学科的内容都是由其对象来决定的,各种学科都是由其对象来区分的,因此,一般都是以对象来命名一门学科,以对象来定义一门学科。那么,本体论的对象是什么呢?顾名思义,它的对象无疑是"本体",但"本体"是什么呢?人们可以作多种解释,但其原文的含义却是比较明确的。西文中本体论原文来自希腊文,英文写作 ontology,意为存在论,这个"存在"是对一切存在的东西的一般概括,即一般存在,或最高存在,或最后存在。因此,我们可以把本体论理解为关

---

[*] 本文发表于《文艺理论与批评》2010年第4期

于现实世界的最后存在基础的理论。西方哲学史中最典型的本体论有唯物主义（以物质为本体）、唯心主义（以精神为本体）和多元论（以物质与精神并列为本体的二元论是其主要流派），古代西方所说的哲学常指本体论，此外还有形而上学、第一哲学、哲学的哲学等称呼。中国传统文献中与本体论相当的称呼有玄学、道学、理学、心学等。马克思主义经典作家没有使用这种称呼，而使用世界观这一概念，这可能是因为传统哲学的多个流派都把本体论看作现实世界"后面"或"之外"的某种东西，而经典作家认为离开现实世界的任何东西都是不存在的，而世界观指的就是现实世界，没有传统哲学本体论的毛病。不过，后来的马克思主义哲学家还是使用本体论这个概念，即在世界观和宇宙观的意义下使用它。艾思奇的《大众哲学》在谈到本体论时往往后面用括号注明"世界观"。为什么一定要使用这个称呼呢？因为它有其方便之处，例如我们可以称文艺学本体论，不便称文艺学世界观。

现代哲学的问题是：如此理解的本体论有可能成为一门科学吗？它在传统哲学中没有成为科学，有的哲学流派更认为它是伪科学，它的问题是没有意义的，是可以肯定地回答或否定地回答的。但是，科学史告诉我们，任何一门学科都有一个从非科学到科学的过程，我们不能根据它过去没有成为科学就断定它今后不能成为科学。事实上，100多年来，马克思主义汲取传统本体论的合理因素，以全部人类实践和科学成就为基础，创造性地建立了马克思主义的科学的本体论，即辩证唯物主义世界观，已经结束了本体论的非科学的历史，虽然由于意识形态和社会制度的分歧，辩证唯物主义的科学性一直得不到西方哲学的承认。现代实证主义认为本体论的对象（一般存在或最后存在的基础）不是科学研究的对象，认为它是物质与认为它是上帝一样没有意义。只有辩证唯物主义把它理解为世界的整体及其一般规律，如此理解的对象是可以进行科学研究的。各门学科研究的有关对象也是各个大大小小领域的整体及其一般规律，本体论的对象不过是其中最大的领域，即世界之整体及其一般规律，本体论和其他一切学科的逻辑是完全一致的，如果本体论不能成为科学，其他一切学科也都不可能是科学了。

二、本体论在科学体系中的地位

现代科学分化为千千万万门，给人以千差万别、杂乱无章的印象。其实，每一门科学的研究对象都是这个现实世界的一个领域，这些领域构成了一个互相联系的统一的世界，研究这些领域的各门科学不能不构成一个系统的科学体系。只要我们弄清楚了本体论在这个科学体系中的地位，本体论是什么就会更加清楚。

哲学经过2000多年的演变，实际已形成一个学科群，由许多门学科组成，其中世界观（本体论）是核心，它是一般哲学，而其余学科是不同领域、不同层次的部门哲学，或分支哲学，如自然哲学、数学哲学、物理哲学、社会哲学（历史观）、政治哲学、文化哲学、认识哲学（认识论）、道德哲学（伦理学）、美哲学（美学）、古代哲学、现代哲学、西方哲学、中国哲学等，可以说，有一门学科，就有一门相对应的哲学，如物理学与物理哲学，物理学与物理哲学有什么区别和联系呢？这是一个需要进一步研究的问题，不少学者认为一门学科的导论就是与其相对应的部门哲学，正是在这里哲学与该学科发生交叉，这是因为哲学（世界观）对于一切学科都具有指导作用。我们知道，世界观是关于世界（宇宙）整体的学科，其原理具有最大的普遍性，而各门学科的对象则是或高或低层次的或大或小领域，因此，我们认为哲学是各门学科的总结和概括，对它们具有指导作用。但这种指导作用不是单方面的，有时是相互的。例如认识论的对象（认识）比世界观的对象（世界）小得多，因而世界观对认识论具有指导作用，但世界观也是一种认识（理论），包含在认识论的对象之中，因而认识论对世界观也有指导作用。因此，我们说各门学科是哲学的基础，哲学是各门学科的指导，但这只是就其基本关系而言，并不排斥所有学科之间的相互作用。不久前谢世的钱学森院士就是根据这一原理提出了一个宝塔式的学科体系：高踞宝塔顶尖的是辩证唯物主义（世界观），第三层是自然科学等十一门基础科学，第四层是与第三层相对应的应用科学，即技术科学，第二层是第一层与第三层的中介，他称之为桥梁，实际就是部门哲学。每一层的每一门科学又都可以细分为不同层次的不同科学。这个体系可以用下面的图表表示：

辩证唯物主义										
自然辩证法	唯物史观	数学哲学	系统论	认识论	人天观	军事辩证法	人学	地理哲学	建筑哲学	美学
自然科学	社会科学	数学科学	系统科学	思维科学	人体科学	军事科学	行为科学	地理科学	建筑科学	文艺理论

看来，钱学森院士如此设置，是根据了三个原则，一是这些学科的对象之间的关系，二是学科今天发展、成熟的程度，三是这些学科对当代社会发展的重要性。还有一点应该指出，各门部门哲学不仅把世界观与相对应的基础学科联系起来，而且与每一门基础学科联系起来，总而言之，这个学科体系中的所有学科都是相互联系的，形成了一个完整严密的学科之网。

辩证唯物主义就是马克思主义本体论，它的地位和性质在这个科学体系中就一目了然了。它是科学体系中众多成员之一，是一门科学。它的研究对象是一切其他科学对象的总和，即世界整体，其内容世界整体图景和一般规律。在这个科学体系中，研究范围是最大的，层次是最高的。除本体论而外，没有任何一门科学研究它的对象，具有它的内容。它并不是旧哲学所说的包罗一切科学内容的科学之科学，不是一切科学的总和，而是一切科学的总结和概括，因而它必须以一切科学为基础，离开科学它将成为抽象空洞虚幻的东西。由于它的对象包括了一切科学研究的对象形成的整体，它的原理虽然不能代替各门科学的原理，却对各门科学的研究具有指导意义，即作为一般方法帮助各门科学研究自身的具体问题，发掘自身的一般规律。这样，本体论的性质和它的地位以及作用就清楚了。

三、认识论的挑战

尽管本体论有非常明确的对象,但现代西方哲学,特别是实证主义流派,认为这种对象是不能研究的,提出"拒斥形而上学"的口号,他们主要是以认识论来否定本体论成为科学的可能。而西方马克思主义中的实践派别则以实践论来否定本体论。改革开放以来,我国有些学者最初也认为认识论实质上就是本体论,主张以认识论来取代本体论,从而否定马克思主义本体论——辩证唯物主义世界观。后来实践唯物主义成为向辩证唯物主义挑战的主要武器。因此,下面分别专门谈一下这两种挑战。

认识论,顾名思义,就是关于认识及其一般规律的理论,同本体论比较,有明显的区别,因为它研究的是一个很小的领域,就目前所知,只有地球上有认识这种现象,显然,正如世界与认识不能混为一谈一样,本体论与认识论也不能混为一谈,决不能说,本体论就是认识论。但是,认识论至少还有两个不同的含义,一个指认识的方法,一个指与认识史一致的逻辑体系,就这两种含义来说,可以说本体论就是认识论。就前一种含义说,所谓本体论就是认识论,是指本体论首先是关于世界的理论,反过来就是认识的方法,或说指导认识的方法。就后一种含义说,所谓本体论就是认识论,是指哲学的逻辑体系与认识史一致,与哲学史一致,即符合认识发展的规律。其实,任何科学都应该按其对象下定义,而就其功能和体系来说,都是认识论,这就是说,任何科学反过来都同时是一定领域的认识方法,它的体系应与人类认识该对象的历史一致。

总之,按认识论的广义说,本体论就是认识论,它们是同一个东西的不同方面;按认识论的狭义说,它们不是一门科学,而是两门科学。这两门科学的区别和联系就是普遍与特殊的区别和联系,它们是可以区别的,但是不可分割的。由于它们可以区别,所以它们都具有相对的独立地位;由于它们不可分割,所以它们形成一个统一的有机的整体。认识论离不开本体论,这不仅因为认识论作为研究一种客观现象的科学具有本体论的意义,而且因为认识论作为一门特殊的科学,必须具有本体论前提,例如承认认识对象的客观存在、认识功能归根到底是物质长期发展的产物等等;本体论离不开认识论,这不仅因为认识论是一门特殊的科学,普遍的科学必须以特殊科学为基础,而且因为本体论是一种认识,当然得受认识论的制约。其实,这种区别和联系不仅存在于本体论和认识论之间,而且存在于本体论和历史观、自然观之间,存在于本体论和一切其他科学之间,本体论与其他科学之间的关系就是普遍和各种层次的特殊之间的关系。

当然,仅仅谈本体论与认识论的区别和联系是不够的,还须就本体论的对象本身作一番分析,否则本体论作为一门科学就不能成立,它同认识论的关系就无从谈起。前已提到,本体论的对象就是作为整体的世界及其一般规律,应该说,这个对象是明确的,可以同其他科学的对象明显地区别开来。但在有的同志看来,这样定义本体论很难把本体论与其他科学区别开来,因为世界及其规律正是一切实证科学包括各种自然科学和社会科学的对象。当哲学被当成包罗万象的科学之科学、科学的总和或知识的总汇的时候,哲学曾把世界及其规律看作哲学的对象。古代亚里士多德的哲学、近代黑格尔的哲学都是这种哲学的典型,但后来实证科学一个个分化出去,研究世界及其规律的任务就不再是哲学的任务,剩下的只是关于思维及其规律的科学,即形式逻辑和辩证法,或者说认识论,关于世界总联系的任何特殊科学都是多余的了。他们认为这就是马克思主义哲学实现的哲学史上的革命变革之一。大家知道,这种观点出自对恩格斯的言论的一种理解,后面我们还要专门讨论一下恩格斯的某些言论,这里只就道理上作点分析。

首先,事实告诉我们,过去哲学所了解的对象确实与马克思主义哲学所了解的对象不一样,哲学史上对哲学对象的了解确实在不断变化,但是,我们要问:过去哲学所了解的对象与马克思主义哲学所了解的对象,有没有共同之处?如果没有,为什么都叫哲学呢?各种哲学对对象的了解的变化中有没有不变的东西,如果没有,为什么变化了还叫哲学呢？对于上述观点来说，这是一个难于克服的矛盾。在我看来，差异中有共同之处，变化中有不变的东西，这就是把作为整体的世界及其一般规律看作哲学的对象或哲学的一部分对象，换句话说，一切哲学之所以叫作哲学都因为其中包含本体论，一切哲学家之所以叫作哲学家都因为他们有本体论思想。中国古代的哲学家的思想，往往是以关于历史、政治、伦理的思想为主，但他们之所以成为哲学家还是因为他们的这些思想有其哲学根据，即本体论根据，在表述自己的历史、政治、伦理思想的同时，也表述了自己的本体论思想。反对任何本体论或形而上学的实证主义流派似乎不再会有任何本体论思想了，其实不然，它之所以是哲学流派仍然是由于它也有其本体论思想，它否定或怀疑自在之物的思想、否定客观规律性的思想就是本体论思想。

马克思主义哲学的产生尽管引起了关于哲学对象的理解方面的一些变化，但最根本的东西没有变，如果连它也变了，马克思主义哲学就不再是哲学了。哲学理论发生了根本变化并不一定意味哲学对象发生了根本变化。不仅哲学如此，其他科学也如此。哥白尼的日心说对于托勒密的地心说是天文学上的一次伟大的革命，但这两种学说的对象并没有什么大的变化，它们的对象都是太阳系和当时可观察到的天体。摩尔根学派和米丘林学派在观点上是对立的，但它们研究的对象还是共同的，即生物遗传和变异的规律。一门科学的研究对象同这门科学的内容比较，内容的变化比较快，对象则是相对稳定的。哲学不会例外。现代西方哲学，其流派之多，变化之快，令人眼花缭乱，但它们的对象大体上还是一致的，因为它们总要研究世界的一般问题，不管它们还要研究别的什么问题。

其次，如果实证科学一个个从哲学中分化出去，剩下的只有关于思维及其规律的科学，那么，这剩下的还算不算哲学呢？如果自然科学、社会科学不是哲学，思维科学就更不是哲学，因为它们的领域比自然、社会都小得多，包含许多具体的思维科学，如形式逻辑、数理逻辑、理性认识论、科学方法论、人工智能论等等，至于研究思维成果的科学那就更多了，如科学学、哲学学、意识形态学、各种认识史、思想史等等。这样，哲学的领地就会被瓜分殆尽，哲学对象消失了，哲学就被完全否定了。当代实证主义、实用主义思潮企图从根本上否定哲学，即否定本体论，这是比较彻底的，我国主张哲学是认识论的同志并没有走到这一步，但如果坚持哲学就是认识论，而又不愿意彻底抛弃本体论，那就必然陷入自相矛盾。

第三，实证科学一个个从哲学中分化出去之后，哲学仍然不会失去全部领地，它还有一个固有领域没有任何其他科学可以占领，这就是作为整体的世界及其一般规律。世界及其规律是各种实证科学的对象，撇开那种连客观世界及其规律性都要否认的极端观点不谈，这大概是可以得到多数人同意的，问题在于：作为整体的世界及其一般规律能否成为科学研究的对象，即哲学或本体论的对象？这一对象同其他科学的对象是可以明显区别开的，它是整体和一般，而其他科学的对象是局部和特殊，或者说，它是最大的整体和最高的一般，而其他科学的对象是较小的整体和较低的一般。要否定它只有两种办法：一种办法是否定它的存在，一种办法是不否定它的存在，但否定它可以被认识。这样，我们就回到了哲学史上至今争论不休的老问题：人类怎么能从有限的认识上升为无限的认识？分开来说，人类怎么能从局部的认识上升为整体的认识？怎么能从特殊的认识上升为一般的认识？这就是"拒斥形而上学"的观点。这是一个很复杂的问题，这里不可能加以论述，但有两点可以说：第一，如果否定哲学（本体论）的对象，势必否定一切实证科学的对象，从而否定一切实证科学，因为任何一门科学都要研究一个整体，都要研究这个整体的一般规律。比起哲学的对象，它诚然是局部的和特殊的，即有限的，而就其本身来说，它则是完整的和一般的，即无限的。如果哲学的对象由于无限而不能成立，那么，任何科学的对象也都不能成立。社会实践、科学实践和生活实践都说明，人类虽然不能绝对地掌握无限，穷尽无限，却在不断地相对地部分地掌握无限。如果人类连这点也做不到，那么，人类就只能永远在黑暗中摸索，没有任何自由。第二，退一步说，即使作为整体的世界及其一般规律至今仍不为我们所知，我们仍然可以把它作为一门科学的对象来研究。正是那些还未认识的对象或未完全认识的对象，具有研究的价值。除非有人有充分说服力地证明了作为整体的世界及其一般规律是根本不存在的，否则，谁也不能否定它作为一门科学的对象的资格。

四、实践唯物主义的挑战

上世纪80年代初期的人道主义讨论中有的学者认为既然马克思主义从人出发而又复归于人，那么，马克思主义就是人学，马克思主义哲学就是人的哲学。而人的本质是实践，实践是主体的对象性活动，是离不开人的，而辩证唯物主义所说的不以人的意识为转移的客观实在是没有人的，所以马克思主义哲学应是实践唯物主义。这种观点引起了一些学者的异议，他们认为如果以实践唯物主义取代辩证唯物主义，这实际上是否定了唯物主义，甚至否定了世界观。这种观点分歧在上世纪80年代中一度引起了讨论的热潮。

实践唯物主义观点大致有几点根据：第一，马克思主义创始人马克思从来没有使用过辩证唯物主义的名称，而"实践唯物主义"的名称在马克思的著作中可以找到根据，那就是马克思的话："对实践的唯物主义者即共产主义者来说，全部问题都在于使现存世界革命化，实际地反对并改变现存的事物。"① 他们认为，马克思所说的"唯物主义"中的"物"就是实践，不是辩证唯物主义所说的物质世界。

其次，在《关于费尔巴哈的提纲》和《德意志意识形态》中，马克思和恩格斯的许多话都指出，客观实在、现实世界就是实践，如："从前的一切唯物主义（包括费尔巴哈的唯物主义）的主要缺点是：对对象、现实、感性，只是从客体的或者直观的形式去理解，而不是把它们当作感性的人的活动，当作实践去理解，不是从主体方面去理解。"② "这种连续不断的感性劳动和创造，这种生产，正是整个现存

---

① 《马克思恩格斯选集》第1卷，人民出版社1995年版，第75页。
② 同上书，第54页。

的感性世界的基础。"① 在他们看来，马克思和恩格斯在这些话中所说的"对象"、"现实"、"整个现存的感性世界"就是我们面前整个宇宙。

当然还有其他根据，如西方哲学史中思维方式的转换、实践论论据、认识论论据等等，这里就不详述了。

这种观点一经提出便在马克思主义哲学工作者中引起了热烈的讨论，不少人拥护这种观点，当然也有反对的，但在有些会议上拥护者常常占优势，尤其是在苏东社会主义失败之后，辩证唯物主义在苏东国家的地位便一落千丈，在中国其优势地位也岌岌可危，中国出版界出版了几本阐明实践唯物主义体系的专著，大有取代辩证唯物主义之势。但从整个中国理论界来说，坚持辩证唯物主义的学者仍占多数。我是反对这种观点的，除了在各种会议上阐明我的观点而外，在上世纪90年代发表的文章中不少与这场讨论有关，如《评对实践唯物主义的一种理解》②、《论实践论在马克思主义哲学中的地位》③、《必须坚持辩证唯物主义》④等。现在回顾这场讨论，我有以下几点想法：

第一，"实践唯物主义"这一名称完全是后人的逻辑引申，绝非马克思和恩格斯的原意。原文的意思很清楚，在于指明共产主义的一个本质特征——实践性，即革命性。这里的共产主义者是科学的共产主义者，而不是空想共产主义者，科学的共产主义者以唯物主义历史观为指导，这种历史观的思想体系已在《德意志意识形态》得到最早的系统论述。他们在这本书中还未完整地提出"唯物主义历史观"这一名称，但已把它与唯心主义历史观对立起来，一般简称唯物主义，有时称新唯物主义或现代唯物主义，以区别于法国的或费尔巴哈的直观的形而上学的唯物主义。如果我们硬要从实践的唯物主义者中引申出实践的唯物主义，显然，这种唯物主义就是唯物主义历史观或区别于

---

① 《马克思恩格斯选集》第1卷，人民出版社1995年版，第77页。
② 《哲学研究》，1989年第11期。
③ 《教学与研究》，1996年第1期。
④ 《北京大学学报》，1998年第2期，曾荣获1999年"五个一工程奖"。

旧唯物主义的新唯物主义或现代唯物主义，即马克思主义的唯物主义世界观，实践性是其本质特征之一。

其次，这种引申出来的实践的唯物主义绝不能理解为实践本体论或实践一元论。我国的实践唯物主义的倡导者把"实践的"变为"实践"，把"实践"看成"唯物主义"中的"物"，于是实践就成了世界的本体、世界统一的基础，成为流行于西方马克思主义中的实践本体论或实践一元论。这种观点虽然没有直接把心灵、精神看成世界的本体或世界统一的基础，但由于实践总是人的有意识的活动，这同样是承认了心灵、精神是世界的本体或世界统一的基础，与唯心主义基本上是一致的。有的论者认为马克思和恩格斯的话就是如此说的，这种唯物主义才符合他们的原意。在我看来，这种理解是出于对那些话的误读。上面摘录的他们关于实践的话如果死抠字句，是可以得出实践就是现实世界或世界的基础的结论，但如果把那些话与其上下文联系起来理解，他们不过是强调了实践改造客观世界的作用，并未把实践与客观世界等同起来。例如，他们所说连续不断的实践是整个现存感性世界的基础，其中"整个现存感性世界"是整个宇宙吗？显然不是，他们谈的是人类的生产活动改变了地球的面貌，绝不是说所有天体及其互相关系和运动规律是以实践为基础。大家知道，我们对离地球很近的太阳至今完全无力动它分毫，其他更远的天体更加无能为力了。即使改变很大的地球，也只限于地壳的表面，地壳以内很难有所改动。就是地壳表面有所改动的部分，其存在也是客观的，过去成功的改变和今后改变的成功也要以掌握其客观规律为前提，因此，马克思和恩格斯在强调人类实践的巨大作用时补充说："当然，在这种情况下，外部自然界的优先地位仍然会保持着"[①]。什么是"优先地位"？那就是自然界不依存于人的实践活动，反之，自然界是实践赖以出现和继续的前提，哪怕实践没有了，自然界还会依然存在。这是唯物主义的一般观点，马克思和恩格斯从费尔巴哈那里继承了这一观点，他们没有

[①] 《马克思恩格斯选集》第1卷，人民出版社1995年版，第77页。

批评这一观点，只是批评旧唯物主义不了解实践的改变世界的作用，这才是旧唯物主义的"主要缺点"。

第三，应该摆对唯物主义实践观在马克思主义哲学中的位置。有一种观点认为马克思的实践唯物主义就是唯物主义实践观，也就是马克思的哲学。在我看来，这不失为一种解读，但应有正确的理解。从"实践的唯物主义者"引申出的"实践唯物主义"中的"实践"是一个形容词，说明这种唯物主义具有实践的特征，按照马克思和恩格斯的原意，这里的"唯物主义"就是唯物主义历史观。如果把"实践唯物主义"解读为唯物主义实践观，那么，"实践"就是一个名词，指的是以唯物主义观点来研究实践，实践是对象，这种哲学就是实践观，正如我们一般对"历史唯物主义"的解读那样，"历史"是一个名词，指历史观的研究对象。关键一是要贯彻唯物主义原则，二是要摆对实践观的位置。马克思和恩格斯曾指出："当费尔巴哈是一个唯物主义者的时候，历史在他的视野之外；当他去探讨历史的时候，他不是一个唯物主义者。"① 此话意在说明他的唯心主义历史观，是他没有将他的唯物主义世界观贯彻于其历史观的结果；反之，也在说明他们的唯物主义历史观是将唯物主义贯彻于历史观的结果。可见唯物主义历史观就是用唯物主义世界观为指导的对人类社会历史的研究，也就是说，物质仍然是现实世界的最后本体，人类社会是客观世界的一部分，历史观是世界观的一个部门，即一个部门哲学。后来恩格斯把唯物主义历史观改称为历史唯物主义，历史观中的"历史"和历史唯物主义中的"历史"是一个东西，是其研究对象。同样道理，如果把实践唯物主义理解为唯物主义实践观，那么，它就是以唯物主义为指导的对人类社会实践的研究，实践是其对象，实践是客观世界的一部分，实践观是世界观的一个部门，即一个部门哲学。我们还可以进一步指出，由于实践是人类社会的一种现象，是人的一种活动，实践观也是历史观的一个部门。这就是唯物主义实践观在马克思主义哲学中的正确位

---

① 《马克思恩格斯选集》第 1 卷，人民出版社 1995 年版，第 78 页。

置，也就是它在马克思主义哲学中的正确位置。不能把马克思主义哲学等同于实践观，马克思是马克思主义哲学创始人，他的实践观固然是他的独特的哲学贡献，但绝不是唯一的贡献，创立唯物主义历史观，包括关于唯物主义历史观的实践性和科学性的观点，是其更大的独特的哲学贡献。他虽然没有像创立唯物主义历史观那样创立辩证唯物主义思想体系，但在他的论著中已包含了辩证唯物主义世界观的思想，因为他的唯物主义思想和辩证法思想都是非常明确的，而他的唯物主义绝不是旧唯物主义，绝不是直观的形而上学的唯物主义，只能是辩证唯物主义。

总之，"实践唯物主义"不是马克思和恩格斯的命名，而是今天的学者们对他们的字句的引申，但学者们的理解不同，归纳起来，大致有三解：一、实践的唯物史观，二、唯物主义实践观，三、实践本体论或实践一元论。我认为第一解最接近马克思和恩格斯的原意；第二解虽非马克思和恩格斯的原意，但在理论上是能够成立的；第三解与马克思和恩格斯的基本观点相悖，绝不是唯物主义或马克思主义的，而是后人强加在马克思身上的东西。既然人们对实践唯物主义的理解各式各样，以它作为文艺学的世界观基础是不合适的；如果把它理解为实践本体论，并以它为指导来研究文艺学，我认为这很难获得科学的成果的。

五、恩格斯的本体论思想

有一种流行的观点认为马克思是否定本体论的，而恩格斯正相反，他实际是辩证唯物主义世界观的始作俑者。但也有不少学者认为恩格斯也是否定本体论的，并引用恩格斯的话来支持这种观点，这些话一度成为争论的焦点。

认为恩格斯否定本体论的同志有两个强有力的根据，一个是《反杜林论》中的一段话："一旦对每一门科学都提出要求，要它们弄清它们自己在事物以及关于事物的知识的总联系中的地位，关于总联系的任何特殊科学就是多余的了。于是，在以往全部哲学中仍然独立存在的，就只有关于思维及其规律的学说——形式逻辑和辩证法。其他一切都归到关于自然和历史的实证科学中去了。"① 这段话包含了几点意思：一、由于实证科学的发达，包罗万象的哲学原来所研究的领域已为各自然科学和历史科学占领，只留下思维领域可以成为一门科学独立研究的对象。二、关于思维及其规律的科学就是形式逻辑和辩证法。三、由于每一门实证科学都要谈清楚它在总联系中的地位，关于总联系的任何特殊科学就是多余的了。如何理解关于世界总联系的科学？我认为只可能是本体论。总之，从这一段得出恩格斯否定本体论的结论，根据是相当充分的。

另一个根据是恩格斯关于哲学基本问题的一段话，全部哲学，特别是近代哲学的重大的基本问题，是思维和存在的关系问题。"哲学家依照他们如何回答这个问题而分成了两大阵营。凡是断定精神对自然界来说是本原的，从而归根到底承认某种创世说的人……组成唯心主义阵营。凡是认为自然界是本原的，则属于唯物主义的各种学派。"② 哲学基本问题还有另一个方面；"我们关于我们周围世界的思想对这个世界本身的关系是怎样的？我们的思维能不能认识现实世界？我们能不能在我们关于现实世界的表象和概念中正确地反映现实？用哲学的语言来说，这个问题叫作思维和存在的同一性问题，绝大多数哲学家对这个问题都作了肯定的回答。"③ 这里存在着理解上的分歧。很多同志认为第一方面是本体论问题，第二方面是认识论问题。按照这种理解，恩格斯当然没有否定本体论。但按照另一种理解，即第一方面也是认识论问题，因为它不是关于世界本身的问题，而是关于思维与世界的关系问题，哲学要研究的不是世界本身，恩格斯就否定了本体论。还有下面一段话也被人看成是否定本体论的第三个论据："现代唯物主义，否定的否定，不是单纯地恢复旧唯物主义，而是把2000年来哲学和自然科学发展的全部思想内容以及这2000年的历史本身的全部思想

---

① 《马克思恩格斯选集》第3卷，人民出版社1995年版，第364页。
② 《马克思恩格斯选集》第4卷，人民出版社1995年版，第224页。
③ 同上书，第225页。

内容加到旧唯物主义的永久性基础上。这已经根本不再是哲学，而只是世界观，它不应当在某种特殊的科学的科学中，而应当在各种现实的科学中得到证实和表现出来。"① 这里当然有理解问题。如果哲学就是科学的科学，就是本体论，那么，恩格斯也就否定了本体论。

从恩格斯的这些话中究竟能否得出他否定本体论的结论呢？我认为硬要把第一段话解释成没有否定本体论是很困难的。恩格斯所说的"关于总联系的科学"正好是本体论，他认为是多余的，不仅如此，留下来还有独立意义的只有思维科学，这样自然观没有了，历史观也没有了。问题是：这是恩格斯的一贯思想吗？就在《反杜林论》这本书中他明明还讲过："辩证法不过是关于自然、人类社会和思维的运动和发展的普遍规律的科学。"② 问题还不在一两句话，《反杜林论》还系统论述了世界的物质统一性、物质与运动、时间与空间等本体论问题。恩格斯的《自然辩证法》要建立的辩证唯物主义的自然观并不排除人类社会，他所要论述的自然是包括人类社会在内的大自然，他所提出的主要的辩证法规律对人类社会是同样适用的。他还提出："辩证法是关于普遍联系的科学。"③ 我们几乎可以说恩格斯是自相矛盾。把他的言论综合起来研究，可以看出，他的一贯思想不是否定，而是肯定本体论研究。那么，如何解释他的这些言论呢？我认为他的这些话是针对旧哲学而言的，而不是正面系统讨论马克思主义哲学的研究对象、组成部分等问题。因此，说恩格斯这段话在表述上不太清楚是可以的，不能说他前后自相矛盾，更不能说他否定本体论研究。

也不能说恩格斯关于哲学基本问题的论述是否定本体论。说第一方面是本体论问题是不错的，因为谁是本源，谁是产物，是客观世界中两部分的存在关系问题，不是认识关系问题，它谈的是谁更根本。这个问题当然与认识论有关，但它不是认识论本身的内容，而是认识的前提。第二方面才属于认识论本身。因此，从哲学基本问题理论是

---

① 《马克思恩格斯选集》第3卷，人民出版社1995年版，第481页。
② 同上书，第484页。
③ 《马克思恩格斯选集》第4卷，人民出版社1995年版，第259页。

推不出否定本体论结论的。有的同志认为哲学基本问题既然是"最高问题"（恩格斯语），恩格斯总是否定了以客观世界作为哲学研究对象，哲学研究的对象只是精神与世界的关系，即人与世界或人类社会与自然界的关系。从字面上看，这个推论很有道理，但这未必是恩格斯的一贯思想。从前面提到的《反杜林论》和《自然辩证法》中的思想来看，很难说精神与世界、思维与存在的关系问题是哲学的最高问题或第一个本体论问题。从恩格斯的一贯思想来看，显然世界的物质统一性、物质与运动等问题，即客观世界的存在、联系和运动的问题比存在与思维的关系问题更根本，世界的存在、联系和运动是人类社会、精神出现的前提，甚至是生命现象出现的前提。如果说这个问题对人类来讲是最重要的，哲学应该用最大的力气来深入地全面地研究它和解决它，这无疑是正确的；如果说这就是最根本的最高的问题，就不合适了。有同志认为恩格斯提出的这个理论是对哲学史，特别是近代哲学的总结，并不完全适用于马克思主义哲学，这种看法是有道理的。

至于第三个根据，我想不需要作更多的说明。恩格斯明确讲现代唯物主义（马克思主义哲学）是世界观，即本体论；它不再是哲学，即不再是旧哲学（科学的科学）。恩格斯还指出，现代唯物主义在现实的科学中得到证实和表现，这不是科学的本体论又是什么呢？

实证主义思潮否定本体论的要害在于否定唯物主义，否定现实世界的客观存在，即不以人的意识为转移的客观存在。恩格斯是一个旗帜鲜明的唯物主义者，不管他的上述言论如何解释，都不可能把他说成是否定唯物主义的，或超越唯物主义与唯心主义的。唯物主义是一种本体论，唯心主义也是一种本体论，恩格斯当然反对唯心主义本体论，但并不一般地反对本体论。一般地否定本体论是实证主义思潮，恩格斯对实证主义的态度是明确的。实证主义思潮今天仍然是很时髦的，但它的起源是很早的，在近代休谟主义是它的最早表现形态。对休谟的不可知论，恩格斯在《社会主义从空想到科学的发展》英文版导言中有相当详细的分析和批判。他说："我们的不可知论者也承认，我们的全部知识是以我们的感官向我们提供的报告为基础的。可是他又说：我们怎么知道我们的感官所给予我们的是感官所感知的事物的正确反映呢？……这种论点，看来的确很难只凭论证予以驳倒。但是人们在有论证之前，已经先有了行动。'起初是行动'。"① "我们当然不能把我们能够制造的东西当作是不可认识的。"②

恩格斯肯定本体论的言论很多，例如他说："辩证法的规律是从自然界和人类社会的历史中抽象出来的。辩证法的规律无非是历史发展的这两个阶段和思维本身的最一般的规律。"接着他就列举了辩证法的三个主要规律，并指出："所有这三个规律都曾经被黑格尔按照其唯心主义的方式当作纯粹的思维规律而加以阐明。"③应该补充一句，黑格尔并不认为辩证法的规律只存在于头脑之中，因为他承认头脑之外的客观概念。恩格斯反复说明辩证法规律首先是客观规律，然后才是思维规律，例如他说："所谓的客观辩证法是在整个自然界中起支配作用的，而所谓的主观辩证法，即辩证的思维，不过是在自然界中到处发生作用的、对立中的运动的反映。"④ "……辩证的自然观使一切自然哲学都成为不必要的和不可能的"。⑤

恩格斯不仅用言论而且用行动表明他不但不否定本体论，而且致力于本体论的研究。他所从事的自然辩证法研究就是他本体论研究的一部分。在这种研究中他不仅揭示了客观的辩证规律，而且描绘了物质世界大循环的总图景。如果关于总联系的科学完全是多余的，恩格斯的自然辩证法研究就是不可思议的了。现代实证主义思潮、西方马克思主义攻击恩格斯的自然辩证法思想，正是因为他在其自然辩证法思想中肯定了本体论。科学的发展不是使总图景的描绘越来越成为多余，而是使这一描绘越来越细致、越深入、越宏伟。每一时代都有建

---

① 《马克思恩格斯选集》第3卷，人民出版社1995年版，第702页。
② 同上书，第703页。
③ 《马克思恩格斯选集》第4卷，人民出版社1995年版，第310—311页。
④ 同上书，第317页。
⑤ 同上书，第257页。

立在当代科学水平上的各种世界图景，历史上有过牛顿力学图景、热力学图景、生物进化图景、电磁图景、相对论图景、量子力学和统计图景、现代宇宙学图景、系统论图景，马克思主义哲学正担负着描绘世界总图景的任务。只有掌握了世界总图景，我们才可能明确各门科学在这个总图景中的地位和作用，摆正各门科学之间的关系，推动各门科学的发展。

六、什么是文艺学本体论？

任何讨论都必须对所使用的主要概念有共同理解，即所谓共同语言，否则，对同一个概念，你说的是 A，我说的是 B，双方不管如何争论，都争不出个是非来。我认为在对文艺学本体论的理解中就存在这个问题。本体论作为一个哲学概念，大家的理解还是比较一致的，即关于现实世界的最后存在基础的理论，对文艺学本体论，大家的理解就不一致了。论者在谈到文学艺术的本体时，有的说的是文学艺术的最后基础，有的说的是文学艺术的直接基础，于是前者说它是客观世界或物质世界，后者说它是实践。在我看来，他们都有一定的道理，文学艺术不管多么复杂，不管多么高深，都离不开物质世界，但也离不开人类的实践活动，不仅文学艺术作品是人创造出来的，而且文学艺术这种社会现象也是在人类社会实践的基础上产生的。当然，如果笼统讲文学艺术产生的原因，还可以有其他说法，如人的感情、思想、人性等等。总之，如何理解文学艺术本体论这一概念是必须首先明确的问题。

什么是文艺学本体论？首先要弄清楚什么是本体论。这是一个哲学概念，它要回答的是现实世界存在的最后的基础是什么。哲学家们的答案是各不相同的。在我看来，辩证唯物主义的回答最正确，即不断运动又互相联系的物质。马克思和恩格斯没有用过本体论这个概念，在马克思主义哲学术语中世界观大致与本体论相当，所以近30年来，我经常把二者作为同义词来使用。但是，现在马克思主义哲学界由于受实证主义和西方马克思主义的影响，有一些人或者认为"现实世界存在的最后基础"是虚幻的，是既不能肯定也不能否定的东西，同上帝差不多，或者认为这样的东西就是"实践"，不能问实践后面还有什么东西，这就是著名的实践本体论或他们所理解的"实践唯物主义"。这个问题前面已经谈过。

其次要弄清楚什么是文艺学本体论。文艺学本体论的确切称谓应该是"文艺本体论"，因为我们讨论的是文学艺术的本体，不是文艺学的本体。如果这种理解是正确的，那么，文学艺术的本体同现实世界的本体就是同一的，因为现实世界存在的最后基础无所不包，包括整个自然界，当然也包括整个人类社会，也包括人的精神领域，不可能在现实世界存在的最后基础之外还有一个文艺本体。

第三，不能否认文学艺术产生的直接根源或直接依附的东西是什么的问题。这就是有的学者所理解的文学艺术的本体。文艺学专家们作了许多研究，也提出了许多不同的观点。在我看来，这是一个很复杂的问题。显然，文学艺术不是从一种简单的东西中产生出来的，也不依附于一种简单的东西之上。它不是一种自然现象或动物活动，而是一种社会现象或人类活动。如果说它起源于人类社会或实践，依附在人类社会或实践之上，这当然是不会错的，但这种回答显然失之笼统。我认为要弄清楚这个问题，应以事实为根据，分析文学艺术与其他社会现象的关系、文学艺术在人类社会中的位置、文学艺术是怎样在人类的实践活动中产生、变化和发展的。实际上，文艺理论家们对此已作过许多研究，这种研究当然还应该继续下去。

因此，在我看来，在文艺学本体论的研究中，关键问题是文艺学的本体论基础，或者扩大一点说，是文艺学的哲学基础。

这个问题就是文艺学与哲学的关系问题，其中不仅有它与其高一层的美学的关系、它与世界观的关系，还有它与历史观、认识论、人学等等的关系，而且这种关系还是双向的相互的，绝不是单方面的。这里的关键问题是这些哲学部门（世界观、美学、历史观、认识论、人学等等）必须是科学的。只有文艺学的哲学基础是科学的，文艺学才可能是科学的；如果文艺学的哲学基础是非科学的，文艺学必然也是非科学的。当然，谁都宣称自己的哲学是科学的，但这是不可能的。哲学流派五花八门，观点各异，至今争论不休，这就有待于我们凭借自己的科学良知加以鉴别，关键在于要选择和坚持科学的哲学观点作为自己的哲学基础，盲目地追风赶潮，随声附和是不可取的。

马克思主义与当代中国文化建设[*]

当代中国正在建设的文化是中国特色社会主义先进文化，是否贯彻了马克思主义的指导，是文化建设能否健康地快速地完成的关键问题。这个问题具有重要的理论意义与实践意义，下面试就几个方面加以阐明。

一、为什么要以马克思主义来指导当代中国文化建设？

自中华人民共和国成立以来，中国共产党就一直坚持以马克思主义来指导当代中国文化建设，这是完全正确的，不过，在前30年，在对马克思主义指导的理解和实践上有不少片面化和失误之处，这些片面化与失误在改革开放的30年来才逐渐得到克服。党先是强调马克思主义对社会主义精神文明建设的指导，2002年的党的十六大按经济、政治、文化的三大建设的框架来论述中国社会主义现代化建设，提出"牢牢把握先进文化的前进方向。在当代中国，发展先进文化，就是发展面向现代化、面向世界、面向未来的，民族的科学的大众的社会主

---

* 本文发表于：《光明日报》（摘登）2010年9月18日；《中国特色社会主义研究》2010年第6期。

义文化，以不断丰富人们的精神世界，增强人们的精神力量。必须坚持马克思列宁主义、毛泽东思想和邓小平理论在意识形态领域的指导地位，用'三个代表'重要思想统领社会主义文化建设"。党的十七大继承并发展了十六大的精神，专章论述了"推动社会主义文化大发展大繁荣"，并指出首先要"建设社会主义核心价值体系"，而这个体系的第一条就是马克思主义的指导地位。显然，当代中国文化建设之所以必须坚持马克思主义的指导是由当代中国文化的性质决定的。

我国社会自新中国成立以来就逐渐建设成了社会主义社会，它的基本经济制度和政治制度60年来发生了许多变化，特别是改革开放以后变化尤大，但其基本性质没有变化，都是社会主义的。经济和政治是文化的基础，文化是由经济和政治决定的，无疑，我国文化的基本性质也是社会主义的。但是，由于我国文化的多样性、多元性、历史积淀的稳定性，它的存在状况和发展趋势十分复杂，因而60年来文化建设的成就比经济建设和政治建设差，问题也更多。且不说"文化大革命"对文化建设的大破坏，即使就改革开放以来我国文化建设的正常发展时期，问题也是很多的，甚至连马克思主义在文化建设中的指导地位也没有牢固地建立起来。上世纪80年代西方文化热中所包含的全盘西化倾向、90年代国学热中所包含的复古主义倾向和近年来低俗文化现象的猖獗，都是马克思主义思想指导缺失的表现。这些情况从反面说明自觉地坚持马克思主义的思想对社会主义文化建设是十分必要的，事情不会是那样简单，只要经济建设和政治建设是社会主义的，文化建设就自然而然地是社会主义的。真正社会主义的文化建设，离不开马克思主义的自觉的指导。

即使在没有出现文化热的时候，文化的多样性和多元化也十分需要马克思主义的指导。文化部门繁多，性质各异。它包括科学技术、语言文字、文学艺术、教育道德、宗教信仰、报刊图书、电视网络、文娱旅游等等，此外，还有不同地区文化之间的差异、不同民族文化之间的差异、不同风俗习惯之间的差异等等。文化中还有一部分具有意识形态性，这就是文化的多元性，即意识形态的差异，也就是社会制度的差异和阶级的差异。多样和多元的差异具有两方面的作用，一方面丰富了我国文化的内容，一方面也导致大大小小的矛盾。这些差异的协调，这些矛盾的调解，都需要马克思主义的指导。

二、马克思主义理论体系的基本原理都起指导作用

马克思主义是个庞大的理论体系，它包含的基本原理无疑是很多的，所有基本原理都有一定程度的普遍性，对我国文化建设中的各种具体问题的解决当然都具有指导意义。我们不可能把马克思主义的基本原理一一列举出来，只能举出那些对文化建设最为重要的几个组成部分。我认为以下几部分最为重要。

首先是马克思主义世界观，即辩证唯物主义世界观。

世界观是关于世界或宇宙整体及其一般规律的理论，其原理被应用于认识世界和改造世界，就成为根本的思想方法。马克思主义把这种无处无时不起指导作用的根本的思想方法称为思想路线。马克思主义世界观是科学的，其思想路线也是科学的。由于世界观在马克思主义理论体系中处于最高的地位，即最一般因而指导作用最普遍最广泛的地位，因而我们在谈到马克思主义的指导作用时，首先就是辩证唯物主义世界观或思想路线的指导。

其次是马克思主义历史观，即辩证唯物主义历史观，简称唯物史观。

这里所说的"历史"是人类社会的历史，历史观实际是社会观。文化是人类的精神活动及其成果，是一种社会现象，离不开社会及其一般规律的制约。只有以唯物史观的基本观点为指导，才能正确地认识文化的起源、实质、文化与其他社会现象之间和关系、文化在整个人类社会中地位、文化对其他社会现象的作用、文化的传承、各种文化之间的关系并处理好这些因素在实际社会生活中所发生的问题。

第三是马克思主义文化观。

文化观或文化哲学是一种部门哲学。各种哲学的文化观各不相同，有多少哲学就有多少文化观。作为文化整体及其一般规律的科学的文

化观，即马克思主义文化观至今没有完全形成，在我国的今天，出现了不止一家自认为是马克思主义的文化观。但无论如何，认识一种文化现象，处理一个文化问题，任何人都离不开自己的文化观的指导，无疑，只有力求以科学的文化观来自觉地指导，我们才能获得正确的结论或好的结果。

第四是中国特色社会主义理论体系的指导。

中国特色社会主义理论体系是马克思列宁主义和毛泽东思想的继承和发展，包括邓小平理论、"三个代表"重要思想以及科学发展观等重大战略思想在内的科学理论体系。它是中国共产党人以马克思主义来指导中国革命和社会主义现代化建设的最新理论概括，也是指导社会主义现代化建设健康地迅速地进一步发展的最根本的理论，其中当然包括了对中国特色社会主义文化建设的指导。如果说前三项的指导是马克思主义基本原理的一般指导，那么，中国特色社会主义理论体系的指导是马列主义基本原理的具体指导，这种指导更能保证中国社会主义现代化建设，包括文化建设，沿着正确的轨道前进，避免"左"或"右"的偏向。

当然，以上几项只是马克思主义指导的主要内容，不是全部内容，但已足以说明起指导作用的内容是很丰富的很复杂的。

三、怎样以马克思主义为指导来解决中国当代文化建设中的问题？

人的认识、思想归根到底总是在人的实践的基础上产生、变化和发展的。就每一个正常人来说，他的实践活动又总是有一定的认识、思想的自觉的或不自觉的指导的。一个人在发育成长的过程中，大脑就积累了不少认识，这些认识有些是他从自己的实践中获得的，多数是通过各种渠道从他人获得的，而这些间接认识又有不少是经过自己的实践检验的。所有这些认识在他进一步进行认识和实践时不能不起指导作用，也就是变成了他的认识和实践的方法。没有一个人的认识和实践是没有任何已有认识指导的，除刚出生的婴儿外，没有人的头脑是一张白纸。

一个成年人的认识、思想，不管他的文化程度如何，都是非常复杂的，有正确的，也有错误的；有科学的，也有非科学的；有系统的，也有零乱的；有一般的，也有个别的；有普遍的，也有特殊的，精粗互见，新旧杂陈。在这种情形下无疑我们应该自觉地以科学的正确的思想来指导我们的认识和实践。

用一种思想为指导来认识一件事物，绝不是从这种思想中推演出一个结论来强加于这件事物之上，即使这种思想是正确的，推演的步骤是符合逻辑的，这种结论也不能正确反映这件事物的本质和规律，不能指导实践获得成功。这正是教条主义的指导。指导思想错，结论一定错；指导思想对，结论不一定对，因为指导本身也有对错问题。正确的指导包含对指导思想的分析，对客观对象的分析和概括，最后得出结论，这种结论的真理性才是可靠的，才是经得起实践检验的。试举一例来说明怎样以马克思主义为指导来解决文化建设中的问题。

文化究竟包括哪些具体内容？这是今天没有充分解决的理论问题。文化不是一类感性事物，无法根据其感性特征而把文化从其他事物中区别出来。我们对文化的界说大体上有一共识，即人的精神活动及其产品。诚然，作为精神产品，必有物质载体，但物质载体不等于文化，物质载体虽然是感性的，载于其上的文化却是看不见摸不着的，因此，究竟文化包括哪些内容，还有必要加以认真研究。文化是三大社会领域之一，要弄清楚它的内容问题当然应该以唯物史观为指导。社会存在决定社会意识是唯物史观的基本原理之一，当然会起重要的指导作用。这样，我们就可以循着作为社会存在之精神反映及其成果把文化因素区别出来。例如从物质资料的生产活动和经济关系而区别出技术、自然科学、经济理论，从人们之间的交流和关系而区别出语言、文字，等等。对政治领域的精神活动和文化领域本身的精神活动，也是如此进行具体分析。这样我们就能比较充分地解决这个问题。总之，指导绝不仅是在指导思想中进行逻辑演绎的过程，而是在指导思想下深入实际、对实际材料进行分析综合的过程。

四、以马克思主义为指导建设当代中国文化要重点解决的几个问题

以马克思主义为指导来建设和发展当代中国文化，是一个非常复杂的系统工程，其内容绝不是一篇短短的论文所能阐明的。下面只就其中几个重要问题略陈己见。

第一，是建设和发展科学的文化哲学问题。

前已谈到文化观对文化建设起直接的指导作用，我们应力求以科学的文化观来指导中国文化建设，但至今还没有大家认同的科学文化观，即文化哲学，因此，建设和发展科学的文化哲学成为我国文化建设中必须尽快解决的问题。这个任务必须以科学的历史观，即唯物史观来指导才有可能完成。

科学的文化哲学之所以难于形成是由于人们对其对象的理解各式各样，五花八门。顾名思义，它的对象无疑是文化，但什么是文化呢？有时它的范围很小，小到等同于知识，甚至文学，有时范围很大，大到整个人类社会，文化的就是人的或社会的，所谓"文化即人化"。如此理解，科学的文化哲学当然无从谈起。在我看来，应该采取多数人在理论研究中的理解。在理论研究中各家各派、东方西方往往都把经济、政治和文化并列为人类社会三大类活动和现象，它们是互相渗透的，难以截然分开，但相对地区分开来并不难，例如把文化界定为人的精神活动及其产品，也就是一种可以与经济、政治比较清楚地区分开来的东西。有了比较明确的对象之后，我们就可以对它作进一步研究。

进一步研究应该包括对它的环境的研究和对它本身的研究。对它的环境的研究包括它的自然环境和社会环境的研究，对社会环境的研究实际就是对它与其他社会因素的关系的研究，即它与经济、政治的关系的研究。对文化本身的研究包括对它的内涵和外延的研究，特别是对它的内部结构的研究。这就需要首先对文化的内部因素进行分析，然后弄明白这些因素之间的关系。这样，我们就会对人类社会的文化有一个大致完整的整体理解。

再进一步研究还应研究人类文化的发展史，它的从简单到复杂，从低到高的发展史，并从中概括出人类文化发展的基本规律，这样我们就会对人类文化的过去、现在与将来的过程及其规律性有一个基本掌握。

科学的文化哲学的建立与发展当然是没有止境的，也不是几个人在几年、几十年之内能够基本实现的，但这种系统的研究是必要的，它将与对现实文化的研究和文化建设实践互相推动，大大促进文化的大发展、大繁荣。

第二，是如何对待中国传统文化问题。

正确的态度应该是继承与批判相结合，取其精华，弃其糟粕，反对完全抛弃传统文化的历史虚无主义和完全恢复传统文化及其社会地位的复古主义。这种态度是符合马克思主义的基本精神的，也是多数人所认可的。但在实际过程中，无论是在言论中还是实践中，仍有许多问题需要进一步贯彻马克思主义的指导来加以解决。

传统文化无疑是指历史上积淀下来的文化，就中国而言，时间的界限应该划在何时呢？辛亥革命推翻了君主专制制度，但整个文化没有受到重大触动，这种触动数年后才出现，因此人们多把"五四运动"前后作为传统文化与现代文化的界限。我认为这是比较合适的，因为如此划线是以整个社会的状况为标准，也便于确定传统文化的基本性质。按照一般的观点，传统文化应该是农业封建主义的文化。"五四"运动前后逐渐出现的"新文化"先是半封建半殖民地文化，实即半资本主义文化，但不久其中也逐渐出现了新民主主义文化（特别是在不断变动和发展的苏区和解放区），实即半社会主义文化。

建立在农业封建社会基础上的传统文化，其成分是很复杂的，它不但包含有封建社会以前的历史遗留下来的文化因素，也包含很多外来的文化因素。今天热议中的儒家、国学，不等于传统文化，但可以代表传统文化。儒家思想和典籍在中国2000多年传统文化中一直处于主导地位，国学指传统文化中的各种思想、理论、学问，是传统文化在思想、理论上的总括，是传统文化在思想上的升华，无疑可以代表传统文化，但此外还有许多文化因素，包括非常宝贵的因素。中华民族长期在严峻的自然环境和社会环境下，在进行生产劳动、抵御外侮的战斗和抗拒阶级压迫中形成的勤劳、节俭、智慧、勇敢、坚韧、友爱、先公后私、自我牺牲等等高贵品质，在这个过程中产生的经验、知识、技术、艺术、箴言、谚语、风俗、习惯等文化产品，这些东西有的曲折地反映在传统典籍和文人的著作中，大部在民间通过口头或日常生活通过杰出人物的模范带头作用代代相传，从而积淀在传统文化中，往往为后代的文化研究者所忽视。

对传统文化的鉴别，何为精华，何为糟粕，也是一个经常碰到的问题。区分精华的标准是什么，往往是仁者见仁，智者见智，但在我看来，坚持以马克思主义为指导，是存在着客观的标准的。我们不能以今日之是非为标准，而只能以其在历史上所起的作用（积极的和消极的、正面的和负面的、推动和阻碍历史前进的）为标准。例如有的封建思想，只要它在历史上起过正面作用，我们就不能因其封建性而加以全盘否定。至于它在今天是否有利于社会进步，则要具体分析，但只要它在历史上起过正面作用的，其中的某些因素在今天也可能起一定的积极作用。

对传统文化的继承与批判也有一个孰轻孰重的问题。在我看来，革命时期，批判会是重点，这也是难于避免的，但一般而言，继承无疑是重点，因为传统文化毕竟是现代文化的源头、基础、母体，传统文化与现代文化都是中国文化，是一种文化，不是两种文化。

第三，是如何对待外国文化，特别是西方文化的问题。

自鸦片战争以来，100多年间对中国文化影响最大的外国文化是西方文化，特别是西方现代文化。在中西文化接触和碰撞的过程中，中国人有的抱排斥主义的态度，有的抱全盘西化的态度，这是两种极端的态度，绝大多数人根据百多年来的经验教训主张分析的有所拒绝有所接受的态度，这无疑是正确的，但是，文化是很复杂的，拒绝哪些接受哪些，拒绝多少接受多少，我们根据哪些原则来进行分析和选择呢？为了建设中国特色社会主义，归根结底，还是要以马克思主义为指导，对具体问题具体分析，具体解决。

在我看来，对于所有的外国文化，我们都应该抱着尊重和理解的态度，首先，力求了解它，更加深入地认识它，而不应先入为主地歧视和排斥它，只有在此基础上，我们才能对它进行客观的分析而有正确的取舍。这整个过程可以 12 个字来概括，那就是：辨同异，分优劣，定取舍，致交融。

辨同异就是比较，比较本国文化与外国文化的同异是正确对待一种外国文化的第一步。"五四"运动时期梁漱溟在《中西文化及其哲学》中就对中国文化、印度文化和西方文化作了比较，可惜他当时还做不到以马克思主义为指导来进行这种比较，未能真正抓住它们之间的共同之处和殊异之处。上世纪 90 年代由于生态问题日趋严重，理论界流行一种比较中西文化的观点，认为天人相分是西方文化的主要特征，故西方科学技术发达，而生态破坏严重；天人合一是中国文化的主要特征，故中国科学技术不发达，而生态破坏不严重。如此比较显然会导致否定科学技术的错误结论。根据马克思主义关于实践和认识的理论，天人相分（主客二分）与天人合一（主客统一）是实践与认识过程中不可或缺的两个方面，亦即分析与综合，二者互相依存，不可分割。天人合一与天人相分首先是东西文化的共同之处，至于东西文化在天人合一和天人相分上有哪些殊异，则必须具体分析。对于东西文化的同异有了正确的比较，我们才有可能找准中国文化与西方文化的长处与短处，优胜之处与拙劣之处，弄清楚我们需要什么，不需要什么，从而取彼之长，补己之短，使我国的文化更丰富、更发展、更繁荣。

第四，是以中国特色社会主义现代化建设的经验为基础来建设当代中国文化的问题。

对传统文化的继承和对外来文化的吸收固然是建设当代中国文化的不可缺少的方面，但它们毕竟只是当今文化的先行者，不是文化的源泉，文化的源泉是实践，文化建设是在实践中的创造与创新。

文化的出现与发展是一个自发的客观过程，是人类社会的出现与发展的产物，文化建设就是把这个自发过程变成自觉过程，使之更加繁荣、更加完善。自觉建设最主要的是两件事，一件是把经济建设和政治建设中产生的文化因素集中起来，加以整理，使之条理化、系统化、完善化；另一件是适应社会主义现代化建设而创造出各种精神产品，或者对原有的精神产品进行一定程度的创新。可以看出，文化活动是全民族的活动，它不但包括高雅艰深的文学、艺术、科学、理论的创作、发展和欣赏、阅读，而且包括通俗普及的丰富多彩的文化活动的制作、发布和参与、享受。没有人没有自己的文化生活，没有人没有参与文化活动，正如没有人没有自己的物质生活一样。因此，每一个人都应该是文化活动的自觉的参与者和建设者。在这过程中有些问题应该得到我们足够的重视。

给予文化活动以正确的引导是一个至关重要的问题。文化活动是多样的、复杂的、多元的，其中感性的、感情的、兴趣的成分占很大的比重，这些因素如果缺乏正确的引导，就有可能走上泛滥失控的地步，危害文化建设的正常的健康的发展。例如网络游戏易于引起青少年发生兴趣，引导得当不失为一种有益无害的智力游戏，但如沉溺其中，耗时废学，将为害不小，如果再加上色情、血腥、迷信等内容，其对青少年身心的摧残将难以想象。电子网络是在现代科技基础上产生的新型传播手段，它使人们之间、世界各地之间的联系大大加强，在此基础上出现了一种新型文化——网络文化。如果引导得当，它将成为经济、政治、文化发展的强大动力；如果没有正确的引导，甚或引导失误，它将成为整个现代化建设的极强破坏力。怎么才是正确的引导？我认为归根到底，就是马克思主义的指导。

显然可见，文化是一种非常强大的精神力量，但它不是停留在头脑中的活动，而是一种现实的活动，其产品也是现实的。文化产品包括两大部分，一部分是服务，如演出、传播、管理、教育、医疗等，一部分是产品，如图书、艺术品、媒体、名胜古迹等，无论是哪一种，它们都是实实在在的东西。它们不但有价值，而且有交换价值，能够成为商品，进入市场，不但具有社会效益，而且具有经济效益，这样，文化就成了一种实力，理论界称之为软实力，文化力也被看成一种生产力。但是文化产品的生产毕竟不同于物质资料的生产，文化产品毕竟不同于物质产品，这使文化领域变得更为复杂，这主要表现在文化活动及其产品的社会效益和经济效益的关系上和文化生产的事业性和产业性的关系上。

任何产品一旦成为商品都具有社会效益和经济效益两重效益。物质资料的产品，一般说来，其经济效益与社会效益成正比，只有在生产过剩时，经济效益才会下降，但这是由于市场需要的变化，与产品本身的性质无关；文化产品的经济效益则复杂得多，有的文化产品的经济效益的高低不取决于它的社会效益的高低，甚至社会效益愈高的，经济效益愈低。一本有极高科学价值的著作的稿费收入可能很低，甚至是负数；而一本哗众取宠或低俗淫秽的书其社会效益是零，甚至是负数，却有极高的稿费收入。因此，在文化生产领域，我们绝不能把经济效益摆在首要位置，而必须把经济效益的追求摆在从属的地位。在文化生产中，我们应该力求经济效益与社会效益的统一，如果二者不可得兼，只能牺牲经济效益，而绝不能损害社会效益。

文化能否成为一种产业是从两种效益引申出来的一个问题。显然不能笼统说文化事业是一种产业，或不是一种产业，因为有些文化事业已经成为产业，如出版、电影、戏剧等等；有些文化事业不能成为产业，如教育、图书馆、博物馆、考古等等；而且即使那些已经产业化的文化事业，也不能把经济效益摆在首位，而必须把经济效益与社会效益统一起来。总之，经济效益与社会效益的关系，事业性与产业性的关系是一个很复杂的问题，应该以马克思主义为指导具体分析，具体解决。

文化建设的问题还有很多，比如怎样加强文化实力在综合国力中的比重、怎样提高我国文化在国际文化中的竞争力、怎样发挥我国文化的吸引力、怎样加强中国文化在我国各民族各地区和全世界华人中的凝聚力等，都是十分重要的问题，这些问题只要以马克思主义为指导都能得到正确的解决。

图书在版编目（CIP）数据

黄枬森文集.第六卷/黄枬森著.—北京：
中央编译出版社，2012.11
ISBN 978-7-5117-1372-8

Ⅰ.①黄⋯
Ⅱ.①黄⋯
Ⅲ.①黄枬森–文集②文化理论–文集
Ⅳ.① C53

中国版本图书馆 CIP 数据核字（2012）第 266935 号

黄枬森文集.第六卷

出 版 人	刘明清
出版统筹	贾宇琰
责任编辑	杜永明
美术编辑	霍霜霜　王洪广　张　燕
责任印制	尹　珺
出版发行	中央编译出版社
地　　址	北京西城区车公庄大街乙 5 号鸿儒大厦 B 座（100044）
电　　话	（010）52612345（总编室）　（010）52612341（编辑室） （010）66161011（团购部）　（010）52612332（网络销售） （010）66130345（发行部）　（010）66509618（读者服务部）
网　　址	www.cctphome.com
经　　销	全国新华书店
印　　刷	北京印刷一厂
开　　本	787 毫米 ×1092 毫米　1/16
字　　数	393 千字
印　　张	28.75
版　　次	2013 年 7 月第 2 版第 1 次印刷
定　　价	90.00 元

本社常年法律顾问：北京市吴栾赵阎律师事务所律师　闫军　梁勤
凡有印装质量问题,本社负责调换。电话:（010）66509618